小天命

生祠与明代政治

[美]施珊珊——著
邵长财——译

SPM
南方出版传媒
广东人民出版社
·广州·

图书在版编目（CIP）数据

小天命：生祠与明代政治/（美）施珊珊著；邵长财译. —广州：广东人民出版社，2022.2
书名原文：Shrines to Living Men in the Ming Political Cosmos
ISBN 978-7-218-15151-9

Ⅰ.①小… Ⅱ.①施… ②邵… Ⅲ.①政治制度史—研究—中国—明代 Ⅳ.①D691

中国版本图书馆CIP数据核字（2021）第161010号

SHRINES TO LIVING MEN IN THE MING POLITICAL COSMOS
by Sarah Schneewind (Copyright notice exactly as in Proprietors' edition)
Published by arrangement with Harvard University Asia Center
through Bardon-Chinese Media Agency
Simplified Chinese translation copyright © 2021
by Guangdong People's Publishing House
ALL RIGHTS RESERVED

XIAO TIANMING：SHENGCI YU MINGDAI ZHENGZHI
小天命：生祠与明代政治

[美]施珊珊 著 邵长财 译　　版权所有 翻印必究

出 版 人：肖风华

丛书策划：施　勇
项目统筹：陈　晔
责任编辑：钱　丰　陈　晔　张崇静
责任校对：施　勇
责任技编：吴彦斌　周星奎

出版发行：广东人民出版社
地　　址：广州市海珠区新港西路204号2号楼（邮政编码：510300）
电　　话：（020）85716809（总编室）
传　　真：（020）85716872
网　　址：http://www.gdpph.com
印　　刷：恒美印务（广州）有限公司
开　　本：889毫米×1194毫米　1/32
印　　张：13.375　　字　　数：318千字
版　　次：2022年2月第1版
印　　次：2022年2月第1次印刷
著作权合同登记号：图字19-2021-099号
定　　价：78.00元

如发现印装质量问题影响阅读，请与出版社（020-83716848）联系调换。
售书热线：（020）85716826

献给 Bruce（田育德）和 Leonora

国家之与百姓,上下如同一身,民乃国之血气,国乃民之肤体。

目　录

致　谢　/ 1
年代简表　/ 5
导　言　/ 7
　　魏忠贤和东林党　/ 9
　　为何研究生祠？　/ 17
　　明代的公论与平民主义　/ 22
　　去思碑与生祠记　/ 28

第一部分　基础和地面　/ 39
　　第一章　一种常见的制度　/ 40
　　　　◇ 生祠是什么样的？　/ 40
　　　　◇ 人们在生祠中做什么？　/ 44
　　　　◇ 资金和寿命　/ 49
　　　　◇ 明代有多少生祠？　/ 55

◇ 遵循律法 / 59
◇ 生祠符合礼制吗？ / 65
◇ 名宦祠 / 71

第二章 父母之官 / 77
◇ 丁氏"三"杰 / 77
◇ 州县官的工作 / 80
◇ 教育、礼制与风俗 / 85
◇ 如何得祀生祠 / 88
◇ 父母的隐喻 / 100

第三章 崇祀 / 104
◇ 死后的互惠 / 107
◇ 崇祀还是纪念？ / 111
◇ "半人半神"？ / 113
◇ "谁当享之?" / 117
◇ 无碑之祠 / 120
◇ 回应请愿 / 122
◇ "水旱必祷" / 125
◇ 来去匆匆 / 127
◇ 回应祈祷 / 129
◇ 反转官僚式隐喻 / 131

第二部分　立柱和横梁 / 137

第四章 政治活动 / 138
◇ 激励继任者 / 141
◇ 良知与声誉 / 145
◇ "太师维垣" / 150

◇ 因事而设的在位者生祠 / 156

◇ 指责官员 / 158

◇ 父母还是窃贼？ / 163

◇ 反对意见 / 166

第五章 从奉承到参与 / 170

◇ 自谦和不从 / 173

◇ "礼以义起" / 175

◇ "民则何私？" / 177

◇ 生祠衰败的理论解释 / 179

◇ 化民于心 / 182

◇ 东林平民主义 / 185

◇ 迷惑的交换 / 189

◇ 民众的选择 / 191

◇ 寓封建于郡县 / 194

第六章 平民百姓 / 198

◇ 碑刻题名 / 202

◇ 何人赞助？ / 205

◇ 谁人言说？ / 210

◇ 平民的政治话语权 / 213

◇ 士绅化进程 / 217

第三部分 墙壁和屋顶 / 231

第七章 政治投资 / 232

◇ 意在联系？ / 234

◇ 作为政治表达的感激 / 244

◇ "于斯万年，为令之式" / 246

◇ 持续的联系？ / 252

第八章　复杂的图景 / 257
　　◇ 内阁大学士 / 260
　　◇ 士绅的联结 / 263
　　◇ 祝寿生祠 / 266
　　◇ 家族历史 / 268
　　◇ 权宦 / 271
　　◇ 遗祠中的平民 / 275
　　◇ 东林遗祠 / 278
　　◇ 不当的生祠 / 283
　　◇ 乡绅祠堂 / 287
　　◇ 宣示主体性？ / 290

第九章　小天命 / 293

结　语 / 311
术语表 / 321
参考书目 / 331
　　◇ 碑文和祠记 / 331
　　◇ 引用方志 / 341
　　　　总志 / 343
　　　　各省府县志 / 343
　　◇ 其他征引文献 / 349

索　引 / 387

致 谢

我要感谢加州大学在2007—2008年度颁发的校长研究基金,使此研究项目得以启动,并感谢美国国家人文基金会在2012—2013年提供了一年的研究经费。加州大学圣地亚哥分校(UCSD)人文研究中心在2010年和2016年让我免于课务烦扰,专心致力于研究工作。该校学术委员会亦为我提供资助,以聘请研究生研究助理金家德(Judd Kinzley)、皇甫峥峥(Jenny Day)、王思翔(Sixiang Wang)、吕凯玲(Cherry Lui)、白龙(Peter Braden)和蔺杨(Lin Yang),我十分感谢他们的帮助。

在亚洲研究协会(the Association for Asian Studies)、美国宗教协会(the American Association of Religion)和美国历史协会(the American Historical Association)举办的讲座中,我感谢讨论者、评议人和听众提出的问题与评论。我也从牛津大学、费正清中国研究中心、哈佛大学、加州大学洛杉矶分校、纽约州立大学布法罗分校、密歇根大学、哥伦比亚大学、罗格斯大学、南卫理公会大学等地关于生祠的讲座的听众中所获颇多,在此向主办方表示感谢,他们是:魏希德(Hilde de Weerdt)、魏乐博(Rob Weller)、贺耐娴(Natasha Heller)、戴福士(Roger V. Des Forges)、裴志昂(Christian de Pee)、田菱(Wendy Schwartz),尤其是凯思琳·沃曼(Kathleen Wellman)。为曾小萍(Madeleine Zelin)和韩明士(Robert P. Hymes)举办的庆祝活动让我又有机会向我的老师、同事和我在哥伦比亚大学的同学们学习,他们在此项研究中提供了帮助、鼓励和文献解读方面的建议,尤其是裴志昂、康笑菲(Kang Xiaofei)、张倩雯(Rebecca Nedostup)和曾玛莉(Margherita Zanasi)。我永远怀念魏家伦(Jaret Weisfogel)、吴百益(Wu Pei-yi)教授和狄百瑞(William de Bary)教授。

我的研究于图书馆得益良多,因此我特别感谢 UCSD 图书馆馆长程健(Jim Cheng)(当时他还尚未到哥大任职)、朱慰慈(Victoria Chu)和陈晰(Chen Xi)。我还要感谢哥伦比亚大学的图书馆馆员,特别是王成志(Wang Chengzhi),以及哈佛大学、加州大学伯克利分校、普林斯顿大学、密歇根大学、美国国会图书馆和斯坦福大学为我提供帮助的诸位友人。我还要感谢中国哲学书电子化计划(Chinese Text Project)的负责人德龙(Donald Sturgeon)。而且我要感谢鲍勃·格雷厄姆(Bob Graham)、德博拉·德尔加斯(Deborah Del Gais)以及哈佛大学耐心的编辑团队。

1994 年,我获得对华学术交流委员会(Committee on Scholarly Communication with China)的博士研究基金,开始收集有关生祠的研究资料,从 2007 年开始主要精力转向此项研究。在这一过程中,很多人向我提出了富有价值的问题(第二章便旨在回答曾小萍的一个问题),解释相关背景,回答我的疑问,给予各种鼓励,还为我提供一手或二手的文献。除了上面提到的诸位同学之外,这些耐心而博学的人还包括白亚仁(Allan Barr)、我的导师柯丽德(Katy Carlitz)、约翰·达第斯(John Dardess)、戴思哲(Joeph Dennis)、戴彼得(Peter Ditmanson)、杜勇涛(Du Yongtao)、艾尔曼(Ben Elman)、美国明史学会(Society for Ming Studies)创会会长范德(Ted Farmer)、费丝言(Fei Siyen)、何安娜(Anne Gerritsen)、高万桑(Vincent Goossaert)、何义壮

(Martin Heijdra)、马克·亨德里克森(Mark Hendrickson)、艾媞捷(T. J. Hinrichs)、饭山知保(Tomoyasu Iiyama)、康豹(Paul Katz)、李康杰(Jérôme Kerlouégan)、南恺时(Keith Knapp)、郭亚佩(Kuo Ya-pei)、李卓颖(Li Cho-ying)、弗朗西·利普顿(Francine Lipton)、刘祥光(Liu Hsiang-kwang)、罗妮妮(Luo Weiwei)、梅欧金(Eugenio Menegon)、梅林宝(Mark Meulenbeld)、梅尔清(Tobie Meyer-Fong)、米海瑞(Harry Miller)、梅晨曦(Tracy Miller)、墨安屴(Emily Mokros)、奥利弗·穆尔(Oliver Moore)、孟德卫(D. E. Mungello)、罗柏松(James Robson)、罗威廉(Bill Rowe)、格申·沙斐尔(Gershon Shafir)、许慧文(Vivienne Shue)、杰夫·斯奈德-赖因克(Jeff Snyder-Reinke)、司马黛兰(Deborah Sommer)、苏阳(Su Yang)、须江隆(Takashi Sue)、宋怡明(Michael Szonyi)、谭纳德(Harold Tanner)、王安(Ann Waltner)、王紫(Chelsea Wang)、王思翔、魏乐博、魏伟森(Thomas Wilson)、吴克强(Chuck Wooldridge)、吴一立(Wu Yi-li)和伍美华(Roberta Wue)。朋友们,我将你们列在一起,并不意味着我忘记了你们每个人对我的帮助,我深为感激。

我要特别感谢叶保民(Ye Baomin),他在我研究生时,和我通读了部分整篇的祠记;还要感谢方耿美(Meghan Cai)、韩明士、康笑菲、刘祥光、卢苇菁(Lu Weijing)、阮思德(Bruce Rusk)、王岗(Richard Wang)、奚如谷(Stephen West)和张婷(Zhang Ting),感谢他们帮助我理解令人费解的词句。赵文词(Richard Madsen)的研究影响了我思考价值的方式,我很高兴能在 UCSD 成为他的同事。我很感谢对第七章草稿进行批评的同事们,包括南希·卡乔拉(Nancy Caciola)、柯素芝(Suzanne

Cahill)、丹尼丝·德米特里乌（Denise Demetriou）、克莱尔·爱丁顿（Claire Edington）、葛凯（Karl Gerth）、南希·郭（Nancy Kwak）、光磊（Guang Lei）和帕梅拉·拉德克利夫（Pamela Radcliff）。导言一章得益于诸位师友富有洞见的评论，他们包括我的前同事周锡瑞（Joe Esherick）、我所合作的人文学科研究人员格洛丽亚·查康（Gloria Chacon）、克瑞丝蒂娜·里维拉·加尔萨（Cristina Rivera Garza）、吴贵亨（Ng Kwai-Hang）、费尔南多·多明格斯·卢比奥（Fernando Dominguez Rubio）和阿琳娜·威廉姆斯（Alena Williams），以及我的父亲和儿子。魏文轩（Matt Wills）对部分章节提出了深具启发的观点。还有那些在不同阶段通读文稿的人：韩明士、达第斯、宋怡明、戴思哲、一位匿名评论人、王安、田育德（Bruce Tindall）和菲利普·派特（Felipe Pait）。我衷心感谢他们所提出的详细而有益的批评和建议。

毋庸讳言，文中所有错误由我独自承担。

我必须深深感谢家人朋友的支持，他们是我的朋友 Martha A. L. Schulman，我的教兄 Tim Anderson，我的妹妹 Rachel 和 Hannah Schneewind，我的姨妈 Helen 和姨丈 Sebastian Brock，我已故的舅舅 Buzz Borges，我的婆婆 Blossom Tindall，特别是我的父母 Jerry 和 Elizabeth Schneewind。我感谢母亲坚持认为人需要有或者应该有工作之外的生活，也感谢父亲教给我在历史背景下理解思想的方法。最重要的是，我感谢 Bruce McGarrity Tindall 和 Leonora Franklin Schneewind Tindall，感谢他们始终如一地愿意在多方面照顾我，愿意和我讨论一个个关于生祠的精彩故事。

在本书中文版中，我想要感谢译者邵长财，感谢他严谨细致的工作。还有焦宇鹏，感谢他对译文初稿的审阅。

年代简表

主要朝代

商	1600—1046 BC
周	1046—256 BC
秦	221—206 BC
汉	206 BC—AD 220
隋	581—618
唐	618—907
宋	960—1279
元	1279—1368
明	1368—1644
清	1644—1911

明代年号

洪武（太祖）	1368—1398
建文	1399—1402
永乐	1403—1424
洪熙	1425
宣德	1426—1435
正统（英宗）	1436—1449
景泰	1450—1456
天顺（英宗复位）	1457—1464
成化	1465—1487

弘治	1488—1505
正德	1506—1521
嘉靖	1522—1566
隆庆	1567—1572
万历	1573—1619
泰昌	1620
天启	1621—1627
崇祯	1628—1644

导　言

　　大明王朝的神圣和世俗生活始终交织在一起。皇帝上承天命，需要敬天法祖，尊贤重士，确保治下臣民安居乐业。祠堂与寺庙广布于殿阁官署之间，复杂而激烈的争论亦围绕现实政策和祭祀礼仪而展开。本书将关注这些争论中常被视为虚应故事的两个方面：普通民众的政治参与和为活人设立的生祠。

　　明人的早期著作就表达了家国一体的普遍观念。元代官员陈天祥称：

> 国家之与百姓，上下如同一身，民乃国之血气，国乃民之肤体。……是故民富则国富，民贫则国贫，民安则国安，民困则国困，其理然也。①

稳定的统治秩序需要良好的经济基础作为保障，这是人们的共识。而天命思想则将统治者与上天的力量联系起来。② 上天，或称玉帝、天帝，会警示那些不能保障民众生活的王朝，甚至于最

---

① 《元史》卷一六八《陈天祥传》，北京：中华书局，1976 年，第 3945 页。
② 关于明代的宗教意识和宇宙观念，参看姜永琳（Jiang），*The Mandate of Heaven and "The Great Ming Code"*（Seattle：University of Washington Press, 2011）；劳格文（Lagerwey），*China：A Religious State*（Hong Kong：Hong Kong University Press, 2010）；及戴乐（Taylor），"Cosmos and History in the Compilation of the *Da Ming Huidian*，" 未发表的论文，第二届明清史国际学术讨论会，南开大学，1991 年，引用已获许可。

终推翻它。正如明太祖所说：

> 朕则上畏天，下畏地，中畏人。……夫人君，父天母地，而为民父母者也。……不能安斯民于宇内，是失天下之心矣。如此者，可不畏哉！①

明太祖将自己视为天地之子、臣民之父，抚育万民也意味着对他们的责任。但是在现实中，朝廷实际的剥削和忽视往往压倒了民为邦本的政治理念。然而我将在本书中论证，那些对明代统治神圣性方面的修辞性表达，实际上也赋予了臣民政治参与的权力。

本书亦旨在考察明王朝的制度性建设。大大小小的祠寺广布于王朝版图之内，充当着连接政治和信仰之间的纽带。它们祭祀神灵、表彰楷模，传递着传统的价值观念，向祈祷者提供帮助。皇帝在都城连绵不断的宫阙之内祭祀天地。各地官员也在露天祭坛上祭奠神灵和厉鬼，在重檐祠寺中祭奠英灵与模范，在巍巍庙堂里祭奠城隍和孔子。家庭纪念先祖，学校追思先贤。每一个社区都有着各式各样的寺庙或更小的祠堂，供奉着曾是人类的仙佛。在这些大大小小的祠庙中，有一部分奉祀的是仍在世的生者。

例如，上文提到的元代官员陈天祥素来重视民生，把它作为执政的第一要务。《元史》记载："天祥凡所设施，皆合众望。"他矜悯当地因贫困而沦为盗匪的民众，受到百姓的爱戴。他治下的民众因此在生祠中为他塑像，加以崇奉。② 所谓"生祠"，最早

---

① 余继登：《皇明典故纪闻》卷三，北京：书目文献出版社，1995年，第145页。
② 《元史》卷一六八《陈天祥传》，第3945页。

可追溯至汉代,大多是因为祠主关心民生疾苦而设立。明朝人认为有些生祠的设立是应当的,有些则值得怀疑,他们对生祠的质疑反倒比认可在历史殿堂中激起更大的回响。20世纪的改革者们嘲笑生祠是腐败落后的传统,后帝制时代的历史学家们也往往对此视而不见,或因其荒诞怪异而略而不谈。或许,在晚明魏忠贤和东林党人之间激烈的权力斗争中,生祠所扮演的角色导致了这种观念的产生。仔细研究这一著名案例,将会揭示有关生祠政治的核心面向,而这一面向也体现在明代数以百计的生祠之中。

◇ 魏忠贤和东林党

史上最著名同时也是最臭名昭著的生祠是供奉大太监魏忠贤的。天启六年(1626年),五十余座供奉他的生祠拔地而起,广布于大明王朝的州府郡县之内。北京城内遍布四合院形制的小型祠堂,还有宏伟的寺庙,屋顶是闪闪发光的琉璃瓦。供奉魏忠贤的这些生祠矗立在帝陵和京师孔庙旁,里面有着珠光耀眼的塑像和巧夺天工的饰物,花费了价值数十万两的私家与公共金银,这一切都受到了严密的保护。魏忠贤的生祠规制宏大,几乎比得上帝王的宫殿:在开封,十根巨柱支撑起的大殿耸立云霄,无数的树木被砍伐作为梁木,数以百计的房屋因此被拆毁。至少有六十名官员参与了这一生祠的建造。①

---

① 《明史》,卷二四五、卷三〇六,北京:中华书局,1974年,第6367—6338、7846—7847、7867—7870页。我在《明史》的记载中找到各地魏忠贤的生祠五十余处。Naquin 则在 *Peking: Temples and City Life, 1400-1900*(Berkeley: University of California Press, 2000)一书中称,"在全国修建了超过一百座这样的祠堂,至少有9座在首都"。中译文见[美]韩书瑞:《北京:公共空间和城市生活》,孔祥文译,北京:中国人民大学出版社,2019年,第191页。

每处生祠都竖立起一座高大的颂德碑,其中一座留存至今,有三尺宽,一尺厚,一丈二尺高。① 每一座生祠正中都矗立着魏忠贤的塑像,大多是木制、青铜或鎏金的塑像。督饷尚书黄运泰在迎魏忠贤像进入新落成的生祠时,行五拜三稽首的大礼,这是对皇帝才能行的礼仪。然后他率领文武官员一起叩头,并且额外叩头表达自己的感激之情。② 他的谄媚让旁观者尴尬不已,"皆汗下浃踵",③ 时人评说:"一时天下如狂。"④ 当两名属下在大殿中立起鎏金塑像时,布政使也只得默许。另一位官员私下议论魏氏生祠不应当占据天子前往太学的道路,旋遭罢免,因为正是皇帝批准了这些生祠的建立。⑤

魏忠贤出身贫苦,目不识丁,原先横行市井,后来自阉入宫,得到了天启皇帝的赏识,并在其身边聚集起一批士大夫。他的主要对手则是以东林书院为中心的一批士人,他们自称"义

---

① 北京石刻艺术博物馆编:《北京石刻艺术博物馆藏石刻拓片编目提要》,北京:学苑出版社,2014年,第82页。有些人写文章吹捧魏忠贤高过孔子,参看《明史》卷三〇六,第7846—7847页。
② 《明史》卷三〇六,第7869页。
③ (明)文秉:《先拨志始》,历代笔记小说集成第32册,石家庄:河北教育出版社,1995年,第113页。
④ (明)郑仲夔:《玉麈新谭·耳新》卷七,第9叶,续修四库全书第1268册,上海:上海古籍出版社,2002年,第504页。
⑤ 《明史》卷二二、卷三〇六,第306、7869页。

人",自 1620 年起便主导中央政府。① 他们一再上书弹劾魏忠贤,魏氏则予以反击,并最终战胜了他们。正是在天启六年（1626年）,当他全面打压东林党人时,阉党众人提议为他建造生祠。尽管东林士人遭到了大规模的镇压与逮捕,他们仍然不遗余力地反对魏忠贤修建生祠,不惜为此大声疾呼,挺身而抗。天启七年（1627 年）,在魏忠贤倒台自杀后,他们提醒新即位的崇祯皇帝,生祠的存在可能鼓动潜在的叛乱。② 于是这些富丽堂皇的建筑很快被拆除,或是转作其他用途。③

东林党人的义愤影响深远,很大程度上影响了官修《明史》对此的叙事,这也解释了为什么后帝制时代的历史学家们视生祠

---

① 对此基本史实的了解,参看 William Atwell, "The T'ai-chang, T'ien-ch'i, and Ch'ung-chen Reigns, 1620-1644," in *The Cambridge History of China*, vol.7: *The Ming Dynasty, 1368-1644, Part 1*, edited by Frederick W. Mote and Denis C. Twitchett, Cambridge, UK: Cambridge University Press, 1988, pp. 592-613。中译文见［美］威廉·阿特韦尔（中文名艾维四）著：《泰昌、天启、崇祯三朝,1620—1644 年》,［美］牟复礼、［英］崔瑞德编：《剑桥中国明代史,1368—1644》上卷,北京：中国社会科学出版社,2007 年,第 575—591 页。至于更多的细节和最近的成果,参看达第斯（Dardess）, *Blood and History: The Donglin Faction and Its Repression, 1620-1627*, Honolulu: University of Hawai'i Press, 2000。

② （清）谷应泰：《明史纪事本末》,北京：中华书局,1977 年,第 1045 页。

③ 最为知名的当属苏州因反抗魏氏而被杀的五人,参看《明史》卷二五六,第 6610 页；William Atwell, "T'ai-chang, T'ien-ch'i, and Ch'ung-chen Reigns, 1620-1644," p. 613, 中译文见第 590 页；Naquin, *Peking: Temples and City Life, 1400-1900*, p. 166, 中译文见［美］韩书瑞著,孔祥文译：《北京：公共空间和城市生活》,第 191 页。

为反常、荒谬和悖理的存在。① 在史籍、小说和论战文章中提到生祠时，它都象征着前所未有的腐败、专制和个人崇拜。② 即便是承认这一制度的历史学家也认为这是不合理的存在，《明代名人传》的撰稿人提到："通常，在一位官员过世一段时间后，才会设立祠堂进行供奉；若是在其生前便设立生祠，要么出于真诚的感激，要么便是极度的谄媚，后者的典型例子便是魏忠贤。"③ 但正如我们所见，明代的生祠并不罕见，它的内涵也不仅仅是简单的奉承或感激。这种复杂性甚至在《明史》本身的记载中便能得到体现。

后来者清王朝编纂了《明史》，正如明朝纂修了《元史》。后

---

① 蔡景仙认为为活人设立的生祠是非常罕见的（《中国古代名人传》，呼和浩特：内蒙古人民出版社，2007年，第246页）。王鹤鸣则认为生祠祭祀相对罕见，多为对社会或大众做出突出贡献的人设立，也有的为像魏忠贤这样的权贵奸邪设立（《中国祠堂通论》，上海：上海古籍出版社，2013年，第227页）。另参阅 Fryslie，"Inside Out：The Rhetoric of Derision in the *Mingshi*'Yandang zhuan'，"*Ming Studies* 51. 2 (2006)，p. 104，有些研究者忽视了它们。例如，丁荷生（Dean）在 *The Lord of the Three in One：The Spread of a Cult in Southeast China*（Princeton：Princeton University Press，1998）一书中，将生祠排除在仪式空间的名单之外，并假定所有的祠主都已死亡（p. 42），但据记载，宗教领袖林兆恩于1562年将土地捐献，后（1567年）建成戚继光的生祠（p. 77）。

② 樊树志：《权与血：明帝国官场政治》，北京：中华书局，2004年，第104—114页；Dennis Bloodworth and Ching Ping Bloodworth，*The Chinese Machiavelli：3,000 Years of Chinese Statecraft*，New York：Farrar，Straus and Giroux，1976，p. 257；湖海山人《诡经》尤其是《弄权术》一章中《活着建生祠的太监》一节强调其荒诞意味。在李伯元于1903年所写的旨在推动改革的小说《文明小史》中，第十一回的回目是"……毁生祠太尊受窘"（李伯元：《文明小史》，南昌：江西人民出版社，1989年，第90—96页）。

③ 《明代名人传》忽略了部分生前祠祀行为。例如据《明史》中有关海瑞奉祀情况的记载，《名人传》遗漏了其致仕后与去世后的记载（p. 477，参看《明史》卷二二六，第5932页）。一些《名人传》条目也有生前祠祀的记载。在有关祠祀的记载中，约七十条提到祠庙，五十五条指死后祭祀，十三条是生前奉祀。生祀的例子包括郭英（p. 781）、庞尚鹏（p. 1114）、萧大亨（p. 545）、胡宗宪（p. 635）、谭纶（p. 1244，文中提到了"碑"）和吴国伦（p. 1489）等。

人在修撰过程中通过"褒贬"前朝史事来辅助当朝的治理,既在政策人事上纠正是非,又在人物声誉上惩恶扬善。① 魏忠贤的恶行和生祠在《明史》中占据着显著的位置,赞成或反对为他建造生祠成为判断忠奸的标志。例如,东林士人邹元标的传记中提到了朱童蒙,朱童蒙曾经弹劾邹元标,还参与建造了一座魏忠贤的生祠,所以朱童蒙是奸恶之徒,而邹元标为忠善之士。② 太子洗马贺逢圣当面告诉魏忠贤,他没有请愿在湖广为之建立生祠,魏氏随即怒气冲冲地离去,次日便罢免了他的官职,贺氏却因此受到广泛的赞誉。③ 但是《明史》的记载之中,除了这些正义官员反对的为阉宦和腐败官僚建立的生祠之外,还有为纪念将领所取得的军事成就而建立的生祠——无论是在明代的前期、中期还是后期。④ 我们还可以发现,那些献身于当地建设的官员,往往在他们生前便被人供奉于生祠。⑤ 魏忠贤并非《明史》所记载的唯一建立生祠之人,而生祠也并不注定就是邪恶而又荒谬的。事实上,《明史》淡化了东林党人的观点,有意忽略了那些无比尴尬

---

① 倪来恩(Moloughney),"From Biographical History to Historical Biography: A Transformation in Chinese Historical Writing," *East Asian History* 4(1992),p. 1。官修正史也有其他的目的。
② 《明史》卷二三四《邹元标传》,第6306页。
③ 《明史》卷二六四《贺逢圣传》,第6815—6816页。贺逢圣还曾为他所不喜的将领求情,这些故事都说明他把是非善恶置于个人喜恶之上。
④ 更早的宦官的生祠,见《明史》卷一九一、卷二〇一,第5054—5055、5318页。顾成,为明太祖平定西南,见《明史》卷一四四,第4073—4077页;李怀信,在万历四十年(1612年)保卫甘肃,见《明史》卷二三九,第6228—6229页;南明的黄得功,见《明史》卷二六八,第6903页。许多16世纪中期抗击倭寇的官员也在生前得到奉祀。
⑤ 如唐伯元,曾担任万年、泰和二县知县。见《明史》卷二八二,第7257页。

的旁观者，也承认一些有良知的官员除了讨好魏之外别无选择。①为什么魏忠贤的生祠会让东林党人如此愤怒？简而言之，那是因为他们自己与生祠密切相关。

东林书院的成员中有许多人主张建设生祠。李思诚，天启六年时任礼部尚书，曾两次忤逆魏忠贤。十二年前，在他送别一位知县的文章中写道，当地人可能会因感激他的治理而为之建立生祠。②当龚勉生前被奉祀于城南书院时，东林党的创始人顾宪成为他撰写了纪念碑文。③就在韩爌激烈反对魏忠贤生祠落成前不久，他还撰文纪念另一位同事的生祠。④礼部尚书李标，曾帮助韩爌拟定魏忠贤阉党名录，在崇祯十五年（1642年）写的一篇文章中抱怨当时在任的地方官多被授予了过高的荣誉，不过他所纪

---

① 《明史》卷三〇六，第7869页；（明）文秉：《先拨志始》，第113页。《明史》修撰者称，一些有责任感的官员除了奉承魏忠贤外别无选择（《明史》卷三〇六，第7867页）。

② *Dictionary of Ming Biography, 1368–1644*（本书引注略作 *DMB*），p. 819. 中译文见［美］富路特、房兆楹主编：《明代名人传》，北京：北京时代华文书局，2015年，第1115页。李思诚出现在魏忠贤的东林党人名录上（米海瑞，私人通信，2013年3月）；他也曾为另一位冲撞魏忠贤而下狱的士人而进言（乾隆《江南通志》卷一四四，第33叶，四库全书本）。李思诚：《陈邑侯（宇）升任上元序》，康熙《兴化县志》，中国方志丛书华中地方第四五〇号，台北：成文出版社，1983年，第1006—1009页。译者按：作者所用的四库全书本为香港迪志文化出版有限公司出版的文渊阁四库全书电子版，其内容与台湾商务印书馆《景印文渊阁四库全书》相同。本书中凡是引用四库全书相关内容的，径注"四库全书本"。

③ （明）顾宪成：《龚（勉）毅所先生城南书院生祠永思碑记》，《泾皋藏稿》卷十，第17—20叶，四库全书本。龚勉早在嘉兴地区授课时亦有生祠供奉，参看（明）陆光祖：《郡侯龚（勉）公生祠碑记》，万历《秀水县志》卷九，第8—9叶，中国方志丛书华中地方第五七号，台北：成文出版社，1970年。后文将会予以讨论。

④ （明）韩爌：《李（宣猷）公德政记》，崇祯《蔚州志》卷四，第34叶，日本藏中国罕见地方志丛刊续编第1册，北京：国家图书馆出版社，2003年，第563页；（清）陈鼎：《东林列传》卷十七，第19—20叶，台北：明文书局，1991年；*DMB*, p. 48.《明代名人传》，第73页。

念的则名副其实。① 东林党人激烈反对魏忠贤的生祠，同时却也在纪念其他生祠。

与此同时，一些生祠也为表彰东林士人而建。欧阳东凤是东林党人之一，也是讲学活动的坚定支持者。在讲学中，他扩大了交往的范围，影响了更多非士子的普通民众。在16世纪90年代，他因一场自然灾害而越级上奏以寻求帮助，当地百姓心存感激，为他建立生祠以资纪念。② 吕维祺，曾致信开封士绅反对魏忠贤生祠的建立，他在1614—1619年于兖州任职时，平定了当地的叛乱（见徐鸿儒传），得建生祠。③ 姜志礼，被魏忠贤勒令致仕，也在泉州享有生祠供奉。有碑刻称，姜氏在投身于工作时，完全没有考虑生祠的建立。④ 丁启濬，在魏忠贤监禁周顺昌和其他东林党人时曾仗义执言，也在其生前即为家乡百姓所奉祀。⑤ 李守俊，因反对全国各地建造魏氏生祠而罢官，却因其减税举措而为商人所感激，被立祠供奉。⑥ 被阉党罢官夺爵的尚书李宗延，在世时

---

① DMB, p.484.《明代名人传》，第660页；（明）李标：《元仁侯张公（慎学）趋正去思记》，崇祯《元氏县志》卷六，明代孤本方志选第6册，北京：中华全国图书馆文献缩微复制中心，2000年，第675—680页；《明人传记资料索引》，北京：中华书局，1987年，第222页。

② 康熙《兴化县志》，第847页；《明史》卷二三一，第6033页。

③ DMB, p.1015.《明代名人传》，第1377页。

④ （明）李光缙：《郡太守姜公（志礼）生祠田记》，郑振满、丁荷生编：《福建宗教碑铭汇编·泉州府分册》，第176号，福州：福建人民出版社，2003年，第175页。《明史》卷二三七，第6168—6169页。

⑤ 乾隆《福建通志》卷四五，四库全书本；（明）何乔远：《丁（启濬）公生祠碑》，《福建宗教碑铭汇编·泉州府分册》，第922号，第924页。

⑥ （清）陈鼎：《东林列传》，卷十九，第20叶。

得享生祠。至少有三位在元氏县任职的东林党人赢得了生祠。①

魏忠贤的生祠让东林党人大为震恐,正是因为他们将此项制度视为近来张颖所研究的"儒家形象政治"的一部分。② 通过广建生祠,魏忠贤对严肃的生祀理论和实践都做出了无情的嘲弄。米海瑞(Harry Miller)称,东林士人与受过教育的地主——无论在不在朝——即士绅,宣称是他们而非皇帝,享有制定国家政策的"主权"(sovereignty)。在万历年间,士绅们挑战作为财政改革者和集权者的内阁首辅张居正;到了天启年间,他们则对魏忠贤发起了反抗。③ 或许魏忠贤渴望建立生祠并不仅仅出于虚荣,而是为了提高政治地位,加强他所代言的皇权的权威。东林士人则绝不允许魏忠贤的挑战。这项制度给予了士人无上的荣耀,魏忠贤的染指意味着对其权威不可容忍的挑战,这一点将在本书结束时清晰地体现出来。

---

① 分别是张笃敬、郑三俊与苏继欧。乾隆《河南通志》卷六十,第28叶,四库全书本;康熙《济南府志》卷二十五,第62—63叶,哥伦比亚大学藏缩微胶卷;赵民说:《元氏县令张公(笃敬)德政记》;魏克顽:《元氏县令郑公(三俊)德政碑》,崇祯《元氏县志》卷六,明代孤本方志选第8册,第596—611页。

② 张颖(Ying Zhang),*Confucian Image Politics: Masculine Morality in Seventeenth-Century China*, Seattle: University of Washington Press, 2017。

③ 米海瑞(Harry Miller),*State versus Gentry in Late Ming Dynasty China, 1572-1644* (New York: Palgrave Macmillan, 2008), pp. 2-3。关于用"权利"一词来形容中国人对某些好的事物的主张,参见苏黛瑞(Dorothy Solinger),"Three Welfare Models and Current Chinese Social Assistance: Confucian Justifications, Variable Applications," *Journal of Asian Studies* 74.4 (2015), p.980。我认为没有理由回避这个词,因为我们同时使用其他的术语,如阶级和社会。译者按:"sovereignty"一词乃米海瑞教授在其专著中所运用的概念,自承源自"张居正既柄政,慨然任天下之重,专尊主权,课吏实"。(谈迁:《国榷》卷六十八,张宗祥私校,隆庆六年六月庚辰条,北京:中华书局,1958年,第4193页)一语。其涵义与今日政治性的"主权"一词不尽一致,为尊重原著,姑以此语译之。此词之译,蒙施珊珊教授致函米海瑞教授,告其来源,谨致谢忱。

◇ 为何研究生祠？

　　抛开晚明高层政治的因素不谈，生祠有如下六个原因值得关注。首先，它引发了人们对当时宗教观念的思考。在明人的宇宙观念之中，世上某一部分的运作是与其他部分紧密联系的，他们称之为"感应"。政治与宗教——也包括个人或公共的善恶——通过因果报应、天人感应等途径紧密联系在一起，即使各式神灵亦不能例外。亡灵也在时人的宇宙观念中扮演着重要的角色。寺庙与祠堂祭祀先贤，收容游魂，使其不致引发灾难。他们有时也会显灵来回应祭祀者的祈祷。那么，生者之灵又当如何？20 世纪 30 年代，加藤玄知（Katō Genchi）将生祠视为世界宗教史上的普遍现象，与死后祭奠现象紧密相关，将之统称为"对人类的崇拜"（anthropolatry）。① 但是即便生祠可以显圣，或者与死后祠祀或神怪庙宇极为相似，两者依然存在很大的差别。② 生祠的内涵超越了基本的二元对立：存在与超越、纪念与崇祀、德行与灵性、生存与死亡。大多数明人都受到三教合一思想的影响，所以我讨论的基本儒家思想同样包含佛道二教的因素，这一点在实践

---

　　① ［日］加藤玄知（Katō Genchi）：《本邦生祠の研究——生祠の史实と其心理分析》，东京：中华文库，1934 年，加藤是一个研究项目的负责人，研究了对生祠的不同观点。如李氏朝鲜哲学家丁若镛（Chŏng Yag‐yong）所言，一种基督化的看法认为，即使有些生祠涉及腐败与献媚，但其主要表达对善政的由衷感激（附录二，第 377 页）。

　　② Valerie Hansen, *Changing Gods in Medieval China, 1127–1276*, Princeton：Princeton University Press, 1990. 本项研究出版于 1990 年，与下文所述公共领域的讨论同时。中译文见［美］韩森：《变迁之神：南宋时期的民间信仰》，包伟民译，杭州：浙江人民出版社，1999 年。

中体现得尤为明显。①

其次，生祠在东亚各国广泛存在，有两千余年的历史。② 正如日本学者在 20 世纪 30 年代的研究所揭示的那样，生祠最早出现在东汉时期，并且历代不绝。③ 到了宋代，各类祠堂大量增多，生祠的数量也随之增加。④ 比如，忠臣周虎和他的母亲于开禧三年（1207 年）被双双生祀，因为他保护和州免于金军的入侵，其母则为他提供了帮助。⑤ 宋代生祠或许与明代生祠一样，我在此不做过多讨论。元代生祠则在明代实践中得以延续。例如，辽东人曾生祀一名北方的红巾军领袖许德，他于至正二十六年（1366年）归顺了朱元璋。⑥ 明末士绅在福建沿海生祀郑芝龙，这一传

---

① 罗柏松（James Robson），"Searching for a Better Return: 'Premortem Death Rituals（nixiu 逆修, yuxiu 预修）in Medieval Chinese Buddhism and Society'"（《第四届国际汉学会议论文集》, 台北：台湾"中央"研究院，2013 年，第 71—106 页）研究了人们逝世前的安排；在佛道传统中受到崇拜的生前塑像；参看福克（Foulk）和夏富（Sharf），"On the Ritual Use of Ch'an Portraiture in Medieval China," *Cahiers d'Extrême-Asie*, vol. 7, 1993; Numéro spécial sur le Chan/Zen: Special Issue on Chan/Zen. En l'honneur de Yanagida Seizan. pp. 149 – 219; 以及康若柏（Campany），*Making Transcendents: Ascetics and Social Memory in Early Medieval China*（Honolulu: University of Hawai'i Press, 2009), pp. 180 – 183。

② ［日］加藤玄知：《本邦生祠の研究》第三章；莱德亚德（Ledyard），"Confucianism and War: The Korean Security Crisis of 1598," *The Journal of Korean Studies* 6 (1988 - 1989), p. 109。

③ ［日］长部和雄（Osabe Kazuo）：《支那生祠小考》、［日］加藤玄知：《本邦生祠の研究》。蒲慕州（Poo Mu - chou）认为有些生祠祭祀与神化等同，有的则不是。参看 Poo, *In Search of Personal Welfare: A View of Ancient Chinese Religion*（Albany: SUNY Press, 1988), pp. 149, 151, 196, 212。

④ Hansen, *Changing Gods*, 中译文见［美］韩森：《变迁之神》；陈雯怡：《从朝廷到地方——元代去思碑的盛行与应用场域转移》，《台大历史学报》第 54 期，2014 年，第 61 页。

⑤ 万历《和州志》，中国方志丛书华中地方六四〇号，第 401 页。

⑥ 嘉靖《辽东志》卷六，第 63 叶，续修四库全书第 646 册，第 639 页。

统在清朝和民国时期都延续了下来。① 从地点上看，从辽东半岛到贵州、云南，从甘肃到广东最南端的雷州半岛，生祠都屡有出现。生祠的普遍性与延续性使其在历史编撰中占据一席之地。

研究生祠的第三个原因在于考虑声誉在个人、家族和公共事务中的作用。大明境内随处可见纪念性的建筑，这些建筑有的是私人性的，如诗歌中常提到的楼阁、名人的墓园等；有的则彰显着生者或死者及其家族与国家的关系，如表彰士子的科举牌坊、旌表节妇的节孝牌坊等。生祠是体现更为广泛的社区与国家关系的地方性荣誉的一部分，这一机制包含一系列将临时官僚长期纳入地方的策略。其中包括离任挽留、题名纪念、立碑祠祭、衣冠留赠以及典故传说等，其中众所周知却又难以索解的当属"家长式隐喻"（parental metaphor），即将地方官员称作"父母官"。② 与那些父母甚至祖父母都是在晚清成长起来的人一样，萧公权（Hsiao Kung-ch'üan）继承了五四对传统政府的蔑视，他发现这些荣誉都被授予了那些谋求特权的贪官污吏，尽管他们都声称

---

① 黄真真：《明清之际福建的郑芝龙生祠碑文》，陈支平编：《第九届明史国际学术讨论会暨傅衣凌教授诞辰九十周年纪念论文集》，厦门：厦门大学出版社，2003年，第399—400页。晚清的一位高官曾提到这一生祠（《翁同龢日记》卷四，北京：中华书局，1989年，第1902页）。加藤在1914年于杭州曾亲眼得见（《本邦生祠の研究》，第379页）。参看伊佩霞（Ebrey），*Chinese Civilization: A Sourcebook*（New York: Free Press, 1993），p. 376。有一处是军阀张宗昌，另见 C. K. Yang, *Religion in Chinese Society*（Berkeley: University of California Press, 1967），p. 175，提到民国时期建起的生祠。中译文见［美］杨庆堃：《中国社会中的宗教：宗教的现代社会功能与其历史因素之研究》，范丽珠译，成都：四川人民出版社，2016年，第138页。

② 施珊珊（Schneewind），"The Political Science of Ming." Unpublished paper for the conference "Rethinking Time in Modern China," Tel Aviv, May 2017.

"代表一般民众自发或真正的情感"。① 这一观点似乎可以被明朝人对这些做法的嘲弄所证实,一个代表性的例证便是《牡丹亭》。② 不过明朝人总是时不时地嘲弄一切,如果所有的荣誉都是虚假的,人们就不会费心去嘲弄,更不用说去追求、操纵、怀疑和检验它们了。职业官僚知道除了自我评价之外,他们可以赢得当地的纪念,有来自家族、同僚与后世士大夫的褒贬,也有来自朝廷的升迁、降黜、惩戒与赠官。倘若不对这一普遍性、常识性的现象有所了解,我们便无法理解这些维持帝国运转之人的动机与选择。

第四,生祠还体现了核心的价值观念。学者们已经注意到,有些程序化的仪式有其研究的必要,因为这正是"中国性"(Chineseness)的核心。③ 祠堂的建立以儒家的孝道为核心,这种孝并不局限于特定亲子间的养育之恩和赡养之情。作为一种仪式场所,生祠表达了儒家的另一个核心观念:统治者和官员应该关

---

① Hsiao, *Rural China: Imperial Control in the Nineteenth Century*, Seattle: University of Washington Press, 1960, pp. 436 – 437. 中译文见萧公权:《中国乡村:论19世纪的帝国控制》,张皓、张升译,台北:联经出版事业股份有限公司,2014年,第516页。
② 袁书菲(Sophie Volpp),"Texts, Tutors, and Fathers: Pedagogy and Pedantry in Tang Xianzu's *Mudan Ting*," in *Dynastic Crisis and Cultural Innovation: From the Late Ming to the Late Qing and Beyond*, edited by David Der-wei Wang and Shang Wei, Cambridge, MA: Harvard University Asia Center, 2006, p. 48。
③ 华琛(Watson),"The Structure of Chinese Funerary Rites: Elementary Forms, Ritual Sequence, and the Primacy of Performance," in *Death Ritual in Late Imperial and Modern China*, edited by James L. Watson and Evelyn S. Rawski, Berkeley: University of California Press, 1988, p. 3。

心民众的生活,使其安居乐业,而臣民亦当对此种关怀予以回报。① 正如时人所指出的:"生祠出于人心感受之不已",并旨在"常接于目而莫忘也"。② 长部和雄(Osabe Kazuo)不像萧公权那样对地方祠祀十分轻蔑,他认为尽管一些生祠仅仅服务于士绅网络,但有相当一部分的确表达了民间的意愿,因为它们反映了百姓是如何称赞循吏良臣,反对贪官酷吏。③ 同样,社会学家杨庆堃(C. K. Yang)认为每个社区中对生者与死者的奉祀应当"献给那些在其有生之年致力于公共事业的地方领袖和朝廷官员,有时他们甚至奉献自己的生命和财富。这些人……因为他们的伟大事迹,为后人树立了贤德的楷模"。④ 明人知道生祠的建立既有真诚的感激,也有对权贵的谄媚,正如任何美好的价值观念都伴随着虚伪的产生。无论官员是否当真良善,也无论修建生祠是否出于真心感戴,研究这一制度都可以加深对明人思想和行为的理解。

---

① 戴安德(Davis),"Arms and the Tao, 1: Hero Cult and Empire in Traditional China";宋代史研究会编:《宋代の社会と宗教(宋代史研究会研究报告第二集)》,东京:汲古书院,1985年,第1—56页。文章谈到对山神的信仰,其所讲述的故事开始于生祠的建立,以此来赢得尊重。生前奉祀的礼部尚书包括周洪谟,他于弘治元年(1488年)参与推动了毁禁淫祠的运动,原文见 Schneewind, *Community Schools and the State in Ming China* (Stanford: Stanford University Press, 2006), pp. 76 - 81;中译文见[美]施珊珊:《明代的社学与国家》,王坤利译,杭州:浙江大学出版社,2019年,第115—125页。

② 张昇:《太守谢(士元)侯生祠记》,《张文僖公文集》卷六,第13—15叶,四库全书存目丛书集部第三九册,济南:齐鲁书社,1996年。赵克生:《明代生祠现象探析》,《求是学刊》2006年第2期,第127页亦有引用。

③ [日]长部和雄(Osabe):《支那生祠小考》,第39、43、44页。

④ C. K. Yang, *Religion in Chinese Society*, p. 161. 中译文见[美]杨庆堃:《中国社会中的宗教》,第124页。

◇ 明代的公论与平民主义

研究生祠的第五个原因在于它揭示了在专制制度与官僚体制下明代国家内发表政治言论和采取政治行动的可能性。① 20世纪80年代以来，关于帝制晚期"公共领域"的研究颇为兴盛，学者们热衷于讨论当时民众自由结社、集会，对普遍感兴趣的问题发表意见的可能性。② 历史学家和人类学家在质疑从中国历史中寻求欧洲理论结构有效性的同时，也在中国社会的各个层面、宗教领域及其他地方发现了与现代国家不同程度相关的合法社群。③ 这些社群并不一定反对国家，而是如罗威廉（William T. Rowe）所言，"自晚明以来……在培养参与性思维方面发挥了作用"④。但学术界普遍认为，帝制晚期的"公论"是一个公认的、合法的可以讨论国家治理问题的场域——不过在某些方面存在着相当的限制。首先，严格意义上来说，它仅仅是地方性的，直到19世

---

① 我所说的"国家"（State）包括暴力机关、资源占用及统治的其他方面，这一形式在1368年至1644年，以相对固定的方式维持着朱明王朝的统治。此词有时也专指特定的决策者。因此，"国家"包括所有官员，甚至那些常有混淆的"地方官员"（即驻地行政人员）及其职员与治安力量，因此我在必要时区分"中央国家"。此时的欧洲尚未诞生现代意义上的国家［斯金纳（Skinner），"The State," in *Political Innovation and Conceptual Change*, edited by Terence Ball et al., Cambridge, UK: Cambridge University Press, 1989, pp. 90 – 131. 尤其参看 pp. 98 – 104］。

② 魏斐德（Wakeman），"The Civil Society and Public Sphere Debate: Western Reflections on Chinese Political Culture." *Modern China* 19.2（1993），p. 112。芮玛丽（Mary Backus Rankin）与萧邦齐（R. Keith Schoppa）都就此问题于1982年出版了专著。

③ 对此的回顾性研究，参看魏乐博（Weller）的相关著作。

④ 罗威廉（Rowe），"The Problem of 'Civil Society' in Late Imperial China," *Modern China* 19.2（1993），p. 147。

纪中叶太平天国之后才正式提出了国家层面的问题。① 其次，它缺乏出版媒介。② 再次，它只代表精英人士的意见，更确切地说，只代表官员。③ 最后，和当时的欧洲一样，它可能只意味着一种中立的事实：清朝官员陈宏谋曾认真考虑并试图遵循"公论"，但最终的结论仍是他所权衡的才是正确的。陈氏引述明代改革家吕坤的话说："公论，非众口一词之谓也。满朝皆非，而一人是，则公论在一人。"④ 这是一种仅限于与国家关系密切的士人的公论。

但这一研究多以清代为中心，正如鲁道夫·瓦格纳（Rudolf Wagner）所指出的，公共参与和政策讨论处于"极度低潮"之中。⑤ 但如果我们考虑戴福士（Roger V. Des Forges）、周启荣（Chow Kai-wing）、魏斐德（Frederic Wakeman）及其他学者所

---

① Rowe, "Problem of 'Civil Society'," p. 153; Rankin, "Some Observations on a Chinese Public Sphere," *Modern China* 19. 2 (1993), p. 170.

② Wakeman, "Civil Society and the Public Sphere," pp. 127 – 128; Rankin, "'Public Opinion' and Political Power: Qingyi in Late Nineteenth Century China," *The Journal of Asian Studies* 41. 3 (1982), p. 453.

③ Rankin, "Some Observations," p. 162; Rankin, "'Public Opinion'," p. 453; 季家珍（Judge），"Public Opinion and the New Politics of Contestation in the Late Qing, 1904 – 1911," *Modern China* 20. 1 (1994), p. 66.

④ Rowe, "Problem of 'Civil Society'," p. 153; Rowe, *Saving the World: Chen Hongmou and Elite Consciousness in Eighteenth-Century China*, Stanford: Stanford University Press, 2001, p. 376. 中译文见［美］罗威廉：《救世：陈宏谋与十八世纪中国的精英意识》，陈乃宣等译，北京：中国人民大学出版社，2011 年，第 537 页。关于"公论"的真理可能只有一个人掌握，参看 Dardess, "Civil Society in Early Ming China," in *État, société civil et sphere publique en Asie de l'Est*, edited by Charles Le Blanc and Alain Rocher, Montreal: University of Montreal, 1998, p. 48. 欧洲的情况，参看 Gunn, "Public Opinion," in *Political Innovation and Conceptual Change*, edited by Terence Ball et al, Cambridge, UK: Cambridge University Press, 1989, pp. 247 – 265。

⑤ 瓦格纳（Wagner），"The Early Chinese Newspapers and the Chinese Public Sphere," *European Journal of East Asian Studies* 1. 1 (2001), p. 7。

说的明代"平民主义"(populism),可能会发现颇为不同的明代政治图景。平民主义有许多方面。商业经济和科举考试促进了人员往来和社会流动,科举考试亦然。① 晚明士绅领导的慈善团体不仅吸纳了平民,而且明确模仿他们的组织形式。② 纵然少数精英依旧把持着政治言论的发表和书写,阳明心学却宣称"人皆可以为尧舜",他们的思想及讲学活动大大推动了平民主义在普罗大众间的传播。③ 各类识字阶层喜欢各种各样的出版物,包括政府公报、文学剧本、歌曲小调和涉及公共事务的故事话本等。④ 在明代,自皇帝以下,不仅能接触到廉价的书籍,还能直接接触到宗教相关的知识,这些知识可能经由专职的灵媒——某个平

---

① 然而,官员少有出身于真正的贫寒之家。Yang Nianqun, "Middle - Range Theory and the Rise of the New Social History," translated by Carissa Fletcher, *Chinese Studies in History* 45.2 - 3 (2011 - 2012), pp. 117, 144. 中文原文见杨念群、肖自强:《中层理论与新社会史观的兴起》,《开放时代》2002 第 2 期,第 6—30 页。

② Smith, *The Art of Doing Good: Charity in Late Ming China*, Berkeley: University of California Press, 2009, pp. 46 - 50, 97, 116. 中译文见〔美〕韩德玲:《行善的艺术:晚明中国的慈善事业》,曹晔译,南京:江苏人民出版社,2021 年,第 48—52、141—142、171—172 页。

③ Dardess, "Civil Society"; Wakeman, "Boundaries of the Public Sphere in Ming and Qing China," *Daedalus* 127.3 (1998), pp. 168 - 170. 但这种平民主义的重点是对人民说教和家长式的关怀,而不是倾听他们的意见。参看秦家懿(Ching), *To Acquire Wisdom: The Way of Wang Yangming*, New York: Columbia University Press, 1976, pp. 131 - 135, 209 - 211。

④ 何予明(He Yuming), *Home and the World: Editing the "Glorious Ming" in Wood - block-Printed Books of the Sixteenth and Seventeenth Centuries*, Cambridge, MA: Harvard University Asia Center, 2012; 韩慕肯(Hammond), "Wang Shizhen as Partisan: The Case of Yang Jisheng," *Ming Studies* 53 (2006), p.65; 梅嘉乐(Mittler), *A Newspaper for China? Power, Identity and Change in Shanghai's News Media, 1872 - 1912*, Cambridge, MA: Harvard University Asia Center, 2004, chap. 3; 夏丽森(Hardie), "Self - Representation in the Dramas of Ruan Dacheng (1587 - 1646)," in *Writing Lives in China, 1600 - 2010*, edited by Marjorie Dryburgh and Sarah Dauncey, New York: Palgrave Macmillan, 2014, pp. 57 - 85。

民，通过扶乩的形式创造出新的经文。① 司徒琳（Lynn Struve）及其他学者指出，明末中国有一种"反叛精神"，表现为奴变、抗租、罢工、兵变、教乱和民变。② 社会流动、学社林立、哲学运动、廉价书籍、参与性宗教和阶级斗争都促成了"平民主义"的标签在明代，尤其是晚明的流行。

在这种广泛的平民主义文化中，有明确的政治因素存在。贺凯（Charles Hucker）解释说，在明代的政治运作中，来自御史、各地官员乃至平民的上书经过相关部门（吏、户、礼、兵、刑、工六部）的监察渠道上交内阁，经辅臣充分讨论后，拟出皇帝的批复。然后皇帝或者向几个大臣征询意见，或者召集更多的官员进行廷议，在平等的基础上进行讨论，理想情况下，直到他们达成一致意见为止。按照惯例，皇帝应当执行这一致的决定。此外，明太祖还赋予几乎所有臣民上书进言的权利，以纠正弊政；

---

① 扶乩指用小木棒在一盘灰或沙上绘写。蔡九迪（Zeitlin），"Spirit Writing and Performance in the Work of You Tong," *T'oung Pao* 84 (1988), pp. 103, 109。福建左参政李昂于1478年收藏有扶乩的手册［鲍菊隐（Boltz），"On the Legacy of Zigu and a Spirit - Writing Manual in Her Name," in *The People and the Dao: New Studies in Chinese Religions in Honour of Daniel L. Overmyer*, edited by Philip Clart and Paul Crowe, Sankt Augustin: Institut Monumenta Serica, 2009, pp. 363, 383］；李昂也得享生祀［《明孝宗实录》卷六一，弘治五年三月（1492年4月）］。关于扶乩在嘉靖时期政治上的作用，参看卜立德（Pollard），*Real Life in China at the Height of Empire, Revealed by The Ghosts of Ji Xiaolan*, Hong Kong: Chinese University Press, 2014, pp. 75 - 76。

② Struve, *The Southern Ming, 1644 - 1662*, New Haven: Yale University Press, 1984, pp. 13 - 14. 中译文见［美］司徒琳：《南明史 一六四四——一六六二》，李荣庆等译，上海：上海古籍出版社，1992年，引言第13页。

在他统治后期，他还为平民提供了举报甚至逮捕官员的途径。①
生员（那些在县学及以上就读的学生）是唯一被剥夺进言权利的
群体，但尽管如此，他们还是积极参与到政治讨论当中。② 一位
学者称晚明是"一个人们希望舆论尽可能大声的时代，不管决策
者是否会听到，人们普遍认为它对国家事务有积极的影响"。③ 财
富（阶级）和阶层（以及随之而来的任职可能性）并非总是保持
一致——于是会产生富有而有权势的平民群体。除了古老而深刻
（全球皆然）的对稳定的社会等级作为秩序之源的信仰之外，明
代还体现了魏丕信（Pierre‐E'tienne Will）所称的"深刻内化的

---

① 贺凯（Hucker），"Governmental Organization of the Ming Dynasty," *Harvard Journal of Asiatic Studies* 21 (1958), pp. 64–66; Schneewind, "Visions and Revisions: Village Policies of the Ming Founder in Seven Phases," *T'oung Pao* 87 (2002), pp. 1–43 及其引用的研究成果，尤其是 Lin, "The System of Direct Petition to the Throne in the Time of Ming Taizu," *Ming Studies* 9 (1979), pp. 52–66。

② 关于学生演讲的禁令，参看 Schneewind, "Visions and Revisions," p. 330。学生们可以在省试策论中表达政治观点［艾尔曼（Elman），*A Cultural History of Civil Examinations in Late Imperial China*, Berkeley: University of California Press, 2000, p. 445; Elman, "New Answers to Old Questions: Wanli Era Policy Questions as Ming Dynasty 'Current Events'," unpublished paper for "Rethinking Time in Modern China: A Sinological Intervention" conference at Tel Aviv University, May 2017. Cited by permission］。万志英（von Glahn），"Municipal Reform and Urban Social Conflict in Late Ming Jiangnan," *Journal of Asian Studies* 50.2 (1991), pp. 280–307。万志英指出，嘉靖时期学生与富民合作，提出城市改革的要求。由于学生是唯一被禁止进言的群体，使得反对者将任何抗议归咎于他们；可参看 Wakeman, "The Price of Autonomy: Intellectuals in Ming and Ch'ing Politics." *Daedalus* 101.2 (1972), p. 44；《明穆宗实录》卷二四，隆庆二年九月壬戌条（1568 年 10 月 6 日）。Contra Mittler, *Newspaper for China*, p. 223, n. 184（清代），对学生言论的打压不一定意味着更广泛的镇压。

③ 胡晓真（Hu），"The Daughter's Vision of National Crisis: Tianyuhua and a Woman Writer's Construction of the Late Ming," in *Dynastic Crisis and Cultural Innovation: From the Late Ming to the Late Qing and Beyond*, edited by David Der-wei Wang and Shang Wei, Cambridge, MA: Harvard University Asia Center, 2006, p. 209。

平等主义原则",这一原则有时体现在轮流领导或领袖选举之中。① 我们绝对不能不加考证地就判定清代中期以前的中国民众在政治上都是"传统"的,保持着"绝对臣服"的姿态。② 我将指出,明代的生祠为平民主义者的"公论"提供了一个制度性焦点。公论十分重要:正如一位明代作者所解释的,就像一个人依靠"气"来维持健康一样,这是一个王朝国家(国)的原始生命力(气),使之延续了240余年。③

一旦生祠话语体系发展起来,它就进入了学术与政治讨论的范畴。这是研究生祠的第六个原因。我们可以看到,生祠有可能成为官场上的谄媚之道,以资博取上级的赏识。对官员祖先的尊崇可能会起到同样的效果,但生祠的问题更加突出。真心纪念与阿谀奉承之间存在张力,在特定情况下的处置形成了一系列惯例。这些惯例随后以多种方式促进了对这一现象的阐述。首先,生祠现象对真挚的民众情感的关注,预示了16世纪前期阳明学

---

① 魏丕信(Will),"Introduction: History Has No End," in *China, Democracy, and Law: A Historical and Contemporary Approach*, edited by Mireille Delmas – Marty and Pierre – Etienne Will, Leiden: Brill, 2007, pp. 30 – 31。对于"匹夫有责"等士绅言论的讨论,见 Smith, *Art of Doing Good*, pp. 46 – 50, 97, 116。

② 孔诰烽(Hung),*Protest with Chinese Characteristics: Demonstrations, Riots, and Petitions in the Mid-Qing Dynasty*, New York: Columbia University Press, 2011, p. 15。对于清代中期以前的所有抗议活动,孔氏仅对城市抗议活动进行了研究(如文中表 2.2 和表 3.1),显然排除了乡村的行动。他还进一步假设说文人组织了抗议活动,尽管他只确定 19% 的案件与之相关(p. 98),不过即使他自己的材料也显示租客和富裕的农民会使用海报和小册子(pp. 79, 91, 93;抗议的碑刻,p. 146)。

③ 孔贞时:《公论国之元气》(约1608年),《在鲁斋文集》卷三,第47—49叶,台北:伟文图书出版社,1977年。

派关于各阶层人民内在道德能力的论断。① 其次，如前所述，16世纪晚期东林党与阉党都利用并发展了生祠理论，以谋求其"主权"（米海瑞语）。最后，地方性荣誉的授予，包括生祠的建立，旨在补正官吏频繁调任的缺憾；地方希望将循吏良臣重塑为"贵族"，这一点后来发展为清初思想家顾炎武所主张的"寓封建于郡县之中"。明代的生祠理论产生于旧思想的新语境中，通过将官员的合法性寄托于民众的认可，有助于进一步的观点论证与思想阐述。正因为它所展现的矛盾与紧张，明代的生祠无论在过去还是现在都值得细加考察。

◇ 去思碑与生祠记

有一个故事说，长垣县令高知止贪污受贿，却想要通过树碑来为自己歌功颂德、缘饰腐败。立碑首先需要切割出一块高大的石板（约六到九尺高，三尺宽）。然后由工匠在石碑顶端以篆额为中心雕刻蟠龙，并打磨碑面，竖立在龟趺底座上（图1）。一个文人撰写了对高氏的颂德文章，由另一人摹写上石，再由工匠镌

---

① 王阳明可能是唯一一个拥有像魏忠贤一样多生祠的人，但大多是其平叛后回京路上的临时祭坛。张煜全（Chang Yü-chüan），*Wang Shou-jen as a Statesman*, Beijing: Chinese Social and Political Science Association, 1940; reprint 1975, p. 27, n. 16; 康熙《福建通志》卷三二，第9b叶。刘节：《都宪阳明王公生祠记》，《古今图书集成·方舆汇编职方典》卷九二九，北京：中华书局，成都：巴蜀书社，1986年，第16025页。

刻上去。① 捐款者的头衔和名字——无论是被迫捐献还是有求于

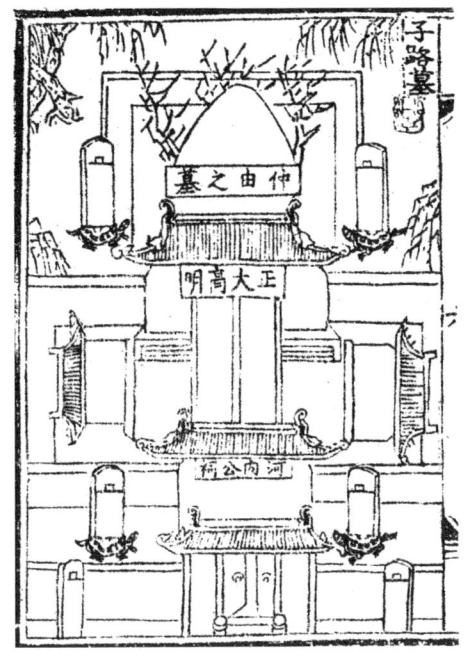

图 1　祠堂里背负石碑的乌龟

这幅插图绘制了孔子一弟子的祠堂和坟墓，清晰地展示了负碑龟的样子，那个拒绝承认高知止政绩卓著的龟趺也与此相似。石碑顶部孔状部位可能是篆额所在。不过早期的石碑有的的确有孔，可以用来悬挂祭品，强调了它们的本质是由内而外的礼器。

资料来源：嘉靖《长垣县志》图六，天一阁藏明代方志选刊第 50 册。

---

① 关于石碑的制作，参看韩文彬（Harrist），*The Landscape of Words: Stone Inscriptions from Early and Medieval China*, Seattle: University of Washington Press, 2008, pp. 24, 205, 26, 158, 85, 61。明朝的生祠碑大小不一也，繁丽简陋也各不相同。在明朝灭亡前十五年内树立的一座生祠碑留存至今，上面有篆书的题额，照片见叶红旗：《同安文物大观》，厦门：厦门大学出版社，2012 年，第 405 页。康豹（Katz）列出了刻在石头上的各种文字，参看 *Images of the Immortal: The Cult of Lü Dongbin at the Palace of Eternal Joy*（Honolulu: University of Hawai'i Press, 1999）, pp. 95 - 96；中译文见[美]康豹：《多面向的神仙：永乐宫的吕洞宾信仰》，吴光正、刘玮译，济南：齐鲁书社，2010 年，第 119—120 页。

高——都被刻于石上,列在立碑的年月"吉日"之后。① 不过在万历三十九年(1611年)初,高氏的颂德碑碑首无故摇晃了一月之久。此外,附近的农民发现了斗大的一个蛋。后来,石碑和大蛋都被沉入黄河,人们唱道:"碑摇头,鳖下蛋。"此后不久,高知止、碑文撰者和书丹者,都被判处了苦役和流放。② 显然,在当地人看来,高就是一个混蛋(鳖下蛋),他与其他腐败分子勾结起来美化自己。石碑与龟趺都不喜欢他撒谎,天地对此亦有明鉴。

换言之,明人在纪念活动中已经包含了后帝制时代历史学家对"事实"的怀疑。不过,生祠碑记恰恰是本书最为重要的资料来源。官修《明史》、历朝《实录》、墓志以及方志中的类传,都提到了有关生祀的史实,但缺乏细节。地方志记载了一些生祠兴废的历史,和文集一样,其中收录了我称之为"生祠记"的大部分的文章(记)。我主要依据两种类型的材料。第一,与大多数寺庙、学校和其他机构一样,当生祠被建造或翻修时,捐赠者和主事者可能会在石头上刻下对这一事件的记录,并立于生祠的一侧。这些记载被称为"祠记"(除非特别指明,我一般用"祠"来指代"生祠")。第二,祠中还有纪念生者的石碑。它们有"德政碑"等不同的名称,但通常属于"去思碑",意为官员离任后

---

① 立碑的月份可以规划,具体的日子却难以断定,所以"吉日"吉祥而又特殊。此外,即使从晚清碑刻抄录的碑文也很少包括捐款者的姓名。
② 王同轨:《耳谈类增》卷三一,第6叶(叙事中主人公的名字似乎决定了其结局)。雍正《山东通志》卷十五第62叶和雍正《畿辅通志》卷二十六第60叶(均为四库全书本)确认了高氏的籍贯、功名,曾任长垣县令。碑刻也被用来颂神,参看郑仲夔:《玉麈新谭》卷六,第2叶。

当地百姓依然在怀念他。① 我也统称其为"去思碑"。

从唐代开始,奉祀在世官员的祠堂和碑刻就已经出现,往往被同时研究。② 但对记录文字的历史学家而言,碑文因其明确性而比祠堂建筑更受青睐。卜正民(Timothy Brook)曾指出石碑是如何将"社会景观文本化"(textualized the social landscape)的,精英和政府将其声望和权威刻在永恒而庄严的石碑上,而不那么富有或显要的人只能求助于潦草的涂鸦和临时性匿名的传单或牌记。③ 刘青梧(Jamie Greenbaum)认为,精英们只能通过文献记载在其生前或死后获取名声,至于那些"不能留下记录"的普罗大众,也就无缘赢取声誉。④ 但是,由文人创作的生祠记却表现了一种较少文学色彩的成名路径,这一路径最终有赖于普通民众,因为声名最终是在他们心中和生祠里得以实现。就像路易·奥维多(Lluis Oviedo)提醒人们小心对待理性的学术性偏见一

---

① 这一名称借鉴了对先祖的追思的仪式性实践。关于这一实践的讨论,参阅白瑞旭(Brashier),*Ancestral Memory in Early China*,Cambridge,MA:Harvard University Asia Center,2011,pp. 39,207,236。崇祯《固安县志》卷四,第 8 叶,去思祠,哥伦比亚大学藏缩微胶卷;光绪《怀来县志》卷十一,第 24 叶,去思堂,哥伦比亚大学藏缩微胶卷。

② 例如,刘馨珺著:《唐代"生祠立碑"——论地方信息法制化》,邓小南主编:《文书·政令·沟通:以唐宋时期为主》,北京:北京大学出版社,2012 年,第 463—516 页。陈雯怡案: 《从朝廷到地方》。参阅 Schneewind,"Can Peculiar Yuan Living Shrines Address Questions about Ming Populism?" Unpublished paper for the Second Conference on Middle Period Chinese Humanities,Leiden,September 2017.

③ Brook,"Communications and Commerce," in *The Cambridge History of China*,vol. 8: *The Ming Dynasty, 1368 - 1644, Part 2*,edited by Denis C. Twitchett and Frederick W. Mote,Cambridge,UK:Cambridge University Press,1998,pp. 645 - 647. 中译文见[加]卜正民:《交通通信和商业》,《剑桥明代中国史,1368—1644 年》下卷,北京:中国社会科学出版社,2006 年,第 606—608 页。

④ 刘青梧(Greenbaum),*Chen Jiru (1558 - 1638): The Background to, Development of, and Subsequent Uses of Literary Personae*,Leiden:Brill,2007,pp. xxx - xxxi.

样,我们也应当避免"文本主义"(textism)。① 许多——甚至是大多数——生祠都因缺乏文本而为历史学家所忽视。祠堂的目的与碑文有所重合,但并不完全一致。两者都是为了纪念不朽,但明人对碑刻有着复杂的感情:发自内心的纪念无需外在的提示,石刻也不像人类的心灵,只是没有天理的外物。② 在生祠中,它们一遍遍告诉我们,人们进行献祭,不仅是为了纪念,而且是为了"报"——回报(requite)、酬报(recompense)、偿报(repay)与答报(reciprocate)。

在研究生祠时,我主要依据碑刻记录。但我们能相信它们所说的吗?立碑行为本身就是一种公开的表演,它所镌刻的碑文更是有所美化。不过,即使如前述高知止的故事一样,在公开纪念中每一个人物与活动的细节都是谎言,但石碑——其历史文物意义不亚于建筑——的象征意义与所述观点依旧揭示了明代的政治主张和观念。③ 碑文所记载言行的细节,也许并不"真",但具有独特的意义,否则就不值得刻在石头上了。至于事实,我在阅读纪念性文章时,避免在每一处美好德行前加上"据说"这样的字眼,这些往往反映了历史学家的世俗偏见,而不是基于可靠证据的怀疑。即使是彻头彻尾的谎言也展示了写作的规范,蕴含着内在的政治理论,后者在文本中得到了进一步的发展。我读碑文,不仅是为了看人们如何对待生祠,而且主要是为了观察生祠如何使明人的思考和写作成为可能。因为思想在即便最传统的实践中

---

① 奥维多(Oviedo),"Religious Cognition as a Dual-Process: Developing the Model," *Method and Theory in the Study of Religion* 27 (2015), p. 55。

② 陈让:《南安邑侯唐公(爱)生祠碑》,郑振满、丁荷生编:《福建宗教碑铭汇编·泉州府分册》,第 623 号,第 607 页。Brashier, *Ancestral Memory*, pp. 162-163。

③ 关于生祠碑作为经济数据的来源,参看陈光焱:《中国财政通史·明代卷》,北京:中国财政经济出版社,2006 年,第 16 页。

也起着作用，而实践也蕴含在即便最崇高的思想之中。

生祠记与去思碑有着固定的写作格套：陈述当地的困境；列出祀主的具体成就；与其他官员直接或含蓄的比较，回顾他迄今的履历，有时会提及后续的任官，甚至有少数还会提到其家庭背景；运用经典的或历史性的典故；以及记叙在祀主离任时民众的悲伤。如果是纪念生祠的落成，碑文会提到主事者及其对计划的讨论，对作者撰写碑文的请求，作者与当地或祀主的关系，作者对生祠建造及治理情况的看法，对未来的希冀，以及生祠的建筑格局和祭祀仪式。① 从整体上看，我在本书中指出了明代生祠现象的一些发展，仅在必要时才提到其他朝代；因为我没有对其进行专门的研究，所以任何对比都是推测性的。我之前发表过一篇一个县的案例研究，何淑宜也发表过一个府的研究，后文将会有所涉及。②

本书的重点在于对相关问题进行结构性梳理，为其他学者的进一步研究奠定基础。书内所引用的碑文（远非我所阅览的全部）及其他主要史料均已译成英文，③ 原始出处列在书末参考书目的第一部分。我所直接提到或引用的地方志按出版日期与书名进行排列，列在参考书目第二部分（先按省份音序排列，省内再按书名音序排列）。这份书目大体展示了我所考察的地域范围，

---

① 参考了魏伟森（Wilson）对此的叙述，见 Genealogy of the Way: The Construction and Uses of the Confucian Tradition in Late Imperial China, Stanford: Stanford University Press, 1995, pp. 5－6。

② Schneewind, "Beyond Flattery: Legitimating Political Participation in a Ming Living Shrine," Journal of Asian Studies 72.2 (May 2013), pp. 345－366. 何淑宜：《晚明的地方官生祠与地方社会——以嘉兴府为例》，历史语言研究所集刊第八十六本第四分，2015 年，第 811—854 页。

③ 译者按：本书译文均校核了原始文献，仅第六章第 229 页有一处英文回译，详见该处"译者按"。

但并非我曾参考的全部。参考书目第三部分是其他的一些一手与二手文献。在线上的明史英语翻译项目（Ming History English Translation Project）中，我还提供了一份至少五十人的明代生祠名单，本书未能一一讨论。索引注明了书中讨论人物的时代与籍贯。

　　本书各章旨在对明代政治中的生祠进行整体性论述。我并未对其历史详加叙述，为方便读者理解，让我先在此处对书中涉及的关键节点做一概述。在洪武年间（1368—1398年），明朝的建立者太祖皇帝朱元璋在基层社会建立起里甲制度，各户轮流担任里长负责基层治理，由粮长收取邻里赋税并解往都城，① 里老人则被赋予基层裁决的权力，并有权举报甚至逮捕地方官员。但这些举措日渐衰败，地方长官成为治理的关键人物。在明朝全盛时期，大约从1475年开始到16世纪中叶，科举考试几乎成为出仕的唯一途径，活跃的州县官，尤其是知县，致力于新建或拆除祠庙，开始编写地方志以记录本县的历史和他们自己的活动。② 1506年往往被视为明朝开始走向衰败的转折点。这一年，谨遵儒家教诲的弘治皇帝（1488—1505年在任）病逝，任性的正德皇帝（1506—1521年在任）即位，他转而宠信宦官而不是外朝的士大夫。1521年初，正德皇帝没有留下子嗣便突然去世，他的一个堂弟继位，成为嘉靖皇帝（1522—1566年在位）。他与文官集团就"大礼议"问题展开激烈争论：他应当将谁作为自己的父亲？是

---

① 参阅 Schneewind, "Visions and Revisions: Village Policies of the Ming Founder in Seven Phases," *T'oung Pao* 87（2002）, pp. 1-43. 译者按：此条注释为英文版所无，遵作者嘱，在中译本中添加。

② 参阅 Schneewind, *Community Schools*, chap. 4.［美］施珊珊：《明代的社学与国家》，第四章。

如他所愿自己的生父,还是弘治皇帝?最终,嘉靖皇帝胜利了,而他对礼制管理的兴趣仍在继续,一个表现就是他禁止在全国各地县学旁的文庙为孔子塑像。儒家的一个哲学流派阳明学派出现在十六世纪初期。在16世纪40年代,沿海海盗的威胁日渐严重,直到1567年,通过军事行动打击、与葡萄牙人合作以及出台一项允许更多沿海贸易的政策才最终得以解决。万历年间(1573—1619年),东林学派发展壮大,朝廷党争开始,士绅对社会的统治力日益增强,利玛窦和其他欧洲耶稣会士相继到来。天启年间(1621—1628年),魏忠贤崛起,党争更为激烈。1644年,明王朝在农民起义和外敌入侵下灭亡,后二者都得到了失意文人的帮助。

全书第一部分"基础和地面"为接下来的分析奠定了基础。第一章"一种常见的制度",介绍了生祠的基本情况,包括其资金、位置、活动、数量、源流、合法性、礼仪等,并与遗祠(postmortem shrines)①、名宦祠进行了比较。第二章"父母之官",讨论了是谁及他为何得以生祀,检讨了先前的学术结论。我认为,所谓的"家长式"(paternalist)政府表达了一系列自下而上的关注,并用一种隐喻表达了官员回应这些关注的责任。第三章"崇祀",探讨我们应该将生祀理解为纪念还是崇祀。生祠主要是宗教性质的吗?这又能解释它们大范围的建立吗?有些证据很有意思,但又回到了政治上来。我认为,理解生祠或许会完全颠覆陈旧的"官僚主义隐喻"(bureaucratic metaphor)对世俗

---

① 译者按:作者强调"postmortem shrines",是与"premortem shrines"相对,指祀主死后设立的祠堂。在中文语境下,这类祠堂没有特定的指称,一般被称为"某某祠",只有"生祠"才特指在生前建立的祠堂。为了体现二者的区别,在本书中,以"遗祠"来翻译作者所说的"postmortem shrines"。

宗教的解释。

　　第二部分"立柱和横梁"阐述了中心论点。第四章"政治活动"，建立在杨庆堃对生祠所传达信息的描述之上，讨论了这些信息从地方到国家层面是如何被离任、现任、即将上任的官员和其他受众所接受的。本章进一步表明，生祠现象明确反映了地方政治话语权，对这不过是士绅团体内部的自我吹嘘、阿谀奉承的观点做出了反驳。第五章"从奉承到参与"，认为明代对虚假荣誉的担忧造成了一种动态的紧张关系，其解决方案在于博取广泛的认可，并有着内在的逻辑。东林学人及其他思想家对明代的生祠制度尤为重视，进一步推动了它的发展，并竭力维护其纯洁性。第六章，"平民百姓"，涉及明朝的社会阶层，包括生祠记中所列出的赞助者。问题的关键在于士绅与平民的区分。"士绅"大致等同为"士"，狭义上是指在科举考试中取得"进士"或"举人"头衔的读书人，意味着拥有做官的资格。但是，低级别的官职可以由生员，特别是监生充任；而进士或举人的家属在社会意义而不是法定意义上也属于士绅阶层。除此之外的其他人，无论是市民还是士兵，僧道还是居士，富民还是穷人，都是"平民"，他们对生祠的资助意味着参与到明朝的政治之中。

　　第三部分"墙壁和屋顶"充实、深化并总结了整个论述。第七章"政治投资"以一个县为例，通过个案研究说明了由当地人（包括平民）资助的生祠是如何成为地方性荣誉的一部分的，讨论生祠如何从信仰的角度演变为合法化的政治行动。但是，像所有分布广泛而存续长久的制度一样，生祠有着颇为复杂的面向，所以第八章"复杂的图景"讨论了一些核心论点未能涵盖的问题。第九章"小天命"指出，明人可能已经普遍接受了天命思想，在府县两级重新认识了他们与国家的关系。最后的"结语"

重申了主要观点,并提出了一些最后的思考。

✳

哲学家王道约于嘉靖二十二年(1543年)写道:"或者曰:'祠也者,所以事神也,生祠非古也。'是不然。""礼以义起"的原则(在不同文章中有不同的表述)早已被普遍接受。王道接着举出一个宋代官员的例子,他曾在海州为官,离任后百姓建起生祠来纪念他。有一天,他上庭奏事,突然感到醉醺醺的:

> 上诘之,对曰:"臣素不饮,此必州人飨臣尔。"覆视之,果然。用是而观,人神一理,感应一机。①

王道并非完全踵继其师王阳明,而是专注于"道无往不在"的教诲。② 在他们的时代,生祠可以阐明和维护宇宙秩序的中心法则,也可以预示灾难。在我们这个时代,它们阐明了明人对沟通政治和精神领域的原则及实用主义的思考。

---

① 王道:《(东昌)太守陈公(儒)生祠记》,嘉靖《武城县志》卷八,第39a叶,天一阁藏明代方志选刊第44册,上海:上海古籍书店,1981年。这一故事也收录于朱胜非:《绀珠集》卷十一,第7叶,四库全书本。相似的唐代故事但有着不同的意义,见雷闻:《唐代地方祠祀的分层与运作——以生祠与城隍神为中心》,《历史研究》2004年第2期,第36页。译者按:原文称宋代官员任所为"Dongchang Prefecture"(东昌府),误,今据《武城县志》原文正之。

② Ching, transl. *The Records of Ming Scholars by Huang Tsung-hsi*, Honolulu: University of Hawai'i Press, 1987, p. 25. 中文原文见黄宗羲:《明儒学案》卷四十二《文定王顺渠先生道》,北京:中华书局,2008年,第1035—1040页。

第一部分

基础和地面

第一章 一种常见的制度

> 有前后之堂，有东西之庑，有内外之门；烹有庖，涤有井，储有库；缭以周垣，表以华扁。于是乎杨公遗爱之祠，崇深壮丽，足以慰其民之思矣。落之日，老稚手香帛，具牢醴，从君罗拜庭下，且喜且悲，真若慕其考妣然者。公德之入于人心，何为深且久如此也！
>
> ——费宏《杨公遗爱祠记》

本章将介绍生祠的形制，描述其中人们的活动，说明其资金的来源和明代生祠的数量。本章将讨论这片土地的法律——《大明律》对其的规定，并考虑是否如学者们普遍认为的那样，为生者建祠并不妥当。最后，本章也将生祠与另一种表彰良吏的祭祀活动进行对比。所有这些基本内容不仅是社会性的事实，而且关涉生祠话语上的论争，也是本书进一步进行生祠研究的基础。

◇ 生祠是什么样的？

从供奉魏忠贤的巍巍殿宇到纪念地方官的小小祠庙，历史记载中绝大多数的明代生祠和寺庙或祠堂别无二致。韩森将"祠"定义为"为某一仍在世者或曾在世者所建，因此'生祠'指为仍在世者所建之神龛，常常是当某位清官要离开某地时所建。当某位生祠之主过了世，生祠就变成了'祠'"。① 在明代的用法中，"生祠"既可以指在现有的庙宇、学校或其他建筑内放置活人的雕像、画像或牌位的祭坛，也可以指人们在自己家中张贴画像，在官道上临时设祭，或在祠庙中举行一次性仪式的行为。②

  每所生祠往往是院墙围绕的独立院落，内有一到六进房屋，每进由梁柱分成三个相对独立的空间，称为"间"。比如，落成于15世纪30年代的内黄县宋安祠，"其为间者三，而门亦如之。筑以周垣，涂以黝垩，植嘉木异卉于其中"。③ 约两百年之后印制的一本介绍生祠建筑的小册子绘有生祠的图像，上面显示祠堂的正门下有立柱，上覆檐顶，中悬一匾额，上题"毕公生祠"（图2）。生祠有时会有专门的名字，但往往径称为"某公生祠"。公，本指封国的国君，这里则具有"先生"或"大人"的含意。同时"公"在汉语中还指公益，并且出现在"公论"一词之中。在毕公生祠正门的右侧，矗立着一方记录其功绩的去思碑。祠内，正对面是典型祠庙风格的影壁，两侧植有树木，东西两间偏殿遥遥

---

① Valerie Hansen, *Changing Gods in Medieval China, 1127 - 1276*. Princeton: Princeton University Press, 1990, p. 179. 中译文见［美］韩森：《变迁之神：南宋时期的民间信仰》，包伟民译，杭州：浙江人民出版社，1999年，第181页。

② 两个例子见万历《泉州府志》卷二十，中国史学丛书三编第四辑第38种，台北：台湾学生书局，1987年，第1553—1555页。参阅张煜全（Chang Yü-chüan），*Wang Shou-jen as a Statesman*. Beijing: Chinese Social and Political Science Association, 1940; reprint 1975, p. 27 及注16; George L. Israel, *Doing Good*, p. 88. 参与平叛的其他官员也同时在祠堂中受到祭祀。韩书瑞（Naquin）提到死者的亲友在送葬路途中设置小型祭坛（"Funerals in North China: Uniformity and Variation," in *Death Ritual in Late Imperial and Modern China*, edited by James L. Watson and Evelyn S. Rawski. Berkeley: University of California Press, 1988, p. 43）。

③ 刘矩：《翰林修撰刘矩撰掌内黄县事知州宋公（安）生祠记》，嘉靖《内黄县志》卷九，第32叶，天一阁藏明代方志选刊第52册，上海：上海古籍书店，1981年。

相对。四级台阶之上是一座五开间的正殿,其中四间绘出隔扇,上部是栅格状的纸窗。图中没有绘出正中间的殿门或帷帘,以显示殿中的供桌,上有香烛、炉台与供品。图中所看不到的毕氏雕像或画像,当是在祭台之后。殿门上方悬挂有两方匾额,仿照的是名流题赠或御赐书额。① 上书:"泽流去后,流芳千古。"画中没有出现围墙,但现实中肯定存在。② 其规模正是典型的独立生祠的大小。

图 2　毕公生祠

资料来源:张廷玉:《毕公生祠记》,天启时期,单行本,陕西,哈佛燕京图书馆藏。

有的永久性生祠规模较大,接近大型的寺庙:"正厅五楹,

---

① 参阅 Hansen, *Changing Gods*, chap. 4;[美]韩森:《变迁之神》,第四章。
② 例如,伍晏:《唐公(淳)生祠记》,嘉靖《清流县志》卷五,第 24 叶,天一阁藏明代方志选刊续编第 38 册,上海:上海书店,1990 年。

东西厢房各三楹，大门三楹，匾其额曰'河阳生祠'，正厅之后退厅三楹，厢房各三楹。"① 一所在嘉靖二十一至二十二年（1542—1543年）历时五个月建成的生祠，"左右列庑各四楹，以为致斋列涤牲之所。前为仪门，又前为碑亭，仪门之间转而西向，面河为大门，额之曰'东昌太守芹山陈公生祠'"。② 隆庆元年（1567年）落成的一座生祠，是为纪念十位仍在世的官员所建，其后有竹林亩余，四周围以墙垣，中为大门，"门内为大堂，堂有三楹：堂之上、堂之左、堂之右，设塑像及木主焉。堂之旁为小厅，如堂之数。厅之后复为二楹，守者居之，朝天宫道士也"。③

在规模和布局上，生祠与遗祠、神龛或庙宇极为相似，而其格局又与学校、府衙、庭院乃至宫殿基本相同。事实上，这些空间是可以互换的，所以生祠可以建在任何地方。有些生祠正是利用改建的建筑：秀水知县龚勉的生祠就是原先的递运所。④ 还有的则在现有的宗教建筑中共用空间，如紫泽宫。⑤ 16世纪中叶有一官员主持建造了天竺庵，其中有一座莲花塔作为县里的鼓楼，

---

① 郭玺：《新建河阳陈公（俎）生祠记》，嘉靖《广平府志》卷七，第6叶，天一阁藏明代方志选刊第5册。

② 王道：《（东昌）太守陈公（儒）生祠记》，嘉靖《武城县志》卷八，第38叶，天一阁藏明代方志选刊第44册。

③ 卢璧：《群公惠泽祠记》，万历《上元县志》卷十二，第75—77叶，哥伦比亚大学藏缩微胶卷。

④ 万历《秀水县志》卷二，第3、8叶，中国方志丛书华中地方第五七号，台北：成文出版社，1970年，第103、113页。龚氏还有另一座生祠位于县学中，顾宪成作记纪念。

⑤ 郑鼎新生祠，康熙《福建通志》卷三十一，第2叶，北京图书馆古籍珍本丛刊第34册，北京：书目文献出版社，1988年。

为了纪念他的功绩，人们便为其在庵中建立生祠。① 生祠的类型多种多样，有的被单独供奉，有的则是众人合祀；有的在独立的祠庙中，有的只是供奉在家里；有的生祠立在县学，有的则被并入佛教或道教的寺庙。小型的生祠可能只是"庋置其像，设于三塔寺中"。② 一座为在世官员所建的遗爱祠最早出现在罗汉寺，后来又移往另一座寺庙——显报寺。③ 都督杨洪曾重建龙门的两座佛寺。据记载，当时的驻军为感谢杨洪的保境安民之功（时在正统十四年，1449 年）以免为人所遗忘，又因杨氏并不长居龙门，他们便在其中一座寺庙的中门附近建造了一所生祠，朝夕祭拜，按时供奉。④ 明代的建筑并没有明确的世俗与神圣空间之分，所以只要有合适的处所并可负担，便可建起生祠。

✧ 人们在生祠中做什么？

明代文献解释称，生祠表达了群体对某人的怀念，使人们能够记住他，并将其故事讲述给后人。并且就像对任何神灵的祠祀一样，也是为了回报他的功德和恩义（类似的表述出现在某些先祖祠堂的碑文中）。⑤ 回报的形式便是纪念和供奉。

生祠的中心立有一方姓名碑，更常见的则是其肖像。明末官

---

① 乾隆《绩溪县志》卷五，中国方志丛书华中地方第七二三号，1985 年，第 143—144 页。该祠显然延续到了清代中叶。
② 姚世华：《重修郡侯初庵方公神祠碑记》，万历《秀水县志》卷九，第 6—7 叶。
③ 张公（江明）遗爱祠，雍正《浙江通志》卷二二四，第 7 叶，四库全书本。
④ 冯益：《杨都督武襄公生祠记》，康熙《龙门县志》卷十四，第 24—25 叶，哥伦比亚大学藏缩微胶卷。
⑤ 例如，陆心源撰：《吴兴金石记》卷十五《褚公祠碣》，第 6 叶，续修四库全书 911 册，上海：上海古籍出版社，2002 年，第 613 页。

员离任后，乡人往往"肖像祀之"。① 当范箕离开阳武时，"士民感恩图报，故绘像以立生祠焉"。② 薛祥拯救因盗贼作乱而受连坐的良民，人们"感荷如天，写真生祠之"。或许是其肖像起到了表率的作用，文章称"民相劝莫为恶以干犯祥令"。③ 一条记载中这样解释生祠："夫不忘其善则思其人，思之不见得见其似可也，此洛之民所为生祠乎？"④ 为了实现情感联系和视觉化呈现，就像祠堂和寺庙一样，生祠也以图像为中心。⑤

寺庙或祠堂中的基本活动也在生祠中进行：祈祷，跪拜，叩首，供奉香烛、食物、酒水和牲牢。⑥ 利玛窦描述了明人习以为常的情况，每座供奉离任官员的"庙"都有：

> 祭坛，供着雕塑家所做的最像本人的塑像。每年都有一

---

① 康熙《福建通志》卷三十二，第13b叶。对另一位官员，"民肖貌祠焉"，见万历《秀水县志》卷六，第18a叶（第311页）。一幅画像在生祠建成十二年之后才绘就，兵部尚书彭泽为之作记，见嘉靖《阳武县志》卷一，第19b—20a叶，天一阁藏明代方志选刊续编第58册。

② 嘉靖《阳武县志》卷二，第5叶。

③ 黄金：《资政大夫工部尚书无为薛公（祥）传》，朱大韶编：《皇明名臣墓铭》，明代传记丛刊第58册，台北：明文书局，1991年，第31页。《明史》卷一三八《薛祥传》，北京：中华书局，1974年，第3973页。关于"真"指代画像的讨论，参阅 Foulk and Sharf, "Ritual Use of Ch'an Portraiture," pp. 161–162。

④ 王建屏：《陈侯（惟芝）去思记》，顺治《洛川志》卷二，第30叶，上海图书馆藏。

⑤ 对祠祀中图像的偏爱，在太祖皇帝更换城隍画像和嘉靖皇帝用牌位取代孔子塑像的过程中依然存在。司马黛兰（Sommer），"Destroying Confucius: Iconoclasm in the Confucian Temple," in *On Sacred Grounds: Culture, Society, Politics, and the Formation of the Cult of Confucius*, edited by Thomas Wilson, 95, 109, Cambridge, MA: Harvard University Asia Center, 2002。

⑥ Naquin, *Peking: Temples and City Life, 1400–1900*, Berkeley: University of California Press, 2000, p. 22, 给出了很好的总结。中译文见［美］韩书瑞：《北京：公共空间和城市生活》，孔祥文译，北京：中国人民大学出版社，2019年，第19页。

笔钱支付庙中香火和照管长明灯的仆人的工资。这种祭坛上所用的大铜香炉和神像前行礼所供的差不多。（其中的石碑）精美地刻有他任职期的记载，留传给后代。……来祠堂祭奠有固定的时间，每次都要重复常规的跪拜和上供的礼节。①

鉴于基督教在了解中国礼仪方面的投入，传教士和教徒提供更多关于生祠的信息便不足为奇了。康熙三十一年（1692年），一位中国的天主教徒夏大常（教名Mathias，即夏玛第亚）收到耶稣会上级的来信，询问生祠的历史，夏氏作了详尽的回答。他写道，生祠中"写本官年岁牌位上供，或塑本官像貌于台上"。当官员仍在世时（显然，这里的文字有些混乱），每年春秋两季举行祭祀，具体的日期会经过复杂的计算，并由朝廷批准。"有司正印官"进入生祠，行四拜之礼，分三次上香献爵，此后又行四拜礼。此外，"每月初一十五，香烛瞻拜"。夏氏还说："若是年深日久本官去世，就称先贤祠，方用祭礼，此祭祀之礼，是祭亡者之灵而非祭神也。"② 其他资料也佐证了他的报告，即生祠祭品包括正式的官方献祭和非正式的个人或团体的献祭，但我尚未找

---

① Elia and Ricci, *Fonti ricciane*, 1/82 – 83（N 131），passage trans. Bruce Tindall. Cf. Gallagher, *Journals of Matthew Ricci*, p. 71. 中译文见［意］利玛窦、［法］金尼阁：《利玛窦中国札记》，何高济等译，北京：中华书局，1983年，第76页。译者按：中文版《札记》与英文引文略有出入，译文据英文版略加调整。

② 夏玛第亚：《生祠缘由册》，钟鸣旦、杜鼎克编《耶稣会罗马档案馆明清天主教文献》第十册，台北：利氏学社，2002年，第45—46页。夏大常向方济各（Francesco Saverio Filippucci）介绍了唐代政治家狄仁杰的生祠、一些明代的生祠以及一些纪念祠，如潮州的韩愈祠。他还提到当祠主去世时，生祠会变成先贤祠，但我没有看到这种自动转换的例子。关于夏氏及其作品，参看利玛窦研究所的书目，riccilibrary. usfca. edu/view. aspx? catalogID = 5314. 有关夏的了解，还包括访谈（梅欧金 Eugenio Menegon，私人通信，2010年2月14日）。

到太多关于祭品性质的可靠证据。

我们现在所描绘的图景包含了塑像、祭坛、跪拜,以及一年两度的祭祀——包括香烛、食物(一份生祠记中明确指是猪蹄)[1]和酒水。[2] 有祠记称,"有礼不可无乐,谨再拜为诗"。[3] 看护祠堂的人有些是道士,有些是阴阳官,还有的则可能是和尚,他们负责照管祠中的烛火,令其不得熄灭。[4] 就目前来看,除了供奉的物品尚不明确外,生祠似乎很像其人死后的遗祠。

和其他开放给个人祭拜的庙宇一样,生祠也欢迎公众不定期的参观。一位致仕的乡绅解释为前任官员建造第二座生祠的必要性时说,生祠建在南关厢,对住在城西和城北的人来说"朝夕焚香不便"。[5] 另一个例子中,当地百姓"相顾而语曰:'此官今已去,百不可留。惠在吾民,曷云能忘?恩在吾民,曷云能已?惟立祠塑像祀之,庶几朝夕若或见之,答惠爱而永民思。'"[6] 我们

---

[1] 李思诚:《陈邑侯(宇)陛任上元序》,康熙《兴化县志》第三册,中国方志丛书华中地方第四五〇号,台北:成文出版社,1983年,第106—107页。

[2] 嘉靖九年(1530年)仲春与仲秋的十五那天,章允贤遗爱祠与孔庙同时献祭。祭品包括四种水果、一头猪、一头羊和一份"神食",但是,在万历三十一年(1603年)记录这一事件的时候,章氏很有可能已经故去了,所以我们不能断定活人会接受牺牲。参见万历《成安邑乘》,明代孤本方志选第10册,北京:中华全国图书馆文献缩微复制中心,2000年,第440页。

[3] 王聘:《嘉忠祠记》,嘉靖《辽东志》卷二,第35—36叶,续修四库全书第646册。

[4] 卢璧提到"群公惠泽祠"在正殿之后有一幢两开间房子,由该祠的看护人居住,他是县城知名道观里的道士。嘉靖《广平府志》卷七第6叶提到由阴阳官负责。有道士掌管茅山道士的祠堂(王世贞:《广东高州府知府致仕进阶中宪大夫东山徐公墓志铭》,《弇州四部稿续稿》卷一一一,第19叶)。

[5] 裴栋:《任公(应征)生祠记》,崇祯《蔚州志》卷四,第37a叶,日本藏中国罕见地方志丛刊续编第1册,北京:北京图书馆出版社,2003年,第569页。

[6] 陈让:《南安邑侯唐公(爱)生祠碑》,郑振满、丁荷生编:《福建宗教碑铭汇编·泉州府分册》,福州:福建人民出版社,2003年,第607页。

可以想象一下，人们往返于市井田野的路上，为之焚香叩拜的场景。"黔首络绎争香火其中，如归市。"①

许多地方志的列传中只是简单提到人们"祀"或"尸祝"某人，并没有明确的祠庙或碑刻。② 那在哪里祭祀呢？成化十六年（1480年），文林卸任永嘉县令时，温州百姓"图像于右军祠之东壁"。③ 明末一位信奉天主教的士大夫也提到，"平民之家多奉神佛图像于家堂，先祖牌位亦在焉"。④ 过世的官员也能在此占有一席之地。明初江宁知县纪肃称自己是民众的"父母官"。当他在任上去世时，"其民夫妇终日清晨诣县号哭，如丧父母。丧还，民置木主于私室奉祀，成化中，其木主尚存"。⑤ 仍在世的官员也可能在这些家堂中受到供奉。⑥ 当他们这样做的时候，人们的祭祀礼仪可能并没有将官员与神灵、先祖严格区分，也没有考虑官员在世还是已故。

概括而言，为了纪念或回报某人的贡献，人们在祭坛上树立他的雕像或牌位，各类官员、士绅与民众不时前来参拜，带来口

---

① 王建屏：《陈侯（惟芝）去思记》。

② 万历《秀水县志》卷四第15叶，卷六第11叶，卷六第16叶，第225—226、297、308页。"尸祝"指举行特定的仪式以表示敬畏，稍后将在本书第三章中详细讨论这个词和行为。尸，是一种古老的习俗，指在祭祀时由死者的子孙代表受祭。参阅戴安德（Davis）, *Society and the Supernatural in Song China*, Honolulu: University of Hawai'i Press, 2001, pp. 186 – 190。

③ 弘治《温州府志》卷八《名宦》，天一阁藏明代方志选刊续编第32册，第366页。

④ 梅欧金（Menegon）, *Ancestors, Virgins, and Friars: Christianity as a Local Religion in Late Imperial China*. Cambridge, MA: Harvard University Asia Center, 2009, pp. 263, 269。

⑤ 正德《江宁县志》卷八《宦迹》，第5b叶，见稀见中国地方志汇刊第一〇册，北京：中国书店，1992年。

⑥ Schneewind, *Community Schools*, p. 136, 中译文见［美］施珊珊：《明代的社学与国家》，王坤利译，杭州：浙江大学出版社，第217页。引自同治《崇仁县志》。

头、吟咏和书面的祈祷词,奉上酒水、香烛与食物,或许还有家畜,所有这些构成了我们眼中的生祠图像。散布在公共或私人空间中的生祠,看起来和死后的祭祀颇为相似。为了永恒的纪念,生祠也会在祠主去世时变成死后的遗祠。①

◇ 资金和寿命

在现有祭坛上建造一座比单纯的画像更精致、复杂的生祠当然需要钱。不过,我们很少能得知其明确的数额。② 赵克生认为,生祠一般由地方共建。③

《李公(文奎)生祠纪义实录》的记载支持赵氏的观点。除了赞扬李文奎的文字外,《实录》还记载了万历三十六年(1608年)为建造生祠所起草的向公众募捐的吁请书。该文由杭州府三所官学的十名学生联名起草,其后附有按地位高低排列的捐款人名单,详列各人的籍贯、姓名和头衔,总额约有485两。④ 最后

---

① 祠主去世后,生祠的名称会从"某公生祠"变成"某公祠"(顺治《高平县志》卷二,第12—14叶,清代孤本方志选第9册,北京:线装书局,2001年,第141—146页);也可能不会更改,江苏某镇以其供奉宋代英雄岳飞的生祠而命名为生祠镇(丁兴国、陈新宇:《马洲印记:靖江地名文化撷萃》,北京:中国文史出版社,2006年)。

② 大城县有一座装饰精美的"刘父母生祠",其匾上题"慈爱祠"。当地士绅捐钱置地四十亩,具体数目不详,建成这座生祠,有厅堂三间,东屋三间。崇祯《大城县志》卷七,明代孤本方志选第11册,第389页。

③ 赵克生:《明代生祠现象探析》,《求是学刊》2006年第2期,第128页。他举的例子有豪绅之家资助的、普通民众捐赠或代工修建的以及监生、生员、学职、乡民近130人集资筹建的各种生祠。

④ 《君侯聚吾李公生祠捐资纪义实录》,见曾金学、王廷锡编:《李公(文奎)生祠纪义实录》,台北汉学研究中心影印日本藏明刊本。本书为相关文章的汇编,当收入图书馆时,有人在封面题写了新的书名。其以这样的方式断行,说明题签者误以为这是"李公生祠"。

列出的是"出首者"王廷锡，钱塘县人，与李文奎同年进士，但并不富有。王廷锡捐献了二十两，是其他人的两倍。这是应当的，因为正是他坚持要建造独立的生祠，而不是将之并入现有的祠堂祭祀。他的序言将生祠的建立归功于六位当地的士绅，并称塑像落成那天，祠中座无虚席，众人皆叩首焚香。

王廷锡之外，还有什么人资助了生祠的修建？有几点可以说明该建筑具有"公家"出资的性质（表1）。首先，巡抚、知府、知县等在职官员——以私人名义还是官府名义没有指明——所起的作用都不大，捐献的钱数约占总数的6%。其中有6人共出资39两，包括现任知县和两名盐政各10两。其次，从地域上看，尽管本县没有有组织的村民的捐献记录，但县城及下属两乡占捐献总额的绝大部分。其中县城贡献了总数的四分之三，即485两中的366两。第三，包括王廷锡在内的当地士绅捐献总额占总数的一半。这其中包括87名地方官吏（其中不少是职位较低的吏员）——他们捐献的总额还不到总数的三分之一；还包括府学生和太学生，以及5%来自仕宦家族的成员。"青襟"，即未考中省试的士子，起草了募捐的吁请书，其中3人并未捐资，5人捐了一两到三两，1人捐了十两，还有1人仅仅捐了二钱。那么总计145名"青襟"大约捐资84两。如果我们将他们也视为社会上的士绅阶层，那么当地士绅捐资额占全部费用的68%。

表1 李文奎生祠捐资额（1607—1610年）

	总人数	外县人数	总金额（约数）	每人捐资两数	百分比
官吏	87	4	146.1	0.1~5	30
举人	47	3	39.5	0.3~2	7
太学生	50	1	37.2	0.2~5	8

(续上表)

	总人数	外县人数	总金额（约数）	每人捐资两数	百分比
青襟	145	6	84.6	0.1~5	17
仕宦子弟	26	0	23.7	0.3~1	5
耆老	63	1	62.3	0.1~10	13
在任官吏	6	3	39.0	1~10	7
所有外县乡民	不详	不详	53.0	不详	11
合计	424+	18+	485.4		98

资料来源：曾金学、王廷锡编：《李公（文奎）生祠纪义实录》，台北汉学研究中心影印日本藏明刊本，第6—23页。

其余四分之一的资金——包括未结算的一些工程物料和其他物品——来自平民，不论是被迫还是自愿捐献。63位耆老捐献了资金总额的13%。他们都是平民，或许接受过教育，也可能比较富有（见第六章）。和除了王廷锡以外的大部分人一样，他们每人捐资一钱到十两不等。耆老们的捐资总额是在任官员的两倍。外县的各村大概总共捐资53两。新城由知县领衔，除他本人外捐资5两；於潜由县尉领衔，捐资8两；昌化一位"耆宿"捐资20两。这11%的资金没有给出捐资人数和姓名。按社会群体总结出资情况，则在职官吏出资约6%，当地士绅约68%，平民约24%。① 在424位列出姓名的出资者中，在职官吏占1%，地方士绅占84%，耆老占15%。②

---

① 曾金学、王廷锡编：《李公（文奎）生祠纪义实录》。
② "捐献实录"，见曾金学、王廷锡编：《李公（文奎）生祠纪义实录》。译者按：数据均引自文献原文或出自作者原文。

这个案例支持了赵克生的观点,即捐资者的社会基础十分广泛,而每人的捐资额度并不相等。其他碑刻、方志中也提到向地方官员、平民甚至商人筹款、筹物、筹劳的情况。正如《实录》中对李氏政绩的诸多赞扬一样,这也是为了避免被人指为胁迫,以提高参与者的声望。

持续性的资金支持,或官方资助的承诺,的确有助于祠堂的长期生存。不过这方面的数据很少,也比较零散。① 晚明的两座生祠在清代仍有两到三亩的田产。② 另一个将生祠和祠堂联系起来的例子展示了更丰富的细节。洪武十七年至二十三年(1384—1390年),秦时中担任雷州知府。每当气候干旱时,他总是能祈雨成功,并主持修复了堤坝。因此,各县乡都设坛春秋两祀来报答他。他在任上去世,民众为了怀念他,建立起一座祠堂,名曰"秦公祠"。③ 到弘治元年(1488年),迁往旌忠祠右,知县、太监、郡守等出资置田六十亩以为祭田。后来,万历二十八年(1600年),百姓为卸任的雷州知府叶修建起生祠,和秦公祠并列。张应中在《祭田记》中写道,他曾前往叶家拜访,与之相谈甚欢。叶氏谈起雷州的事情便滔滔不绝,对张的问题也言无不尽,显然他对雷州还是很关心的。因此,当张应中看到叶公生祠为台风所损毁时,不禁"怆然有感"。他了解到秦公祠有祭田,但叶公生祠并没有。秦公祠的祭田每年收租能有一两银子,除去日常祭祀等的开销,还能剩下三钱来修葺祠堂,张氏对此深感痛

---

① 嘉兴府的情况,参阅何淑宜:《晚明的地方官生祠与地方社会——以嘉兴府为例》,台湾"中央研究院"历史语言研究所集刊第八十六本第四分,2015年,第811—854页。
② 考城县志汇编,见《兰考旧志汇编》,兰考:兰考县志总编室,1984年。
③ 雍正《广东通志》卷四一,第62b叶,四库全书本。

心。于是他寻找并购买了附近的一些土地（也可能是别人捐献的）作为生祠的祭田，并记录了所需的种子、田地的租税以及出产的粮米。一至二两的收入就可以支付每年祭品的费用，新任知府还同意添新谷一石五斗，折钱一百八十文。张应中在记中写道："庶差足以慰公灵而风后世矣。恐久而湮没无考，纪其事于石，以永不磨云。"① 在这个例子中，对秦氏生前的坛祀在他死后为正式的祠堂所取代，少量的捐赠和官方经费，使其至少延续了两百年之久。然而张应中担心土地租税不能延续久远，这是很有道理的。

因为这样的资助往往归于失败。位于成安县的章九华遗爱祠在嘉靖九年（1530 年）由"邑士民"建造，初建时得到了很好的支持，但却陷入了被忽视的境地。"（邑人）置香火田十四亩（以供祭祀）……年久，堂宇门垣倾废，地亦没入民间。"② 与其他公共建筑一样，生祠往往会落入私人手中。这种接管可能反映出这些生祠缺乏公众的支持，或者由某个强势的家族不顾邻里的意愿而强行实现。也可能是因为官员的过错，将生祠改作其他公共用途。人们因为尊重仰慕增城县的一位知县，"相与醵金市材卜祠于城南，肖公像而事焉"。但"无何，改社学，民不能夺"，所以只能于别处复建。③ 何淑宜也说："我们能看到的大多数是生

---

① 张应中：《叶（修）公生祠祭田记》，万历《雷州府志》卷十一，第 18—19 叶，日本藏中国罕见地方志丛刊第 1 册，北京：书目文献出版社，1990 年，第 315 页。
② 万历《成安邑乘》卷三，第 23b 叶，明代孤本方志选第 10 册，第 404 页。方志中还记载："万历三十一年，知县刘永脉重建正祠三楹，门垣俱伤，地亦查，复出租于民以供祭祀。"刘氏以地方建设和锐意改革而扬名，在该志中多有记载。他是不顾那些受益于此的人的反对，坚持重修前人的祠堂。
③ 卢望峰：《王宪副（大用）生祠碑》，嘉靖《增城县志》卷十六，第 3—5 叶，天一阁藏明代方志选刊续编，第 65 册。

祠在设立不久后被毁弃、或移作他用的记载。"①

然而，生祠的延续可能比一个人的仕途、生命，甚至他所在的朝代都要长久。② 一位唐代官员的生祠变成了遗德庙，在宋代嘉熙四年（1240 年）还应验了祈雨。③ 晚明包尔庚的祠堂在民国时期依旧存在，被用作仓库或店铺。④ 一些明代生祠至今尚存。⑤ 在为数不多的明确统计时间的几部方志中，列出了十几座明代生祠，康熙二十三年（1684 年），有四座"久废"，有的已被迁走或与义祠等合并，还有六座当时仍然存在。⑥ 但大家也都明白，没人能保证祠庙会永远存在。正如方志编撰者对欧阳东凤和刘士璟二人的评论："二公皆贤令，虽百世祀之可也。今在讲堂内，既非专祠，即恐渐就湮废，为之心伤。"⑦

---

① 何淑宜：《晚明的地方官生祠与地方社会——以嘉兴府为例》，第 819 页。

② 宋开禧二年（1206 年），周虎和他的母亲何氏因为抗击金兵保卫和州而得以立祠生祀。嘉靖六年（1527 年），二人被重新供奉。这是我唯一能找到关于女性生祠的记载（万历《和州志》，中国方志丛书华中地方六四〇号，第 401、583—591 页）。汉代的一座生祠一直保存到宋代（同治《重修荆州府志》卷二十七第 11 叶）。宋元的生祠一直留存到了明代，或重新加以建造，见嘉靖《浙江通志》卷十九，第 7—8 叶（天一阁藏明代方志选刊续编第 24 册，第 982—983 页）；万历《泉州府志》卷十，第 819 页；王直：《重修范（仲淹）文正公忠烈庙记》，《抑庵文集》卷一，上海：上海古籍出版社，1991 年，第 36 页。

③ 雍正《浙江通志》卷二二〇，第 27 叶，四库全书本；嘉靖《宁波府志》卷十五，第 9 叶，中国方志丛书华中地方第四九五号，1983 年。

④ 民国《罗定县志》卷二，中国方志丛书华南地方第一九三号，1974 年，第 339 页。

⑤ 2006 年对明代生祠的探访，见谢湜：《"利及邻封"：明清豫北的灌溉水利开发与县际关系》，《清史研究》2007 年第 2 期，第 27 页，注释 3。

⑥ 参阅康熙《兴化县志》，中国方志丛刊华中地方第四五〇号，第三册第 845—850 页列出了祠堂，第二册第 405—431 页列出了知县名录，第三册第 859—862 页卷十二包含了碑文和其他散记。

⑦ 康熙《兴化县志》第三册，第 846 页。

◇ 明代有多少生祠？

历史学者往往把生祠的发展归入一个日益衰败的发展路径之中：早期对少数优秀官员的表彰逐渐滥用，良好的制度遭到腐蚀，因而随着时间的推移名不副实的生祠愈来愈多，最终发展成魏忠贤式的灾难。① 赵克生则引用明人"今之为司牧者，何人不祠？何祠不去思其碑哉？"的批评，指出 16 世纪以来，生祠数量增加，存在着"普遍化"的趋势。② 何淑宜认为，生祠从 16 世纪中叶开始大量涌现，但受魏忠贤的恶名波及，天启之后的生祠数量就逐渐减少了。③

这种论证的问题在于，尽管数据库和关键字检索极大地便利了研究，但我们根本无法确切统计生祠的数量。首先，很多生祠仅仅被命名为"祠"，和普通的祠堂一样。在《明实录》和《明史》中搜索"生祠"一词，有二十余个结果（不包括魏忠贤生祠），这其中有少许重复，但实际上还有更多没有标记出来的隐匿其中。例如，吴成器因抗击倭寇保民有功而被立祠纪念，当时

---

① ［日］长部和雄：《支那生祠小考》，《东洋史研究》1944 年第九卷第 4 期，第 35—49 页。

② 礼部主事丁元荐在万历末年的这段话，重点在于宣称他所主持建造的生祠与这些滥造的生祠相比是当之无愧的。丁元荐：《重修吴兴郡侯陈公筠塘生祠碑记》，见赵克生：《明代生祠现象探析》，第 128 页。这里指浙江平湖、嘉兴两地。平湖县生祠始于嘉靖三十七年（1558 年），为御倭都御史胡宗宪建的报功祠。此后所立生祠皆为知县，有万历六年的李知县生祠、万历十三年刘知县生祠、江知县生祠（时间不详）、万历二十年的王知县生祠、万历三十八年萧知县生祠，接下来有朱知县生祠、罗知县生祠、陈知县生祠、顾知县生祠计 10 座。

③ 何淑宜：《晚明的地方官生祠与地方社会——以嘉兴府为例》，第 815、830 页。通过对"中国历代石刻史料汇编"资料库的关键词搜索，何淑宜发现隆庆朝之后的生祠、德政等碑文数量是之前的两倍之多（第 846 页）。

他尚未去世，史籍中却并没有指明是"生祠"。① 其次，虽然部分生祠会被明确称为"某公生祠"，但很多都会被命名为"报功祠""怀德祠"或"福德祠"等。② 连城知县牛大纬因蠲免百姓浮粮受百姓爱戴，他离任时"众为立崇德、载功二祠祀之"。③ 关键词检索无疑会遗漏这些祠庙。许多生祠被命名为"遗爱祠"，但检索该词得到的结果并不全是生祠，一些去世后才修建的祠堂也会使用这一名称。④ 永嘉县甚至有一座"遗爱道院"。⑤ 第三，在明人的观念中，对祠、庙没有严格的区分——比如生祠记中便有"庙享"的说法。⑥《明史》也称在汤绍恩所建水闸旁边为其建立的生祠为"庙"。⑦

统计的第四个难点是，生祠的建立十分广泛，稍不留意便会

---

① 《明史》卷二〇五《吴成器传》，第5419页。

② 赵克生：《明代生祠现象探析》，第127页。少数会被称为"懋功祠"、"永赖祠"、"存厚祠"等（康熙《兴化县志》，第845—846页），还有的如梅溪祠、蔡忠惠祠等（康熙《福建通志》卷三十一，第3、5叶）。

③ 康熙《福建通志》卷三十二《名宦》，第13叶。这两个词语被用于描述中国古老的一位水神，参看梅晨曦（Tracy Miller），*The Divine Nature of Power：Chinese Ritual Architecture at the Sacred Site of Jinci*，Cambridge，MA：Harvard University Asia Center，2007，p. 148。译者按：原文称牛大纬离任"Hainan"（海南），误。据《福建通志》载，牛氏为琼州（今海南）人，任连城知县有政绩而得立生祠。作者因其籍贯而误书，今正之。

④ 例如，王鉴之死于正德十四年（1519年），到嘉靖七年（1528年）才在元氏县被立祠奉祀，见顾鼎臣：《县尹王公（鉴之）遗爱祠碑》，崇祯《元氏县志》卷六，明代孤本方志选第6册，第553—556页。关于遗爱碑，参见嘉靖《藁城县志》卷八，第21叶，哥伦比亚大学藏缩微胶卷。

⑤ 旁边还有"报恩尼院"，见弘治《温州府志》，第753页。

⑥ 《汉语大词典》解释"庙"时也说"指生祠"（第1274页）。杨璧：《上元尹东瀛林公（大輔）生祠记》，万历《上元县志》卷十二，第85—87页，哥伦比亚大学藏缩微胶卷。

⑦ 《明史》卷二八一《循吏传》，第7213页。此传为毛奇龄所作。雍正《浙江通志》卷二二一第20叶称此祠位于开元寺中。

增加一处。汀州推官王得仁仁厚爱民，坚持免去了百姓通贼的罪名，拯救了数千人的生命。正统十四年（1449年），他在追击贼寇途中突发疾病去世。尽管对他的本姓尚不肯定，但方志明确记载说在他死后百姓才"绘像祀之"，到天顺初年（1457年）才为之建祠。① 后来的传记却称他得以"生祀"。② 同样，陈州知州侯君擢为李自成军所围攻，力竭城陷，至死骂不绝口。他的忠诚令其获得死后的追赠，并得以荫其一子，使之入监读书。而且正如方志中所记载的，他还得到了"敕建生祠"的表彰。③ 这句话自然而然地从笔下流露出来，因为的确许多这类祠堂在他们生前便已经存在了。

第五，也是最根本的，如果某一生祠存续久远成为常规的纪念祠，它最初的起源可能最终为人所遗忘。许多方志（并不是全部）将生祠和死后的遗祠列在一起，不加区分。④ 武城县的地图上显示西门外有一"陈公祠"，该志先后两版，其修撰和出版的时间都要早于祠主陈儒去世的嘉靖四十年（1561年）。尽管其中一版尤其注重礼制，也没有在标示中注明"生祠"，因为祠堂往

---

① 《明史》卷一六五《王得仁传》，第4470页。入赘使得《汀州府志》将王得仁的官祠和乡祠归于两个不同的姓氏。参见《闽书》卷五九第56叶；《八闽通志》卷三八第8叶，卷五九第22叶；嘉靖《汀州府志》卷九第3叶；光绪《长汀县志》卷二三第12叶。

② 郭皓政编：《明代状元史料汇编》，武汉：武汉大学出版社，2009年，第463—464页，转引《状元图考》。另一个例子是兴宁知县王天与，县志在这一页说他死后立祠，在下一页却又称为他建立了"生祠"，嘉靖《兴宁县志》卷四，第15b、16a叶，天一阁藏明代方志选刊续编第66册。

③ 崇祯《成安邑乘》，第623页。有资料称其名为侯擢，后来的方志匡正了这一谬误。

④ 例如，参见王鏊：正德《姑苏志》卷二七和卷二八所列。此外，以下记载相互矛盾，项忠的生祠出现在《明史》卷一七八，第4728页，但在其家乡的万历《秀水县志》卷六，第6—7叶（第288—289页）中却并无记载。

往要比生者"长寿"。① 多样的名目、跨越生死界限的连续性, 意味着我们往往无法准确地辨别生祠, 更遑论追踪其在时间和空间中的变化。

当然, 晚明的生祠要比明初和明中叶更多, 实际上, 晚明几乎什么都更多。但是, 仍然只有少数官员得以建立生祠。山东的一部方志记载, 从天顺年间（1457—1464 年）开始, 莱州府有十四位"名宦", 其中三位立有生祠, 七位享有其他荣誉, 还有一位已经故去。② 山西的一部方志中记载有十五位知县的生祠（其中有一人为县丞）, 但明代该县并非只有这些长官, 还有十几位没有被供奉。③ 在一部编排严谨的方志中, 坛祠一节的结尾列出了万历二十五年至泰昌元年（1597—1620 年）之间得以生祀的六位官员, 除其中一位之外皆为该县知县。每座祠堂都称为"某公生祠", 每条都列出了祠主的姓名、祠堂的位置以及祠记作者的姓名和职位。同时在此志编纂之前, 约有十位知县没有建立生祠。④ 如果生祠的修建十分规范, 那么有序的名录更为常见, 或者如另一种并不常见的情况, 它们会汇集在"生祠"这一单独的章节之中。⑤ 然而, 明代生祠的记录多是分散而不规则的, 而且一个县中出现二十多座生祠真的很多了。明代有 1500 多个府、州、县, 每三年便会更换一次行政长官。如果将每一任知府、知县都立祠纪念的话, 那么明朝统治的最后百年（1544—1644 年）

---

① 嘉靖《武城县志》卷首地图第 1b 叶, 天一阁藏明代方志选刊第 44 册。
② 嘉靖《山东通志》卷二十七, 天一阁藏明代方志选刊续编第 52 册, 第 274—275 页。
③ 顺治《高平府志》卷二, 第 12—14 叶, 卷四, 第 6—9 叶, 清代孤本方志选第 9 册。
④ 崇祯《郓城县志》, 明代孤本方志选第 9 册。
⑤ 如嘉靖《清河县志》卷一, 第 20—26 叶, 密歇根大学藏缩微胶卷。

间，全国的生祠将会超过 50000 座，这远远超出了已有的记载。明人抱怨"今之为司牧者，何人不祠？"或许这是夸大其词。我们无法确切知道有明一代究竟建立了多少生祠，其数量估计在 2000—10000 座。

◇ 遵循律法

生祠的实践和话语是由法律形塑的，法律内部的紧张关系促进了对政治参与的思考。要理解后面的章节的论述，我们首先应当对相关律法有所了解。

> 凡见任官无政迹辄自立碑建祠者，杖一百。若遣人妄称己善申请于上者，杖八十；受遣之人各减一等。①

《大明律》该款规定预料到人们往往会沿袭旧俗为在世官员立祠树碑，它也知道庸碌无能的在职者为了自我夸耀会竭力推动这一进程。从律条上来看，生祠的建立至少需要满足四项条件：切实的政绩、官员不得在任、朝廷的允准和独立的资助。生祠碑的碑文要回应每一项要求及其背后隐藏的焦虑。

---

① 《大明律》卷十二《仪制》，第 6b 叶，续修四库全书第 862 册，上海：上海古籍出版社，2002 年，第 492 页。英译文见姜永琳（Jiang Yonglin）trans. *The Great Ming Code*, Seattle: University of Washington Press, 2005。这一条也出现在了《大清律》上，增加了若干消除歧义的解释（徐本编《大清律例》卷十七，第 12a 叶，四库全书本）。

人们都知道这一律条。① 我们将在第二章看到,官员所需要做的一长串事情,这些都是他们的"政绩"。如果官员反对建立生祠的计划,而广大民众最终将其建成,那也能"证明"他没有谋求虚名。碑文还会描述民众在官员离任时的悲痛,这也"说明"了生祠的建立不是出于胁迫,而祠主也已不在当地为官。

焦竑,是阳明学派的弟子,服膺激进的平民主义者王艮。他在撰写高邮知州黄吉士的生祠记时,便将其与《大明律》的规定一一对应。第一,他记述了黄吉士的"政绩":他经常向父老子弟询问当地的风俗利弊;他惩治腐败官吏,鞭笞恶霸土豪,令观者"无不神竦心服";他还重建了学宫,支持当地的士人。第二,他记述道,当地士人感激黄氏的恩德,感到无以为报,于是在学宫的东侧卜地立祠,生祀其人。"既成,孝廉李自华以其乡士大夫、父老之意,来问记。"

第三,官员在职不可立祠,焦竑回答说:"这事现在还不能做,会有损于黄公的清誉。"于是等到黄吉士调离高邮时,士民又一起向代理扬州知府提出请求,指出他们已经等了一段时间,并没有忘记黄公。韦孚献希望焦竑履行早先的承诺,为之撰写生祠记,并提醒他注意朱邑和桐乡百姓的先例(见下文)。有了当地的捐献和朝廷的允准,黄公生祠最终得以建成。焦氏最后还提到他和黄氏是同一年的进士。② 父老的恳请消解了黄吉士和焦竑推动立祠的嫌疑,律法的条件已经满足,所以基于纪念和表彰的

---

① 官员对明律普遍遵守的情况,参阅 Jiang, "Defending the Dynastic Order at the Local Level: Central – Local Relations as Seen in a Late – Ming Magistrate's Enforcement of the Law," *Ming Studies* 43 (2000), pp. 16 – 39。

② 焦竑:《直指云蛟黄公(吉士)高邮州生祠记》,《澹园续集》卷四,收入氏著《澹园集》,李剑雄点校,北京:中华书局,1999 年,第 832—834 页。

士绅的网络最终得以形成。

是否在职的问题至关重要。明朝诞生于元末的群雄割据之中，为跨越社会界限的派系网络所困扰。每一年帝国内都会产生土匪和叛乱，明王朝十分担心地方官会暗中建立自己的军队，发展成地方割据势力。轮换制度、原籍回避制度以及不得在先前任官所在地致仕的规定都是为了防止类似情况的产生。出于同样的原因，《大明律》也规定禁止为在职者建立生祠。①

正如曾参与编定《大明律》的宋濂所解释的那样，元代律法曾明确规定："诸职官居见任，虽有善政，不许立碑。"② 上引《大明律》律条虽然不是这样明确，但人们都明白这是禁止为在职官员立祠。方志中记载生祠的措辞一般都是："去后，民为立祠。"③ 一般会有一份请愿书，以官员离任归乡为由，请求为之建立生祠。④ 官员在离任前拒绝建立生祠，可以使自己免于自我宣传或违反在职规定的指控。天启时，定海知县顾宗孟阻止士民为其建立生祠，并问道："若辈不闻律禁任内立碑耶？若爱我，何

---

① 关于原籍回避制度，参看 Hucker, "Ming Government." In *The Cambridge History of China*, vol.8：*The Ming Dynasty, 1368 – 1644, Part 2*, edited by Denis C. Twitchett and Frederick W. Mote, Cambridge, UK：Cambridge University Press, 1998, p. 53。中译文见 [美] 贺凯：《明代政府》，[美] 牟复礼、[英] 崔瑞德编：《剑桥中国明代史，1368—1644》下卷，北京：中国社会科学出版社，2006 年，第 42 页。关于退休所在地，是正统十三年（1448 年）的一条法令，见《大明会典》卷十九，北京：中华书局，1989 年。

② 《元史》卷一○五，北京：中华书局，1976 年，第 2682 页。参见陈雯怡：《从朝廷到地方——元代去思碑的盛行与应用场域转移》，《台大历史学报》第 54 期，2014 年，第 62 页。元代律法还进一步规定："已立而犯脏污者毁之，无治状以虚誉立碑者毁之。"

③ 嘉靖年间的两个知县的例子，参见光绪《礼县新志》卷三《官职》，第 2 叶，哥伦比亚大学藏缩微胶卷。

④ 王世贞：《朝列大夫前怀远令信阳何公（立）生祠记》，《弇州四部稿续稿》卷五七，第 19 叶。赵克生：《明代生祠现象探析》，第 127 页，注释 3。

乃贻我。"① 汪道坤特别注意维护自己的形象。他曾任襄阳知府，当地百姓为之建立生祠。不过此后不久他因故被免职，然后又重新起复，有人怀疑这是因为他热衷于为当时的内阁首辅张居正建坊表闾而受到举荐。他的新职就在临近襄阳的郧阳。最终在他的推动下，其生祠被改为"献征祠"，以奉祀历代先贤。他这样做很有可能是因为他觉得在自己仕途不稳的情况下，不能冒着风险在当时辖地的临近州府建立自己的生祠。② 尽管如此，《大明律》还是留下了一种立祠可能性，即如赵克生所提到的那样，在任时有突出"政迹"的有可能得以合法生祀。③ 而为在任者立祠的创造性理由，也会促进相关观念的发展，这是一个非常重要的现象，关于这一点在后面的章节中会进行讨论。

那么关于朝廷的允准呢？唐宋时期要求只有在中央政府的核实批准之后，当地人才能立祠树碑，不过宋人可能没有严格执行这一规定，到了元代就完全放弃了。④ 陈雯怡认为明清是否严格执行这一条令，尚待研究，并引用顾炎武的评论说："今世立碑不必请旨，而华衮之权操之自下。"⑤ 赵克生认为，士民的请愿会得到现任知县、知府等地方官批准，或抚按的允许，并列举了一

① 赵克生：《明代生祠现象探析》，第127页，注释14。
② DMB, pp. 1428-1429；中译文见［美］富路特、房兆楹主编：《明代名人传》，北京：北京时代华文书局，2015年，第1967—1968页。万历《襄阳府志》卷二十九，第1—2叶，四库全书存目丛书史部第212册，济南：齐鲁书社，1996年。
③ 赵克生：《明代生祠现象探析》，第128页。
④ 刘馨珺：《唐代"生祠立碑"——论地方信息法制化》，邓小南主编：《文书·政令·信息沟通：以唐宋时期为主》，北京：北京大学出版社，2012年，第466—468页。雷闻：《郊庙之外：隋唐国家祭祀与宗教》，北京：生活·读书·新知三联书店，2009年，第232—235页。陈雯怡：《从朝廷到地方——元代去思碑的盛行与应用场域转移》，第58—60、62、107页。
⑤ 陈雯怡：《从朝廷到地方——元代去思碑的盛行与应用场域转移》，第63页，注释47。

些实例。① 但是，请愿为在任官员建立生祠的记载颇为分散，也没有展现完整的流程。② 大多数记载都是简单提到"民为立祠，树去思碑"。③ 后来明朝的一份诏书加强了这样的印象，即生祠的建立并不一定需要得到官僚的批准。嘉靖皇帝热衷于改造礼制，十分珍视自己的权力。嘉靖九年（1530年），山东监察御史熊荣上奏，痛斥奸官猾吏如何蒙蔽圣聪，代行天宪，将地方官员"不问贤否，一概盖立生祠堂、去思碑亭"。皇帝于是下令调查并拆毁这类淫祠。④ 如果问题仅仅是生祠没有经过必要的法律程序便建立起来，熊荣无疑会强调这一点；然而，他论述的重点在于地方决定权本身便侵犯了皇权。此外，皇帝还下令对于那些果真"遗爱"在民，并且"乡评有据"者的生祠，免予调查和毁坏，并且"若原祠倾颓及未追戴者，听民间建祠崇祀"。⑤ 不过，生祠建立的审核和批准程序却没有明确规定。这道诏书或许可以解释

---

① 平湖胡宗宪生祠是士民谋之于县令而建。王阳明任南赣巡抚时，曾批准临江府清江县耆民董惟谦等呈立知府戴德孺生祠。泾县县令刘氏生祠，"其邑人则以请于台御史"。赵克生：《明代生祠现象探析》，第127页。

② 御史可能会批准请求，或将其交给巡抚处理（例如，顾珀：《劝忠祠记》，《福建宗教碑铭汇编·泉州府分册》，第90页；崇祯《泰州志》卷六，第20叶，四库全书存目丛书史部第210册）。在其他案例中，现任地方长官便批准了。

③ 例如，元氏县令高然的生祠，崇祯《元氏县志》卷三，第349页。

④ 俞汝楫：《礼部志稿》卷六，第19叶，四库全书本。这条诏令，不仅是始于"大礼议"关于礼制的一般性争论，也可能推进了何淑宜所讨论的晚明对生祠礼制地位的再思考（何淑宜：《晚明的地方官生祠与地方社会——以嘉兴府为例》，第822—823页）。熊氏的奏疏和诏令还指向各地的私庙和淫祠，尤其是在积极的地方官员掀起了反对它们的行动之后，见 Schneewind, *Community Schools*, pp. 73 - 93，中译文见［美］施珊珊：《社学与国家》，第110—144页；及 Schneewind, "Competing Institutions: Community Schools and 'Improper Shrines' in Sixteenth Century China," *Late Imperial China* 20.1 (1999), pp. 85 - 106。

⑤ 《孔子家语》中，孔子用"遗爱"一词描述官员对地方的长远影响。李之藻：《名宦乡贤祭仪疏》，《泮宫礼乐疏》卷九，第7—8叶，四库全书本。

为何嘉靖年间会多出许多"遗爱祠",因为立祠人希望规避朝廷的调查。① 但是,我尚未发现这一时期生祠遭到大规模毁坏的证据。

无论《大明律》有关生祠律条制定的初衷为何,尽管偶有向上请愿,但多数情况下还是地方对生祠的建立做出决定。在生祀有关的社会动态中,官方的允准并不具有决定性意义,地方的意见才更为重要。上元知县林大黼勤勉任事却声名不显,他在任内供养并救活了许多百姓,最终人们为之建立生祠。生祠记的作者杨璧不由感慨,此乃"舆情之不容已"也。②

相比之下,遗祠的确需要官方的批准。在记录在案的众多申请中,朝廷官员和士大夫所提出的占据了其中的绝大部分。③ 祠堂可以由士绅请愿或由官府主导发起建立。例如,一位都御史李克嗣令有司为已故户部尚书郭资建立生祠,由他的孙子住在那里看管。④ 贵州有一座供奉进士申祐的祠堂,是在他死后由一位巡

---

① 浙江的方志提供了三个类似的例子:嘉靖年间的衢州知府李遂(他曾讲学于此,在讲舍"教思堂"中绘有他的肖像);嘉靖年间的西安知县张江明(其生祠原在罗汉寺,后荒废,于是迁到显报寺,由后人重修);以及崇祯年间的乌程知县马思理(雍正《浙江通志》卷二二四,第6—7叶,卷二二〇,第8叶)有"李公遗爱祠"的匾额,参见袁枺:《李公(戴)祠记》,康熙《兴化县志》第三册,第925—927页。

② 杨璧:《上元尹东瀛林公(大黼)生祠记》,万历《上元县志》卷十二,第85—87叶,哥伦比亚大学藏缩微胶卷。

③ 例如,顾鼎臣:《县尹王公(鉴之)遗爱祠碑》,崇祯《元氏县志》卷六;嘉靖《浙江通志》卷十九,第4—5叶(天一阁藏明代方志选刊续编第24册,第976—977页);费宏:《延平李先生祠堂记》,《太保费文宪公摘稿》卷八,第33—35叶,续修四库全书第1331册,上海:上海古籍出版社,2002年。死后"特祀"的要求往往需要教育部门的批准,其中包括生祀的蔡潮(嘉靖《山东通志》卷三十二,第24叶)。

④ 天启《武安县志》卷六,明代孤本方志选第12册,第265页。

按御史下令县里建造的。① 可见，两者的区别十分明显。遗祠可以公开、合法地由省级官员或其家属发起建立——有一个例子是为在位官员的已故父亲建起了祠堂。② 生祠则应由包括民众在内的广泛社会共识发起，并不真正需要当局的批准。这是两者之间最显著也是最关键的区别。那么，是否如某些人所认为的那样，遗祠符合礼制而生祠不符合礼制呢？③

✧ 生祠符合礼制吗？

自秦统一以来，帝国实行官僚政治，与之前的封建统治有着本质区别。周代封国以血缘关系为纽带，实行家族统治，政治权力代代相传，几乎永久统治同一家族的臣民。与之相反，官僚政治则竭力避免朝廷官员与地方产生紧密的联系，防止培育出忠于地方而非朝廷的势力，所以官员们都有任期，定时调任不同的地方。当然，传统典籍中有关分封的理想，明代分封诸王的现实，都令封建的理想作为祠记撰作灵感的源泉得以延续。例如，生祀话语体系中的一个重要典故便以甘棠为中心。传说周代的召公曾在甘棠树下听讼断狱，伸张正义，其子民因怀念召公而不忍伐树。《诗经·国风》中的《甘棠》一篇便通过吟咏甘棠而表达对召公的怀念之情。这种长久的记忆被表达在诸多种类的纪念方式中，为明代官员与地方之间短暂的联系增添一分情感的联结。

---

① 嘉靖《思南府志》卷六，第 1 叶，天一阁藏明代方志选刊第 67 册，第 422 页。
② 万历《饶阳县志》卷三，第 34—37 叶，明代孤本方志选第 11 册，第 86—91 页。
③ 如，费丝言（Fei），*Negotiating Urban Space: Urbanization and Late Ming Nanjing*, Cambridge, MA: Harvard University Asia Center, 2009, p. 280 n. 54。

生祀本身并非经典所载。但它在宋代已被广泛接受，用宁爱莲的话说，是"一种正常的、可接受的、历史性的变化现象"。宋代政治家、史学家司马光写道：

> 没而祠之，礼也。由汉以来，牧守有惠政于民者，民或为立生祠。虽非先王之制，皆发于人之去思，亦不可废也。①

实际上，宁爱莲所举的宋代为离任官员所建"先贤祠"的典型案例便是生祠。② 明代礼制的主要设计者陶安在世时也得以生祀，如果生祠不符礼制的话，《明史》的编撰者必会将其删略。③ 在生祀话语体系中，允许变化、常被提及的经典性原则是"礼以义起"。古代经典《礼记》中的《礼运》篇说："故礼也者，义之实也。协诸义而协，则礼虽先王未之有，可以义起也。"④ 生祀本身并不违反礼制。

明初的诏书和生祠碑都借鉴了《礼记》中的《祭法》篇来确立祭祀的标准。余国藩（Anthony Yu）写道，这段文字展示了国

---

① 司马光：《北京韩（琦）魏公祠堂记》，《温国文正司马公文集》卷六十七，第1—4叶，四部丛刊本，上海：商务印书馆，1929年。宋代学者魏了翁也认同他的观点。宁爱莲（Neskar），"The Cult of Worthies: A Study of Shrines Honoring Local Confucian Worthies in the Sung Dynasty (960 - 1279)," Ph. D. diss., Columbia University, 1993, pp. 50 - 51, 52, 55。

② Neskar, "Cult of Worthies," pp. 81 - 82.

③ 《明史》卷一三六《陶安传》，第3925—3926页。朱国桢：《皇明开国臣传》卷三，第31叶，台北：明文书局，1991年。

④ 《礼记·礼运》，英译本见理雅各（Legge），*Liji*, "Liyun," "Ceremonial Usages; Their Origins, Development, and Intention." Vols. 27 - 28 of *Sacred Books of the East*, edited by F. Max Müller. Oxford, 1879 - 1885。

家对有功者的崇奉，包括"已故先贤"。① 但这段文字本身并没有强调死亡："夫圣王之制祭祀也：法施于民则祀之，以死勤事则祀之，以劳定国则祀之，能御大灾则祀之，能捍大患则祀之。"② 这其中只有一条明确提到了死亡，而且其功绩正是因为死亡方得以体现。到了《汉书》引述时，便完全忽略了死亡和律法，强调的是有功于民："《礼记》祀典曰：'夫圣王之制祀也，功施于民则祀之，以劳定国则祀之，能救大灾则祀之。'"③

明初曾下诏，对那些未能列入国家祀典的神祇，也当招纳亡魂，加以崇奉，这一段记载与表彰"有功于民者"的《王制》一章十分相似。④ 这段论述，是生祀话语体系的主要内容，强调的是对人民的贡献，并淡化了死亡的必要性。⑤（"功德"一词也指

---

① Yu, *State and Religion in China: Historical and Textual Perspectives*, Chicago and La Salle: Open Court, 2005, pp. 43 - 44. 余氏引用了《国语》中的一段相同的文字。他的译文"非我宗人（clan），不得列入祭典"，应该是"非我族类（kind）"。

② 《礼记·祭法》，英译文基于理雅各的译本。

③ 班固撰：《汉书》卷七十三《韦贤传》，北京：中华书局，1962 年，第 3127 页。英译文见白瑞旭（Brashier），*Ancestral Memory in Early China*. Cambridge, MA: Harvard University Asia Center, 2011, pp. 138 - 139。宁爱莲也引述了宋人对此段的重复（"Cult of Worthies," p. 15）。

④ 《大明会典》卷九三《群祀三》和《明史》卷五〇《礼四》在何种祀典当予保留上略有区别，是曾经（尝）有功于民，还是经常（常）有功于民。后者可能暗示生前死后均有功德。"功德"有时被译为"值得赞扬的德行（meritorious virtue）"，但魏侯玮（Wechsler）认为它至少包含两个方面，都值得认可：一是"功"，即具体的成就；二是"德"，指个人的品行（*Offerings of Jade and Silk*, p. 176）。明人的用法大致印证了他的观点。太祖也曾同样区分过"才"与"德"："有才则可以听变集事，有德则足以善治宜民。"何栋如辑：《皇祖四大法》卷三，第 30b 叶，四库全书存目丛书史部第 51 册，济南：齐鲁书社，1996 年，第 314 页。

⑤ 例如，万历《雷州府志》卷十一，"叶公生祠"一条。关于一名府学生和一位长者得到奉祀的情况，参看万历《上元县志》卷七，第 13—14 叶。在对方志的介绍中也引用了同样的语句，参阅戴思哲（Dennis），*Writing, Publishing, and Reading Local Gazetteers in Imperial China*, 1100 - 1700, Cambridge, MA: Harvard University Asia Center, 2015, p. 42, 46。

佛教和道教的功德，在明代的生祠话语体系中也可能作此理解。）在评述洪武律令对各种坛庙的规定变化时，有一部方志列出了应当立祠的三种"功"，并得出结论说，死亡并非奉祀的必要条件："生祠之所由建也。"①

有识之士并不只是固守明律，也不仅仅遵从上意，而是在阐释经典的基础上，对祠堂、庙宇是否妥当，以及其他林林总总的祭祀问题展开讨论。明代关于遗祠的争论十分激烈，人们死后被供奉的原因多种多样，包括军功、学问、溺亡、孝悌、荣封、贞烈等。明代文人大多认为，在汉代于定国之父的祠堂兴建之前，并不存在建立生祠的传统。② 但他们却创造性地对经典进行再阐释，忽略了死亡的变量，将生祠加以常规化。于是，有功于民使得生祠的建立顺理成章。

明代的一位作者写道："乡缙绅大夫及士民父老慨公归不复，为建祠生祀以报其德，属予为记。予稽祀典：'卿士有益于民者，祀之。'"③ 另有一篇合建生祠的记认为，法施于民是奉祀的唯一标准：

---

① 万历《宝应县志》卷六，第1—2叶，南京图书馆藏稀见方志丛刊第65册，北京：国家图书馆出版社，2012年。
② 但是一位县教谕写道："古之人于仕之贤者，有立生祠者，有立石者，无非颂其德与政也。"正如范县百姓也会感念重修城墙的官员，所谓"睹其碑思其德"也。《重修范县城墙记》，嘉靖《范县志》卷七，第3—5叶，天一阁藏明代方志选刊续编第61册。王直也写道，值得奉祀的遗祠，也是后古典时代的（《重编王文端公集》卷二十七，第7a叶）。
③ 引文出自《礼记·月令》："仲夏之月……乃命百县，雩祀百辟卿士有益于民者，以祈谷实。"袁袠的文章中，用"乡"取代了原文中的"卿"，是明代思想史中一个很有意思的现象。见袁袠：《李公（戴）祠记》及《王公生祠记》，康熙《兴化县志》第三册，第925—927、932—934页。

祭法曰："法施于民则祀之，非此不在祀典。"若数公之于民也，非所谓法施者与？然则，尸而祝之于不朽。①

一个更具戏剧性的版本出现在嘉靖时一部方志的"祠庙"一章：

先王之制，祀典也。生能福国庇民，死能御灾悍患者，祀之。藁之祠庙，虽有祀典所未载者，要皆为利斯土斯民设也，故并志之。②

这里对《礼记》中的关键词句做了改动，将有作为的官员和死后的神灵等同起来，所以高风亮节的在世官员和灵验的异界神灵同样值得供奉。和明太祖一样，作者也认为没有理由去毁禁不载祀典的祠庙，只要它们曾有利于当地百姓。③ 另一部方志中在《祠祀志》中解释说："圣王制祀，以达幽明，功德于兹，时哉庙食。"④ 简而言之，明人对于经典的解读是，对祠堂的礼制而言，祠主对百姓的功德比他是生者、死者还是神灵更重要。

---

① 万历《上元县志》卷十二，第 81 叶。这是重修共祀十人的群公惠泽祠时所作的记。关于"法"的讨论，参阅：司马虚（Strickmann），*Chinese Poetry and Prophecy: The Written Oracle in East Asia*, Stanford：Stanford University Press, 2005, pp. 94–95。

② 嘉靖《藁城县志》卷三，第 2 叶。

③ 一方遗爱祠碑记表明，《礼记》所设立的是一个比较低的门槛；王鉴之不仅为民众抵御灾祸，还为百姓提供长久的利益，所以奉祀他是理所应当的。顾鼎臣：《县尹王公（鉴之）遗爱祠碑》，崇祯《元氏县志》卷六，明代孤本方志选第 6 册，第 553—556 页。

④ 万历《应天府志》卷五，第 2—3 叶，卷二十，第 1 叶，稀见中国地方志汇刊第 10 册，北京：中国书店，1992 年。参见 Hansen, *Changing Gods*, 37-38；[美] 韩森：《变迁之神》，第 35—36 页。

历史学家应该如何理解这种创造性？在另一个语境下，李博玲将这种改动视为作者"巧妙地改动……字词，以适应其论证的需要"①。这意味着，他们用一套从传统之外得来的概念进行思考，然后对经典文本进行再加工，以"证明"他们的论点。实际上，这种小小的更动可能反映出，人们既没有一字不差地背诵所有经典，也没有对其陌生到要去从头查找的程度。相反，他们对经典的了解足以促使他们利用经典来思考。文人们以其独有的方式记忆经典，并将之与其他文本相联系，在社会语境下重新思考和诠释经典，这是一个有机的创造性思维过程。② 新的观念就是这样在旧的文本中产生的。将《礼记》的记载解读为注重有功于民而不限于生死之别，并不是为一种不合法的制度"辩解"，而是体现了明人普遍的思维方式。

　　当生祠记的作者再次将目光转向《诗经》和史籍时，生与死之间的分别往往不如官员与民众之间的关系更加突出。《汉书》里的一条关于安葬和祭祀的记载，成为后来生祠中常见的形式。朱邑临终前把儿子们叫来，告诉他们：

> "我故为桐乡吏，其民爱我，必葬我桐乡。后世子孙奉尝我，不如桐乡民。"及死，其子葬之桐乡西郭外，民果共为邑起冢立祠，岁时祠祭，至今不绝。

---

① 李博玲（Pauline Lee），*Li Zhi, Confucianism and the Virtue of Desire*, Albany: SUNY Press, 2012, p. 95。
② 参阅倪健（Nugent），*Manifest in Words, Written on Paper: Producing and Circulating Poetry in Tang Dynasty China*, Cambridge, MA: Harvard University Asia Center, 2010, p. 73。科举考试专攻一经。

这个故事在各种生祠或遗祠记中反复出现。① 人们有时还会引述其他汉代生祠、《庄子》中的庚桑楚，还有唐代狄仁杰的先例。② 但朱邑的故事让人明白，与任官地方的联系也可以像家族或故乡的联系那样深刻而持久。无论生前还是死后，将这种联系具体化的祠堂在礼制上都是合适的。

◇ 名宦祠

官员去世后，可在其任地得以奉祀，一般的形式是独祠或合祠。宋代的理学家开创了先贤祠，以纪念地方士大夫和官员。③ 作为理学指导下明初所建立的地方制度的一部分，洪武六年（1373年），太祖皇帝下令在各郡县儒学设立"先贤祠"和"贤牧祠"，分别纪念士大夫和地方官员。到永乐三年（1405年），

---

① 如李思诚：《陈邑侯（宇）升任上元序》、姚弘谋：《朱邑侯（来远）生祠碑记》，万历《秀水县志》卷九，第16—17叶。
② 关于庄子，参见 Schneewind, "Can Peculiar Yuan Living Shrines Address Questions about Ming Populism?" Unpublished paper for the Second Conference on Middle Period Chinese Humanities, Leiden, September 2017。何乔远的《丁（启濬）公生祠碑》引述了《庄子》和其他先例。狄仁杰深受魏州百姓爱戴，人们为其修建了生祠。后来却因为狄氏的儿子作恶多端为人愤恨，遂将祠堂毁坏，直到狄仁杰死后二十二年才得以重建。参阅雷闻：《唐代地方祠祀的分层与运作——以生祠与城隍神为中心》，《历史研究》2004年第2期，第27—41页。《旧唐书》卷八九，北京：中华书局，1975年，第2895页。
③ Neskar, "Cult of Worthies." 这类祠堂也会有其他名称。

又更名为"名宦祠"和"乡贤祠",不过各地更名较慢且先后不一。① 明盛期有为的地方官在嘉靖九年(1530年)左右将两祠标准化,往往将其置于县学或孔庙之中(图3)。柯丽德描绘了名宦、乡贤两祠所展现的全国化的精英网络。若要进入县祠接受奉祀,需要由当地士人、本人后裔或地方主官、学官发起,经过正式的请愿,由礼部和都察院最终批准。② 在每个县里,两祠都供奉着经由官方认定的先贤。他们依靠官方资助,并不忌讳自己的

---

① 李之藻:《名宦乡贤祠祭仪疏》。如果属实的话(援引明太祖的话是有用的,参阅 Schneewind, ed. *Long Live the Emperor! Uses of the Ming Founder across Six Centuries of East Asian History*, Minneapolis: Center for Early Modern History, 2008),那这一点就纠正了我先前的观点,即祠庙缺乏来自上面的指导(Community Schools, p. 136;《明代社学与国家》,第217页)。各郡县最初的设置不尽相同,有的有一个祠堂,有的有两个;有的在孔庙主楼后面,有的则在其大门两侧;参见雍正《山东通志》卷十四,第4叶。贤牧祠最早出现在宋代,如范仲淹,见雍正《浙江通志》卷四十四,第20叶。并非所有的明代郡县都有这两座祠堂。正德《宣府镇志》卷三第74b叶只记载了一座建于弘治十七年(1504年)的名宦祠,乡贤祠的建造要更晚一些。到正德六年(1511年),该祠一分为二,但其名称尚不规范,参见章懋:《缙安县新建遗爱祠记》。将两组祠堂分开可能是关键所在[马墨(Marmé), *Suzhou: Where the Goods of All the Provinces Converge*, Stanford: Stanford University Press, 2005, p. 299 n. 125],而不是像柯丽德(Carlitz)[Shrines, Governing – Class Identity, and the Cult of Widow Fidelity in Mid – Ming Jiangnan," *Journal of Asian Studies* 56. 3 (1997), pp. 612 – 640]那样将之放在一起讨论。关于明初中央政府对宋代地方主义机构的采纳,参阅包弼德(Bol),"The 'Localist Turn' and 'Local Identity' in Later Imperial China," *Late Imperial China* 24. 2 (2003), pp. 1 – 50。

② 刘祥光:《明代徽州名宦祠研究》,高明士主编:《东亚传统教育与学礼学规》,台北:台湾大学出版社,2005年,第110页。柯丽德(Carlitz),"Shrines, Governing – Class Identity," pp. 631 – 633, 625。雍正《山东通志》卷十四第4叶明确记载说,省级学官负责接受和复核入祠的请愿。柯丽德称祠堂并不灵验,"没人在明代名宦祠求子成功"。祠堂列于学校,见何淑宜:《晚明的地方官生祠与地方社会》,第821—822页。

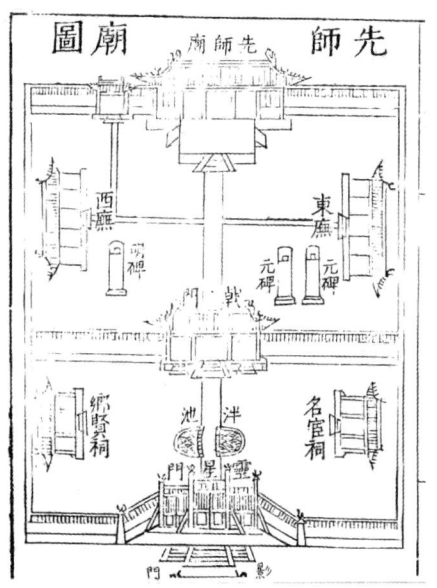

图 3 乡贤祠与名宦祠

两祠位于县学的孔庙内，位于首进院落的两侧。前院有泮池，后院有元明时期留下的碑刻。

资料来源：嘉靖《固安县志》，哥伦比亚大学藏缩微胶卷。

门第关系。当地民众的共识可能会支持将其奉为乡贤或名宦。① 但它主要反映的是士绅的意见，需要官方调查和允准。

不过，祀于两祠者都已过世，这令其与生祠有很大不同。王阳明的门人刘魁曾在禹州等地得以生祀（遗爱祠），但在他死后主持其生祀的郭子章也追思说，以名宦的身份祭祀，可以告慰刘

---

① 在被奉祀的名单内，往往提到："郡民感其德，祀于名宦（祠）"、"乡民因其德行，祀于乡贤（祠）"；"乡民皆盛称其德"、"乡民知其德行，祀于乡贤（祠）"等（嘉靖《宣府镇志》卷三十六）。参阅刘祥光：《明代徽州名宦祠研究》。

氏的忠魂。① 督学耿定向提到，他曾下令将句容知县徐九思供奉在当地名宦祠和徐氏故里的乡贤祠，因为当时他误以为徐氏已死。② 所以，得祀两祠者，其人必已经故去。正如一部严谨的方志提到收录地方名宦的标准："有功德于民而政绩可据者始得书，若年近及生存者不书以俟论定。"③ 常见的模式是，其生前在任所由当地居民建立生祠，死后则在其家乡由官府建立遗祠以资纪念。④

生祠与名宦的交叠比较少见。⑤ 对此的解释并不是官方设立

---

① 雍正《河南通志》卷五六，第105叶；《明史》卷二〇九《刘魁传》，第5530—5531页；《大清一统志》卷一五一，第19叶；达第斯（Dardess），*A Ming Society: T'ai-ho County, Kiangsi, in the Fourteenth to Seventeenth Centuries*, Berkeley: University of California Press, 1997, pp. 230-33；雍正《广东通志》卷六十，第179—181叶。刘魁曾因上疏劝谏嘉靖皇帝修造雷殿而下狱，后来因"神降于箕"才暂时将其释放。关于郭子章本人的生祠，参见 *Dictionary of Ming Biography, 1368-1644*, p. 775；《明代名人传》第1057页。

② 耿定向：《先进遗风》卷二，第39叶，台北：明文书局，1991年，第654页。徐开任：《明名臣言行录》卷四十，第21叶，台北：明文书局，1991年，第46页。

③ 嘉靖《真定府志》凡例第2叶。（这部方志修撰得法，仿效《史记》，值得研究。）另一份地方名流的名单中，大部分人都是死后才被奉祀（嘉靖《宣府镇志》卷三十六，第2叶）。方志的编纂者一般不会收入生者的传记，因为尚未"盖棺论定"（Dennis, *Writing, Publishing, and Reading*, p. 38），但他们的确会记载方志编纂时依旧在世的人的生祠。

④ 例如，嘉靖《长垣县志》卷七，第45叶，天一阁藏明代方志选刊第50册。

⑤ 例如，崇祯《郓城县志》中记载的生祠者，都没有出现在名宦祠中，只有一位作为当地的乡贤得以奉祀。但有一位知府把李镜置于名宦祠，因为他为百姓谋取了利益，受到长久的祭祀（弘治《岳州府志》，第173—175页）。宋代一座废弃的生祠被并入名宦祠（万历《雷州府志》卷十一，第18a叶）。当奉祀周镗的遗爱祠废弃时，与之合祀的都被一起并入名宦祠（雍正《江西通志》卷一〇九，第47叶）。一项对《饶平县志》的研究指出，从明成化十三年（1477年）至该志修纂的晚清时，406年间到任知县165人，其中列入名宦的只有25人。除此之外，尚有镌去思碑于道旁，或祀禄位于万公祠者，以为后来者之榜样（余构养：《"去思碑"与为官之道》，陈泽、吴奎信编：《潮汕文化选》第二集《海滨邹鲁是潮阳》，汕头：汕头特区晚报社，2000年，第232页）。

的遗祠赋予了祀主更高的威望。恰恰相反，有记载表明，生祠所纪念的功绩要比遗祠更大："祠宇之建，嗣续斯人功德，俾延馨不磨也；生祠之建，又斯人功德在人若神明所为，以神道报之，尊之至也。"① 同样，《东安县志》只记载了一座明代生祠，是为戴之二所立，志中评论说："去思有祠，名宦宜先。"② 官员离任时当地百姓为之建造生祠，并不意味着要关注其整个生涯。第二章将讨论官员为何以及如何能名列名宦祠，并会与建立生祠的理由进行比较。

综上所述，建造生祠的费用可多可少。在明代，生祠非常常见，被广泛接受，却只会授予少数官员。它们看起来和普通的祠堂没什么区别，而且就像其他种类的祭祀一样，其间的仪式是为了回报一位或多位祠主的功德。祭坛上摆放着雕像或牌位，官员百姓不时前来参拜，带来口头、吟咏和书面的祈祷词，奉上酒水、香烛与食物，或许还有牺牲。但生祠与遗祠也有所区别。许多不同身份的人死后都会被供奉，但生祠一般仅限于地方官和其他官员（特例参见第八章）。遗祠可以只有一位发起人和资助者；如果是公共性的，比如名宦祠，就需要官府的批准。生祠则需要更为广泛的社会基础，可以包括朋友，但不能仅限于此。如果祠主的确做出了一番功业，并且离任时并未收买任何人为自己歌功颂德，那么无论是否得到官府的允准，生祠的建立实际上都是合

---

① 蔡昂：《洪公（垣）永赖祠记》，康熙《兴化县志》。该碑记还提到了范仲淹，以四字一句的铭辞结尾，用"丰"来描述祠宇碑石，意为高大宏伟，如同君主。
② 天启《东安县志》卷三第 11 叶，卷六第 2 叶，明代孤本方志选第 8 册，第 51、115—116 页。

法的。同样，只要真的有功于民，即使没有得到官府明确的许可，生祠也是合乎礼制的。

为什么不立祠呢？毕竟，每一个人都终将死去。或者，正如木克尔所写的那样，"生者和死者一样都是虚构的"① ——至少在他们离任之后。

---

① 木克尔（Erik Mueggler），"Corpse, Stone, Door, Text," *Journal of Asian Studies* 73.1（2014），p.39。

第二章　父母之官

> 今慎简尔等，付以郡寄。夫方千里之民，安危皆系于尔。宜体朕心，以保养为务，必使其衣食有资，礼义有教。而察其休戚，均其劳逸，兴利除弊，一顺民情。……尔亦宜奉法循理，始终不渝，庶副朕之委任。
>
> ——明宣宗告诫新任知府，宣德五年（1430年）①

哪类人能够建立生祠？又是哪些阶层的人将其供奉呢？为了探讨这些问题，我将从三位恰好同姓的晚明祀主入手加以考察。

◇ 丁氏"三"杰

第一位是丁礼原［卒于崇祯六年（1633年）］。米海瑞称其为"典型的豪绅"。丁氏有时显得慷慨大方，但更多的情况下却品行恶劣。他是嘉善县人，却经常将自己名下的土地登记在其他税率较低的县，以达到逃税的目的。其他县的地方官和士绅一再试图纠正这一登记，丁礼原却千方百计反对新的土地清丈，甚至破坏和伪造籍册，并指使暴徒大闹县衙，焚毁了与之作对的士绅

---

① 《明宣宗实录》卷六十六，宣德五年五月癸亥条，台北：台湾"中央研究院"历史语言研究所，1968年，第1565页。英译文由倪清茂（Nimick）翻译，见 *Local Administrationin Ming China: The Changing Roles of Magistrates, Prefects and Provincial Officials*, Minneapolis: Society for Ming Studies, 2008, p. 49。

的房屋。当地官员也对此无可奈何。丁礼原藐视国家权威，对其悍然不畏，还受到在朝东林党人的庇护。这些都说明，明末的士绅阶层在与朝廷争夺国家政策的控制权过程中，只关心保护自身的利益，无视国家的要求。① 可能正是其党人推动了丁氏在其家乡生祠的建立。

丁改亭［隆庆五年（1571年）进士］与之决然迥异。韩德玲写道，丁改亭"以特别慷慨著称"。他早年曾与内阁首辅张居正发生短暂的冲突，但最终得以复职，随后在南京体面且成功地为官三十年。他在发生饥荒时为饥民提供粮食，问候那些疾苦茕独之人，还出资修筑城墙和抵御倭寇，人们认为他的高寿意味着功德无量。他还主张表彰孝子节妇，树立道德的楷模。虽然他决定捐献粮食可能只是为了防止其被征用，但他因此而积累了足够的道德声誉，并在崇祯五年（1632年）由当地士绅所成立的一所善会中，成为举足轻重的人物。明末新出现的善会，允许各行各业的人，甚至"农、商、衙役"等进行建设性的、合法的公共活动。它们由官府批准，为良善士绅所领导，带着地方自豪感致力于地方的建设。② 丁改亭正是这类人。他的贡献得到了认可，故在家乡建起生祠。③

丁清惠［生于嘉靖二十年（1541年）］则支持政府采取积极举措，促进税收公平。但由于丁礼原等大地主的势力，很难通过协商加以解决。毕竟他们中少有像丁改亭那样富有社会责任感的

---

① 米海瑞（Harry Miller），*State versus Gentry in Late Ming Dynasty China*, 1572 - 1644, New York: Palgrave Macmillan, 2008, pp. 112 - 115。

② Smith, *The Art of Doing Good: Charity in Late Ming China*, Berkeley: University of California Press, 2009, pp. 66 - 70. 中译文见［美］韩德玲：《行善的艺术：晚明中国的慈善事业》，曹晔等译，南京：江苏人民出版社，2021年，第99—105页。

③ 《大清一统志》卷二二〇，第243叶，四库全书本。

人。费丝言提到，万历三十七年（1609年），丁清惠在南京采取了非常措施，推进了顺应"民意"的税制改革。作为南京右佥都御史，他收到了南京臣民的请愿，要求进行改革，而之前缺乏"公意"的举措均以失败而告终。为了建立共识，他先是亲自约谈各铺内"贫人富人共三四人"，与地方"公正人役"当面稽查铺册。"复会同大小九卿六科在于会同馆，号集远近人民千余人"，征询他们改革方案是否"便民"，并特别注重"最贫者"的意见。他还派出御史到"贫穷孤寡"者家中走访，根据其情况确定派钱款额。在最终的核算结果公布后，又再次征集公众的意见。① 丁清惠动员国家人员，保证富人和穷人都同意当地的改革方案，将其付诸实施，并刻石为记。如果每一个政府官员的施政都能像丁清惠这样细致，关注到每一个家庭，那么像丁礼原那样逃税和暴行便不可能发生，丁改亭的义举也就没有必要了。丁清惠去世前三年，他在南京被立祠奉祀，费丝言称这是"南京社会对他最终的认可"。②

这三人都立有生祠，形象却完全不同。三位史学家从原始资料中各自描绘了这三人的形象，没有明显的错误和遮掩，也没有刻意的歪曲和遗漏。三者是如此不同，可他们实际上是同一个人：丁宾（1541—1631，隆庆五年进士，嘉善人，字礼原，号改亭，谥清惠）。③ 事实证明，"哪类人能够建立生祠"根本就是一个错误的问题。

---

① 费丝言（Fei），*Negotiating Urban Space: Urbanization and Late Ming Nanjing*, Cambridge, MA: Harvard University Asia Center, 2009, pp. 51–55。
② Fei, *Negotiating Urban Space*, p. 280 n. 54.
③ 何淑宜也提到了丁宾，见《晚明的地方官生祠与地方社会——以嘉兴府为例》，第811—854页。

因为生祠所纪念的，肯定是对主持修建者或祠记作者十分重要的，其他人想必不会同意其中的溢美之词。没有人能做到纯粹的"善"，也没有任何一种行为能对所有人都有利。章丘知县张企程在任内修建了社学和义仓，等他离任时，"民皆肖像尸祝之"。①但当皇陵被洪水淹没时，他上疏说："祖陵腹心也，民生手足也。"也就是说皇陵的安危比民生更为重要。②当涂知县王思任曾劝阻太监在当地开矿，使百姓免受盘剥之苦。他加固了堤岸，治理了水患，六年任期内当涂都获得了丰收，因此积攒了充足的资金以发展公共事业和兴建房屋。但他待人调笑狎侮，不加检点，因得罪了同僚而被降职。他的父亲认为，如果这样能够让他减少些狂傲不羁，倒是一件好事。虽然他因负面评价而去职，但当返回家中后，王思任得知：当涂百姓为了纪念自己，在当地为其建立了一座生祠。③

　　即使是质朴诚实的纪念也会选择性地陈述事实，就像三位美国历史学家写丁宾一样，把重点放在一个复杂的人的事业或性格的某些方面。所以，比"哪类人能够建立生祠？"更好的问题是"生祠纪念的是什么样的行为？"由于大部分生祠纪念的是知府或知县，所以我先简要介绍一下这些州县官的工作。

◇ 州县官的工作

　　州县官在其任职的州府郡县内拥有很大的权力，负责政府工

---

① 康熙《济南府志》卷二十五，第60a叶，哥伦比亚大学藏缩微胶卷。
② 雍正《陕西通志》卷六十，第108叶，四库全书本。
③ *DMB*, pp. 1421–1422. 富路特、房兆楹主编：《明代名人传》，北京：北京时代华文书局，2015年，第1957—1958页。

作的几乎所有方面。他生活和工作的地方被称为衙门,下辖与中央六部对应的六房(吏户礼兵刑工)。其工作还包括断案,有时也在县学讲学。当他离开衙门出巡的时候,需要洒扫街道,身后还打有伞盖。然而他对该地区来说是一个陌生人,并且往往刚刚通过科举考试。为了生存,知府、知县都必须要取悦上级,要听从吩咐,办事得力,并不时送上厚礼。他需要时刻注意自己的风度、言行和文告,避免疏远可能为敌的地方豪强,约束好自己的下级,以赢得良好的名声和必要的权威。此外,他还需要祭祀国家和地方的神灵,必要时作出回应。①

管理——以及被管理——的困难,都在祠记中有所体现。郑纪写道:

> 士大夫出为君用,皆欲泽被当时,名垂后世,然亦顾其所遭遇如何,不可必得也。世有抱设施经济之材,威雷霆,泽霖雨,而置其身于曲坑棘梗之地,令之不行,禁之不止,虽家喻户晓,亦无如之何,是地之负人也。或有畏法向善之邦,家诗书,户礼教,而吏之以残墨庸陋之夫,民疲而故扰之,民嬴而又猎之,虽良阜之家,未免去而流徙,起而为盗,是人之负地也。地负人者十一,人负地者十九。②

---

① 关于最后一条参阅 Romeyn Taylor, "Official Religion," in *The Cambridge History of China*, vol. 8: *The Ming Dynasty*, *1368 – 1644*, *Part 2*, edited by Denis C. Twitchett and Frederick W. Mote, Cambridge, UK: Cambridge University Press, 1998, pp. 844, 879 – 881。中译文见[美]罗梅因·泰勒(中文名戴乐):《明代的官方宗教》,[美]牟复礼、[英]崔瑞德编:《剑桥中国明代史,1368—1644》下卷,北京:中国社会科学出版社,2006年,第814、851—852页。

② 郑纪:《兴化郡守王公(弼)遗爱碑记》,郑振满、丁荷生编:《福建宗教碑铭汇编·兴化府分册》,福州:福建人民出版社,1995年,第110号,第128—129页。

州县官由中央政府任免，往往调动频繁。他们想要办成任何事，都需要和地方社会（包括比他们地位更高的士绅）达成密切合作。① 鲁大维把"一顺民情"这一常见的告诫解读为"需要不断地进行协商，以协调朝廷的命令和地方利益"。② 要把握双方的平衡，并赢得地方的持久性认同，是一项艰巨的工作。③ 但这些儒家士大夫都熟读经典，深受古典和历史思维的影响，认为"民为邦本"。他们很多人都对工作认真负责，尽心尽力。进士最有机会有所作为，但一些担任知县或教谕、县尉等更低职务的举人甚至生员也做出了努力，并赢得了地方的认可。

美国学者对清朝治理的研究，已经从强调帝国控制、士绅支配、吏治腐败，转向重视其取得的成就。但正如华璋（John

---

① 明朝职官的品级从正一品到从九品共有十八级。我所讨论的"州县官"包括知府（从三品、正四品、从四品）、知州（从五品）以及知县（从六品、正七品、从七品）。晚明时期人口密集的省份中，一个知府大概管辖二百六十万公顷的土地和六十万人口，一个知县则管辖约三十五万公顷的土地和九万人口（Hucker, "Ming Government," p. 15. 中译文见贺凯：《明代政府》，《剑桥中国明代史，1368—1644》下卷，第13页）。明朝的州县官有一个或多个中央任命的下属人员，约有二十个来自同省的在编职员（经本县县令认定为有文化有声望的人，缴费后才能获得任职资格），还有更多的本地人员，他们通常是花钱买来的，或者与地方权力者有关系（Nimick, *Local Administration*, p. 5, 97）。

② 鲁大维（David Robinson），*Bandits, Eunuchs, and the Son of Heaven: Rebellion and the Economy of Violence in Mid-Ming China*, Honolulu: University of Hawai'i Press, 2001, p. 159。

③ 余构养：《"去思碑"与为官之道》，陈泽、吴奎信编：《潮汕文化选》第二集《海滨邹鲁是潮阳》，第232页。他的引申意是，这样的工作在今天也不容易。

Watt）所展示的那样，清朝对其地方官的控制是非常严密的。①在明代，洪武十三年（1380 年）之前，地方官有相当大的权力和自主权；在接下来的二十年中，明太祖在全国推动建立了一整套严密的地方基层管理体系。全国建立起里甲制度，负责赋役分派与基层治安，里老人则负责处理地方冲突。不过，制度设计太过理想化，以至于实践中出现了很大的偏差，控制权重新回到知县手中，然后集中于因其能力而被推荐和留任的知府手中。大约从成化年间（1465—1487 年）开始，考试和资历重新占据主导地位，到了明中叶，地方官掌管了所有的县级事务。省级的两位主官要求他们无论以何种方式都须做出政绩，如赋税征收、控制辖区内的暴力事件以及解决诉讼纠纷等。相较而言，儒家理想中的道德教化反倒是次要的职责。不过，林林总总的这些方面，没有对身为进士的州县官造成太大的压力。② 倪清茂认为，明王朝之所以能在人口、农业、商业、文人精英的剧烈变动中长期延续，正是因为州县官地位的矛盾赋予了他"独立的权威"，可以灵活

---

① 瞿同祖的《清代地方政府》（Chü, *Local Government*）描绘了一幅黑暗的图景：一个不会说当地方言的地方官，不得不依靠当地自私自利的士绅的帮助，与长随和书吏的猖獗腐败作斗争。萧公权的《中国乡村》（Hsiao, *Rural China*）补充了大量关于地方官试图改造或迎合任所的细节，但强调的是统治阶级对平民的剥削。华璋（Watt, *District Magistrat*）认为，清廷对控制地方官太过严厉，不允许其有行善的余地。曾小萍的《州县官的银两》（Zelin, *Magistrate's Tael*），描绘了国家在一个心志坚定、能力卓越的皇帝的领导下，推进财政改革，试图以低预算维持地方政府运转的复杂的财政状况。其他学者也描绘了一些比较美好的图景。

② 倪清茂（Nimick），*Local Administration*，pp. 69, 86, 98, 101, and chap. 3。关于里甲和其他制度，参阅 Heijdra, "The Socio - Economic Development of Rural China duringthe Ming," in *The Cambridge History of China*, vol.8：*The Ming Dynasty, 1368 - 1644, Part 2*，pp. 458 - 496。中译文见［美］马丁·海德拉（中文名何义壮）：《明代中国农村的社会经济发展》，《剑桥中国明代史，1368—1644》下卷，第 401—556 页。

应对来自上上下下的压力。①

州县官还负责国家对神灵的祭祀，从城隍和幽魂，到孔子与名宦，都需要他们加以祭祀。官员到任后，要祭拜每一位神灵，发誓要尽心尽力，请求神灵的帮助，并提醒它们"阴阳表里"。②在治理中，神圣和世俗的手段交织在一起，而且它们似乎有同样的文献来源。正如高万桑和苏堂栋所指出的，社会公认的儒释道三教、萨满或其他能祈雨的人具有独一无二的"德"（charisma）或"诚"（sincerity），能够引起天人感应，因而可以移风易俗、驱除邪祟，乃至在"艰巨的任务"（如大兴土木）中赢得合作。③虽然很多州县官庸碌无为或热衷于从百姓身上榨取钱财，但还有很多人勤勉任事。④而有些人便在当地受到祭祀——萧公权估计明清时期约有五分之一的州县官获得了这一荣誉。其中有一部分建立了生祠。⑤

那些获得纪念的人究竟因何脱颖而出？他们优先考虑的是谁的利益？长部和雄认为，除去那些因阿谀奉承而建的祠宇，生祠

---

① Nimick, *Local Administration*, p. 97, 112 - 19, and chap. 5. 关于明朝政府的成败得失，参阅达第斯（Dardess）, *Ming China, 1368 - 1644: A Concise History of a Resilient Empire*, Lanham, MD: Rowman and Littlefield, 2012。

② 《明会典》卷五十九，北京：中华书局，1989 年。洪武十八年（1385 年）令。

③ 高万桑（Vincent Goossaert），"Mapping Charisma among Chinese Religious Specialists," *Nova Religio: The Journal of Alternative and Emergent Religions* 12. 2 (Nov. 2008), pp. 12 - 28. 苏堂栋（Donald Sutton），"Prefect Feng and the Yangzhou Drought of 1490: A Ming Social Crisis and the Rewards of Sincerity," *Minsu quyi*（民俗曲艺）, 143. 3 (June 2004), p. 20。

④ 一位官员自述，他责任重大，是代天子牧民，参见弘治《温州府志》，天一阁藏明代方志选刊续编第 32 册，上海：上海书店，1990 年，第 978 页。

⑤ Hsiao, *Rural China: Imperial Control in the Nineteenth Century*, Seattle: University of Washington Press, 1960, pp. 436 - 437. 中译文见萧公权：《中国乡村：论 19 世纪的帝国控制》，张皓、张升译，台北：联经出版事业股份有限公司，2014 年，第 516 页。

反映了人们对德政六个方面的肯定。最重要的是移风易俗：兴学教化、宣扬礼教、推进科举、匡正世风、使百姓免受佛道和异端宗教的荼毒，等等。其他五项是：公平的税收；防止暴力；福祉和安居；修缮房屋、扶贫、增加利润等民生事项；解决官司和纠纷，使狱无冤案。①"移风易俗"的政绩往往能使官员在名宦祠中获得一席之地。如果同样能因此得以生祀的话，我们基本可以得出结论：士绅支持了生祠的建立。长部和雄所列的其他政绩会吸引更加广泛的民众，包括士绅和平民，富人和穷人等。为了解决是谁筹建了生祠以及为何筹建的问题，我将根据祀主的特殊贡献来检验长部的德政分类（我将从文本出发，而不是在每个事例前加上"据说"或"我们被告知"之类的话语）。结果将表明，普通人的作用，包括平民在内的当地百姓塑造了一种我们可以称之为儒家家长制（Confucian paternalism）或"父母官"的执政风格。

◇ 教育、礼制与风俗

许多列为名宦的人都从事过教化的工作。有的人专注于服务士绅，教书育人，为府学、县学和书院提供支持。徐闻百姓为了感谢知县应世虞建塔，为之建立了生祠，应氏谦让不许，将之更名为登云会馆，专为士子课艺而用。这很有可能是士绅或即将成为士绅的人首先出资筹建了生祠。② 附近地区的方志列传中，记载有百姓、父老因其他缘由而奉祀官员，但生祀学官者的则多为

---

① ［日］长部和雄：《支那生祠小考》，《东洋史研究》1944年第九卷第4期，第42页。

② 吴凯：《明清代徐闻的会馆》，《湛江文史》第22辑，2003年，第291页。

士人君子。① 不过倘若没有其他功绩，单凭教育很少能够建立生祠。的确，李宗延支持学校，但他也坚决反对苛捐杂税，设医药来救治民众，饥荒时煮粥赈民，画出空地建立茅舍来安置流离的百姓，并防止政府苛待人民。② 傅商弼"兴学造士，举行乡约"，他也增置厫仓、义田、义冢，要求胥吏衙役奉公守法。所以当他升任时，"人怀其德，为立生祠"。③

匡正士人的行为，也很少得获生祠。黄瑜，是以聪颖著称的黄佐的祖父，成化五年（1469年）授长乐知县，"礼贤兴学，士多化之。有兄弟相讼者开导之，皆涕泣相让而退。"不过，要建立生祠，他还需要默祷于神以"洗冤烛奸"。④ 张冕推崇礼制，曾在城南清濛乡宣讲乡约，当他离开泉州时，当地百姓在那里塑像立碑，称为"约祠"。不过该祠是为了纪念张冕在倭患中拯救了百姓的生命，解决了粮食短缺的问题。⑤ 嘉靖年间，台州知府周志伟每天与士子讲解经义，却是因为解决了大姓之间的争讼（"甘棠"）和建闸以防止洪水损毁农田（"遗爱"）而得享"甘棠遗爱祠"。⑥

---

① 正德《瑞州府志》，天一阁藏明代方志选刊续编第42册，第892—896页。
② 康熙《济南府志》卷二十五，第62—63叶，哥伦比亚大学藏缩微胶卷。
③ 康熙《济南府志》卷二十五，第63叶，哥伦比亚大学藏缩微胶卷。
④ 雍正《广东通志》卷四十五，第143—144叶，四库全书本。译者按：原文误作"dealt with an insect infestation"（治理虫害），今据引文正之。
⑤ 万历《泉州府志》卷二十，中国史学丛书三编第四辑第38种，台北：台湾学生书局，1987年，第1568页。译者按：原文称张氏离任"Wucheng"（乌程），误。他嘉靖二十六（1547年）登进士第，授乌程知县，后来升迁至泉州府志。"约祠"是在泉州所立，今正之。
⑥ 雍正《浙江通志》卷一五四，第21叶，卷二二二，第12叶；雍正《江西通志》卷九一，第30叶，四库全书本。周氏后来担任四川兵备副使，使得"彝苗服心，番人塑像，居家恬退"。译者按：原文称周氏为"Zhou Shiqi"（周士器），为周氏之字，今与前后文一致，统一称其名"周志伟"。

即使是直接针对平民的道德教化，也不足以令其得以生祀。正统年间，李琪任萧山知县，他兴办学校，坚决反对溺杀女婴的恶俗。后来，当地"生育渐蕃，婚嫁以时"，民众深念其恩德。不过，他早已因"均赋役"而得享生祀。① 李资坤为社学的建立和捐资倾注了心力，士人认为他有德行；但民众作为社学的受益者，却是因为他的经济举措而支持对他的生祀。②

长部和雄认为，在中国历史上，往往通过教育和引导来影响当地风俗，建立德政的声名。③ 在明代，虽然兴学、讲礼与道德教化往往在名宦祠或个人祠堂中受到称誉，但这些很少能为之带来生祀。有一方德政祠碑将"教"与"政"区分开来，"教"指兴学造士，"政"指关注民生，处理瘟疫、蝗灾和饥荒等。④ 当地百姓对这些更广泛、更实际的贡献，以生祀的方式予以表彰。王光宇祝祷于天，使目盲母亲复明，却是因为其他为民所办的实事，如避免良家女子沦入妓家，才得以生祀。⑤ 早在发生明清鼎革之际异族统治、断发易服的危机之前，明代儒者已经用行动确立了道德的尺度。⑥

---

① 万历《泉州府志》卷十九，第1442页。
② 万历《嘉定县志》卷二第8叶，卷七第11b叶，南京图书馆藏。参阅施珊珊：《明代的社学与国家》（Schneewind, *Community Schools*）；以及唐爱的传记，万历《泉州府志》卷十，第877页。万历年间知县张希皋因社学工作而得享生祀（道光《电白县志》卷十四，第25叶，上海图书馆藏）。
③ ［日］长部和雄：《支那生祠小考》，第42页。
④ 魏克顽：《元氏县令郑公（三俊）德政碑》，崇祯《元氏县志》卷六，明代孤本方志选第8册，第604—611页。
⑤ 雍正《山西通志》卷一二五，第16叶，四库全书本。
⑥ Contra Chow, *The Rise of Confucian Ritualism in Late Imperial China: Ethics, Classics, and Lineage Discourse*, Stanford: Stanford University Press, 1994, p.46. 中译文见［美］周启荣：《清代儒家礼教主义的兴起：以伦理道德、儒学经典和宗族为切入点的考察》，毛立坤译，天津：天津人民出版社，2017年，第84页。

◇ 如何得祀生祠

> 邑令侯公生祠。公到任,祛民害,省民财,节民力,救民生,一以保民为心。故民感德,争立生祠以奉祀。耆老王文等立祠于东关,王廷玉等立祠于城隍庙右。①

帝王的命令、儒家的经典和理学的注疏都在强调以民生为本。然而,它们留下的问题是,谁才知道什么是对百姓最好的?儒家经典《大学》引《诗》云:"乐只君子,民之父母。"然后解释说:"民之所好好之,民之所恶恶之,此之谓民之父母。"朱熹章句曰:"能絜矩而以民心为己心,则是爱民如子,而民爱之如父母矣。"② 朱熹抽象的同理心也许会把决定权交到执政的君子手中,但这一原则还有其他的解读方式。永乐帝曾对户部官员说:"治民之道,在安养之而已。"这可以看成是单纯的家长制,视人民为待宰杀的羔羊。但是,在另一次讲话中,他告诫新任的一千五百余名布政司及府州县官说:"君国之道,以民为本。"③ 即政策的制定和施行都当遵循民众的意愿。

生祠碑同样表明了这一观念。王直写道:"昔之守严,予不

---

① 嘉靖《登封新志》卷一,第21叶,南京图书馆藏稀见方志丛刊第131册,北京:国家图书馆出版社,2012年,第59页。二王皆未有功名,亦不曾在该志其他地方出现。

② 朱熹撰:《四书章句集注》,北京:中华书局,1983年,第10页。

③ Shih-shan Henry Tsai, *Perpetual Happiness: The Ming Emperor Yongle*, Seattle: University of Washington Press, 2001, p. 80. 中译文见蔡石山:《永乐大帝》,江政宽译,北京:中华书局,2009年,第74页。引自《明太宗实录》永乐七年正月丙午条、《明太宗宝训》卷二《恤民》永乐元年五月丁丑条。

能知。若今万侯，诚可谓民父母也。父母之道，好其所好，恶其所恶而已。"① 一篇生祠记中借鉴了《论语》中的话："公得民若是其深，必于聚其所欲，勿施其所恶。"碑记称这正是唐爱为实政的大纲，一般官吏思虑皆不及此，亦不敢为此，只有他一以贯之地做到了。② 同样，这段话可能对不同的读者有不同的涵义，一种是地方官应该倾听百姓的意见，采纳他们的建议；另一种是弄清楚百姓之所好与所恶。无论哪种情况，重点都是百姓的福祉，而非国家的需要。

　　百姓奉祀生祠，尊崇的是什么样的行为？首先是保护自己不受有组织的暴力侵害。赵克生认为两类人容易得建生祠：府州县地方官和出掌军事的都御史、总兵官。③ 的确，16世纪中叶，许多抗击倭寇的将领都得享生祀，既有胡宗宪、戚继光这样的大人物，也有地方上不太出名的小人物。④ 宝应县就有8位官员因抗击倭寇而得以生祀。⑤ 还有一些祀主曾保卫城市不受盗匪的袭击，

---

　① 王直：《送万太守序》，《重编王文端公文集》卷二十五，第93叶，东京：高桥情报，据日本内阁文库藏明嘉靖四十二年序刊本影印，1990年。译者按：原书版本信息标为1973年重印，据台湾师大林家维硕士论文《明代王直（1379—1462）研究》，称该本影印于1990年，并非1973年，今正之。

　② 陈让：《南安邑侯唐公（爱）生祠碑》，郑振满、丁荷生编：《福建宗教碑铭汇编·泉州府分册》，福州：福建人民出版社，2003年，第623号，第607页。《论语》中用类似的话来论述不要让别人做你不喜欢做的事。

　③ 赵克生：《明代生祠现象探析》，《求是学刊》2006年第2期，第127页。

　④ 兴化县的胡顺华（康熙《兴化县志》第二册，第484页）；卢仲田，曾在福建的两个军镇率众抗倭，再三为民请命（《闽书》卷五十四，第9叶）；刘景韶和熊尚文（崇祯《泰州志》卷四第22—44叶，卷八，第80—86、95—98页）。关于戚继光，参阅 DMB, p.222.《明代名人传》，第309—310页。与倭寇有关的生祠材料有待于进一步的研究，比如，我想知道捐资修建生祠是否证明自己没有参与倭寇劫掠的一种方式。

　⑤ 万历《宝应县志》卷六，第4—13叶。

如南安知县夏汝砺,就被百姓在唐爱的祠中塑像奉祀。① 被保护的需要远比官场的规定更为重要:林润曾暂居其辖地之外,恰好有三千匪徒前来攻击,当地人请他指挥防御。攻城七天未果,贼众只好退却,当地百姓遂为林润立祠一座以表感激。②

朝廷当然关心和平与安全,但臣民却往往面临暴力的威胁和生存的困境。正德十二至十三年(1517—1518年),王阳明平定了江西、湖广、福建、广东等地交界处长达数十年的动乱。在其班师之后,大余县进士刘节接待了临近南康县四位耆老(没有功名的长者)的来访。他们计划在当地建立一座生祠,在其中塑像祠祀,以报答王氏的功德。他们谈到,当地经历了"殆不可言"的惨重破坏,正是王阳明平定了动乱,"俾我民安我父母,保有我孙子,利我桑麻谷粟,士卒业于校,工食力,商贾货殖于道罔虞"。③ 在祠记中,刘节回顾了王阳明的政治生涯。他上疏营救被刘瑾打压的官员,自己也牵连入狱,几乎被廷杖而死。于是被贬谪贵阳,于龙场"穷理尽性之学,益造精蕴"。后来起复回到南京任职,"讲学之士,四方日集"。祠记还提到了他作为贤人的声誉,他在战场上的功绩亦与其贤德密不可分。但这些对那些想要为之建立生祠的耆老(没有功名的长者)而言都不重要。相反,生祠的建立是为了"使人存之于目,思之于心也",颂扬王氏如何平定动乱,保证了当地的安定和民众的生活。④ 对地方有效的保护为王氏赢得了生祠。

---

① 夏的事迹,见万历《泉州府志》卷十,第 885 页。任彬曾因保护城市免于平谷盗贼的袭击而得享生祠(雍正《山西通志》卷一二五,第 11 叶,四库全书本)。
② DMB, p. 924. 中译文见《明代名人传》,第 1256 页。
③ 刘节:《都宪阳明王公生祠记》,《古今图书集成·方舆汇编职方典》卷九二九,北京:中华书局,成都:巴蜀书社,1986 年,第 16025 页。
④ 刘节:《都宪阳明王公生祠记》。

生祠所表彰的第二个贡献是公正司法，特别是清理积压的旧案。在官僚体制对州县官的评价中，司法显得格外重要。地方百姓也关心司法，有时与朝廷的评价一致：受到生祀的知县张美的司法便是迅捷而公正的。① 不过有时地方社会对问题的看法却与朝廷颇为不同。他们看重的是王知县不妄加刑便可断讼。② 包尔庚因洗雪冤狱而得以生祀。③ 拯民于牢狱之灾，是一种家长式的保护。天顺年间元氏知县武贤主政时，"庭下狱中皆生茂草瓜瓞"，指监狱很少使用。所以当他离任时，"民皆垂涕"。④ 传统认为刑狱越少，政治便越清明。当然，司法也可能造成当地人的对立：夏玑任新淦知县，当地有富户杀人，没有人敢举发，夏氏将其下狱将要治罪。杀人者贿赂当权者希望能够放回，夏玑坚执不允。无奈，只能将夏氏调走。当地人因此建立生祠供奉他。⑤ 毫无疑问，生祠将夏玑奉为为弱者伸张正义的斗士。

地方所看重的第三个贡献有时是在基础设施建设方面的工作。倪清茂发现，在朝廷对州县官的评价中，这一点并不是很受重视。永乐年间，陈瑄负责将南方的粮食运往北方，以及重开部分大运河的工作。方志记载，他提出的建议使得百姓从繁重的运

---

① 光绪《重纂礼县新志》卷三，第2叶，哥伦比亚大学藏缩微胶卷。他在征收赋税和治理水患上的工作也十分出色。
② 郑仲夔：《玉麈新谭·偶记》卷三，第3—4叶，续修四库全书第1268册，第426—427页。雍正《浙江通志》卷一五六第52叶显示他于万历四十年（1612年）曾任瑞安知县，并于任上去世。
③ 乾隆《江南通志》卷一四一，第27叶，四库全书本。他还在辖区内驱赶了瑶人，当时的瑶人被视为蛮夷，不能算作"民"。
④ 崇祯《元氏县志》卷三，明代孤本方志选第8册，第336页。
⑤ 嘉靖《昆山县志》卷十，第28叶，哥伦比亚大学藏缩微胶卷；张大复：《昆山人物传》卷四，第17叶，续修四库全书第541册，上海：上海古籍出版社，2002年。

粮任务中解脱出来,由粮差专职运送,这便利了国家和地方两个方面。因此,运河沿线处处建有他的生祠。① 监生刘琰担任和平县令,首先"创公署,建月城",并建立了社学,因此得以生祠。② 李宗延所为颇多,其中有一条便是"设医药以疗民"。③ 王源在潮州重建了断桥,为永乐年间的善政画上了句号。④ 万历年间怀来县的一座木桥因为淫雨旬日、河水暴涨而被冲毁,张经世主持加以重建,"邑民立祠桥西,尸祝之"。⑤ 这是因为桥能取代危险的渡船,便利商业往来。洞庭湖畔建有李公祠,因为他在此处修建了"李公桥""李公堤"和"李公闸"。这些工程使得当地"市肆星列,帆樯云集,屹然东南一大镇也"(图4)。⑥ 这类生祠所崇奉的是满足当地安全和民生的工程,突出的是百姓安乐、商业便利。

然而,许多工程都花费不菲。有一人——"父老佥曰"——

---

① DMB, p.159.《明代名人传》,第224页。注意其中两座生祠是为了"怀念他",不过《明史》卷一五三,第4205、4209页以及更明确的吴思学《宋康惠公(礼)祠志》将之与早先修建运河的宋礼相比较,但宋氏直到弘治年间或更晚到正德七年(1512年)才被供奉。方志中记载的祠堂,并没有提到当时他已身故:正德《姑苏志》卷二八第26叶,四库全书本;雍正《江南通志》卷四〇第6、31、37叶,卷五八第41叶(提到祠堂建于永乐十四年,1416年),卷一一二第31叶(所有沿运河的祠堂),四库全书本;雍正《湖广通志》卷五六第19叶(多所)。

② 嘉靖《惠州府志》卷十一,第27—28叶,上海图书馆藏。

③ 康熙《济南府志》卷二十五,第63叶,哥伦比亚大学藏缩微胶卷。

④ 《明史》卷二八一,第7196页。雍正《广东通志》卷四一第1叶和卷六〇第180叶也记载了他修建的桥和祠堂,直到那时当局还在定时祭祀。方志还保留一份请求祭祀王源和其他州县官的奏疏,上奏者正是郭子章。另参见焦竑《国朝献征录》卷一〇〇第4叶所收的王氏传记。

⑤ 光绪《怀来县志》卷十一,第23叶,哥伦比亚大学藏缩微胶卷。他离任后,其继任者因筹集赈灾的粮食也得以生祠。

⑥ 胥焯:《重修三祠记》,隆庆《岳州府志》卷十八,第90—91叶,天一阁藏明代方志选刊第57册,上海:上海古籍书店,1981年,第592页。

不用民力、不费民财,最终建起一座桥,因此被尊称为"刘神君"。① 所以,基础设施建设可能和第四点相冲突:减轻国家加给地方的负担。这可能意味着削减开支。生祀淄川知县沈琦的理由是"为政简节疏目"。② 生祀章丘知县董文寀则是因为他"撤火费,省里甲"。③ 较少的要求可能意味着官员不会贪污。莱芜典史周九川离任之时,囊无一钱,百姓因此立石颂之。④ 同样的,许文献个性狷介,不受一钱;他的僮仆常至饥寒,家中十分贫困。⑤ 新泰知县离任时,"行李萧然,惟图书一篚而已"。当地士民向朝廷请求让他留下来,不被允许,便立祠生祀之。⑥ 被崇祀的地方官不仅会减少开支,拒绝腐败,还会抑制僚属的贪婪。⑦

---

① 崇祯《重修砀山县志》后卷,明代孤本方志选第 2 册,第 709 页。
② 康熙《济南府志》卷二十五,第 64 叶。
③ 康熙《济南府志》卷二十五,第 51 叶。章丘县也曾生祀知县赵瀛,因为他"平赋息盗,捕蝗禁狐,虽儿童下走,皆能道说"。见康熙《济南府志》卷二十五,第 44 叶。
④ 康熙《济南府志》卷二十五,第 52 叶。
⑤ 《大清一统志》卷一五七,第 12 叶,四库全书本。
⑥ 康熙《济南府志》卷二十五,第 61 叶。
⑦ 吴节:《固安县知县李公(端)政绩碑》,嘉靖《固安县志》卷四,第 3 叶,哥伦比亚大学藏缩微胶卷。

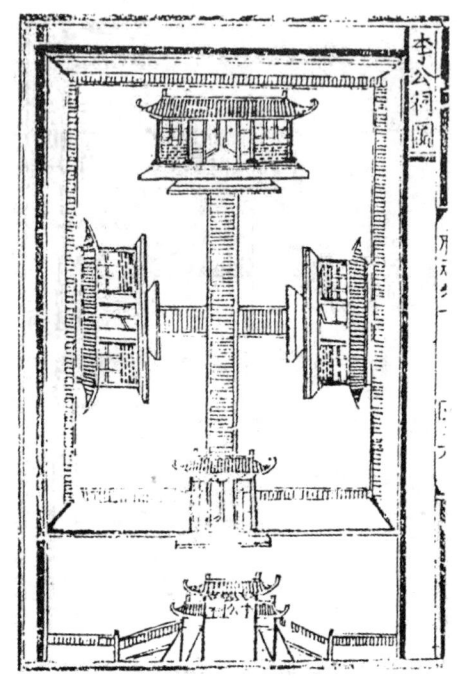

图 4　李公生祠

资料来源：隆庆《岳州府志》，第 28 叶，天一阁藏明代方志选刊第 57 册。

但是，尤其当远方的朝廷提出新的要求时，从地方的角度来看，税收和腐败并无区别。减赋者往往能赢得生祠。除了抵御盗匪之外，得以生祀的唐爱和夏汝砺都减轻了当地的赋税。① 万历八年（1580 年），上元知县林大黼也因"改编丁银，省浮费什之七八"而得祀生祠。② 冯惟讷任职江西，"核上供瓷器浮费"，百姓因而"肖像祠之"。③ 刘大文拒绝朝廷不合理的加税，当地百姓

---

① 万历《泉州府志》卷十，第 877 页。
② 万历《上元县志》卷七，第 13 叶，哥伦比亚大学藏缩微胶卷。
③ 光绪《临朐县志》卷十四，第 26b 叶，哥伦比亚大学图书馆藏。

为之建遗爱祠。① 贡生王朴在雷州半岛任职，因停止了朝廷对捕采珍珠的征税而建立生祠。② 监生索绍在调离清河县时得以祠祀，因为他在嘉靖南巡时量力节省，花费不过是其他县的十分之一二。不过在他得建生祠的同时，也因此受到了调任的惩罚。③ 道德教化的文章都在称颂节俭。④ 但广受地方社会欢迎的举措，如减免赋税徭役，减少政府开支，避免行贿受贿，约束贪婪的僚属或上司等，却很少得到朝廷的认可和鼓励。⑤ 减免赋税能赢得地方的认可，还能得享生祀，每一个州县官都明白这一点。他们面临着影响其仕途、声誉以及百姓生命的选择。

以上四点实际上都和第五点有关。民生，包括农业和商业，有时候它们的收益甚至是利润，都是纪念的核心问题。官员们遵循悠久的传统，通过教育促进生产。⑥ 邵敏在云南楚雄县改进纺

---

① 乾隆《江南通志》卷一一五，第8—9叶，四库全书本。
② 雍正《浙江通志》卷一六七，第29叶，四库全书本；万历《秀水县志》。
③ 万历《清河县志》卷八，第9叶，明代孤本方志选第12册，第75—76页；嘉靖《广平府志》卷七，第7叶，天一阁藏明代方志选刊第5册。
④ 参阅 Schneewind, "The Book of the Five Relationships: Thoughts on Mid‑Fifteenth‑Century Court Confucianism," in *Ming China: Courts and Contacts, 1400‑1450*, edited by Craig Clunas, Jessica Harrison‑Hall, and Yu‑ping Luk, London: British Museum, 2016, pp. 224‑225。
⑤ 也许我们的确了解一些下层对于节俭的建构，参阅柯律格（Clunas），"Regulation of Consumption and the Institution of Correct Morality by the Ming State," in *Norms and the State in China*, edited by Chun‑chieh Huang and Erik Zürcher, Leiden: E. J. Brill, 1993 p. 47, 49。吕坤正是运用这些观念来抨击豪商巨富的奢靡浪费。
⑥ 邓刚列举了前近代官员编写的九十九本农桑手册，其他官员则聘请专家编写这种手册进行传播。有一位明朝的地方官每月都会贴出指导告示，还有一些地方官常常与人交流，让不识字的人也能了解情况。Gang Deng, *Development versus Stagnation: Technological Continuity and Agricultural Progress in Pre‑modern China*, Westport, CT: Greenwood Press, 1993, pp. 85‑86, 126‑132, 187‑188.

织业。① 无论在平时还是饥荒时期，官员还会安排对穷人的救济。永乐初，广平知县李肅"抚恤贫穷，民爱戴之如父"。② 甘肃的礼县知县高光，也因为接济和救助饥民而得以立祠生祀。③ 当洪水造成饥荒时，基础设施可能有助于解决问题。④ 干旱时，却只能祈祷。⑤ 正如施耐德-赖因克对清代的研究所指出的，许多明代的地方官也只能向当地人所推荐的任何神灵祈雨，例如，傀儡山上的一方石碑记载了大庾知县夏玑曾在此求雨成功。⑥ 晋宁知州丁贵捐资重建学宫坛庙，但更重要的是，当发生旱涝灾害时，他的祈祷往往能起到作用。有民谣唱道：

> 旱莫忙，公行香；
> 雨莫恼，公请祷。⑦

---

① 天启《滇志》卷十一，第45叶，续修四库全书第681册，上海：上海古籍出版社，2002年，第617页。正德《云南志》卷十九之二，第23—24叶，天一阁藏明代方志选刊续编第70册，第810—811页。

② 嘉靖《清河县志》卷二，第16叶，密歇根大学藏缩微胶卷。雍正《畿辅通志》卷六十九，第39叶，少一"爱"字，四库全书本。

③ 乾隆《礼县志》卷十，第15叶，哥伦比亚大学藏缩微胶卷。另一位赈济饥民的祀主，参见嘉靖《登封新志》卷一，第21叶。

④ 王都：《李公生祠记》，《古今图书集成·方舆汇编职方典》卷一二〇，第8847页。

⑤ 在大多数情况下能做的只有祈祷。但洪武时的一件事情很有意思：甘霖，字沛之，高淳人。洪武中以荐召入，问其名，曰"甘霖"。因曰："浙江大旱，汝往霖之。"授左参政。既至，梦神告曰："某地有泉可济民渴。"且往，俨若梦境，掘之，果得大泉。同僚属祈祷，大雨随至（雍正《浙江通志》卷一四七，第29叶，四库全书本）。人们认为他受到神灵的护佑（张大复：《昆山人物传》卷三，第16叶，续修四库全书第541册，第580页）。

⑥ 施耐德-赖因克（Snyder-Reinke），*Dry Spells: State Rainmaking and Local Governance in Late Imperial China*, Cambridge, MA: Harvard University Asia Center, 2009, pp. 67-68, 191-192；雍正《江西通志》卷十三，第9叶，四库全书本。

⑦ 天启《滇志》卷十一，第16叶，续修四库全书第681册，第603页。

罗江知县盛杲在旱灾中祈雨成功，但他说："这不是长久的办法。"于是他让人开挖池塘一千二百五十多口，这样下一次干旱来临时就不会为害百姓。人们因此在罗真观为其建立了生祠。①气候之外，蝗灾、恶政也会导致饥荒。正统初年（约1436年），张志道任陈州知州，教民耕织。当时该地区遭逢蝗灾，他"遍祷于民，蝗不为害，是年大熟"。② 崇祯十四年（1641年）萧县发生饥荒，朝廷还在大肆征收赋税，东林党人、未来的名臣史可法任两淮巡抚，将粮食拨给当地，活民无数，百姓因此为之建立生祠。③

将生祠所表彰的行为分成这五种有所重叠的类型，有助于我们思考中央和地方所关注的重点有何不同。第一，人们当然普遍认为和平比暴力更好，但普通民众走投无路时往往不得不铤而走险。饶州知州陶安既组织抵抗盗寇，也保护从寇的良民免于处死。④ 另一位官员通过妥善登记土地来处理当地的盗匪，民与寇皆呼其为父母，因为他带来了安全和保障。他回应说："凡顽民，皆吾赤子也。"⑤ 一些州县官顶着朝廷的压力，保护那些被迫成为盗匪的人。

---

① 正德《姑苏志》卷五十二，第46—47叶。盛杲曾担任高官，但因直言敢谏而被贬为典史，天顺年间转任罗江知县。
② 万历《开封府志》卷二十八，第56叶，四库全书存目丛书补编第76册，济南：齐鲁书社，2001年，第812页。
③ 嘉庆《萧县志》卷七，第20叶，中国方志丛书华中地方第一三九号，台北：成文出版社，1974年。Wakeman, *The Great Enterprise: The Manchu Reconstruction of Imperial Order in Seventeenth-Century China*, Berkeley: University of California Press, 1986, pp. 322, 400. 中译文见［美］魏斐德：《洪业：清朝开国史》，陈苏镇、薄小莹等译，南京：江苏人民出版社，2003年，第104、130页。
④ 《明史》卷一三六《陶安传》，第3925—3926页。
⑤ 姜龙：《兵宪王公（仪）生祠记》，钱谷编：《吴都文萃续集》卷十六，第20—22叶，四库全书本。

第二，中央和地方都关心民生，因为农业生产是国家财政和整个社会经济的基础。① 但是，对朝廷而言，征收赋税和征发徭役是州县官的主要工作，在不断扩大的领土国家中，臣民之间的关键区别在于"是否愿意承担国家的赋役"。② 吏部对那些渎职的贪官污吏进行了谴责，评论说，一旦他们的罪行记录在案，"要皆不可一日复留，以滋生民之患而贻地方之忧"。③ 但这不过是虚言而已。即使被官方评价为暴戾腐败的人，在经过以前的辖区时，依旧为民众所愤恨，也可能只会被调离，而不会被罢黜。④ 对儒家官员而言，个人的廉洁和轻徭薄赋看起来并不一样——他当然不应该纵容腐败，但征收赋税正是他的职责所在。不过对当地百姓来说，廉洁和减赋都能减少开支，所以对这两点他们都愿意加以表彰。

第三，对地方百姓来说，国家权力和自然灾害相似——从外而来且难以控制。广宗知县贾朝宦"政尚慈惠，民欣然如寒后阳春"。他停罢了让富民出纳以至于破产的制度，还赈灾有方，活民无数，为其他县所效仿。他断案公正，令人信服，有歌谣称其为"广宗明镜子"。当他被提任离开时，"民为生立祠而尸祝之"。⑤ 对普通百姓而言，国家政权——及其对于徭役、税粮、丝

---

① 汤廷（Tong）, *Disorder under Heaven: Collective Violence in the Ming Dynasty*, Stanford: Stanford University Press, 1991, pp. 82-83。

② 单国钺（Shin）, *The Making of the Chinese State: Ethnicity and Expansion on the Ming Borderlands*, Cambridge, UK: Cambridge University Press, 2006, p. 125。

③ 《吏部考功司题稿》卷三，第49叶，明抄本奏议十种第三册，北京：中华书局，2013年，第309页。

④ 《吏部考功司题稿》卷三，第91叶，第391—392页。

⑤ 但是，贾氏并未进入名宦祠。万历《广宗县志》，明代孤本方志选第10册，第70、116—117页。当地人李尚宾在他为官时也赢得了生祠，并进入了广宗县的乡贤祠（第157页）。

织和其他物品的需求，它的武装力量和暴力机关——看起来就像盗匪、蝗灾和旱涝一样难以预测、危险万分。

要与之抗衡，需要采取各种措施。在一个天人感应的宇宙之中，神圣和世俗的效力混杂在一起。一位严州知府的墓志铭先是写道"地少蚕桑而丝税多，民弗便，请以银代输"，下一句便提到"猛虎为害，祷于神而虎毙"。① 洪武时期，一位湖口知县因奏请减免田赋和祷于城隍毙杀"猪蛟"而得以生祀。② 一位致仕的士大夫，为合祀的三朝六尹祠（其中有些在去世前已经得以生祀）写作了一首歌谣，不按时间顺序排列，而是成对赞美这些先贤。元代的陈君"邻境流离，全活无量"，元代的狄君"刑清政平，赈济困穷"（时"值"岁歉，这并非天人感应降下的惩罚）；在这两个案例中，官员的举措都得到了朝廷的批准。金代的吴君"蝗不入境"，明代的雷君"捍御有功"；批准来自"民用以康，旱祷辄雨"。褚君的贡献在"科甲连芳"，张君则带来了"三载弦歌"。③ 在所有这些案例中，有效的行动及其回应都将自然、人类和超自然结合在一起。

---

① 王直：《山东左布政使万公（观）墓志铭》，《重编王文端公文集》卷三十三，第9—10叶。
② 曹嗣轩编撰：《休宁名族志》卷一，合肥：黄山书社，2007年，第127页。
③ 关于这些祠堂的历史，参阅 Schneewind, "Beyond Flattery: Legitimating Political Participation in a Ming Living Shrine," *Journal of Asian Studies* 72. 2 (May 2013), pp. 345 - 366。这首歌谣收录于民国《临朐续志》，卷十五之十六，第22叶，中国方志丛书华北地方六十七号，台北：成文出版社，1968年，第721—722页。方志编撰者因为年代顺序的混乱而怀疑这首歌谣的真实性，我认为它是真的，因为分组的逻辑非常明显。关于迟氏的退休，见光绪《临朐县志》卷十四之上，哥伦比亚大学藏缩微胶卷，第293页。

◇ 父母的隐喻

倘若政治运转良好，帝制晚期中国的统治被视为自上而下的"家长制"统治。这一统治模式由儒家思想和现实政治的互动长期发展而来，在当时是非常合理的。但它的具体形态并不是由中央机构或政令单方面决定的，也不是由个别理学官员的道统理想所决定的。正如我们刚才所见，中央和地方的价值取向有所出入，当地百姓在描绘何为善政方面发挥了重要作用。他们崇奉一些官员的具体贡献，其他的则归于官僚整体。这些工作需要独有的"德"（charisma）来影响当地百姓、官府僚属、上级官员和神灵精怪。然而，他们奉祀的或（像他们常说的）"报"的，是这些贡献，而不是模范的个人，他们最关心的是安全和生计。

我们可以称这种治理风格为"家长式"（paternalist）的，但明人称这些官员为"父母"。这个比喻有悠久的传统，但在朝廷的正式文书中也很少出现，即使是明太祖也更喜欢用牧民的比喻。① 父母的比喻是自下而上推动到意识中心的，并非由朝廷所主导。据说一位广昌知县"爱民如子"，另一位"乡人慕之，犹依父母也"。② 地方臣民遵奉哪位官员注重的是相互之间的情感和父母式的责任。方志中有连续两人的传记，一人是"民德之如父母"，另一人是"爱民如子"。③ 薛知县"爱百姓若子，而百姓爱

---

① 明太祖告诫州县官，常用"荐士""牧民"这样的语汇。余继登：《皇明典故纪闻》卷五，第 8 叶，北京：书目文献出版社，1995 年，第 261 页。
② 崇祯《广昌县志》，明代孤本方志选第 12 册，第 581、584、586—587、589 页。
③ 万历《和州志》，中国方志丛书华中地方六四〇号，第 534 页。

之若父母"。① 又有"士民至今啧啧曰：'陈公博大长者。'又曰'真父母'云。"② 我们一遍又一遍地读到"民爱戴如父母"之类的叙述。③

父母的比喻是有用的，因为两者具有显然的区别。这一比喻试图弥补一个巨大的差距。父母终生不变，州县官却是有任期限制的。15世纪通常任职九年，少数会长达二十五年，后来的常态减少至三年或更短。④ 称州县官为父母是一种修辞行为。其目的是什么呢？杨联陞对"报"的研究，指出了家庭思想的双重性。一方面，儒家要求绝对的孝顺，有"天下无不是的父母"的说法。然而也有观点认为，父母因为给予子女的照顾，理应得到"严格的、商业交换式"的孝顺：家庭核心的报偿关系，为亲情所掩盖。⑤ 把一个府县里最重要的权威人物称作"父母"，就是试图影响他的感情，唤醒他的良知。无论是父母的隐喻，还是作为一种统治方式的"家长制"，都是下面的地方要求和塑造的，而

---

① 赵兴邦：《薛（贞）公德政碑记》，崇祯《元氏县志》卷六，明代孤本方志选第8册，第650页。另一个例子，见万历《上元县志》卷七，第12叶，哥伦比亚大学藏缩微胶卷。

② 万历《和州志》，中国方志丛书华中地方六四〇号，第411—416页。这部方志提供了许多形式的纪念。

③ 康熙《济南府志》卷四十一，第9b叶。

④ Nimick, *Local Administration*, pp. 45–46.

⑤ Lien-sheng Yang, "The Concept of *Pao* as a Basis for Social Relations in China," in *Chinese Thought and Institutions*, edited by John K. Fairbank, Chicago: University of Chicago Press, 1957, pp. 302, 308. 中译文见［美］杨联陞：《报——中国社会的一个基础》，段昌国译，氏著《中国文化中"报""保""包"之意义》，贵阳：贵州人民出版社，2009年。

不是上面的朝廷和中央官僚机构强加的。①

比崇奉和纪念父母官更好的方式是留住他。去思碑和生祠作为留任地方官的一种方式出现在宋代的法律中。② 在明代，由于地方官任期的变短，往往就在当地百姓开始习惯他或用当地的方式规训他时，官员便要离任而去了。生祠往往建在留任的请求失败，或一段延长的任期结束之后。正如各种资料中的许多案例所显示的那样，当某府或某县的长官即将迁转或致仕时，便会有数百位当地的居民前往布政司或京城请愿让他们留下来。③ 监生何诚于正统元年（1436 年）任虹县知县，"慈祥岂弟，吏民爱戴"，九年任期将满，有三百余人上书请求挽留。④ 项忠任职陕西时深受爱戴，当地百姓先后两次前往京城"诣阙乞留"，并为之建立生祠。⑤ 数字肯定有所夸张的，然而明末史家朱国桢说："望挽留

---

① 用苏黛瑞（Solinger）的话来说，这种家长制既是以权利/规则为基础的，又具有互动性。苏黛瑞强调，"儒家"价值观本身并不能决定具体的政策，甚至不能决定其动机。"Three Welfare Models and Current Chinese Social Assistance: Confucian Justifications, Variable Applications," *Journal of Asian Studies* 74. 4 (2015), pp. 979 – 980.

② 陈雯怡：《从朝廷到地方——元代去思碑的盛行与应用场域转移》，《台大历史学报》第 54 期，2014 年，第 59—61 页。

③ 参阅 Schneewind, "Reduce, Re – use, Recycle: Imperial Autocracy and Scholar – Official Autonomy in the Background to the *Ming History* Biography of Early Ming Scholar – Official Fang Keqin (1326 – 1376)," *Oriens Extremus* 48 (2009), pp. 147 – 148 关于《明史》卷二八一的讨论，该卷记载了许多明朝初年的请愿。

④ 成化《中都志》卷六，第 16 叶，天一阁藏明代方志选刊续编第 34 册，第 51 页。

⑤ *DMB*, pp. 534 – 538,《明代名人传》，第 729—734 页。关于留任的请求，见万历《秀水县志》卷六，第 6—7 叶，中国方志丛书华中地方第五七号，第 288—289 页。关于生祠，见《明史》卷一七八《项忠传》，第 4728 页，及《明孝宗实录》卷一百九十，弘治十五年八月庚戌条，第 3508—3510 页。

者塞途，无虑数十万人，则余所亲见者。"① 当请愿失败时，"民皆焚香祝曰：'愿公再来作我父母！'"② 所谓"父母"，往往能通过实政与教化保证民众的生计与安全。当祈愿失败时……生祠又能否通过其他方式留住他们呢？

---

① 朱国桢：《涌幢小品》卷十三，第 5 叶，台北：广文书局，1991 年。对于长时间的挽留，上级声称："令而邑则予僚属也，令河内则予父母也。"见康熙《高平县志》卷十，第 56 叶，清代孤本方志选第一辑第 9 册，北京：线装书局，2001 年，第 618 页。

② 《明史》卷一三八《薛祥传》，第 3973 页；黄金：《资政大夫工部尚书无为薛公（祥）传》，朱大韶编：《皇明名臣墓铭》，明代传记丛刊第 58 册，台北：明文书局，1991 年，第 29—42 页。

第三章　崇祀

　　当（龚勉）公之莅欈李①报最，而荐绅大夫博士弟子诸吏民虑公迁，则走数千人，白中丞台，乞留公。中丞以疏请报，可为之，增秩予俸。其又二年，晋公秩，参浙藩政。则复走数千人于中丞台所留公。中丞曰："此君天下才，若乃欲以一郡擅耶？"②……近乃闻（龚公）复过吾里中，吾乃不能从舳舻后一望见公，奈何！已又与其父老叹咤曰："安得两公以身覆庇我！"则又曰："庶几设像而祠之，以寄朝夕思乎。"行求公先所建育材地，鸠工庀材，不日而堂庑翼然告成矣。已复叹曰："夫像能貌公，乌能代公为政也？"已复有相慰藉者曰："海内仰公不啻黍苗之仰阴雨，顾安能百公身分布之？异日者公为九卿三事，其受职也大，其庇物也宏，吾欈李将与有荣施彼。"夫有楹中立而像赫弈者，独非公神游地也耶？公祠行且遍天下。

——陆光祖《郡侯龚公生祠碑记》③

　　陆光祖最后的话可能指龚氏日后的晋升，也可能指死后的册

---

①　古地名，在今浙江省嘉兴西南。《左传·定公十四年》："五月，于越败吴于欈李。"杜预注："欈李，吴郡嘉兴县南醉李城。"此处用作明代嘉兴府的代称。

②　相似的情况下，其他地方的百姓有更豁达的表述："想公清梦时来游，公不来兮扶皇猷。"郭玺：《新建河阳陈公（俎）生祠记》，嘉靖《广平府志》卷七，第6—7叶，天一阁藏明代方志选刊第5册，上海：上海古籍书店，1981年。

③　陆光祖：《郡侯龚（勉）公生祠碑记》，万历《秀水县志》卷九，第8—9叶，中国方志丛书华中地方第五七号，台北：成文出版社有限公司，1970年。

封。特别是考虑到该府士绅与民众的利益冲突，我们很容易把陆氏的保证理解为对民众的安慰。他们提出了一个政治性问题，而他却给出了一个宗教式的回答，许诺他们以来日的哀荣。但他的话也并非空言，无论生前还是死后，生祠的确可以令龚勉"神游地也"。

一旦生祀的官员去世，他的灵魂便会进入韩森所描绘的崇祀经济体系。这种崇祀包括每个城市和乡村中的神灵，从厉鬼、精怪到各类神祇，从孔子、老子到观音菩萨都包括其中。人们向神祷拜，祈雨、盼晴、灭虫、驱盗、平叛、治病、生育、预防瘟疫，还有科举及第，等等。如果祈祷没有得到回应，请愿者就会去另一个寺庙尝试。如果有神灵回应了他的祈祷，他自然会前来烧香还愿，供奉更为丰盛的祭品。这样，对该神灵的崇拜就会扩大，其头衔也将增加，庙宇更为宏大，声望愈加提高。这将赋予其更强大的力量，能更多地显灵，如此循环下去，除非它不再灵验。这种神灵的效用——灵，就是一种类似声望的社会产物。①

祭祀强大神灵的庙宇是热闹的地方，尤其是在每年庆祝其生辰的时候。寺庙会在空地上举办集市，出售各类商品，形成一个天然的集聚场所。在此期间很多人可能会为神灵捐献一二，以修缮庙宇及其附属设施。庙中所立记录捐赠者姓名和宣扬显灵的石碑往往包括各种对话，还会引述当地耆宿的言论。韩森解释说，这些耆老的话语由文人改写为文言文，"保证了记录的可靠性"，而"在某些情况下，不识字的人也能发出他们的声音"。这种联

---

① Valerie Hansen, *Changing Gods in Medieval China, 1127 - 1276*, Princeton: Princeton University Press, 1990, p. 61; 中译文见［美］韩森：《变迁之神：南宋时期的民间信仰》，包伟民译，杭州：浙江人民出版社，1999 年，第 59 页。周越（Adam Yuet Chau），*Miraculous Response: Doing Popular Religion in Contemporary China*, Stanford: Stanford University Press, 2006。

系可能是非常个体化的：一位妇人请工匠修复了观音像的手臂，她的手臂因此得以痊愈。正如韩森所总结的那样："人们拜神是为了求神办事，对神的评价就看神是否灵验。"①

生祠与这些祠庙极为相似。事实上，明代有文人认为，生祠便是祠庙祀神的起源。②绩溪知县李邦直离任之后，当地百姓十分怀念他，为之建立生祠："相与追思之；追思之而不见，则相与瞻望之；瞻望之不及，则肖其像形妥之。屋楹俨乎，若有见乎其面貌；偄乎，若有接乎其容声。"③湛若水解释说，生祠会"继之养焉"。但如何实现呢？王象春有诗将愚昧妇人所崇奉黑虎泉与济南城中的生祠相比，讥刺其中奉祀的官员——正如《礼记》中孔子所感叹的"苛政猛于虎"。"余思虎猛物害人，何以禋祀？盖泰山哭妇致感孔子，猛于虎者已处处得生祠，况黑公水神敢独遗耶？"④祷告真的毫无意义吗？生祠会不会灵验呢？

本章将展示，祠庙在士民心中建立起一种同死后世界持续性的精神联系。某人死后可能会显灵，生祠便是将其死后才应当建立的祠庙提前建在了生前。他们向其允诺祠主死后会得到祭祀，也希望得到其今后的庇护。更进一步说，尽管后世学者对这种崇祀与祭拜颇有疑虑，但明人没有理由不认为生祠可以在生前产生效用。为了理解崇祀的概念，我将试图回答20世纪的历史学家

---

① Hansen, *Changing Gods*, pp. 13-15, 21-23, 35-38, 52, 54, 65, 77, 46.〔美〕韩森：《变迁之神》。

② 顾起元：《客座赘语》卷一《辨讹》，谭棣华、陈稼禾点校，北京：中华书局，1987年，第5页。

③ 湛若水：《绩溪县尹东洲李君生祠记》，《湛甘泉先生文集》卷十四，第45—46叶，四库全书存目丛书集部第56册，济南：齐鲁书社，1996年。

④ 王象春：《黑虎泉》，氏著《齐音》，张昆河、张健之注，济南：济南出版社，1993年，第27—28页。

朱维铮就生祠所提出的若干问题，并讨论社会中不同阶级在奉祀中扮演的角色。虽然显灵是有可能的，在某些情况下甚至还有证据支撑，但灵验不足以完全解释生祠。相反，生祠可能体现出某种政治理论，代表了汉学研究语境下所理解的大众宗教的"官僚隐喻"。

◇ 死后的互惠

大多数人只有在被控为犯罪或与邻里发生难以调解的纠纷时才会去衙门。通俗小说中所描绘的县官形象，总是高高在上，端坐于县衙大堂，如同地府的阎王。他在审判时，受审者必须跪在堂下，还不时受到衙役的严刑拷打。我们得知，较为温和的县官会受到人们的尊敬。瑞安知县王祚昌正是这样一位广受尊敬的好官，因其与当地的紧密联系而被尊称为"王瑞安"。他在任时"以德让化民，民不忍欺。每听断得情，必问其人心输否，如其人尚自展辩，即虚心再讯，更以理谕之，复问如前，如是者再三。其人愿自受杖，杖至三、五板，多不过十板。……公居官四月而卒，百姓哀号，如失考妣，为之罢市者七日。其囊无一钱，诸父老为置方柜于通衢，听民乐助。不浃日，满数百缗，为之殡殓。公亡不二旬，遂祀名宦。百姓又特为祠祀之，如事生云"。即使在去世之后，他也继续从事司法工作，使一个犯人自行认罪。[①] 遗祠能使得当地可以长久留下某位官员，生祠最终也会变

[①] 郑仲夔：《玉麈新谭·偶记》卷三，第3—4叶，续修四库全书第1268册，第426—427页。雍正《浙江通志》卷一五六第52叶显示他于万历四十年（1612年）任瑞安知县，并于任上去世。一位死去的官员（被纪念，但非亲属）可能十分危险，需要安抚。参见桑高仁（Sangren），*History and Magical Power in a Chinese Community*, Stanford: Stanford University Press, 1987, p. 217。

成这样的遗祠。

灵验的庙宇意味着神灵的帮助和繁华的庙会，而生祠可能代表着对死后效用的赌注，或是一种试探。① 何淑宜注意到，嘉兴府的生祠多依附佛道寺观而设。但这并不意味着生祠附属于这些宗教，而是因为这些寺观和生祠都位于运河沿岸或其他交通要冲之处，重点在于生祠所在地的交通应当足够便利。② 灵验的间接证据来自于争建生祠：

> 永定东乡卢九经作祠以祀其令，木石方具，而南北西三乡之民皆起而争之曰："吾贤父母也，孰不得祀之？亦孰不欲祠之？而独于斯乡，而其费独具于斯族耶？"邑中之民闻之亦曰："吾贤父母也，非汝四乡之民所可偏祀，尤非卢之一姓所宜独费。"毳倪聚讼，各持所是，不能相夺者久之，始定祠于邑中，而卢九经必欲徙所自具之木石以成之。邑民终不能夺也，然民犹以不得尽力于所费为怨。则躬埏瓦畚土，负木曳石，各竭其劳以为慊。或竞造酒馔，以食役人，不旬日而祠成。盖一邑之人之情如此。③

即使生祠没有在祠主生前应验祈祷，但它终将应验。明人知道这个赌注可以押下：唐代官员的生祠因其灵验得到宋元朝廷的长期

---

① 2007年11月17日与魏伟森（Thomas Wilson）的交谈启发了我的观点。
② 何淑宜：《晚明的地方官生祠与地方社会——以嘉兴府为例》，第819、823—828页。
③ 王慎中：《永定县知县许（文献）君生祠记》，《遵岩集》卷八，第73—76叶，四库全书本。DMB, p. 1398. 中译文见〔美〕富路特、房兆楹主编：《明代名人传》，北京：北京时代华文书局，2015年，第1926页。

供奉，其至一直延续到17世纪。①

当地百姓可以通过为其准备一个死后的归宿来留住好官。17世纪的理论家黄宗羲认为："凡后世之志士仁人，其过化之地，必有所存之神。犹能以仁风笃烈拔下民之塌茸，固非依草附木之精魂可以诬也。死而不亡，岂不信乎？"② 韩明士指出，虽然有些人将神祇视为受监督和调遣的官僚，但也有人将其视为可以直接与之打交道的庇护者，而且始终常驻一地：更像是封国君主而非朝廷官员。③ 因此，一个已经故去的官员被供奉在祠庙中，可能不仅仅是单纯留在了当地，而实际上是离开了帝国的官僚体系，转而主要对地方长期负责。当地百姓也就可以将其视为勤勉的君主加以奉祀。

那么，官员们又能获得什么呢？如果明朝的官员与其宋代的先辈一样，厌恶在地府中担任判官，那么崇祀则提供了令其安心地继续在世间工作的可能。④ 罗柏松（James Robson）曾讨论过，人们担心死后子孙的祭祀不够，因此他们亲自筹办死前的佛道仪

---

① 万历《重修寿昌县志》卷九，第12b叶，明代孤本方志选第2册，北京：中华全国图书馆文献缩微复制中心，2000年，第366页。

② 黄宗羲：《论魂魄》，《黄宗羲全集》第一册，杭州：浙江古籍出版社，1985年，第197页。转引自魏伟森（Wilson），"Spirits and the Soul in Confucian Ritual Discourse," *Journal of Chinese Religions* 42.2 (2014), pp. 198 – 199。

③ 韩明士（Hymes），*Way and Byway: Taoism, Local Religion, and Models of Divinity in Sung and Modern China*, Berkeley: University of California Press, 2002, pp. 4 – 5, 188, 196 – 197, 211, 254 – 255。中译文见［美］韩明士：《道与庶道：宋代以来的道教、民间信仰和神灵模式》，皮庆生译，南京：江苏人民出版社，2007年，第5、206、215—216、233、280—281页。

④ 廖咸惠（Hsien‑huei Liao），"Visualizing the Afterlife: The Song Elite's Obsession with Death, the Underworld, and Salvation," *Hanxue yanjiu*（汉学研究）20.1 (2002), pp. 399 – 440。

式。① 第二章记述的朱邑要求葬在任所的故事便提醒人们,公众可能比自己的儿子更为可靠。从句容知县徐九思的故事可以看出,官员的魂魄在其死后可能会到访或居住在生祠,还有他的坟墓、祖宗牌位、阴间、宗祠、转世者、城隍庙或其他地方。

> (徐公九思)初为句容令,历九载治行为天下第一。……家肖像而尸之,朝夕必祝焉。已又立祠四五所,而其最者在茅山,谓其息民于荒独,茅山之役巨也。……句容之民伺其诞日,设醮迎釐于三茅祠下,岁时讯问以为恒。至年八十五,稍示微恙,即却医药,不愈,曰:"有正命。"在寝欹拱手曰:"茅山来迎我。"家人驰之茅山祠,告以病之期,而已瞑矣。② 守祠道士夜梦九思朱衣从数骑,启扉而入。③

生祠,便像是精心规划的棺材和坟墓,等待着过世的父母官的到来。

---

① 明末著名僧人云栖袾宏就反对士人的这种行为。罗柏松(Robson),"Searching for a Better Return," 73, 102;关于生与死是连续的,参见第72—74页。

② 耿定向:《先进遗风》卷下,第39叶,台北:明文书局,1991年,第654页。徐开任编:《明名臣言行录》卷四十,第21叶,台北:明文书局,1991年,第46页。文献称该仪式为醮。醮原本是道教的仪式,到了宋代已普遍成为祭祀神祇的"标准仪式"。参阅Hymes, "A Jiao Is a Jiao Is a ? Thoughts on the Meaning of a Ritual." In *Culture and the State in Chinese History: Conventions, Accommodations, and Critiques*, edited by Theodore Huters, R. Bin Wong, and Pauline Yu, Stanford: Stanford University Press, 1997, p. 132。

③ 过庭训编:《本朝分省人物考》卷六十,第35叶,台北:明文书局,1991年,第135—508页。

◇ 崇祀还是纪念？

后帝制时代的中国历史学家轻而易举地便接受了对人的死后崇祀，但他们往往竭力避免接受生前崇祀（worship）的存在，更常用的词汇是"纪念"（honor）。① 或者他们解释说，有资料明确证明，祈祷者对祠主的崇奉叫做"祝"。② 赵克生举了明人的例子，当地百姓"期以岁时拜，且祝愿公福履无疆"。他总结道："根本上看，祈福表达的还是'报'的意义。"③ 学者们的二分法有时会把生前崇祀作为一种可能性排除在外，例如戴乐指出，儒家认为露天祭坛适用于星辰、河流等天地之灵，而"只有已故人

---

① 例如，《明代名人传》记载茅坤时称"为之立祠纪念"（p.1043，中译本第1414页），但《明史》卷二八七《文苑传三》明确使用的词汇是"祀"——"立祠祀之"（第7374页），献上供物，加以崇祀。另见 DMB, p.869, 1006, 1114, and 1421。（茅坤也曾写作了几篇生祠记。）

② Chang, *Wang Shou-jen*, p. 27 n. 16；Naquin, *Peking: Temples and City Life, 1400–1900*, Berkeley: University of California Press, 2000, p. 166。中译文见［美］韩书瑞：《北京：公共空间和城市生活》，孔祥文译，北京：中国人民大学出版社，2019年，第191页。关于"寿祠"为祠主祈福、祈长生，参阅何淑宜：《晚明的地方官生祠与地方社会——以嘉兴府为例》，第819—820页。"边人德之（孙安），为立生祠，岁时祝寿云。"嘉靖《宣府镇志》卷三十四，第63叶，哥伦比亚大学藏缩微胶卷，第414页。不过后来修撰的康熙《龙门县志》卷十第5叶（哥伦比亚大学藏缩微胶卷）中出现了同样的语句，当时他已故去。

③ 赵克生：《明代生祠现象探析》，《求是学刊》2006年第2期，第127页。他还提到，上海县由徽商倡建的许县令生祠，"召比丘，旦暮翻贝叶为候祝禧"。

类的灵魂才可能被妥善安置在覆顶的庙宇中"。① 从事祭祀图像研究的学者们还假设祠主已经死亡,这样奉祀就可以把"遥远的、不可知的东西"带到人们的面前。② 何谓遥远？死亡,抑或三千里之外？

仅仅从文献的用词上来看,并没有明确区分世俗性的"纪念"和宗教性的"崇祀"。王慎中写道,当地百姓"肖守之貌,尊祀其中"。③ 正统年间,湖广巡抚蔡锡"岁饥赈济,全活者数万,家肖像祝之"。④ 我们一再读到人们"尸祝而俎豆"或类似的话语,通常都是指在祠庙中所做的事：在神像或灵位前供奉、祈祷和献祝。⑤ 这些表述并不能准确传达人们的精神面貌,也不能说明人们是向祠主祈祷还是为之祈祷,更不能说明祠主是否接

---

① Romeyn Taylor, "Official Religion," in *The Cambridge History of China*, vol. 8: *The Ming Dynasty, 1368 – 1644, Part 2*, edited by Denis C. Twitchett and Frederick W. Mote, Cambridge, UK: Cambridge University Press, 1998, p. 846。中译文见 [美] 罗梅因·泰勒 (中文名戴乐):《明代的官方宗教》,《剑桥中国明代史,1368—1644》下卷,第817页。魏乐博指出,到了明代,露天的祭祀只针对等级最高和最低的神鬼：上天和游魂。其余所有神灵精怪的祭祀都在屋檐之下,即使是那些刚刚获得提升纳入祠庙的鬼魂 (不过尚未得门而入)。私人通信,2010年2月12日。杨继宗在世时接受了外界的崇祀,让一些有识之士苦恼不已,这一点将在第六章予以讨论。

② 司马黛兰 (Sommer), "Destroying Confucius: Iconoclasm in the Confucian Temple," in *On Sacred Grounds: Culture, Society, Politics, and the Formaion of the Cult of Confucius*, edited by Thomas Wilson, Cambridge, MA: Harvard University Asia Center, 2002, pp. 97 – 98。

③ 王慎中:《衢州守李 (遂) 克斋先生生祠记》,《遵岩集》卷八,第23—25叶,四库全书本。

④ 张英编:《御定渊鉴类函》卷一○八,第34叶,四库全书本。蔡氏先前已在泉州因修建桥梁而得以生祀。

⑤ 关于"尸祝而俎豆",参阅施珊珊,"Can Peculiar Yuan Living Shrines Address Questions about Ming Populism?" Unpublished paper for the Second Conference on Middle Period Chinese Humanities, Leiden, September 2017。实际上,"祠"也有供奉、献祭的含义。

受了供品,甚至不能说明请愿是否提出且得到了回应。

与许多历史学家相反,宗教学家往往认为,无论祠主在世与否,祠都意味着崇祀——以奉祀换取显灵。① 历史学家朱维铮也认同这种假设,但仍保有疑虑:

> 给活人立祠,无非将他当作半人半神的动物,以为他的两个自我在生前便能分裂,就是说他的灵魂既能支配自己的体魄,从事生人吃喝拉撒性理名利等一切活动,又能脱离体魄而到处游荡以审查判断众人祈求。②

很奇怪吗?给活人立祠难道比认为死人可以从牌位、坟墓、地府、上天或新的身体里进行回应要奇怪很多吗?历史学家需要问的应当是,这种明显的逻辑问题是否困扰着明人。接下来我将试图依次回答朱氏的问题。

◇ "半人半神"?

首先,在明代,人神之间的界限是模糊的、可以跨越的。人

---

① Poo, *In Search of Personal Welfare: A View of Ancient Chinese Religion*, Albany: SUNY Press, 1988, p. 196, 212;中译文见蒲慕州:《追寻一己之福:中国古代的信仰世界》,上海:上海古籍出版社,2007 年,第 231、240 页。C. K. Yang, *Religion in Chinese Society*, Berkeley: University of California Press, 1967, pp. 161 - 162;中译文见[美]杨庆堃:《中国社会中的宗教:宗教的现代社会功能与其历史因素之研究》,范丽珠译,成都:四川人民出版社,2016 年,第 128—129 页。雷闻:《郊庙之外:隋唐国家祭祀与宗教》,北京:生活·读书·新知三联书店,2009 年,第 235 页。

② 朱维铮:《走出中世纪》,上海:上海人民出版社,1987 年,第 65 页。英译文见 Zhu, *Coming out of the Middle Ages: Comparative Reflections on China and the West*, translated and edited by Ruth Hayhoe. 1987; translation Armonk: M. E. Sharpe, 1990, p. 58。

可以获得神一样的力量，神也被赋予了人一样的历史。世俗与神圣的应验在文献中同时出现，地方社会往往会对聪明、伶俐或有能力的人冠以"神"的标签。嘉兴百姓怀念龚勉，"人人吁颂曰：神君，神君云"。① 如同日语中的"kami"，写作"神"，这种言语上的神化可以暗示神灵的力量，也可以单纯表达一种敬畏。② 将之理解为比喻可能更为直接。贡生宗嵩任南康知县，"听讼判决如神"。③ 张俊任德清知县，"德清县大人众君一邑士民，皆能记其姓名，人谓君聪察若神"。④ 刘景韶抗击倭寇，"用兵如神"。⑤ 淄川知县沈琦"有神目之称"。⑥ 东莞林培担任新化知县，"民有死于盗者，不得祷于神。随蝴蝶所至获盗，时惊为神"。⑦ 有时候"神"还与供奉联系在一起：崇祯年间，陈正中在任上去世，"死之日，皆以为神，至今严事之"。⑧ 神，并不一定是按字面的意思指拥有神通，但它往往影射这一涵义。有些官员也的确具有强大的灵力。

庙宇或祠主若能应验祈祷，则被认为是"灵"。和许多学者

---

① 陆光祖：《郡侯龚（勉）公生祠碑记》，万历《秀水县志》卷九，第8—9叶。
② ［日］加藤玄智：《本邦生祠の研究——生祠の史実と其心理分析》，东京：中华文库，1934年。附录一，第7页，使用"anthropolatry"一词，包括"对活人神灵的崇祀"。
③ 嘉靖《宣府镇志》卷三十五，第2叶，哥伦比亚大学藏缩微胶卷。译者按：原文误作"Gao Song"（高嵩），今据引文正之。
④ 王直：《重编王文端公文集》，卷三十三，第5b叶。另参见卷三十六第6b叶记载神灵显迹，解决凶案。
⑤ 崇祯《泰州志》卷四，第22叶，四库全书存目丛书史部第210册，济南：齐鲁书社，1996年。刘氏也至少在两个地方得立生祠。
⑥ 康熙《济南府志》卷二十五，第64a叶，哥伦比亚大学藏缩微胶卷。
⑦ 姚之骃：《元明事类钞》卷四十，第5叶，四库全书本。
⑧ 康熙《福建通志》卷三十二，第14叶，北京图书馆古籍珍本丛刊，北京：书目文献出版社，1988年。

一样，桑高仁在人的"德"和神的"灵"之间划定了界限，没有为活人的灵魂能够干预人世的活动留出空间。① 但近来，宗教研究学者对德与灵的截然二分提出了质疑。② 有些明代思想中的确将活人的"德"及其相关概念与灵魂的"灵"区分开来，但并非全部。明太祖便曾提到"赖上天之灵，将士之力"。③ 明初礼学家宋讷在一篇讨论神人区别的文章中提到，"神之为德其盛矣"。④ 倪德卫认为，"得民"中的"得"与"德"有所关联。对他人的"德"会使对方做出回应，从而构成一种权力。⑤ 这并不是文字上的游戏，因为儒家学说的语汇和实际效用的概念往往混杂在一起。例如，某县知县在一古庙中祈祷，"其仁达于上天"，最终降下雨来。⑥ 如此看来，神圣与世俗力量之间的界限是模糊的。

生与死、阳与阴的世界的界限可以跨越。州县官不仅与城隍合作，还往往在其死后受封为城隍。宗教史学者康豹描绘了州县

---

① 桑高仁（Sangren），*History and Magical Power in a Chinese Community*, Stanford：Stanford University Press, 1987, pp. 144 – 46, 217。

② 苏堂栋（Sutton），"Prefect Feng and the Yangzhou Drought of 1490：A Ming Social Crisis and the Rewards of Sincerity," *Minsu quyi*（民俗曲艺）143. 3（June 2004），pp. 39 – 40。另参见 Snyder – Reinke, *Dry Spells：State Rainmaking and Local Governance in Late Imperial China*, Cambridge, MA：Harvard University Asia Center, 2009, pp. 117, 182 – 185 中的讨论。

③ 《明太祖实录》卷二十五第 9a 叶，吴元年九月辛丑条，史语所校注，台北：历史语言研究所，1968 年，第 377 页。戴乐（Taylor），"Ming T'ai – Tsu and the Gods of Walls and Moats," *Ming Studies* 1977, pp. 40, 41。

④ 宋讷：《敕建北极玄天真武祠记》，《西隐集》卷五第 26 叶，四库全书本。Sommer, "Destroying Confucius," pp. 95 – 133, 111。

⑤ David Nivison, *The Ways of Confucianism：Investigations in Chinese Philosophy*, edited by Bryan W. Van Norden, Chicago：Open Court, 1996, p. 33。中译文见［美］倪德卫：《儒家之道：中国哲学之探讨》，周炽成译，南京：江苏人民出版社，2006 年。

⑥ 田汝成：《西湖游览志》卷二，杭州：浙江人民出版社，1980 年，第 22 页。

官跨越阴阳两界的情景：晚上在阴间听讼，白天在阳间断案。①明人笔记中有关于前代庙宇的记载，其中的中心人物"王"生前是汉代的隐士，其死后乡人"结屋为祠，后屡著灵应"。另两位"将军""生则绥民，死能庇国"。②生与死并不截然而分，而是可以保持一致。明人的文章中将城隍与知县的工作等同起来，以论证为知县建立生祠是完全合适的。③刘天和是一位典型的儒家官员和军事谋略家，他在死后受封为城隍，成为道教等级体系下游魂所组成的阴兵的执掌者。④刘氏生前被奉祀的时候，是不是根本未曾掌握类似的权力？当地百姓路过并看到门上悬挂的"刘公生祠"的匾额时，有没有意识到生祠里供奉的"公"已经成为了神？前文中，朱维铮提到，给活人立祠，就是把他当作半人半神的动物。作为回应，我们认为，一个人能得立生祠，的确就是半神了。

---

① 康豹（Katz），*Divine Justice: Religion and the Development of Chinese Legal Culture*, Hoboken: Taylor and Francis, 2008, pp. 55 – 57。他所引用的帝国晚期证据大多来自清朝，但他还引用了明末的法律判决文书，说明鬼神在人间司法中起到作用。关于其他明代官员与神鬼合作伸张正义的故事，见第98—99页。

② 郑仲夔：《玉麈新谭·隽区》卷三，第4叶，第518页。

③ 《重修城隍庙记》，嘉靖《长垣县志》卷九，第50—51叶。关于城隍作为知县的合作者，参看司徒安（Zito），"City Gods, Filiality, and Hegemony in Late Imperial China," *Modern China* 13.3 (1987), pp. 334 – 335, 358; 还可参阅 Taylor, "Official Religion," pp. 844, 879 – 881；中译文见［美］戴乐：《明代的官方宗教》，第814、851—852页。高万桑（Goossaert），"Officials and Local Society Meet at the City God Temple," paper given at the Association for Asian Studies annual conference, 2009。

④ 梅林宝（Meulenbeld），"Dancing with the Gods," p. 156；戴乐（Taylor），"Spirits of the Penumbra"。更多关于刘天和的情况，参阅本书第九章。

◇ "谁当享之?"

关于朱氏所提出的第二个问题,生活在帝制时代的前人即有所论述。宋代徽州名臣程大昌(1123—1195)写道:

> 生而立祠,此似无谓也。人已死乃须立庙而血食。今也,生而立庙,谁当享之?①

这是一个合乎逻辑的反对意见:在生祠中没有灵魂来接受祭品。但这一意见,在明代只适用于由政府批准的生祠崇祀。② 明代从宗教角度反对生祀的孤例来自离任的知州李宣猷:"余何功之有,且不穀在是而祠,乱神人之位而奸大礼,毋乃不可乎?"③ 李氏没

---

① 程大昌:《演繁露》卷五,第6—7叶,四库全书本。另参阅长部和雄:《支那生祠小考》,《东洋史研究》1944年第九卷第4期,第44—45页。王莽的姑母王政君有对此不同的意见,见白瑞旭(Brashier),*Ancestral Memory in Early China*, Cambridge, MA: Harvard University Asia Center, 2011, p. 142。

② 程大昌的观点,参阅 Schneewind, "Beyond Flattery: Legitimating Political Participation in a Ming Living Shrine," *Journal of Asian Studies* 72. 2 (May 2013), p. 348; 何淑宜:《晚明的地方官生祠与地方社会——以嘉兴府为例》,第822页。何淑宜还引用了刘祥光《明代徽州名宦祠研究》中提学御史因茅坤尚在世而拒绝予以奉祀的材料,但该请求是列入名宦祠。茅坤早在五十年前离开丹徒时就已得建生祠。当时他已不再担任官职,这也可能使他不能列入名宦祠。见《茅坤传》末尾的传记文字,《茅鹿门先生文集》,续修四库全书第1345册,上海:上海古籍出版社,2002年,第230—231页。

③ 韩爌:《李(宣猷)公德政记》,崇祯《蔚州志》卷四,第34叶,日本藏中国罕见地方志丛刊续编第1册,北京:国家图书馆出版社,2003年,第563页。

有进一步解释。他也许是担心自己被当作死者来奉祀比较危险。①

宋代先贤祠的奉祀旨在激励士民效仿祀主，其中确有神灵在接受供奉。在论述该点时，宁爱莲并未排除那些生祀者，他们通常是卸任的州县官。② 魏伟森解释说，儒家经典包括朱熹的注解在明代都是必读的，这一占据统治地位的思想避免将死者视为他者，否则将会导致对祭祀的忽视。朱熹认为，人当然应该完全敬重在世的父母和天子，并需将同样的情感付诸崇祀的仪式，"死生人鬼，一而二，二而一者也"。③ 如果能像王瑞安的遗祠那样"事死如生"，那么为什么不可以在其生前便予以奉祀呢？

有一些直接证据表明，祀主的确享有了奉祀。开州知州王圻在当地立有一座生祠，在他离任约二十年后人们修补王圻的塑像，结果他本人身上同样位置的一处伤痛也奇迹般地痊愈了。④ "导论"中我们曾谈到，王道曾记载宋代朱有泰的故事，乡人奉

---

① 参阅高罗佩（van Gulik），*Crime and Punishment in Ancient China：T'ang-Yin-Pi-Shih*. Originally published as *T'ang-Yin-Pi-Shih，"Parallel Cases from Under the Pear Tree"：A 13 th Century Manual of Jurisprudence and Detection*（Leiden：E. J. Brill，1956），Reprint Bangkok：Orchid Press，2007，pp. 110 – 111。关于其通过形象或石碑对人造成的伤害，见柏桦（Blake），"Lampooning the Paper Money Custom in Contemporary China，" *Journal of Asian Studies* 70. 2（May 2011），p. 461。里人何求纂：《闽都别记》，福州：福建人民出版社，1987 年，第 114—115 回，尤其是第 592 页：一个祀主将自己的形象打翻落地，践踏粉碎，指责当地百姓造像奉祀不是报恩而是报仇，给他弄得颠沛流离，几乎休命。在这里认为祠是供奉死人的，所以不吉利——这一点我尚未在其他明代的资料中发现类似的观点。对此进行反驳的话，我们或许可以考虑父母生前准备棺材和坟墓的习俗，以及皇帝和魏忠贤提前修建陵墓的事实。

② 宁爱莲（Neskar），"The Cult of Worthies：A Study of Shrines Honoring Local Confucian Worthies in the Sung Dynasty（960 – 1279），" Ph. D. diss.，Columbia University，1993，pp. 14，206，and 189 - 190，引自朱熹：《晦庵先生朱文公文集》卷八十六，第 1b 叶，四部丛刊景上海涵芬楼藏明刊本，上海：上海书店，1989 年重印。

③ 魏伟森（Wilson），"Spirits and the Soul，" pp. 190 – 191。

④ *DMB*，p. 1356。《明代名人传》，第 1865 页。

酒于生祠，千里之外的朱氏因此而醺然大醉，正是"人神一理感应"。他还断言，对陈儒而言，"纯嘏之福不止萃于公之身也，公之子若孙亦必有阴食其报者矣"。① 生祠的筹建者要求塑像必须形神兼备："有未肖则令工易塑，至肖则又欢喜罗拜。"② 如果塑像不像祀主的话，可能会有另一位神灵来享有供物。③

在世的祀主可以享受供奉，在明人看来是完全合理的，不过这一点尚缺乏更多确凿的证据。或许这是因为太过明显而难以说明，也可能意义不大，或者像中国宗教领域的许多问题一样，有待怀疑和争论。④ 正如韩明士所言："我们或许会认为，鬼神在宋代社会无所不在……也将发现疑问无处不在。"⑤ 白瑞旭认为，考

---

① 王道：《（东昌）太守陈公（儒）生祠记》，嘉靖《武城县志》卷八，第39b叶，天一阁藏明代方志选刊第44册。

② 陈让：《南安邑侯唐公（爱）生祠碑》，郑振满、丁荷生编：《福建宗教碑铭汇编·泉州府分册》，第623号，第607页。

③ Sommer, "Destroying Confucius," p. 122. 在宋代的遗祠当中，肖像都是根据祖先的画像复制的（Neskar, "Cult of Worthies," pp. 29 – 31）。关于僧人用柳条编自己的像，以避免奉祀错误，参阅夏维明（Shahar），*The Shaolin Monastery: History, Religion, and the Chinese Martial Arts*, Honolulu: University of Hawai'i Press, 2008, p. 88。

④ Jordan, *Gods, Ghosts, and Ancestors: The Folk Religion of a Taiwanese Village*, Berkeley: University of California Press, 1972, p. 39; 中译文见［美］焦大卫：《神·鬼·祖先：一个台湾乡村的民间信仰》，丁仁杰译，台北：联经出版事业股份有限公司，2012年。沈雅礼（Seaman），*Temple Organization in a Chinese Village*, Taipei: Chinese Association for Folklore, 1978; 魏乐博（Weller），*Resistance, Chaos and Control in China: Taiping Rebels, Taiwanese Ghosts, and Tiananmen*, Seattle: University of Washington Press, 1994, pp. 5 – 7。关于一些基础性的原则，参阅孔迈隆（Cohen），"Souls and Salvation: Conflicting Themes in Chinese Popular Religion," in *Death Ritual in Late Imperial and Modern China*, edited by James L. Watson and Evelyn S. Rawski, Berkeley: University of California Press, 1988, pp. 180 – 202; 梅欧金（Menegon），*Ancestors, Virgins, and Friars: Christianity as a Local Religion in Late Imperial China*, Cambridge, MA: Harvard University Asia Center, 2009, p. 267。

⑤ Hymes, *Way and Byway*, p. 12. ［美］韩明士：《道与庶道》，第16页。

虑到人类经验和知识的局限性，怀疑是有意义的。① 所以，没有足够的证据表明会有多少明人去考虑生祀之人是否当真享有供奉。转到朱维铮提出的另一个问题上，也没有多少证据表明，祀主能否回应祈祷。

◇ 无碑之祠

如果生祀主要是因留任不得而做出的让步，那么倘若能马上显灵来回应祈祷，将是最令人满意的。间接证据——大量无碑之祠的存在——可能意味着生祠除了刻碑立石的礼仪之外，还有其他体现其价值的方式。许多传记和方志中都提到了没有明确的和现存的祠记的生祠，其中一些还屹立数十年之久。正如韩森对民间宗教的论述："宋代民间宗教之缺乏文字资料，证明了它的奉祀者中有文盲。"② 学者们认为，文盲的参与意味着生祠亦关乎崇祀而非仅仅是政治。③

杨璧的长篇祠记显示，有几座祠堂并未立碑。林大黼在上元县的四五处接受奉祀，其中包括三座先前已经建好的祠庙。丹阳乡的百姓将其与之前的知县程燗一起供奉在土桥镇，程氏是于嘉靖十六年（1537年）到任上元的。他是一位高明的政治活动家，

---

① 白瑞旭（Brashier），*Ancestral Memory*, esp. pp. 185, 137, 207；关于中世纪，柏夷（Bokencamp），*Ancestors and Anxiety: Daoism and the Birth of Rebirth in China*, Berkeley: University of California Press, 2007, esp. pp. 38 – 80。平安时期日本愤怒的在世生灵的行动，参阅堀一郎（Hori），*Folk Religion in Japan: Continuity and Change*, Chicago and London: University of Chicago Press, 1968, pp. 43, 71 – 72。

② Hansen, *Changing Gods*, 13. 中译文见［美］韩森：《变迁之神》，第10页。

③ 刘馨珺：《唐代"生祠立碑"——论地方信息法制化》，邓小南主编：《文书·政令·信息沟通：以唐宋时期为主》，第487页。陈雯怡：《从朝廷到地方——元代去思碑的盛行与应用场域转移》，第99—91页。

能巧妙地从冤狱中救出被诬误入孝陵的无辜民众，还能为上元百姓节省钱财。其墓志写道："所去必有遗颂，勒思于碑，或尸祝于家，或祀于名宦。"① 但表彰程氏的方志却没有记载曾为其建祠立碑。② 时隔四十余年后，程燫的祠堂才在万历八年（1580年）和林大黼并祀时出现在文字记载之中。同样，慈仁乡将林氏与隆庆四年（1570年）左右的应天府尹汪宗伊合祀于燕子矶。方志称该祠在观音门外燕子矶上，名曰"惠泽祠"。③ 该祠合祀府尹汪宗伊、府丞雷稽古、知县林大黼三人，不过也没有提到在林氏加入之前的情况。④ 泉水乡同样将林大黼与汪宗伊合祀于三冈村，但没有在"祠宇志"单独列出。长宁乡将林大黼单独祭祀于栖霞山——这一祠堂在后来的记载中才被提及。这些都是杨璧实际作记纪念的青龙山生祠之外的。⑤ 赞助和建造以上这些祠堂的人显然都不需要立碑，如果不是后来有林大黼的合祀与这篇碑记的存在，我们便不会知道这些祠堂曾经存在过。

存在没有碑记来描述祀主和奉祀者的生祠这一现象需要合理的解释。杨庆堃明确反对马克斯·韦伯（Max Weber）和受康奈尔教育的理性主义者胡适的观点，他认为："寺庙和祭祀往往是

---

① 王材：《陕西苑马寺少卿南楼程公燫墓志铭》，焦竑编：《国朝献征录》卷一〇四，第18—20叶，明代传记丛刊第114册，台北：明文书局，1991年，第389—390页。

② 程氏减少了上元百姓不必要的支出，并用赎金修筑了上元到句容的道路（万历《上元县志》卷七，第12叶，哥伦比亚大学藏缩微胶卷）；他还在贵州的镇远建立了社学（嘉靖《贵州通志》卷六，第20叶，天一阁藏明代方志选刊续编第68册，上海：上海书店，1990年）。

③ 该祠并非杨璧为之作记的那座生祠，那一座在该乡的另一侧，位于南门之外。

④ 万历《上元县志》卷五，第8—9叶，哥伦比亚大学藏缩微胶卷。

⑤ 杨璧：《上元尹东瀛林公（大黼）生祠记》，万历《上元县志》卷十二，第85—87叶，哥伦比亚大学藏缩微胶卷。

公共支出的重大项目……无论如何很难令人相信，人们投入的大笔资金仅仅是为了空洞的仪式或文化的残余。"① 碑记明确记载了一个人的成就和他在地方社会的声誉，在文词上使其传之不朽。与单纯立碑相比，建造一座新的生祠需要投入更多的土地、人力、物力、财力与维护，在其中刻石无疑会增加其作为公共空间的纪念和教育意义。那么一座无碑之祠，一定有另外的理据来证明其多年来的付出没有白费。显而易见的理由是，生祠如同神灵一般，比如会保护官员所修建的桥梁与堤坝，或者会回应地方百姓的祈祷。

◇ 回应请愿

学者们往往认为石碑由受过教育者所主导，是精英式、政治性的叙事作品；而祠堂的受众更为广泛，主要用来接受供奉和回应祈祷。② 这一观点在文献中可以找到例证。当耶稣会教士认为对祖先的祭祀并不包括物质上的贡献时，他们身为精英士人的友

---

① C. K. Yang, *Religion in Chinese Society*, pp. 178 – 179. 中译文见［美］杨庆堃：《中国社会中的宗教》，第 141 页。
② 刘馨珺：《唐代"生祠立碑"——论地方信息法制化》，第 487 页。陈雯怡：《从朝廷到地方——元代去思碑的盛行与应用场域转移》，第 107—108 页。何淑宜：《晚明的地方官生祠与地方社会——以嘉兴府为例》，第 813 页。学者们对庙宇的碑刻在多大程度上表达、反映和塑造地方性和非精英的观点有不同的看法。Katz, *Images of the Immortal*, pp. 97 – 99; Hansen, *Changing Gods*, p. 15。中译文见［美］韩森：《变迁之神》，第 14 页。

人也指出明人在纪念和崇祀之间存在着明显的区分。① 关于先贤祠，宋代士人也持有类似的观点，正如宁爱莲所总结的那样，士人"不与（奉祀的）先贤达成交易，也不向其索要具体的好处。祭祀行为并不会为奉祀者提供特殊的保护、在阴间更好的生活、更长的寿命或物质利益"。② 索要这种益处是错误的，也是庸俗的。只有身具功名者或儒生才被允许进入先贤祠，以避免无知百姓见到塑像便以之为神，叩头下拜来请求庇佑。③

明代士人也担心"无知"的百姓误将生祠当作神灵来祈求庇佑。明代陈儒生祠的祝文，体现了请愿在不同社会阶层之间的紧张关系。文中提到，对陈公的祭祀每年仲春和仲秋两季由知县主持。祝文由县学的教谕撰写，首先回顾了县里的困难——"非有慈仁之守"，然后陈述了陈儒的贡献。其结论是："民之享有今日，皆公之赐也。"并引用《礼记》称赞他既"德施于民"又"能御大灾"。然后告诫参加祭祀的人说："夫祠以寄思也，生祠以崇祀也"，并指出"公为吾民而造斯邑，某等亦为吾民而祝公也"。④ 因为当地百姓向祀主请愿，希望为其建立生祠是人之常情，然而却不合礼制。

明人所讲述的故事留下了一个问题，那就是生祠能否回应祈

---

① 参阅最近的研究，梅欧金（Menegon），"European and Chinese Controversies over Rituals: A Seventeenth – Century Genealogy of Chinese Religion," in *Devising Order: Socioreligious Models, Rituals, and the Performativity of Practice*, edited by Bruno Boute and Thomas Småberg. Leiden: Brill, 2012, pp. 193 – 222; 劳格文（Lagerwey），*China: A Religious State*, Hong Kong: Hong Kong University Press, 2010, p. 3。

② Neskar, "Cult of Worthies," pp. 203 – 204, 206, also pp. 31 – 32.

③ Neskar, "Cult of Worthies," pp. 34 – 37, 162 – 163. 孔子本人也有类似的要求，参阅孟九丽（Murray），"'Idols' in the Temple: Icons and the Cult of Confucius," *Journal of Asian Studies* 68.2 (2009), pp. 371, 373, 380。

④ 陈露：《陈公（儒）生祠祝文》，嘉靖《武城县志》卷八，第22—56叶。

祷。在叙述唐朝官员狄仁杰的生祠如何回应"祈恩徼福""祈晴祷雨"时，他不由问道："其与今之生祠相比若何？"① 相较之下，凤阳士人柳瑛在撰写方志中的"祠庙"一节时，从音韵学角度论证了"祠"与"祭"，尤其是与"词"的关系。他继续说："又求福曰祷，得求曰祠。"② 有的人在生祠塑像前祈祷，会给祠主带来福气，有的则是向其祈福。

赵克生写道："生祠的另一社会意义在于，有时它演化为地方神庙，具有稳定社会心理的作用。"他这里所说的"神庙"，没有明确讲是否是对官员死后的崇祀。所以祈祷应验的时机很重要。上海县的许县令生祠屡有应验，但那是在其生前还是死后？泰和县令周诏生祠也成为当地出现水旱疾疫时民众祈祷之所，但那是在周氏死后。③ 明代的史料中，很少明确记载说某人已经故去，祈祷才有回应，可能是因为大家都默认他已去世，也有可能是他们对此并不关心。我们很难相信，民众将离任官员供奉于新建的生祠或家中的祭坛，然后会等到远方传来其故去的消息时才去祈祷。

---

① 冯宿：《狄梁公祠堂碑铭》，《古今图书集成·方舆汇编职方典》卷一四三，北京：中华书局，成都：巴蜀书社，1986年，第9057页。凌濛初：《拍案惊奇》第三十九回，香港：出版社联盟，1967年，第844页。不过，祠堂在狄氏生前便回应了祈祷并不令人信服，因为该祠是在他离任二十年之后才重建的。

② 参阅梅晨曦（Tracy Miller），*The Divine Nature of Power: Chinese Ritual Architecture at the Sacred Site of Jinci*, Cambridge, MA: Harvard University Asia Center, 2007, pp. 30 – 33；成化《中都志》卷四，天一阁藏明代方志选刊续编第33册，第373页。关于明太祖家乡的方志，参阅戴乐（Taylor），"Ming T'ai – Tsu and the Gods of Walls and Moats," *Ming Studies* 1977, pp. 33 – 34。

③ 赵克生：《明代生祠现象探析》，第130页。

◇ "水旱必祷"

有直接证据表明,生祠可以在祠主去世前发挥功效。新安人江浩在江西广昌任职二十余载:他正统七年(1442年)任广昌知县,最终升任建昌知府,任满九年至天顺七年(1463年)离任。① 当他从浙江退休时,何乔新为之撰写了生祠记。文中记载:"邑中耆旧语曰:'侯在县,吾民日瞻拜焉;及在郡,吾民以事至郡者时瞻拜焉:生祠可无作也。自侯去我而官于浙,吾犹觊其进位藩屏旬宣,吾邦得以展瞻拜之敬。今侯致其政矣,吾民无复望矣,生祠可无作乎?'众皆曰:'然。'"② 所以他们"相与择地于县东隅③,作屋三间,肖侯像其中。前为亭三楹,以为展拜之所"。

生祠建造的目的是什么?何乔新解释道:

> 岁时必谒焉,饮食必祝焉,水旱疫疠必祷焉。事有不平者,必号于庭而诉焉。

百姓们定期前来供奉,希望能够祛除生活中的灾祸:干旱、洪涝、疫疾,乃至各种朝廷不公之事。江氏任职期间,曾筑堤栽树

---

① 正德《建昌府志》卷十二,第10、32叶,天一阁藏明代方志选刊第34册,第182、193页。
② 何乔新:《两浙都转运使前建昌太守江侯(浩)生祠记》,《椒邱文集》卷十三,第17a—20a叶,四库全书本。
③ 典出《诗经·大雅·旱麓》。

以防洪水，严格约束官府衙役，为民断讼止狱。① 像这样的奉祀者求医问药、祈雨祷旱、伸张正义，并希望得到有效的干预，似乎是非常合理的。② 这就是何乔新所描述的在生祠中所发生的事情。没有任何迹象表明，等到江氏过世之后，人们才来此祈求帮助。恰恰相反，祠记最后的铭词将奉祀的规划和对其致仕的祝福混在了一起。③

我们前面提到，宋明史料表明，在对待生祠的问题上存在着阶级的差别：士绅重视纪念，而平民则祈求显灵。何乔新是否只是描述了更低社会阶层百姓的信仰，而身为士绅的他对此只是持保留意见而并不认同呢？何氏宣称，生祠的倡建者代表了全县广大人民的心声，其主事者是"邑之耆旧黄愈宣"，还有一些（列出或未列出名字的）家族成员，他们根本没有任何头衔，甚至连"生员"都不是。建昌黄氏自宋时起便考取了功名，赢得了许多荣誉，所以这些人可能是出身于名门望族的旁支。这些"耆旧"在向江浩提出恢复地方民生的详细建议时，反对豪绅之家的利益，希望对更多的土地和家族减免田赋。可以推测，这样的边缘士绅或平民比何乔新更接近普罗大众的宗教观念，何乔新对他们请愿的预期并不完全反映其自己的观念。但倡建者在联系名声更显赫的何乔新之前，就已经与他的弟弟何乔年合作，通过信函的

---

① 何乔新引用了《诗经·商颂·长发》中的"不竞不絿"一语来形容江氏，即"为政虽以惠爱为本，然诛奸去顽不少贷，曰：'不可纵恶，以殃良民'"。他接着写道："维今召社。"何氏可能是想把这句话写进铭词之中，所以在记文中格外提到了"甘棠"的典故。不过这样的写法略显尴尬，因为它引起了人们对于治理的"软和硬"的关注，《商颂·长发》就是指这种两面性，江浩则是恩威并重的典范。

② 参阅康豹（Paul Katz）关于"司法连续体"的论述：人们不仅向官府上诉，还向城隍和东岳大帝上诉，甚至在祭礼中控诉国家工作人员的腐败。"现世的司法机制可以与冥界的司法机制相互作用，甚至重叠。"（*Divine Justice*, pp. 59, 181–182）。

③ 何乔新：《两浙都转运使前建昌太守江侯（浩）生祠记》。

方式记录下江浩的言行。平民、耆旧和士绅在生祠的建立和崇祀中显得团结一致，正是这种联合使其行为具备了合法性。最后一点，何氏和生祠所纪念的地方官有着密切的家族联系。① 综合这些，似乎连何乔新这样的士人都有可能相信，一个还活着的人的塑像可以接受供奉，回应祈祷。何氏甚至还担心，正是平民百姓可能不把生祠当回事。于是在祝愿江氏福寿康宁、子孙满堂之后，其铭词以这样的语句结束：

> 我民思侯，曷日而忘；
> 岁时来谒，敢有不肃；
> 侯像在堂，颙颙穆穆。②

这一案例提供了直接证据，即 15 世纪中叶时，士绅和平民都希望仍在世的祠主能以显灵来回应请愿。

◇ 来去匆匆

百年后的另一个案例，则对朱维铮所提出的另一个问题做出了回答。要想与先前的任所保持超自然的联系，祠主真的要同时出现在两个地方吗？这一点连神都不一定能做到，但正如历史学

---

① 我将在未来的研究中对此进行分析。
② 何乔新：《两浙都转运使前建昌太守江侯（浩）生祠记》。

家蒲慕州向我解释的那样,"神鬼来往都十分迅速"。① 马森(他自己也享有生祠)所撰写的一篇生祠记记载,应闻其惠政的连城父老所请,刘宗寅被军门派往该地抗击盗匪与倭寇。他凭借人格魅力以及保障后勤、部署部队、鼓舞士气等手段,处理了一系列暴力袭击县城的事件。朝廷对他的嘉赏是赏千金,加俸一级,地方则在他前往京城任职时为之建立起一座生祠。祠记中将他功绩的取得归因于他平日的惠政在百姓中赢得的德望,他守城剿匪的策略与才智,以及其坚忍不拔的毅力。如同"灵"的效用一样,声望也是一种社会性产物,可以带来更多的影响力。

马森续道:

> 观侯之在连也,盖将以其身与连之城相为存亡;其去连也,又将以其心与连之邑相为安危。即侯之他日显陟崇阶,而其精神亦必常往来于莲峰苍谷之间,期于奠其四封,庇其人民,以永谧而无事。……连人载侯之恩,生祀侯也宜矣。②

刘氏曾冒着生命危险,为连城百姓付出了全部精力,使之在暴力和饥荒中得以生存。他的成功来自于坚持和付出,那么难道他会

---

① 在一个故事中,一位神灵因外出参加生日宴会而未能及时回应祈祷 [梅维恒 (Victor Mair) 和本德尔 (Mark Bender),eds. *Columbia Anthology of Chinese Folk and Popular Literature*,New York: Columbia University Press,2011,p. 384]。关于宋人担心神灵回应祈祷时在哪里的问题,参阅 Hymes,*Way and Byway*,pp. 125 - 126;中译文见 [美] 韩明士:《道与庶道》,第 143—145 页。他将之类比为士人在他处任职时仍可影响家乡事务的情况。

② 马森:《汀郡节推刘侯(宗寅)生祠记》,乾隆《汀州府志》卷四十,第 24—27 叶,中国地方志集成·福建府县志辑第 33 册,上海:上海书店出版社,2000 年,第 458—459 页。关于马氏的生祠,见《明史》卷二一四,北京:中华书局,1974 年,第 5660 页。

因为其肉身在别处就不再保护他们了吗？更多的理由来自于他的家族出身：包括他父亲在内的几位先辈，都曾得祀生祠。① 借由生祠，刘宗寅可以在其生前死后继续庇佑连城。

◇ 回应祈祷

生祠的效用还有更多的证据。《兴化县志》中关于王三余的记载说，他升调到中央任职，"在京师，惓惓不忘旧治邑民，有所陈情，必左右之，以求其济。祀生祠"。② 王氏的帮助是否藉由生祠加以实现，这里的记载并不明确，但在同一方志中的其他记载却明白无误地表明是通过生祠实现的。宗臣在给离任知县胡顺华所作的生祠记中，开篇便问道："来令兹土者，往往崇祀焉，则何故哉？"他回答说，这是因为他们"有功烈于民""深入民心"。然后详细介绍了胡知县在任内抗击倭寇的事迹，他保护兴化百姓免于伤害，最终升任南畿司马。他的生祠气势雄伟，令人印象深刻：

> 兴民往之，弗欲忘也，乃建祠于文庙内。门有题，门后左右有亭。中有堂，后有正堂，堂中即侯像在焉。像惟金碧，众犹虞其弗坚。最后更构堂，而更铸铜像之，光仪俨然。

---

① 马森在文中提到了四座。刘悫的生祠出现在范言：《郡守侯公（东莱）生祠碑记并诗》，万历《秀水县志》卷九，第4—5叶。刘昱的出现在雍正《河南通志》卷五十四，第59叶，四库全书本。我尚未找到另两座的记载。

② 康熙《兴化县志》第二册，中国方志丛书华中地方第四五〇号，第485页。

这座祠庙中有两尊胡氏的形象，一尊可能是画像，或更有可能是木刻或泥塑的塑像，另一座则是铜像。那这些形象是做什么用的呢？宗臣写道："嘻乎！兴人之切切于侯如此。他年或苦于刑罚，或迫于征求者，宁不奉香泣诉于侯之庭？"宗氏希望当兴化百姓受到刑法的构陷或官府的压迫时，可以以个人的身份来参拜生祠，向胡顺华的塑像寻求帮助。但胡氏会不会回应呢？

> 或走侯前而遥诉之，则侯又宁忍忘于兴而不假手一援也？嘻乎！然则是祠也，岂但岁时伏腊祀侯哉？将于侯重有望焉。①

无论胡氏本人身处何处，他在生祠中被供奉的形象都会回应祈祷，对有求者予以援手。官方一年两次的供奉只是维持了生祠的正常运作。和其他神灵一样，当地百姓在需要的时候会前来奉祀以向其求助。

最后，和其他保护神一样，不需要特地恳请，生祠也能提供庇佑。在胡顺华被奉祀的八十年之后，即崇祯十三年（1640年），北直隶的肥县知县郝絅也曾跨过县界为临近的成安县提供物质帮助。先是调集兵力帮助成安县抵抗盗匪，然后在发生饥荒时还提供赈济，而当时的成安知县对此却束手无策。因此，成安百姓对郝氏万分感激，在距离县城东北二十里左右的地方（肥县方向）卜地为之建立了一座报恩祠（未曾立碑）。一天晚上，有一伙盗贼经过报恩祠附近，在黑暗中忽然看到旌旗林列，气势森然，以

---

① 宗臣：《胡公（顺华）生祠记》，康熙《兴化县志》第三册，第920—925页。宗臣本人卒于嘉靖三十九年（1560年），就在他写下这篇文章后不久，胡顺华却至少活到了隆庆元年（1567年）（雍正《江西通志》卷四十七，第42叶）。

为是肥县的官军出动了，急忙远远逃开。① 这些肯定是"阴兵"，由亡灵组成，听从郝氏的号令。当时他仍在人世，其生祠也"显灵"了。

◇ 反转官僚式隐喻

生祠可以在"灵"的层面留下一位好官。祠记往往称"若见公面"，但实际上并不完全一致。当官员本人再次经过时，人们蜂拥而至，希望亲眼看一下祠主，或向别人打听他的情况。② 在明人的观念中，生者没有理由不能享有供奉或显灵。然而，与其在任时的政绩或下世后的显灵相比，生祀者显灵的记载极少——或许是因为灵魂渐长而生命短促。即使生祠超越了"纪念"而走向"崇祀"，但它们实际的效用并不能解释其数量为何如此庞大。我们或许可以说，生祠体现了虚拟性的仪式化：在断裂的世界中创造一种更好的可能性，允许人们采取行动，而其最终的结果是并不确定的。③ 或者我们可以考虑，生祠体现了怎样的政治理论，

---

① 《附肥侯福佗成邑传》，万历《成安邑乘》，明代孤本方志选第 10 册，第 577—578 页。该志最后一次修订于顺治三年（1646 年），没有证据表明郝绷在事情发生之前已经故去了。他后来还曾任右参议（雍正《湖广通志》卷二十九，第 59 叶，四库全书本）。译者按：郝绷任所原文误作"Feixiang"，今据引文正之。

② 黄冈知县赵士登与其继任者一同被生祀，每当有人从他任职的京师来到，人们总会问起他的情况（万历《黄冈县志》卷四，第 19—20 叶，涂宗濬条，芝加哥大学藏缩微胶卷）。

③ 引自 Seligman et al., *Ritual and Its Consequences: An Essay on the Limits of Sincerity*. New York: Oxford University Press, 2008, chapter 1, referring to Geertz。参阅塞利格曼（Seligman）与魏乐博（Weller）合著 *Rethinking Pluralism: Ritual, Experience, and Ambiguity* (New York: Oxford University Press, 2012, p. 94)，及华琛（Watson）与罗友枝（Rawski）编 *Death Ritual in Late Imperial and Modern China* (Berkeley: University of California Press, 1988) 中关于正统观念的讨论。

使地方百姓花费大量的时间和金钱进行建造。

利玛窦指出："中国人崇拜偶像，但当后者未能实现其愿望时，他们会对其进行惩戒，之后再予以奉祀。"他还写道，官员们就像是"人间的神"，他们高高在上，在官府的格局、穿着的衣饰和断案的规程上都体现出其与众不同，他们坐在"像祭坛一样"的桌案后面进行审判和用刑。① 地方官与普通臣民之间的差距是巨大的，官员们被建议充分彰显其特权、果决、尊严、沉着、公正和威严，以时刻维护这种差距。② 生祠则体现了州县官和地方百姓之间拟构的亲子关系。被供奉的前任官员比在职者更容易接近——他们整日整夜都安坐在公共空间之中。而且他们更具责任感，因为灵必须不断证明自己的效用才能获得崇祀。在明代，城隍也的确曾受到鞭笞（这在当时是非法的），以"满足民众对于地方官的期待"。③

曾有汉学家提出，既然神的世界是一种类似于国家的等级制度，那么国家也就拥有神圣的、不容置疑的合法性。④ 现在，学

---

① Hsia, *A Jesuit in the Forbidden City: Matteo Ricci 1552 – 1610*, New York: Oxford University Press, 2010, pp. 73 – 74. 中译文见［美］夏伯嘉：《利玛窦：紫禁城里的耶稣会士》，向红艳、李春园译，上海：上海古籍出版社，2012 年，第 61 页。

② 倪清茂（Nimick），*Local Administrationin Ming China: The Changing Roles of Magistrates, Prefects and Provincial Officials*, Minneapolis: Society for Ming Studies, 2008, pp. 125 – 126。

③ 戴乐（Taylor），"Spirits of the Penumbra: Deities Worshiped in More Than One Chinese Pantheon," in *Religion and the Early Modern State: Views from China, Russia, and the West*, edited by James D. Tracy and Marguerite Ragnow, Cambridge, UK: Cambridge University Press, 2004, pp. 129 – 130, n. 18. 关于清朝民众在衙门外烧香跪拜，"以信徒在寺庙里祈祷的方式"恳求地方官，最终失败走上暴力反抗的道路，参阅孔诰烽（Hung），*Protest with Chinese Characteristics: Demonstrations, Riots, and Petitions in the Mid-Qing Dynasty*, New York: Columbia University Press, 2011, p. 82。

④ 参阅 Hymes, *Way and Byway*；中译文见［美］韩明士：《道与庶道》。

者已经证明，人们需要为其所奉祀的神灵提供证明其能力的途径，正如韩森所言，"为了赢得人们的承认，神祇们通过显灵来回报那些给予他们荣誉的人"；最终"神祇需要人类的承认，以便能够继续显灵。"① 奉祀在世官员的生祠，就像是微缩的衙门，本身就传递了一种政治信息，而这种信息并不取决于文本的具体内容。地方可以提名列入祀典的神灵，但由国家决定是否添加。同时，地方并不能决定由谁来担任州县官，但他们可以通过请愿和生祠决定留下哪些人。对于神灵和人类来说，无论是显灵还是政绩都能赢得生祠中的奉祀。

有一篇祠记记录了三座"日久渐敝，无以妥灵"的祠堂的修缮。其中一座祭祀岳飞，他是一位忠心耿耿却遭人诬陷的宋代将领，被人尊称为"岳王"。另一座祭祀贞妇韩氏，她为了避免遭受元兵的侮辱，写下遗诗投湖而死。整整三天之后，她的遗诗和尸体才重新出现。成化二十一年（1485年），岳州知府李镜为之建祠奉祀。还有一座奉祀已经离任的知府李镜，他因主持一项巨大的工程而受到纪念。这篇祠记作于嘉靖四十五年（1566年），正是明盛期对民间宗教的打击逐渐放缓的时候。作者胥焯通过对百姓的贡献和民众的选择将三座祠堂联系起来。祠堂的建立是因为：

> 抑其功则思报，嘉其烈则思崇，祀之不容已也……至今犹存者，从民望也。是故惠民及神义之辨也，祀功与烈礼之

---

① 依次见 Hansen, *Changing Gods*, pp. 46 – 47, 130, 79；中译文见［美］韩森：《变迁之神》，第 128、76 页。

周也,勿劳以费仁之洽也。①

无论祠主在世抑或故去,人们对自身利益的理解,是所有崇祀的理由。明代哲学家湛若水认为,神灵并非先验存在,而是奉祀者的诚意使其产生。② 在胥氏的表述中,祠堂的灵验有赖于与离任地方官相关联的民众的权力。

在帝制晚期中国的民间宗教中,民众"投票"给淫祀,共同创造出各种显灵的情况。我想把官僚式隐喻反转过来,认为国家及其官员就像神灵一样,必须通过不断地建立功德来赢得人们的拥护。地方通过建造无需授权的生祠,从理论上说明了官员在任时的权威同样来自于他们的支持。

生祠不仅可以在地方官生前,还可以在其死后安置他们,这些祠堂也便进入了奉祀与显灵的经济体系之中,各类神灵、鬼怪以及已故之人的祠庙等都囊括其中。有些祠堂主要是为了士人的自我修养,如宋代的先贤祠。但所有的祠堂都包括祭品的贡献和享有,对祀主和奉祀者的庇佑。有观点认为,祠堂中是否接受某人具体的祈愿仍有待商榷。生与死、人与神之间的边界并非不可跨越,我们没有理由认为一个人生前便不能享有奉祀并进行显灵。的确,一位仁慈的地方官怎能享有了奉祀而不做出回应呢?

---

① 弘治《岳州府志》卷二,天一阁藏明代方志选刊续编第 63 册,第 84—85、175—176 页。胥焞:《重修三祠记》,隆庆《岳州府志》卷十八,第 90—91 叶,天一阁藏明代方志选刊第 57 册,第 592 页。译者按:原文贞妇姓氏误作"Jia",今据引文正之。

② Sutton, "Prefect Feng," pp. 39–40.

在明代，有少量直接证据表明，祠主即使尚未过世而且远在千里之外，也能够对祈祷有所回应，这是十分合理的。不过，对于生祠建造的大量投入和花费，尚未有足够的证据加以解释。

因此，我认为，生祠用宗教语言表述了一种政治理论。该理论认为，地方官的合法权力来自公众的认可，就像兴盛的寺庙中的"灵"随着公众的参与和捐赠的增加而增长一样。下一章将表明，生祠与更为具体的政治活动紧密相连。

第二部分

立柱和横梁

第四章　政治活动

　　（刘彬）戊戌举进士第，授潮州程乡知县。痛乡俗之薄恶，彻赌场，禁酒肆，逐娼优，出诸境民以不复破产。立养济院，月给粟帛。于境内之无告者，广图圉之湫隘，囚缧者不至疫死。部民王慎者，德素彬直，其诬军数年之狂，以黄金十五两苞香茶中跪送以为报。素彬觉，挥之去曰："生汝者，吾父母之心，岂容报乎？"巡按御史徐珵行部至境，闻峒贼潜去，居民安堵，开院无讼，以羊酒奖励之。立三社学以教乡之子弟，置田入租百石以充社师之资，民益慕德。……公考绩赴部，老稚追攀道左，素彬曰："若等毋虑，吾行不出半年耳。"去任未三月，邻邑饶平贼发，城陷，奔屯程乡深谷中，官民大惧。时素彬过家卧病，闻之，明日即力疾陆，趋四日及境……擒贼五百余，真伪相半。素彬力争民命不可轻，陶不听，且曰："君不亦当立功乎？"素彬励色曰："吾为民父母，坐视子弟命绝，何谓立功？"……百姓塑生像于鲁井庙，又有立生祠于松口之蓬涑滩。

——湛若水《雷州府同知刘肃庵彬传》①

---

① 湛若水：《雷州府同知刘肃庵彬传》，焦竑编《国朝献征录》卷一〇〇，第41—43叶，台北：明文书局，1991年。雍正《江西通志》卷七十八，第30叶，四库全书本。湛若水与王阳明的观点接近，刘氏基于"父母之心"做出回应，与王阳明"良知"的观念相合。关于官员拒绝接受财物，我将在接下来的研究中进行讨论。译者按：刘彬，字素彬，故引文中多称其字"素彬"而非名"刘彬"。

当贼寇来袭时，拯救程乡之民并非其应尽之责，但基于传统的父母官的理念，刘彬还是毅然担当起了这份责任。也许他的这种观念是源于内心的良知，也许是当地百姓的请求和信任激发，或者说强化了他的这份责任感。

在世者显灵的例子很少，我们不妨回到政治上，去寻找生祠广泛建立的解释。对生祠数量的增加最为常见的解释是，生祠使当地百姓，尤其是士绅，能够讨好官吏来营造良好的关系。不过，这种批评生祠和其他纪念方式，认为它们是阿谀奉承之举的观点，往往在生祠碑文中不值一驳。嘉靖年间翰林学士顾鼎臣撰文痛斥那些自欺欺人的官员："今之守令，罔上厉下，挟公行私，不知自咎，而动辄归罪于士之难和、民之不易化者，自诬也。方将去任，而要结于所私立石颂功德、建生祠者，诬人也。"不过，他认为他为之撰写祠记的官员不在此列。① 大学士叶向高，曾试图调和东林党人和魏忠贤之间的矛盾，他也曾写道：

> 今之守令无功德于民，而浮慕畏垒桐乡之名，以覆盖其短，而其民亦窥其意之所欲，得而妄为之俎豆，以中其欢。上下相愚，渐然无味，盖衰世之弊，一至此也。②

不过这些批评，同样出现在叶氏为纪念一位深受百姓爱戴的知县而作的生祠记中。当然，生祠起到了士人之间人脉网络的作用，但其功用不止于此，在上一章的结尾，我提到生祠隐喻了一种普

---

① 顾鼎臣：《县尹王公（鉴之）遗爱祠碑》，崇祯《元氏县志》卷六，明代孤本方志选第 8 册，第 555 页。

② 叶向高：《九江太守邢公生祠记》，同治《德化县志》卷五十，第 13—14 叶，上海图书馆藏。

遍的政治诉求：与神灵相似，官员合法性乃至于权力来源，根植于民众对其真实成就的认可。现在我转而讨论更为具体的政治活动。

杨庆堃列举了1886年和20世纪40年代初"人类对生者的崇拜"的例子，认为"人们在实践上是十分谨慎的"，并提出了两种政治功能：

> 这样对生者的崇拜如同其他民间信仰一样，对公共价值起到激励的作用。如果百姓给前任地方官建造生祠，这样的一座祠对于继任的官员来说，无疑是一种鞭策；前任所建立功绩得到承认，还暗示着如果官员能谨守相同的价值取向，为百姓谋福利，那么也会被民众颂扬。对模范官员，无论是生者和死者的崇拜，也增加公众对政府和法律的信心，因为其证明了如果清官当政，那么官府就是好的，即便出现"贪官为祸一时"，也并不影响政府的基本稳定。①

杨氏认为，对模范官僚的奉祀（无论生前还是死后），都为后来者树立了榜样，鼓励他们予以效法。他还认为，祠堂的建立说明朝廷有时的确任命了优秀的地方官，从而从总体上增强了国家的合法性。

杨庆堃的观点大体正确，但有若干问题仍需明确。第一，第二章已经指出，一般被奉祀的官员并不一定是官僚评价体系中的

---

① C. K. Yang, *Religion in Chinese Society*, Berkeley: University of California Press, 1967, pp. 174–175；中译文见［美］杨庆堃：《中国社会中的宗教：宗教的现代社会功能与其历史因素之研究》，范丽珠译，成都：四川人民出版社，2016年，第138页。关于杨氏将"祠"译为"sanctuary"，见第161页。

"模范"。相反,他们实施的是地方社会所激赏的政策,通常侧重于民生和安全,包括轻徭薄赋、减免刑罚等。第二,生祠与遗祠的建立并不完全一致:生祠由地方百姓所主导,而遗祠则需要朝廷的允准。第三,地方百姓利用包括生祀在内的一系列纪念方式加强官员与地方联系的做法,实际上与传统制度设计中官员任期较短和频繁调动的原则相悖。而官员们须得希望为自己建立生祠,此举方可生效。本章将讨论他们的这类行为及其原因。第四,尽管生祠有可能加强民众对于朝廷的信心,但祠记却会包含对官员的谴责,甚至于对任免这些官吏的中央政府的批评。第五,杨庆堃还低估了生祠所能带来的政治活动。官员对生祠的渴望,使地方社会掌握了一些权力。[①] 最后,在明代充满争议的政治中,称颂地方官员将地方社会及生祠建设纳入到地区甚至国家层面的冲突中。本章最后讨论了几方具体的生祠碑,进一步阐明了其所涉及的政治活动。

✧ 激励继任者

告诉新上任的地方官应当如何施政治民,是生祠记最为突出

---

① 权力并不仅仅存在于"强大的"个人或群体中。社会关系是相互作用的,即便是非常不平等的依赖性关系中,"每一方都处于其特定的位置,在一定程度上,允许或拒绝,促进或阻碍,都对另一方产生影响。"爱默生(Emerson),"Power-Dependence Relations," *American Sociological Review* 27.1 (1962), p. 32. 参阅戈登(Gordon), "Governmental Rationality: An Introduction," in *The Foucault Effect: Studies in Governmentality*, edited by Graham Burchell et al., London: Harvester Wheatsheaf, 1991, p. 5。福柯(Foucault)坚持从"权力"中去掉实际的暴力,使不服从成为可能,各方在实际事实和伦理理解上都有一定的代理权。面对一个名义上道德正确的命令,人们可以服从但不同意,可以同意但不服从,可以服从和同意,也可以既不服从也不同意。

的政治目的。① 碑记往往会列出离任官员值得称颂的事迹，以明确传达出这类信息。宋继先之生祠的建造旨在"永其传"：告诫后来者什么是好的治理，而什么又是不好的治理。有生祠记称，县中耆老决定为内黄知县宋安建祠立碑"欲纪其平昔所行之治迹以示于后，（宋）公皆不能止也。"② 不过，地方上仅凭这些颂词似乎并不能令官员们不顾朝廷的提拔和奖掖，只致力于维护地方利益。要知道，他们都由中央委任，来自遥远的异乡，在当地也只待几年而已。那么，州县是如何将之变为可能的呢？

仪式的作用不可忽视。新官上任之初，需讨好官府吏员与地方豪强，他们往往远道而来以求参见。相反，倘若新官到任时，前任官员尚未离境，地方百姓则会通过"攀辕卧辙，予洒万民之清泪"的行为为之送行，以求对新任官员有所触动（图5）。③ 令官员注意到生祠碑也对此有所帮助。一种方式是请求新任官员的允准，虽然并非必要，但的确多有助益。上海知县郑洛书离任时，三位县里的耆老并数百人请求为之刻石立碑，以纪其遗爱。新任知县不仅批准，还说："前事之良，后之师也"，并带头捐出了自己月俸的一半。"（众）咸欢呼抃跃，奔承恐后。"这一故事

---

① 赵克生：《明代生祠现象探析》，《求是学刊》2006年第2期，第130页。

② 姜金和：《宋公生祠记》，万历《和州志》，中国方志丛书华中地方六四〇号，第625—627页。刘矩：《翰林修撰刘矩撰掌内黄县事知州宋公（安）生祠记》，嘉靖《内黄县志》卷九，第32叶，天一阁藏明代方志选刊第52册，上海：上海古籍书店，1981年。

③ 王紫（Chelsea Zi Wang）认为，我们很难断定离任和到任的官员在时间上是否有重叠（私人通信，2015年11月）。关于到任的程序，参阅倪清茂（Nimick），"The County, the Magistrate, and the Yamen in Late Ming China," Ph. D. diss., Princeton University, 1993, pp. 138–143。

图 5　知县去任图

知县卸任后策马离去，邑中老幼皆跪送泣别。官员身后的随从背负的行李显然不是很多，另一个人举着万民伞，而这位知县选择把伞卷起来。图像上方的文字赞扬他，解释道："攀辕卧辙，予洒万民之清泪；立祠肖像，号凛百世之高风。"画中的背景是日常的农事活动，凸显了民生的重要性。由于画中人都是穿的袍衫而非衣裤，所以可能这些悲痛的人都是士人。

资料来源：万历《新昌县志》，天一阁藏明代方志选刊第 19 册。

赞扬了新任的知县，也说明去思碑旨在影响这样的后来者。①

地方百姓通过碑刻告诉新任官员他们所赞赏的政策，生祠则展示了他们是如何纪念那些优秀的官员。官员到任后，会被带去

---

① 唐锦：《郑（洛书）侯去思碑》，《龙江集》卷五，第 1—3 叶，续修四库全书第 1334 册，上海：上海古籍出版社，2002 年，第 538—539 页。

参访庙宇，向每一位神灵祭告。生祠作为神圣的公共空间的一种，也有可能被包括在内。有祠记记载，每一位在扬州任职的官员，甚至只是途经蒋尧的遗爱祠时，都会躬身自省："思公为人而考其履，思公行政而效其施，加之民而民被福，是亦公尔矣。安知民异日之爱我，不犹今日之爱公乎？"作者因而问道："若乃见而不知贤，贤而不知效法，顾自弃则公之罪人也有余恶哉？"① 生祠将碑文与神圣联系在一起，对新任官员做出承诺。正统十四年（1449年）建成的杨洪生祠，由军士筹建，并对继任者做出了鼓励。祠记作者写道："……以奉公像。举凡从公战御之士，分侍左右，总十人。乃请记之。"② 正如杨庆堃所指出的，仍在世或已去世的离任官员的祠堂的确向继任者传达出信息——但并非"默而无声"。③ 碑文提出了明确的要求，生祠则给予了有分量的回馈。

地方官可能会认为，基于以下几个方面的理由，他们的行为有其价值，从而可以赢得一座生祠：良知、自尊、声望、晋升和政治保护。这又反过来赋予了地方社会一些有限的能力来影响官员的选择。这也使得生祠早在魏忠贤事件之前就已成为在地方和国家层面就人事和政策问题表达民意的场所。

---

① 叶相：《新建扬州太守蒋公瑶遗爱祠记》，焦竑：《国朝献征录》卷五十，第52—54叶，明代传记丛刊第111册，台北：明文书局，1991年，第429—430页。相较而言，叶相也写道，"我民日往来不知其几，过必式，式必拜，拜则颂，而思休有光矣"。

② 冯益：《杨都督武襄公生祠记》，康熙《龙门县志》卷十四，第24—25叶，哥伦比亚大学藏缩微胶卷。

③ C. K. Yang, *Religion in Chinese Society*, pp. 173–175. 中译文见［美］杨庆堃：《中国社会中的宗教》，范丽珠译，第137—138页。

◇ 良知与声誉

包括父母官的比喻和生前奉祀在内的一系列荣誉，将社会的福祉与官员的良知联系在一起。① 官员们之所以对此做出回应，是因为爱民是"儒家的核心价值观"。② 有一位官员的名字便来源于儒家经典《大学》：（王）新民。"新民"既意味着教化民众——"新"民，也意味着亲近民众——"亲"民。③ 官员们自己使用父母官的比喻，有一些肯定是真心的。勤勉为政的海瑞（也得享生祀）写道："知县知一县事也，上而朝廷吾父母，中而抚按、藩臬、僚属、使客、乡士夫吾长兄弟，下而吏书、里老、百姓人等吾子姓。"④ 在生祠记中，父母官强调的是仁德的感召和适宜的感激，而非绝对的服从。享有生祀的地方官往往被称赞为"治邑犹家，视民如子"。⑤ 这种父母式的关照满足了一种明确的

---

① 蔡莉莉（Tsai），*Accountability without Democracy: Solidary Groups and Public Goods Provision in Rural China*, Cambridge, UK: Cambridge University Press, 2007. 启发了我对此的思考。参阅施珊珊，"The Political Science of Ming," unpublished paper for the conference "Rethinking Time in Modern China," Tel Aviv, May 2017。

② 周启荣没有明确列出这一点，但在其论述中的确将其视为重要的一个方面。参阅 *The Rise of Confucian Ritualism in Late Imperial China: Ethics, Classics, and Lineage Discourse*, Stanford: Stanford University Press, 1994, pp. 3, 10, 20. 中译文见 ［美］周启荣：《清代儒家礼教主义的兴起：以伦理道德、儒学经典和宗教为切入点的考察》，毛立坤译，天津：天津人民出版社，2017年，第5、20、39页。

③ 隆庆年间他卸任易门知县后，百姓为之建祠立碑，见天启《滇志》卷十一，第20叶，续修四库全书第681册。

④ 海瑞：《海瑞集》，海口：海南出版社，2003年，第821页。转引自吴智和：《明代的县令》，《明史研究专刊》第七期，1984年6月，第17页。

⑤ 顺治《洛川志》卷上，第25b叶，上海图书馆藏稀见方志丛刊第235册，北京：国家图书馆出版社，2011年，第582页，万历时知县陈惟芝的传记。另据天启《滇志》卷十一，第16叶，一位知州爱民如子，当他去世时，百姓"如丧父母"。

出于良知的需要，其与主流的文化信条相一致。

地方社会对官员政绩的认可颇为重要，尤其是对于非进士出身和知县职位以下的官员来说尤为重要，因为他们的仕宦生涯难有很大的进步。① 作为一种策略，注重与地方的关系，对他们来说可能是非常有意义的。嘉靖时，沙县典史汤恩就曾着重提到这一点，"（恩）有才干，久得民心，以艰于息嗣，叹曰：'吾无子也，钱何为？但令沙民后世知有汤典史耳。'"果然，当他去任时，百姓"为立碑于双凤阙"。② 嘉靖皇帝南巡时，向各府县索取财物，监生出身的清河知县索绍大胆向朝廷建言，因该县"邑小民贫"请求予以减免，"于是清河所费，视他邑十省八九"。正因此事，索氏被调离清河县，但"民为立祠祀之"。③ 除此之外，地方官员急于得到地方认可的另一个原因可能与社会流动和官场生涯的不确定性有关。大多数官员出身士绅家族，但也有一些来自富裕或受过良好教育的平民家庭。而通过科举考试所取得的社会地位有可能被剥夺。茅坤祖上曾在元代任职，入明后隐姓埋名，以卖竹为生，并以"茅"为姓。其家族逐渐兴盛，从事丝绸业，拥有了大量土地。茅坤是茅氏家族中第一个在明朝科举及第的子孙，他于嘉靖十三年（1534年）中举人，嘉靖十七年（1538年）中进士。他首先出任青阳知县，任内保护在政府备案的铜匠商户的利益，惩治地痞无赖，当地百姓为之立祠纪念。这些举措或许与其工商业家庭的出身有关。他担任丹徒知县时，正遭逢严重的旱灾，他调整税赋、分发粮食，使既能足额征税，又能赈济灾民；在他升迁时当地百姓也希望为其生祀。但最终，因为他坚持

---

① 吴智和：《明代的县令》，第 11 页。
② 乾隆《福建通志》卷三十一，第 33 叶，四库全书本。
③ 万历《清河县志》卷八，第 9 叶，明代孤本方志选第 12 册，第 75—76 页。

儒家的另一核心价值——忠（忠于友朋），而被参劾以结党营私，被削籍为民。① 出身相对贫寒的地方官可能会更为照拂平民，甚至耐心倾听他们的意见。

即便对那些根基稳固的士大夫来说，生祠也是他们的骄傲和荣誉所在。姜永琳和吴艳红曾讨论过郭子章声望提升的各种方式。② 其中一个重要的方面便是他在曾任职的各处被当地百姓立祠奉祀，其各祠碑记还被刊刻为《三省生祠录》。③ 陈龙正自豪地记录了其父陈于王在句容县任职时受到民众的爱戴："去之日，老少攀车叩马，千秋万岁后，何时复见吾公？祠祀之。盖公没而闻者，涕洟相望也。"④ 某县"名族志"中也载有生祀相关的内容。⑤ 王世贞写道，其通家之子马氏任桂东知县，吏治卓著，建有生祠。临县的曾大理为其作记立碑，他的另一个友人李言恭"见君碑而慕称之。以穹碑之揭不易也，别作小隶刻横珉，且为题其后。"不过李氏"以身不得备民社之寄为恨，具羡乃马君"，

---

① *DMB*, pp. 1042–1046. 富路特、房兆楹主编：《明代名人传》，北京：北京时代华文书局，2015年，第1414—1420页。《明代名人传》忽略了茅氏在丹徒县的生祠。译者按：原文称茅坤被削籍为民，据《明代名人传》，1546年，茅坤在丹徒知县任上因唐龙事被贬为北京南广平通判。到1566年，浙江巡抚参奏当地致仕官员横行乡里，茅坤方被剥夺官衔，罢黜为民。

② Jiang Yonglin and Wu Yanhong, "Reputation Construction: Judge Guo in Early Seventeenth-Century China," *American Review of China Studies* 7.2 (Fall 2006), pp. 21–35.

③ *DMB*, p. 775.《明代名人传》，第1057页。

④ 陈龙正：《父兄实纪》，《几亭全书》卷二十一，第1b—2a叶，四库禁毁书丛刊集部第12册，北京：北京出版社，第126页。参阅 Smith, *The Art of Doing Good: Charity in Late Ming China*, Berkeley: University of California Press, 2009. pp. 65. 中译文见［美］韩德玲：《行善的艺术：晚明中国的慈善事业》，曹晔译，南京：江苏人民出版社，2021年，第97页。参看陈于王的传记，雍正《湖广通志》卷四十一，第55叶，四库全书本。

⑤ 曹嗣轩：《休宁名族志》，合肥：黄山书社，2007年，第127、153页。

但他还是将新的碑记的拓本送给了马氏,因为王世贞曾在南京马氏家中得睹此文。① 官员们对地方性荣誉和纪念的渴望,也同样出现在墓志铭之中。②

地方上的纪念不仅仅值得夸耀,更是官员们良好官声的证据,有利于其仕途的发展。早在国史、实录对朝廷官员立传褒贬之前,其上级和同僚便已不断对他们的为政表现加以臧否。地方官的档案,既包含所征集到的地方评价,也包含主动提出的"百姓和吏员的议论与抱怨"。③ 何淑宜在研究中所列举的事例显示出,士绅对于官员的纪念(乡评)的确会影响朝廷对官员的考核(官评)。④ 百姓们留任官员的请愿被送达更高层级的官府,往往能够为其带来升迁。杜齐名因政绩突出而得以升迁,离任时,"军民恳留,许以新衔仍旧职"。⑤ 宣德年间溧阳县丞邬璃离任时,百姓"诣阙请留",最终他升任知县。⑥ 正统初年,宋安被擢升为

---

① 王世贞:《桂东令马君生祠记序》,《弇州四部稿续稿》卷五十二,第20b—22a 叶,四库全书本。

② 例如《皇明名臣墓铭》中记载的生祠。朱大韶编:《皇明名臣墓铭》,明代传记丛刊第58、59 册,台北:明文书局,1991 年,第31、37 页。

③ 倪清茂(Nimick), *Local Administration in Ming China: The Changing Roles of Magistrates, Prefects and Provincial Officials*, Minneapolis: Society for Ming Studies, 2008, p. 98 – 99。戴思哲(Joseph Dennis)认为方志"有可能"被用为官僚体系中评价地方官员的依据,但没有确实的证据。见 *Writing, Publishing, and Reading Local Gazetteers in Imperial China, 1100 – 1700*, Cambridge, MA: Harvard University Asia Center, 2015, p. 299。礼部呈送御览的档案中并不会直接提及地方对官员的纪念,据《吏部考功司题稿》记载,嘉靖中期的考核对地方官的评价会包含"临民"这样的语汇(明抄本奏议十种第二册,北京:中华书局,2013 年,第405 页)。

④ 何淑宜:《晚明的地方官生祠与地方社会——以嘉兴府为例》,第838—843 页。

⑤ 光绪《怀来县志》卷十一,第24 叶,哥伦比亚大学藏缩微胶卷。

⑥ 邬氏"卒于官,百姓立祠祀之"。万历《应天府志》卷二十五,第13 叶,稀见中国地方志汇刊第10 册,北京:中国书店,1992 年。

滁州知州,"县之耆稚七百人复诣阙请,遂以知州掌县事"。他在任时,民众也为其建立生祠。① 孙遇任徽州知府,秩满当去,"郡人皆上章乞留,朝廷特增秩三品,俾复之"。最终在担任徽州知府十八年后,他升迁离任,并被立祠生祀。② 官员们借此赢取地方上的纪念,以丰富其档案,有利于仕途的升迁。

那么,对官员的纪念又如何构成了地方的权力呢?士绅官员当然可以凭空捏造类似的纪念,对生祠的渴求也会导致相互勾结、压制下情、阿谀奉承。但也有证据表明,这有可能促使官员达到一个较高的标准。利玛窦曾得到知县王泮的帮助,得以在肇庆传教授洗。王氏政声颇著,因而得建生祠。他误以为耶稣会有意在该祠内设员,便将毗邻的土地批给他们,即使在最终澄清后,也并未食言。此后不久,刘节斋新任两广总督,其清廉之名"仅次于海瑞"。他拒绝搬入他的官邸,理由是其前任死在了衙门里。在邻近的梧州居住等待新居建成时,刘节斋听说了王泮生祠和耶稣会住所的美丽。他也想在旁边为自己建立生祠,便以异教的罪名将耶稣会士驱逐出原来的居所。耶稣会士建造他们的住所时花费了约六百两银子,但刘节斋却只给他们六十两作为补偿,利玛窦轻蔑地写下一张纸条表示拒绝接受,并随教团前往澳门。然而,第二天刘氏便派快船召回耶稣会士,并最终允许他们在省内其他地方定居。为什么会发生这样的变化呢?正如夏伯嘉所解释的那样:

---

① 嘉靖《内黄县志》卷五,第 29 叶。译者按:原文误作 1422 年,今据引文正之。

② 周洪谟:《徽州府前太守孙公(遇)生祠记》,弘治《徽州府志》卷十二,第 34—35 叶,四库全书存目丛书史部第 181 册,济南:齐鲁书社,1996 年。

当方（应时）向刘汇报了与利玛窦的谈判，并向刘展示了利玛窦拒绝接受赔偿的纸条后，刘节斋害怕自己的名声会受到损害。身为"海瑞第二"，刘绝对不会允许因为充公了耶稣会士的住所但是没有任何补偿，而让自己的名声受到玷污。生祠纪念的是好的地方官，而不是独断专行的官僚。这才是快船和召回信息的由来。①

刘氏对生祠的渴望意味着，他或多或少要按照赢得生祠的标准行事。生祠，让无权无势的平民具备了一定的能力来约束官员的行为。

◇ "太师维垣"

生祠可以确立为政的标准，以换取自我价值的认同、同僚之间的美誉和仕宦生涯的晋升。此外，就像追封可以昭示朝廷在政治上的平反一样，② 生祀代表着地方社会在其生前的政治支持，在官员经常遭受弹劾、罢免、刑杖、监禁和处决的时代，这种支

---

① Hsia, *A Jesuit in the Forbidden City: Matteo Ricci 1552 – 1610*, New York: Oxford University Press, 2010, pp. 112 – 115，中译文见［美］夏伯嘉:《利玛窦：紫禁城里的耶稣会士》，向红艳、李春圆译，上海：上海古籍出版社，2012 年，第 120—122 页。译者按：倒数第二句中译本未译出，据英文本补译。引自 Elia and Ricci, *Fonti ricciane: documenti originali concernenti Matteo Ricci e la storia delle prime relazioni tra l' Europa e la Cina (1579 – 1615)*, Rome: Libreria dello Stato, 1942, p. 263；中译文见［意］利玛窦、［法］金尼阁:《利玛窦中国札记》，何高济等译，北京：中华书局，1983 年，第 221 页。刘氏对利玛窦等人的召回出现在第 267 页（中译文见第 232 页）。参阅 Gallagher, *China in the Sixteenth Century: The Journals of Matthew Ricci, 1583 – 1610*, New York: Random House, 1953, pp. 148, 150。王泮生祠有一所至今仍存，约五十步长，二十五步宽（《肇庆文化遗产》）。

② 如于谦，*DMB*, p. 1611。中译文见《明代名人传》，第 2214 页。

持会发生实际的效用。① 这类声明并不总是有效的,但它可以说明相关政策以及具体的人事问题。有的百姓可以直接保护地方官,仅举一例加以说明,正德时徐盈知嘉兴府,在宁王之乱时保持了嘉兴的安定,不久却"被谗去郡"。百姓们"伏阙讼冤",最终他官复原职并有所晋阶。② 天顺初,秦纮因事下诏狱,"民五千诣阙讼",恳求朝廷予以释放。③ 这种关乎留任的请愿,不仅干涉了国家的人事调动,而且挑战了朝廷的是非判断。东林党人大学士韩爌在作祠记时引用了《诗经》中的词句,显然这些语句也出现在当地的歌谣之中。"歌曰:'太师维垣,君子万年。'"④ 君子可以依靠民众——如果他们赢得了民众的爱戴。

借由生祠所表达的支持可以在全国性的政治舞台上发挥作

---

① 申良,曾任招远知县,"会流贼犯境,良率士卒屡战皆捷。去后,民立祠祀之"。而他正是明代死于廷杖的众多官员之一。嘉靖《山东通志》卷二十七,天一阁藏明代方志选刊续编第 51 册,上海:上海书店,1990 年,第 262 页。

② 范言:《郡守侯公(东莱)生祠碑记并诗》,万历《秀水县志》卷九,第 4—5 叶,中国方志丛书华中地方第五七号,台北:成文出版社,1968 年,第 484—485 页。译者按:徐氏的任职时间,原文误作"Jiajing"(嘉靖),今据引文正之。

③ 《明史》卷一七八《秦纮传》,北京:中华书局,1974 年,第 4743 页。关于秦氏的生祠,见《明武宗实录》卷五,弘治十八年九月甲申(1505 年 9 月 29 日)条,台北:台湾"中央研究院"历史语言研究所,1968 年,第 155—157 页。孔诰烽(Hung),*Protest with Chinese Characteristics: Demonstrations, Riots, and Petitions in the Mid-Qing Dynasty*(New York: Columbia University Press, 2011)认为"到省城或北京直接向上级官员甚至皇帝上奏"的抗议行为在清中叶——至少稍早一些,是"新"的(p.174)这一结论建立在其对一专业术语的检索之上。

④ 该歌首句出自《诗经·大雅·板》,是一个统治阶级的人的劝告,敦促他们相互合作,维护统治,关心人民。韩爌:《李(宣献)公德政记》,崇祯《蔚州志》卷四,第 34b—35a 叶,日本藏中国罕见地方志丛刊续编第 1 册,北京:北京图书馆出版社,2003 年,第 564—565 页。关于历史上权贵们对这种表示支持的行为的拒绝,因这些行为本身就"包含着承认持续有效"的民意的重要性,见瓦格纳(Wagner),"The Early Chinese Newspapers and the Chinese Public Sphere," *European Journal of East Asian Studies* 1.1 (2001), p.8。

用，影响政策的制定和个人的仕途。宣德五年（1430年）起，周忱主政长江三角洲达数十年之久，推动了针对严苛、腐败、低效的税收体系的改革。在朝廷的支持下，他成功地减轻了运输税粮的负担，打击了税吏的舞弊行为，并积蓄粮食以应对饥荒。但他的这些举措损害了粮长、权贵家族、官员和户部的利益，所以在新皇登基之后，他于景泰二年（1451年）遭劾去职。① 尽管朝廷三令五申不得变易周忱制定的政策，但户部还是"括所积余米为公赋，储备萧然"，当苏州地区再次遭遇饥荒时，"道殣相望，课逋如故矣"。据《明史》记载，"民益思（周）忱不已，即生祠处处祀之"。② 王鏊修撰的《姑苏志》记载，在周氏去世之前，"民尸而祝之于虎丘寺诸处"。③ 也许他们认为，周忱的形象可以在天庭中作为税收问题上的重要代表。也许这些生祠在政治上起了作用——树立周氏的道德权威，恳请他的原谅和复职，并请求重新实施周忱所执行的政策。抗议的对象是排挤周氏的地方豪强，也包括有默许此种行为的中央政府。

---

① Chan Hok-lam. "The Chien-wen, Yung-lo, Hung-hsi, and Hsüan-te reigns, 1399-1435," in *The Cambridge History of China, vol.7: The Ming Dynasty, 1368-1644, Part 1*, edited by Frederick W. Mote and Denis C. Twitchett, 182-304, Cambridge, UK: Cambridge University Press, 1988, pp. 293, 296-297; 中译文见［美］陈学霖：《建文、永乐、洪熙和宣德之治，1399—1435年》，［美］崔瑞德、［英］牟复礼编：《剑桥中国明代史（上卷）》，北京：中国社会科学出版社，1992年，第291页。迈克尔·马默（Marmé），*Suzhou: Where the Goods of All the Provinces Converge*, Stanford: Stanford University Press, 2005, chap. 5。

② 《明史》卷一五三《周忱传》，第4217页。

③ 正德《姑苏志》卷四十二，第52b叶，四库全书本。关于此寺的图像，见许亦农（Yinong Xu），*The Chinese City in Space and Time: The Development of Urban Form in Suzhou*, Honolulu: University of Hawai'i Press, 2000, p. 173。王鹤鸣称，江南百姓为岳飞建生祠是企望岳飞等抗金将领能恢复中原。见王鹤鸣、王澄：《中国祠堂通论》，上海：上海古籍出版社，2014年，第227页。

蒋瑶生祠的修建是公众抗议国家权力滥用的另一个例子。蒋瑶在正德时历任两京御史，与宦官和朋党势力作斗争，其上奏言辞激烈，以至于宫中批复"自今如瑶议者，毋复奏"，并出为荆州知府。但他刚直不阿，坚持继续在朝廷上抨击奸恶。在正德皇帝南巡时，他拒绝了过分的要求，以保护扬州的百姓，却因此铁链加身，被关押数日之久。"扬人见瑶，无不感泣。迨迁陕西参政，争出资建祠祀之。"《明史》评论说："（瑶）名自此大震。"① 生祠也被视为正德皇帝的宠臣与其批评者竞争的场域。② 同样，自成化元年（1465年）起，韩雍即活跃在广西与瑶人作战，并进行了一系列制度建设。然而，韩雍严厉的政策激怒了那些为非作歹的官员，他们认为韩雍侵害了自身的利益。最终他遭到广西镇守、宦官黄沁的弹劾，于成化十年（1474年）四月被勒令致仕。③ "两广人念（韩）雍功，尤惜其去，为立祠祀焉。家居五年卒。"④ 遗祠也可以用来抗议朝廷的举措。⑤ 不过当祀主在世时，生祠可能为之提供一定的机会。

---

① 万斯同：《明史》卷二六八，续修四库全书第329册，上海：上海古籍出版社，2002年，第554页。《明史》卷一九四，第5253—5154页。官修《明史》基本沿袭万斯同修《明史》而来，但省略了他保护良家妇女和尼姑等不被掳掠的故事。一座大型的正式祠堂直到嘉靖年间才落成，见叶相：《新建扬州太守蒋公（瑶）遗爱祠记》，焦竑：《国朝献征录》卷五十，第52—54叶，明代传记丛刊第111册，台北：明文书局，1991年，第429—430页，记述了这些事。参阅王鹤鸣：《中国祠堂通论》，第227页。

② 《大明一统志》卷六十七，第38—39叶，四库全书本。当他因丁母忧而去职时，曾在荆州得立一座生祠。据雍正《湖广通志》记载，其奉祀一直延续到清代中叶。他还和刘太守以及另外几位官员一同被供奉在江陵县（位于荆州），该祠又被称为"三贤祠"（尽管被供奉的官员一共有四位）。

③ *DMB*, pp. 501 - 502.《明代名人传》，第681—682页。

④ 雍正《广西通志》卷六十六，第39a叶，四库全书本。

⑤ 例如《明史》卷二八一《循吏传》，第7206页。

生祠往往能在国家政治中发挥作用，这最后一个案例曾为利玛窦所记述，在《明史》中也有记载。冯应京因弹劾在湖广收税的宦官作恶多端而被罢职，械送北京。省内百姓则纷纷响应，刊行了许多纪念他的德政的书籍，印行他的画像，修建供奉他的祠堂，塑像于祭坛之上。① 显然，其目的是为了抗议他的被捕，支持他对宦官的弹劾。是默许权力的滥用以求得眼前的利益，还是勇敢站出来反对以获得长久的名声，这是士大夫们所面临的抉择。而生祠是士大夫作出选择的一个重要因素。站出来反对苛政的官员们知道，他们可能为人所颂扬，而且不仅仅在精英士人群体中获得名声。他们的一个动机，就是要获得地方社会的纪念，来表明自己的道德权威得到了百姓的支持。

良好的地方声誉亦须广为宣传方可奏效。在州县官所面临的诸多困境中，这一点十分突出："百姓见德，上未必闻，而当道一怒，势难挽回。"② 既然生祠的修建并不需要官府的授权，那么可能是为了获得官方的资助或宣传的需要才格外突出这一点。在一个极不寻常的案例中，当御史中丞行部至洛川时，"洛民献（陈）公治状请建生祠"，御史还在民众的请愿之后附上了自己的

---

① Gallagher, *China in the Sixteenth Century*, p. 205. 中译文见［意］利玛窦、［法］金尼阁：《利玛窦中国札记》，何高济等译，第428—429页。冯氏与何栋如一起被囚禁。他们讨论了惨淡的政治环境，认为答案在于恢复太祖皇帝的统治方式。出狱后，何氏就此编撰了一本书。该书记载明太祖坚持将人民的安全寄托在州县官身上，如果他们按照太祖的指示行事，就可以赢得正直官员的名声。见何栋如编：《皇祖四大法》，台北：学生书局，1986年，第三册，第314、333页。

② 吴智和：《明代的县令》，第12、14页。罗威廉（Rowe）评论了民意的保护功能，并指出在清朝可能会适得其反（*Saving the World: Chen Hongmou and Elite Consciousness in Eighteenth-Century China*, Stanford: Stanford University Press, 2001, pp. 71 - 72）。中译文见［美］罗威廉：《救世：陈宏谋与十八世纪中国的精英意识》，陈乃宣等译，北京：中国人民大学出版社，2016年，第79页。平民主义者陈宏谋，也被视为媚俗民众之徒。

意见。于是朝廷下令:"凡作令者,以洛令为式。"并由皇帝亲自下令修建生祠。六十八年后,尽管明王朝已经灭亡,祠堂也为盗匪所毁坏,但其塑像依然栩栩如生,当地人仅仅在一个月内就重建了祠堂。① 如同上文曾提到的郭子章一样,祠堂也在出版的文集中得到宣传。② 正式文集的出版,使祠堂的政治功用不再仅仅限于地方一隅。

即便影响甚微,当地百姓还是努力加以尝试。清河知县张济"有诗才,士子多从之游处"。他清慎简约,不过分烦扰百姓,曾因公事受到牵连,父老们都希望替他向上级进行辩白。③ 万历十年(1582年),郭邻以岁贡知莱芜县,当时该地正遭受蝗灾和旱灾之苦。他下令民众自行捕杀蝗虫,并调用粮食进行奖励,还率领百姓们徒步祈祷。最终,蝗灾被扑灭,求来了雨水,当年获得了丰收。然"(邻)以拙于奉上被劾。及去,行李萧然,邑民数万人遮道哭送,后复立祠祀之。"④

地方社会这种保护官员的努力,即便失败了,也颇具意义。1950年,历史学家丁易写道,发端于成化十八年(1482年)的支持地方官反抗权宦的斗争虽然失败了,但是"当时人民的反特务斗争便普遍展开了"。⑤ 地方上的纪念可以在政治上赋予双方一定的权力。它们定义并具象化了一个优秀的官员对地方社会的意

---

① 陈氏也名列西安的名臣祠。顺治《洛川志》卷上,第26叶,上海图书馆藏稀见方志丛刊第235册,北京:国家图书馆出版社,2011年,第583页。
② 明代的各种生祠产生了至少三十种这样的作品,其中很大一部分是不知所云的谀词。黄虞稷对其有所列举(《千顷堂书目》卷八,第47—49叶,四库全书本)。遗祠也会产生这样的合集。
③ 他因丁内艰而去官。万历《清河县志》卷八,第9a叶,明代孤本方志选第12册,第75页。
④ 康熙《济南府志》卷二十五,第60b叶,哥伦比亚大学藏缩微胶卷。
⑤ 丁易:《明代特务政治》,北京:中华书局,2006年,第468页。

义。生祠可以满足官员的自尊和良知,提高他的声望和仕途,并在他陷入政治困境时予以支持。而通过支持陷入政治困境的官员,地方臣民可以对国家事务发出声音。

◇ 因事而设的在位者生祠

对于地方民众通过生祠进行政治参与的观点,萧公权等学者表示不能认同,他们认为生祠意味着阿谀和谄媚,是地方士绅对并无功绩于百姓的官员的无耻奉承。有时确实如此,而朝廷将奉祀在位者视为非法也是为了防止这种情况的发生。这一点在位于陪都的一座奉祀十位高级官员的生祠中体现得淋漓尽致。隆庆元年(1567 年)正是新皇登基的第一年,人事变动之剧可想而知,士绅们争相谋取职位,便在南京的南门之外建起一座"群公惠泽祠",所奉祀的官员从江宁县丞一直到苏松巡抚乃至户部给事中。撰写祠记时,太学出身的卢璧不得不绞尽脑汁为那些非法的、具有道德嫌疑的在位者列入生祠而辩护,而其人数又是如此之众。不管是真是假,他都把生祠视为一种交易:奉祀是对那些本该为朝廷工作却维护了地方利益的官员的报偿。

上元、江宁二县,是应大府的附郭县,饱受赋役征派之苦,以至于其民"不知有生人之乐矣"。直到十位官员先后主政于此,大幅削减了民众的赋税,减免了两县的徭役,百姓才得安宁。然后,正如召公的臣民有甘棠之思,二县百姓希望能够迅速"报德"。就像那些刚从火中或溺水中被救起的人一样,他们希望报答所有曾予以援手的人。昔日百姓都愁苦呻吟,今者则欣欣然有喜色,"民之感之,岂待去之后哉?"① 民众的感激之情迫不及待,而且包括了所有曾给予帮助的官员。卢璧认为,正是出于这种诚意,即便违背禁止奉祀在位者的法令也并无不妥。

我们可以认为,这仅仅是对此类生祠的修辞性掩饰。但受表彰群体的规模肯定降低了阿谀的意味。而且,倘若只是为了阿谀奉承,立祠者便不该选用卢璧来撰文。② 除了花里胡哨的官衔之外,卢氏的行文是我所见最为平实质朴的。他阐明百姓所遭受的苦难,然后对生祠进行不加修饰的描述。也许和马打交道的岁月在卢氏身上留下了印记,他曾任汉阳晋苑马寺少卿,后退居江宁老家,并不常与外人结交。他是一个淳朴的人,也是一个质朴的文人,为人坦诚而率直。

这一生祠的建立,只是对这一次诸位官员减免赋税的报偿。卢氏开篇便提到,生祠,神明之也;"作之者",是上元、江宁之人。后来他又明确说:

> 夫是事也,始而建白者,乡之大夫士与耆民凡百五十人焉,而赵生善继为之倡。继而立之祠也,有金和等若干人焉,而赵生为最力。今之谒予为记也,有诸友焉,亦赵生为之先。赵生亦有劳哉,可书也。③

率领这些人并主持工作的是赵善继,他充其量是个生员,在史料

---

① 卢璧:《群公惠泽祠记》,万历《上元县志》卷十二,第77a叶,哥伦比亚大学藏缩微胶卷。

② 另一方没有题名的碑记作于一年半之后,一改卢氏的克制而多溢美之词。《续建惠泽祠碑》,万历《上元县志》卷十二,第77—82叶。

③ 卢璧:《群公惠泽祠记》,万历《上元县志》卷十二,第77b叶。

记载中几乎没有留下什么痕迹（如果说他希望以此为晋身之阶，那毫无疑问是失败了）。他的名字在祠记中出现了四次，比任何一个接受奉祀的官员都要多。① 祠记碑文都表彰他，表达出对国家减赋的感激，并希望保持下去。那么这种奉祀与其说是为求得利益而进行的充溢着腐败的阿谀奉承，倒不如视为地方社会取悦于朝廷的举动。正如我在下文将讨论的那样，几年之后张居正在抱怨平民的喜好误导了政府人员时，无疑就想到了这类生祠。

◇ 指责官员

宋代有一官员对地方百姓生祀官员、集结请命、举扬德政等行为表示愤慨，并提出了几个理由。这些人肯定对官员有所求以为回报，并向邻人吹嘘自己和地方官的关系。应当是由上级官员而非这些小民来评判官员在任的表现。而且，受支持的集会可能为暴力行为提供掩护。他写道："安知今日之举扬知县，非他日掷砖放哗，论诉知县者乎？"如果地方上的"结集举扬"被认可，那么不被接受的集会示威也就显得合法，那就超出了国家控制的

---

① 在另一篇受祀官员的传记中，证实了筹建者的身份。"生员赵善继、耆民陆辛等率众建惠泽祠于聚宝门外，祀诸上官。凡有功德于民者，房与焉。"《上元县志》卷七，第13a叶。十人祠的建造时间并不清楚，因为该祠在方志中没有明确记载（不过在城的另一边有一个同名的生祠）。

限度。① 在明代，集结请愿的确很容易发展为街头抗议。万历年间（16世纪90年代），李多见任松江知府，惠爱黎民，却到任三月即被调离，当地百姓怀疑其中必有蹊跷，以至于"累石塞城门"，表示希望留下他。在出动军队弹压前的三周时间里，民众在府衙门口集会抗议，甚至威胁到了被怀疑干预此次调动的致仕官员的家院。②

政治学家孔诰烽"将抗议活动定义为集体性的、非制度性的政治行为"。如果他读到上述松江的抗议事例，将会认为这是"由非精英团体发起的、针对某一政策或特定在位者的抗议性行动"。③ 不过孔氏的定义显然忽略了生祠。尽管受天子委派以牧众民的官员，最终在国史中会受到表彰或责难。但远在此之前，在排除无序行为的情况下，生祠作为一种制度性的存在，也赋予了地方民众评价官员的权力，不仅仅是正面的赞扬，也包括负面的批评。因为表彰某一官员，几乎是自动表达了对其前任或同僚的不认可。

对某一官员的表彰往往隐含了对他人的批评，有时这一点表

---

① 张四维辑：《名公书判清明集》，社科院历史所宋辽金元史研究室点校，北京：中华书局，1987年，第37—38页。英译文见马伯良（McKnight）和刘子健（Liu），trans. and eds. *The Enlightened Judgments, Ch'ing-ming Chi: The Sung Dynasty Collection*, Albany: SUNY Press, 1999, pp. 78 - 80; also pp. 105 - 106。参阅宋太祖对吏民诣阙上言、为官吏请功的相对温和的担忧（陈雯怡：《从朝廷到地方——元代去思碑的盛行与应用场域转移》，第59页）。

② 嘉庆《松江府志》卷四十二，第22b—23a叶，中国方志丛书华中地方第一〇号，台北：成文书局，1970年。转引自穆四基（Meskill），*Gentlemanly Interests and Wealth on the Yangtze Delta*, Ann Arbor: Association for Asian Studies, 1994, pp. 168 - 169。街头抗议在魏忠贤和东林党的斗争中发挥了重要作用，参阅达第斯（Dardess），*Blood and History: The Donglin Faction and Its Repression, 1620 - 1627*, Honolulu: University of Hawai'i Press, 2002, pp. 3, 51, 85 - 88。

③ 孔诰烽（Hung），*Protest with Chinese Characteristics*, p. 47。

现得极为明显。约立于嘉靖九年（1530年）的一方去思碑提到，在整个王朝中，饶阳很少有贤明的地方官；碑记中提到洪武年间有两位，之后每一朝不过一位而已。① 其余没有提到的官员实际上受到了谴责。韩爌提到，万历时蔚州遭遇地震而处境艰难，曾有两三任官员努力解决这些困难，但最终都失败了。② 唐爱卸任南安知县时，方志记载百姓为之送行，去思碑记则提到众人"返舍于潘山之上，相顾而语曰：'自此官到任，无二三之令，无纷纷之政，无二三之征、追呼之吏、冤滞之狱。清德之爱，从来未尝有此官也。'"③ 一方面，这段记载表彰了唐爱；另一方面，又批评了早先的任职者，其中有些人此时一定还在世。④ 碑记在一方面能抚慰人，另一方面又能刺痛人。

前任官员治理不力的情况，也出现在南京翰林侍读学士姜金和撰写的一篇祠记中。这是他于嘉靖四十四年应长江对岸的和州

---

① 张学：《仇侯去思碑记》，万历《饶阳县志》卷三，第34a叶，明代孤本方志选第11册，第85页。

② 韩爌：《李（宣猷）公德政记》，崇祯《蔚州志》卷四，第33b—34a叶，日本藏中国罕见地方志丛刊续编第1册，第562—563页。

③ 陈让：《南安邑侯唐公（爱）生祠碑》，郑振满、丁荷生编：《福建宗教碑铭汇编·泉州府分册》，福州：福建人民出版社，2003年，第607页。唐氏生祠也记载于万历《泉州府志》卷十，中国史学丛书三编第四辑第38种，台北：台湾学生书局，1987年，第884页。

④ 碑记作者陈让，年少孤贫，年十八始读书就学。写此篇碑记时，他已回到家乡。他曾因就章圣皇太后陵寝上疏而触怒嘉靖皇帝，被削职为民。译者按：原文误将"章"视为其姓氏。实则其人为嘉靖皇帝生母，姓蒋氏，原为兴王妃，嘉靖入承大统后上尊号为"圣母章圣皇太后"，逝后谥号为"慈孝献皇后"。万历《泉州府志》卷十九，第1541—1544页。Geiss, "The Chia-ching Reign, 1522-1566." In *The Cambridge History of China*, vol. 7: *The Ming Dynasty, 1368-1644, Part 1*, edited by Frederick W. Mote and Denis C. Twitchett, 440-510, Cambridge, UK: Cambridge University Press, 1988, p.463. 中译文见［美］盖杰民：《嘉靖时期，1522—1566年》，崔瑞德、牟复礼编：《剑桥中国明代史（上卷）》，第435页。

士民所请而作。文中前来请他作记的诸人中，具名的有七位来自和州儒学的各级老师，一位名叫马思齐的举人（姜误以为其为进士），约十名庠生，以及五位"耆老之民"（姜可能令其在外等候）。众人准备了"具状"（有的地方称为"治状"或"治理状"）前来拜访，列出了宋继先在和州所施行的善政。和州百姓曾"诣部"乞求宋氏留任，最终没有成功，于是为其建立生祠，并来求取碑文。姜氏提到他和宋公乃是同年进士，最终为"慰和士民之思"而同意撰写此祠记。不管是因地方上的不满也好，还是抒发他本人蹉跎陪都十五载的愤懑也好，姜氏在祠记中写道，和州过去还有几个值得称许的好官，但近年来只有宋公一人贤明有德。姜金和在文中抱怨道，在官员升迁黜置的仕宦生涯中，他们往往习惯于去追求"济时之弘议""经国之巨猷"，认为勤政于一地不值得他们去做。但"（宋）公固加意于民，拊鞠之如其子；究心于事，经营之如其家。"他奖掖诸生，推行乡饮之礼，惩治恶吏，促进地方贸易，全力支持有利于士民的事业。①

这方带有批判意味的生祠碑立于和州，仅十年之后便被收录于方志之中。嘉靖四十四年时，宋继先依旧在世，生祠碑的树立令其声名远扬，有利于他仕途的升迁。但是同样在世的几位前任官员却受到了贬损。他们似乎也并不是特别差——有的还进入了名宦祠，被方志称赞为"仁人"。不过他们每个人在和州的任职都不是很长，往往一年左右便升为知府或入朝为官。他们缺乏责任感，放任衙吏恶行，可能因此而成为众矢之的。不过更有可能的是，与他的前任相比，宋继先对当地人来说因为更温和善良而

---

① 姜金和：《宋公（继先）生祠记》，万历《和州志》卷五，第28—29叶，第625—627页。姜金和是嘉靖二十九年的三甲，同进士出身。

受到欢迎：陈其愚确实在任三年左右，但后来因为受到不明原因的指责而离开了。① 不管他们是欣赏宋氏，还是反感每年轮换举人的任职，抑或出于对陈氏特别的痛恨，这支由当地低级士人和平民组成的代表团把宋氏在和州的善政都列了出来，并请求他的同年写下这篇祠记，刻于石上，立在为他修建的生祠之中。

　　地方百姓并不怯于表达自己的观点。"苏州有一郡守初任，诸里老廷见，中有一耆宿向后伸二指作隐语。太守叩其故，度不能隐，众里老以实对曰：'谓使君为第二等太守也。'太守变色曰：'何其人？'曰：'使君初到，不问百姓疾苦，先问钱粮，是以为第二等也。'"② 但这只是一时的姿态，生祠却将这种判断制度化了。据《宋史》记载，东林前辈尤袤"因事至旧治，吏民罗拜曰：'此吾父母也。'为立生祠。"要知道，此时尤袤已去职良久，与当地并无牵连，也并非父母官。③ 他们的这些话意味着，当时的在任者远不如已经离任的尤袤。共用的表彰语汇让他们表达出明确的信息；而东林士人通过尤袤及这一故事，接受了公众的诉求，以这种制度化的形式理所当然地评判官员。

---

① 州县职官表（万历《和州志》卷三，第 41—47 叶，第 312—324 页）记载了宋氏任职之前嘉靖年间的行政长官。我按到任时间计算，但该职位可能有时会空缺，所以某些官员的任期会比实际情况稍长一些。
② 吴智和：《明代的县令》，第 15 页。
③ 陈鼎：《东林列传》卷一《尤袤传》，第 15a 叶，明代传记丛刊第 5 册，第 75 页。不过对父母官的欢迎仪式非常奢侈，也反映出其并非真正的父母：在 20 世纪的乡村社会，父母和孩子之间也不会说繁复的问候和告别语，否则那便意味着诀别（石瑞 Stafford, *Separation and Reunion in Modern China*, Cambridge, UK: Cambridge University Press, 2000, p. 3）。

✧ 父母还是窃贼？

祠祀同样能表示反对，这就为批评者提供了一个公开的场域，使他们可以宣称（无论是否真的）得到民意的支持。湛若水，与王阳明友善，同为明代重要的哲学家。尽管他的著作和创办的书院在 16 世纪 30 年代末被禁，但他本人还是活跃于嘉靖初年的朝堂之上。大约在嘉靖四年（1525 年），当时他还对嘉靖皇帝寄予厚望，曾为广东同乡、绩溪知县李邦直写了一篇生祠记。或许是为了争取更广大的读者，湛氏将文章的重点放在了腐败的政府上，这正是他后来试图解决的问题。①［事实上，嘉靖二十一年（1542 年）的一篇纪念文章确实呼应了湛氏的观点。］②

湛若水开篇即言："生祠非古也，其衰世之志矣乎?"③ 他回答道，是的，不过并非因它本身是不正当的。而是说，古时并不需要生祠，因为那时的官员"尚德"。当一位官员离任时，百姓们知道下一个官员也会像父母一样照顾他们；他们甚至几乎没有注意到这一点，更不用说怀念已经离任的官员了。而时至今日，简选官员则"尚力"，大多数官员竟为盗百姓。只有当众百姓意

---

① 参阅 DMB, pp. 36 - 39. 中译文见《明代名人传》，第 57—63 页。湛若水曾游览九华山化城寺，嘉靖十三年，三位官员在此建起生祠以纪念他。民国《九华山志》卷六，第 3a 叶，中国佛寺志丛刊第 13 册，扬州：广陵书社，2006 年，第 255 页。该祠不久被废弃，约在其逝后十七年，即万历五年加以重建，一起重建的还有纪念王阳明的仰止祠，两祠分列于化城寺两侧。

② 《吏部考功司题稿》，明抄本奏议十种第三册，北京：中华书局，2013 年，第 172 页。

③ 另一个文本也提出了其所纪念的祠堂（并非生祠）的合法性问题，见李定桓（Junghwan Lee），"Wang Yangming Thought as Cultural Capital: The Case of Yongkang County," *Late Imperial China* 28. 2 (2007), p. 56。

识到父母之恩的深重时，才会去珍视和怀念之。

142 　　　　有民盗者在民，将曰："时盗曷去？"① 诸计之已几日几月几年矣。"其久割我矣。"其去也，民将相率逐盗焉，且掷之石，且扫之迹。惴惴焉，惟恐其复来尔也。②

对那些像父母一样的人（自然包括被纪念的人），人们会尽量挽留，最后建一座生祠，就如同他们并未离开一样。湛氏认为，生祠确实是一个腐朽时代的标志：只有极少数的官员爱民如子。现在大多数官员都是"盗民者"，故而人们对为数不多的好官更为珍惜。③

这方由精英知识分子所撰写和刻立的石碑，以民众的声音为民众说话，完成了地方和国家两个层面的政治工作。湛氏写道，生祠和碑记将告"来裔"之官员，让他们在被爱为父母和被恨为盗贼之间，做出严峻的抉择。碑记谴责了李氏之前所有的官员，他们中的许多人依旧在世，活跃于官场。而这篇具有浓厚批判意味的碑记的作者也是受到朝廷认可的：湛若水的四部著作即由国

---

① 此典故出自《尚书》："时日曷丧。"夏的暴君桀曾指着太阳宣称自己的地位就和天上的太阳一样稳固，但民众对其暴行极为愤恨，于是诅咒说："这个太阳什么时候才能消亡啊，我愿意和你一起灭亡！"感谢叶保民（Ye Baomin）向我指出这一出典（2011年2月2日）。见《尚书·汤誓》，英译文见理雅各（Legge），trans., *Shangshu*, part 4, the Books of Shang, book 1, "Speech of Tang." Volume 3 of Legge's *The Chinese Classics*, London, 1861–1872.

② 湛若水：《绩溪县尹东洲李君生祠记》，《湛甘泉先生文集》卷十四，第45—46叶，明万历刊本。

③ 正如叶保民向我解释的那样，湛氏利用李氏的另一个名字开了一个小小的玩笑："嘻！世无汝司，汝司乃名，非时之幸？"

家出版。① 湛氏认为，责任在于高级官僚糟糕的简选官员的原则。他止步于此，没有进一步去指责皇帝；但明末清初的思想家黄宗羲（也是东林党人之子）写道："今也，天下之人怨恶其君，视之如寇雠，名之为独夫，固其所也。"②

民众对某一具体的、往往还在世的官员的憎恶和对朝廷政策的强烈不满，不仅仅表现为街头暴动和投掷石砾。普通民众的声音，还会刻写在石碑之上，刊布于公共场所，为其所纪念的生祠神圣化。总而言之，生祠——它们是如此普遍以至于难以计数——允许地方社会对朝廷官员加以评判。而这些官员是由天子委任，经朝廷考诠，在各个地方职位上进行调动的。生祠的建立无需官方的允准，而筹建者也会忽略不准为在位者建立生祠的禁令，碑记则往往会对此做出解释。理论上，生祠的正当性和长久性仅仅取决于当地的民众。而地方也会利用它向当时或未来的官员施加压力，告诉他们什么样的政策才能赢得当地百姓的认可和遵奉。他们还加入了情感的因素，以唤醒地方官员的儒者良知，希望促使他们置地方利益于朝廷之上。

那么，难道没有人反对这种具有自主性的地方性制度吗？也没有人主张维护中央集权和官僚专制吗？

---

① 卜正民（Brook），"A Bibliography of Books Published by the Ming State," in *Imprimer sans profit? Le livre non commercial dans la Chine imperiale*, edited by Michela Bussotti and Jean-Pierre Drege, 155–199, Geneva: Librairie Droz SA, 2015, p. 192。

② 黄宗羲：《明夷待访录·原君》，何朝晖点校，南京：凤凰出版社，2017年，第5页。英译文见 Huang Zongxi, "*Waiting for the Dawn: A Plan for the Prince: Huang Tsung-hsi's 'Ming-i tai-fang lu'*," translated by Wm. Theodore de Bary, New York: Columbia University Press, 1993, p. 92。

◇ 反对意见

生祠的政治功用在万历年间得到了内阁首辅张居正的认可——也受到了他的痛斥,其执政的重点在于加强皇权、中央集权和重建财政体系。他在一封答复苏松巡按的信中写道,负责纠察的巡按和负责治民的巡抚职掌不同,应当各安其职,并以周如斗的例子作为说明:

> 嘉靖间有周如斗者,巡按苏松。信豪宦之言,博流俗之誉,将应征钱粮既请停免。士民悦之,为建生祠。奏留再历,遂超陟苏松巡抚。及为巡抚,则钱粮征发,百责攸萃,不复能行其宽贷之政。将以前免停逋赋,复行征派。于是士民怨之,毁其生祠。

他评论道:"欢虞之术易穷,众庶之欲难厌也。况此中人情叵测,众庶难调。惟一以大公至正行之,庶得无咎无誉耳。"① 张居正的态度正是我们可以想见的财政集权者的观点,但他的抱怨表明,地方官员止被地方不愿纳税的情绪所左右。

张氏的反对意见基本上是现实的,但苏松百姓的行为并不是一种出于自私的临时行动。恰恰相反,在官方评价之外,有一整套完整的政治理论支持民众对官员的评判。这一理论在蔡潮生祠记体现得很明显。正德十一年至十三年间(1516—1518 年),蔡

---

① 张居正:《答苏松巡按曾公士楚言抚按职掌不同书》,黄宗羲编《明文海》卷一八〇,第 23 叶,北京:中华书局,1987 年,第 1797 页。方志中对周氏更为肯定,位于上海的一座祠堂还出现在《大清一统志》卷三十九,第 9 叶,四库全书本。

潮任贵州左参议，在明王朝和苗民的关系转趋激烈之时，曾在一次严重的军事冲突中保护了清平卫。当地百姓为其立祠生祀，但在朝廷方面，兵部尚书认为蔡氏有专擅之罪，不予叙功。① 嘉靖十五年（1536年），在贵州任职的田汝成路过清平卫，参谒蔡公生祠，感慨不已，题写了一篇像赞，表达了对这位仍在世却"未及识"的同乡的敬仰之情。② 在没有明确解释的情况下，他评论说："夫士人宦绩之考类，眩于官而明于民，谬于当年而定于后世。"③ 他认为，地方上的评判比朝廷的决定更为明智、更为真实。这篇文章是私人撰述，没有刻于石碑之上，但这种政治理论所带来的挑战，在另一个姓田的人所撰写的祠记中表现得尤为清晰。

田秋所撰祠记是蔡公生祠的第一方碑刻，作于嘉靖二十八年（1549年），恰在其去世一年之后，其时距蔡潮离任及生祠之建已有约三十年，故而该祠在很长一段时间内是没有纪念文本的。田氏记述了蔡潮为保护清平卫的百姓而采取的有效对策，他攻防兼备，让民众得获安宁，"阖城老幼皆举手加额，以为公有再生之恩"。未几，蔡氏调任福建，"民之不能忘也，乃为生祠三楹于城中，肖公像于内，饮食必祭"。祠记的开篇首先谈到了对这一奉祀制度合法性的质疑：

> 生祠非古也。记云："以死勤事，以劳定国，能御人灾、捍大患则祀之。"然意皆掌于有司，非臣下得以私情徇（徇）之者。故淇澳之美、甘棠之爱亦止形之咏思，而未闻尸祝。④

---

① 《明史》卷一九四《邹文盛传》，第5148页。
② 田汝成：《题清平蔡潮像赞》，嘉靖《贵州通志》卷十一，第84a—85a叶，天一阁藏明代方志选刊续编第69册，第683—685页。
③ 田汝成：《题清平蔡潮像赞》。
④ "淇澳之美"典出《诗经·卫风·淇澳》，赞扬一位高贵、优雅、宽宏大量的君子，他"善戏谑兮，不为虐兮"。

祠记作者田秋对生祠提出两项反对的意见。第一，生祠并非古制。第二，奉祀应该由政府相关部门（有司）来掌控，避免出于私人的情感或偏爱而供奉。民众思慕之、歌咏之，都是很好的；但自行尸祝奉祀，就未免太过。

但是，正如其他作者欲扬先抑的修辞一样，田秋迅速回应了自己所提出的反对意见。和湛若水一样，他认为，生祠从古代开始兴盛是因为：

> 汉晋以下，吏治有醇疵，民情有美刺。故于功业之隆，德泽之厚，光前裕后，卓尔不群者，则因舆情之不可遏，而事得义起，去思、遗爱之名立焉。①

换言之，汉晋以降，大多数官员都德行有亏，所以人们不敬重他们；因此，当难得有一位好官出现时，应该认可肯定他的舆情，只要对他的纪念出于正确的理念，就应当被允许。所以生祠只会出现在政治并不完美的时代。田氏续道，因为其不受当局掌控，人们会批评其为"私"情，但"舆情"的引入恰好避免了这种指控。最后，他还把这座祠堂比作罗池柳侯（宗元）祠、潮阳韩公（愈）祠。② 独立于当局之外的地方行为，只有源于真诚的地方公意，才会被经典和历史长河所合法化。

---

① 田秋：《新建蔡潮生祠记》，嘉靖《福建通志》卷十二，第 40b—41b 叶，天一阁藏明代方志选刊续编第 69 册，第 780—782 页。蔡氏还提到了羊祜、谢朓的例子。译者按：原文称蔡文有提到"Yang Cheng"的例子，当是羊祜之误。
② 关于柳宗元和韩愈的纪念祠，参阅光绪《马平县志》，中国方志丛书华南地方第一二八号，台北：成文出版社，1970 年。麦哲维（Miles），"Celebrating the Yu Fan Shrine: Literati Networks and Local Identity in Early Nineteenth-Century Guangzhou," *Late Imperial China* 25.2 (2004), pp. 33–73。

＊

有学者认为，专制主义下的官僚君主制不仅剥夺了平民的权利，甚至"剥夺了（士绅）在家乡决策过程中的政治发言权，因为只有在他们通过科举、到其他地方任官之后，才会被赋予政治权力"。① 与此相反，长部和雄在 20 世纪 30 年代做出的研究即对当时日本中国地方史研究的普遍观念做出了反思，认为生祠表现出了一定程度上的"自治"。② 在我看来，包括生祠和去思碑在内的纪念行为，赋予了地方臣民批评朝廷的权利。他们可能要求尽可能少地被干涉，也可能要求加强国家的治理。本书没有讨论地方舆论在多大程度上会影响地方决策，更遑论国家政策的制定。但明代生祠允许臣民对朝廷发表异议，支持或批评现任或离任的官员，激励并引导其继任者，以及对某一特定政策予以回报等这些行为本身便极为重要。此外，传统国家的天命理论和剥削实践之间存在着尖锐的矛盾，明人针对这一矛盾发展起一套新的政治理论，即地方百姓有权通过自己的方式对朝廷官员加以评判。生祠话语体系正呈现并强化了这一理论。生祠和碑刻更进一步意味着，地方的政治话语权并不限于短暂的布告或一时的街头抗议，而是会被刻于石上，立于祠庙，传之久远。

---

① 卜正民（Brook），"Family Continuity and Cultural Hegemony: The Gentry of Ningbo, 1368–1911," in *Chinese Local Elites and Patterns of Dominance*, edited by Joseph Esherick and Mary Rankin, Berkeley: University of California Press, 1990, p. 28; Chu, *Local Government in China under the Ch'ing*. Cambridge, MA: Harvard University Press, 1962, p. 198. 中译文见瞿同祖：《清代地方政府》，范忠信等译，北京：法律出版社，2003 年，第 337 页。

② ［日］长部和雄：《支那生祠小考》，《东洋史研究》1944 年第九卷第 4 期，第 39、43、44 页。

第五章　从奉承到参与

赵仲辉任广平知府，政尚苛猛。常以水瓮浸大竹板于堂上，士人有微愆即用是笞之，至于民非犯重律，则弗用也，他政类此。后知所为不善，乃自立生祠以饬之。及疾笃，使人视其祠，所肖像已被乡民打碎，暴露横乱于祠外。仲辉闻之，不胜惭恨，逾夕而死，士民快之。及还葬于家，不数年子孙有丐乞者。

——嘉靖《广平府志》卷十五"碎生祠像"①

周启荣宣称，明代的平民主义萌发于平民对官府和士绅剥削的愤怒，然后才扩展到知识界。② 他认为，先是阳明学派和吕坤这样的"精英式平民主义者"以"说教"的方式引导可以反思的非士人群体，然后是复古思潮和东林党的礼教运动，以及清廷对这一运动的应对，他们对此感到不安，因为与单纯的"礼教"不

---

① 嘉靖《广平府志》卷十五《纪历志》"奇僻类"，第21a叶，天一阁藏明代方志选刊第5册，上海：上海古籍书店，1981年。为了不破坏行文，此处省略了他的一个孙子的任官经历。赵仲辉本人的传记只是轻描淡写地提到他在广平知府任上"卒于官"，这也是他唯一的职位（雍正《山西通志》卷一三四，第58叶，四库全书本）。

② Chow, *The Rise of Confucian Ritualism in Late Imperial China: Ethics, Classics, and Lineage Discourse*, Stanford: Stanford University Press, 1994, pp. 18, 20。中译文见[美]周启荣：《清代儒家礼教主义的兴起：以伦理道德、儒学经典和宗族为切入点的考察》，毛立坤译，天津：天津人民出版社，2017年，第37、39页。

同,这一运动鼓励平民发声。① 对剥削的愤怒在生祠中也有明确的体现(图6)。但同时还有另一种情感,那便是感激。对好官长久的感激,正是"下民"对万敏这类官僚公开表达的不尽仇恨的反面。万氏于嘉靖年间任太仓知州,因其恶行之多而导致州中三十九位官员和耆老的被逮。② 一位官员卓有政绩,任内"民终无逋逃乎租赋,盗贼屏迹四野",故而其去思碑评论道:

> 古之良吏,为民父母,恩义兼尽,民之应之捷于影响。故居则爱,去则思,有必然耳。其不然者,居恐弗去,去恐弗速,亦情之常,无足怪者。③

正如善政或恶政会唤起民众的爱戴或愤恨一样,在生祠话语体系之中,这种矛盾和冲突同样存在。第一,一个配得上生祠的人可能会拒绝它,他反对的正是希望纪念他的民众。第二,每一座生祠都要竭力避免因私利而建造的嫌疑,即便它的确是出于被奉祀者本人的压力或诱导而建。第三,明人注意到,在其周围,承诺将永恒纪念的生祠大多都迅速走向了衰败。詹姆斯·法尔曾讨论过,新的政治观念可能恰恰来自于尝试——由逻辑、情感和

---

① Chow, *Rise of Confucian Ritualism*, pp. 13 – 14, 21 – 31, 87, 225 – 227;中译文见[美]周启荣:《清代儒家礼教主义的兴起》,第22—23、40—60、155、391—393页,关于东林士人的反应,见 pp. 31 – 43(中译本第60—79页)。

② 《吏部考功司题稿》,明抄本奏议十种第三册,北京:中华书局,2013年,第171页。嘉靖《太仓州志》卷三,天一阁藏明代方志选刊续编第20册,上海:上海书店,1990年。万氏还扩建了监狱,与力求狱无囚犯的仁爱之官恰成鲜明对比(嘉靖《太仓州志》卷四)。

③ 万历《成安邑乘》卷四,明代孤本方志选第10册,北京:中华全国图书馆文献缩微复制中心,2000年,第544页。

利益所促成——以解决实践、信仰和语言中的矛盾。① 在这种情况下，我认为纪念行为中的自我夸耀和腐败，显然在政治参与中产生了平民主义的观念。这些观念又引发了保守主义的回应，并促进了一种新的国家形式的提出。

图 6　毁生祠太守受窘

一个腐败无能的清代知府，托人在庙里为自己立祠，鼓动举行脱靴礼。厌恶的民众因而暴动，砸毁了生祠。塑像被拖倒在地上，断了一只胳膊，平民（穿裤子）正在毁坏，士绅或学生（着长衫）在袖手旁观。知府侥幸逃过了一劫。这里表现的是他坐在轿子里来到近前时，其仪仗队伍的成员还在留在原地。

资料来源：李伯元：《文明小史》第十一回，南昌：江西人民出版社，1989 年。

---

① 詹姆斯·法尔（Farr），"Understanding Conceptual Change Politically," in *Political Innovation and Conceptual Change*, edited by Terence Ball et al., Cambridge, UK：Cambridge University Press, 1989, p. 25，27，28，31。

本章将讨论，地方平民如何面对祀主的自谦和东林党人援引的经典理由，并从话语建构意义上对其坚守进行评价。本章将说明生祠话语体系是如何回应长期以来的质疑——这种质疑其实已经根植于明代的法律中。实际上，生祠的广泛参与和长期存续恰恰直接回应了相关的质疑。我将考察，在东林党的追随者所借用的生祠话语中，当地人是否会因为好官影响了他们而做出明智的判断。东林士人保守性的改造，并不能抹杀更激进的诉求，其中包含了这样的可能，即人民不只是承认，而且构建了某一官员的价值。顾炎武对官僚封建主义的建议，也应当放到生祠话语体系的背景下进行理解。所有这些话语模式，都产生于人们普遍认识到的生祠建设中滥用权力的危险。

✧ 自谦和不从

广受欢迎的神灵往往会要求更高大、更壮丽的庙宇和塑像。[1]但是，当一个活人听说有人提议为其立祠塑像时，他应当表示反对以证明自己的道德，让建立生祠的理由复杂化。因为正如第二章所揭示的那样，当地人奉祀官员是为了具体的政策，而不是将其视为道德的楷模。这就形成了一种修辞上的互动，最终往往是坚执的臣民压倒了谦逊的拒绝。张昇在纪念谢士元本人下令毁去、百姓又为之重建的谢侯生祠时写道："生祠为有功德者设，

---

[1] Hansen, *Changing Gods in Medieval China, 1127 – 1276*, Princeton: Princeton University Press, 1990, pp. 52 – 61. 中译文见［美］韩森：《变迁之神：南宋时期的民间信仰》，包伟民译，杭州：浙江人民出版社，1999 年，第 49—58 页。

出于人心爱慕之诚，虽欲止之，不可得也。"① 陈俎也未能阻止百姓为自己建造生祠，民众"闻之跃然，农献力，商献赀，贾献材，陶献埴"。② 在有限的条件下，祠记对不从的百姓做了正面的描写。

对不从的正面描写可以说是相当戏剧化的，往往与上天的力量相关。读者可能还记得"导论"中曾提到的一篇作于嘉靖二十二年（1543年）的文章，礼部侍郎王道提到，东昌知府陈儒在洪灾困厄时救助了武城的百姓，其中一项举措是当年拨发府库四千八百余两来替代武城的赋税，得到了朝廷的允准。因而"老穉妇子，相率涕泣，焚香吁天曰：'公活我，我何以报公也！'"八年之后，当类似的灾难再次降临时，陈氏的继任者效法此举，使得人们对他更为感激。四年之后，当地人"相与谋曰：'公之德在吾邑，天下不尽知也；公之德在吾心，吾之子孙不尽知也。其惟生祠乎？昭远垂后，以永吾思，其惟生祠乎？'"于是，他们派当地的贡士刘希契到陕西陈公处陈情，表示希望为之建立生祠。

> 公坚不可，众弗但已也。晋告于邑侯丘君道明，丘谕止之，曰："尔举诚义也，公意不欲奈何？"退又谋于乡大夫士。乡大夫士善体公意者亦谕止之，众又弗但已也。介希契往白于嗣守当途喻公智，喻檄若曰："背惠者不祥，师古者永世。吾民之举，匪徒报德，亦以示法也，有司者其听之。"

---

① 张昇：《太守谢（士元）侯生祠记》，《张文僖公文集》卷六，第13叶，四库全书存目丛书集部第39册，济南：齐鲁书社，1996年，第593页。
② 郭玺：《新建河阳陈公（俎）生祠记》，嘉靖《广平府志》卷七，第7a叶。据说，这位官员只是偶然听到了建祠的计划，但有的作家却对此表示不屑，认为任何州县官都可能避而不闻，只有他肯定不会禁止建祠，反而会很高兴。[日] 加藤玄知：《本邦生祠の研究——生祠の史実と其心理分析》，东京：中华文库，1934年。

这些迫使当局最终做出让步的固执百姓，王道在后文称之为"田夫野老"。他说，他们的心比金石还要坚定。他们对陈氏真诚的回应，表明"天下之理，感与应而已"。

这些百姓不愿听从前任知府陈公、现任知县丘君和乡绅的劝告，坚持不懈，最终赢得了现任知府喻氏的支持。王道预言，他们坚持不懈地建立这第一座生祠，最终将使陈氏列入朝廷祀典并获得更广泛的奉祀。① 不从的百姓竟反映了天道，并能促进政治宇宙的平稳运行。这一奇怪的观念恰产生于道德上的自谦和应得的纪念之间的分际。

◇ "礼以义起"

同样，蔚州知州李宣猷听闻邑中父老计划为他建立生祠，也表示谢绝。据东林士人韩爌于天启四年（1624年）所撰写的德政记，李氏提出了三点理由：一是生祠有违礼制（和前面一样，他也没有对此详加解释）；二是他说自己做的正是其职分要求的；② 三是即便有所成就，也是"群僚之勤而二三子之力也"。但蔚州的士人耆老对此不能认同。他们强调说自明朝建立以来天下乂安，万历皇帝即位以来太平清明，尤其是李公抚民有方，所以"黎民非祠无以志棠荫"也。

---

① 此外，王氏还指出该祠的建立是合乎理的，宋代还有一官员一直无法阻止他的画像被挂在佛寺里。王道：《（东昌）太守陈公（儒）生祠记》，嘉靖《武城县志》卷八，第37—40叶，天一阁藏明代方志选刊第44册。该祠同时也奉祀曾效法陈公的继任者。

② 唐代曾有人以相似的理由阻止了生祠的建立。雷闻：《唐代地方祠祀的分层与运作——以生祠与城隍神为中心》，《历史研究》2004年第2期，第34页。

> 于是衡人献材，陶人献甓，匠输宫，壮趋事，不浃旬而祠成。貌公其中，而父老率子弟骏奔宇下，望之肃如也，神明之也；近之蔼如也，父母之也。①

他们视其为父母：令人敬畏，亲切，不过倘若自己的良心另有指示，也不会盲目地听从。

韩爌实际上认可了他们的观点。他先是对经典中的程序进行描述，然后对明代的实践加以评论：

> 窃闻之，古之列辟卿士，有功德于民者，秩在祀典，然其人皆于昭于上，请于朝，议于礼，官因民之欲祀而祀之也。夫不待请且议，因民之欲祀而祀之，今之命吏皆是。所谓礼可以义起者，懿铄哉！公民之崇报也宜矣。②

韩氏认为，地方一级的官员应顺从当地父老的要求，甚至民众也可独立行事。如果他们认为最好应该建立生祠，那便可付诸实施。即使是为在任者所建，也无需上级的批准。

李氏的继任者于天启三年或四年间（1623—1624年）到任蔚州，因此该碑的写作时间可能正值韩爌与阉党矛盾激烈化的天启四年（1624年）：韩氏考中进士后授翰林院编修，进入仕途的快车道，从礼部侍郎逐渐升迁到内阁首辅。作为东林党元老，他早

---

① 韩爌：《李（宣猷）公德政记》，崇祯《蔚州志》卷四，第34b叶，日本藏中国罕见地方志丛刊续编第1册，北京：北京图书馆出版社，2003年，第564页。
② 韩爌：《李（宣猷）公德政记》，崇祯《蔚州志》卷四，第35a叶，日本藏中国罕见地方志丛刊续编第1册，第565页。蔚州士民曾为韩爌送上贽礼，请求写下这篇文章。韩氏还在文中记下李氏及其兄弟的名讳籍贯及登第的事件，当是由熟人告知的其家庭情况。在生祠记中包含家庭成员是很常见的。

已疏远了魏忠贤,到天启四年十二月,于无尽失望中罢官回乡。如果文章迟至此时才写就,那么他已经身在距离蔚州四百余里的山西蒲州家中。此时他有充裕的时间,还尚未卷入次年家人遭遇监禁和死亡的灾难。① 他对建祠流程的批评,可能直接反映了对魏忠贤把控下朝廷的厌恶,也可能在更深层次上代表了东林党对士人独立精神的信仰。无论如何,这位深具良知的礼部尚书、东阁大学士认为,只要是百姓出于真挚的情感所建,生祠便不需要官方正式的批准。这种说法只是对先前的做法和言辞做了更明确的说明,在这种情况下推翻了《大明律》中不得为在职者立祠的禁令。

◇ "民则何私?"

《大明律》看重切实的"政迹",还会惩治"遣人妄称己善"者。因为在地方纪念的背后,总是潜藏着上压下行和权贵恩幸的嫌疑。王直在正统十二年(1447年)所撰写的一篇墓志铭中,直率地指责有些纪念作"伪"——也许是受被纪念者所指使的少数阿谀之徒所为——这种情况其实颇为常见,其政治含义在明代的各类祠记中亦有所体现。明成祖迁都北京后,李隆任南京留守长达十八年之久,当他离任时:

> 是以其人虽有贵贱愚良、宽鄙细粗不同,皆敬爱公如父母。召还之日,莫不愿留而不可,皆曰:"公去矣,吾何

---

① DMB, pp. 483–485.［美］富路特、房兆楹主编:《明代名人传》,北京:北京时代华文书局,2015年,第658—661页。

恃?"自都城至江上泣而送者,相属于路。公得人如此,是岂以伪为哉?①

对于这种戏剧化场景的怀疑,其回应则是参与的各色人等数量之众。明初"教民榜文"(Placard of the People's Instructions)曾规定,任何对州县官的表彰或责罚都要征得大多数当地百姓的同意。而且严格来说,"榜文"也是明代律法的一部分。②《大明律》中关于立碑建祠的条款,既没有要求民众的参与,也没有禁止士绅的行为。尽管如此,人们还是形成了这样一种观念:广泛的爱戴是必要价值的保证。一篇生祠记的结尾铭文,在表达民众意愿的同时也引用了父母的比喻:"去我父母,如何勿思?言肖其貌,树之丰祠。言颂其德,表之穹碑。……孰不为令,民则何思?"③

被如父母般广泛纪念的公仆,不能谋取私利,而是应当为公众利益服务,并确保其真实。这正是有的生祠迅速走向衰败而有的却能长久存续的原因:生祠的长久在于民心。他们对善政自会心存感激,不会为人所愚弄。那些并非以民众感情为基础的生祠终将走向衰败。

---

① 王直:《襄城伯李公(隆)墓志铭》,《重编王文端公文集》卷三十三,第 2b 叶,东京:高桥情报,据日本内阁文库藏明嘉靖四十二年序刊本影印,1990 年。
② 范德(Farmer), *Zhu Yuanzhang and Early Ming Legislation: The Reordering of Chinese Society following the Era of Mongol Rule*, Leiden: E. J. Brill, 1995, pp. 202–203。
③ 许谷:《傅(佩)侯生祠碑记》,康熙《兴化县志》,中国方志丛书华中地方第四五〇号,第三册,台北:成文出版社,1983 年,第 920 页。

◇ 生祠衰败的理论解释

对在职官员的生祀往往伴随着自我夸耀，而这两者都是《大明律》所明确禁止的。一位祠记的作者解释说："民之率服于目前，或有所怵，而然犹私意也；民之追思于去后，则无所为，而乃真情也。情之真，则其爱深，其思远，是谓君子正也。"① 州县官对辖区百姓的巨大权力意味着他可能会强迫人们为之设立生祠。只有在他离任之后，民众才能无所顾忌，对他的纪念也可以说是出于爱戴而非恐惧。而且，那些不是建立在民众真正感激之情上的生祠，在官员离任之后必定不能长久。一方德政碑记警告说："嗟嗟！势迫之民心可强，而去后之民心难结。"②

另一篇祠记称："世之祠其邦君者，始而葺宇塑像，奔走如云。曾未几而庙貌倾颓，香火寥寂，父老过而不盼。"③ 屠隆随即解释说："则或邦君之得民未深也。"

即便当地百姓没有在压力下被迫修建生祠，但我们可以理解，表面的热情往往会被迅速消耗殆尽。只有深厚的情感和互惠的承诺才能支持一座生祠的长存。生祠可能会经历比荒废更严重的遭遇——建筑和塑像会被攻击，正如本章开篇所引述的那则方志中的记载一样。当士民们捣毁赵仲辉的塑像时，在天人感应的宇宙中，人们对他强烈的批判导致了祀主本人的死亡。而只有民

---

① 崔尚义：《王侯去思碑记》，嘉靖《长垣县志》卷九，第58叶，天一阁藏明代方志选刊第50册。
② 赵民说：《元氏县令张公（笃敬）德政碑记》，崇祯《元氏县志》卷六，第43a叶，明代孤本方志选第8册，第603页。
③ 屠隆：《宁（海）令颜侯（欲章）祠碑》，崇祯《宁海县志》卷十，第19—21叶，中国方志丛书华中地方第五〇三号，第三册，第803—808页。

众的意愿才会有此效果,因为当谢士元下令拆毁为其而建的生祠,推到其中的立碑时,他本人安然无恙。①

这些共同的观念,是一部方志中记载的生祠衰败的理论基础。嘉靖十四年(1535年)进士陈栗,曾任北直隶广平府长垣县丞,在其编纂的《广平府志》中他直言不讳,对当时不正当的奉祀行为表示了担忧。在该书的《学校志》(卷五)中,名宦祠、乡贤祠等都遭到批评。《坛宇志》(卷七)前的"叙"则借鉴了《礼记》,在论述朝廷所需的"坛及城隍诸宇"正当性的同时,并不承认佛道庙宇的地位,只是将之附属于后。"遵国制""达民思"正是诸坛宇可以接受奉祀的两个重要依据。② 在"各县生祠"条目之后(成安有两座,清河有一座),陈氏承认生祠并不是一项古老的制度,可能为在职官员所滥用。但是这两点并没有让整个制度完全失效。

> 或问于颍川氏曰:"生祠礼乎?"
> 予曰:"礼之可以义起者也。"
> 曰:"古耶?"
> 曰:"上古未闻也,然自中古也。"
> 汉石庆为齐相,邦人慕其行,去则祠之;栾布为燕守,邦人服其廉,去则祠之。未有未去而辄祠者也。
> 诚有之,非谀则驱。③

---

① 感激的民众在他离任后又重建了生祠。傅维麟:《明书》卷二八,第11叶,上海:商务印书馆,1936年。过庭训:《本朝分省人物考》卷七十,第12叶,明代传记丛刊第136册,台北:明文书局,1991年,第504页。
② 嘉靖《广平府志》卷七,第1a叶。译者按:原文误作卷六,今据引文正之。
③ 嘉靖《广平府志》卷七,第7b叶。

陈氏引用了《史记》中所记载的汉初的两个例子,坚持认为只有在位者自己唆使或他人有意奉承的情况下,才会被生祀。这两点也正是《大明律》禁止为在位者建祠立碑的缘由。

接着他通过释文解字的方式,将生祠类比于古老传统下的纪念之物,如甘棠树和堕泪碑。甘棠的典故我们前面已谈到,堕泪碑同样十分动人,是为着纪念晋时的羊祜,他曾阻止了政府对一部落纳贡的要求。

> 虽然,祠者,思也。君子尽其在我,使恩泽在人心,流庆在子孙。功业在汗青。则勿剪之木(甘棠)、堕泪之石(羊祜),虽不祠之(指召公与羊祜)于宇,而固已祠之于心也。①

重要的是人们的情感,而不是用什么特殊形式来表达。最后,陈棐解释说,建立在勾结和谄媚基础上的生祠虽然被建成,但注定不能长久。他引证了狄仁杰生祠被毁的例子:

> 若不出于思而徒祠焉,予见方去而像即更,去未久而屋已倾。虽狄梁之祠,因子弗类,而尚不能有终,而况非狄梁者耶?呜呼!可不慎重哉?于是为生祠对。②

---

① 关于羊祜的"堕泪碑",参阅 Owen, *Remembrances: The Experience of the Past in Classical Chinese Literature*, Cambridge, MA: Harvard University Press, 1986, pp. 22 - 32。中译文见[美]宇文所安:《追忆:中国古典文学中的往事再现》,郑学勤译,北京:生活·读书·新知三联书店,2014 年,第 29—41 页。译者按:原文误将羊祜作"Yang Cheng"。

② 嘉靖《广平府志》卷七,第 7b 叶。

按照这种观念，那些由朋比为奸者赞助而非出于"公意"建造的生祠，一旦官员离任，注定会被毁弃。毁弃的原因可能不仅仅是疏于管理，更可能是遭到人为的破坏。元代和清代的律法都规定，不妥当的生祠要予以拆毁。① 明律则不然，并且明王朝对旌表贞烈、死后奉祀、名臣入祠等都严加控制，唯有对生祠多多少少交由地方决定。这种相对疏离的态度在理论上被认为是恰当的：只有当地百姓才能判断谁值得被生祠，只有他们持续不断的怀念和感激，才能保证生祠既不会被忽视，也不会因仇恨而被拆毁。当然，这一理论也并不仅限于生祠记里，它也往往出现在地方志中。

✧ 化民于心

是什么让普通民众有权利对那些受天子之命以牧民的人进行评判呢？关键可能在于，表面上仅仅是某一官员广受爱戴的表述，实际上为生祠的建立提供了合法性的论证，即孟子所说的"得民"。② 这一表述唤起了更深层次的、可供教化百姓的联系。官员的"德"使之与辖区内的百姓建立了一种联结，因此可塑其像而奉祀之。这就好比养父母也可以享有类同祖先的祭祀，因为

---

① 陈雯怡：《从朝廷到地方——元代去思碑的盛行与应用场域转移》，《台大历史学报》第 54 期，2014 年，第 62 页。《大清律例》卷十七，第 12a 叶，四库全书本。
② 孟子强调："得天下有道：得其民，斯得天下矣。得其民有道：得其心，斯得民矣。"（《孟子·离娄上》第九章）"善政，民畏之；善教，民爱之。善政得民财，善教得民心。"《孟子·尽心上》第十四章）一方志中也感叹："民恐其（刘元泰）升去，竟诣上官保留之，其得民如此。"万历《上元县志》卷七，第 16 叶，哥伦比亚大学藏缩微胶卷。

"德"可影响被收养的子女，使之与其相似。① 正如长部和雄所认为的那样，生祠本身就体现了地方官对民众的德化。② 与儒家官员的紧密联系改变了人们，因其可以"惠渥我槐"。③ 还有的记载说，在官员离任良久之后，地方百姓还在遵循他的教导行事。④ 正如某部方志所言，"民感其化"。⑤ 我推测，当父母官抚育民众时，他影响了百姓，让他们能够以诚感化，甚至赋予了他们相应的判断力。这使得地方民众在道德上服膺教化，甚至在政治上可以对官员做出评判。

在这一思路的基础上，东林领袖顾宪成为离任官员蔡献臣写了一篇生祠记。蔡氏是一位正直的官员，甫一登第即与万历皇帝发生了冲突，但最终赢得了皇帝的尊重。其生祠的建立有待商榷，因为蔡献臣并非亲民的父母之官，而是任常镇道观察使。因此，祠记从蔡氏被任命后与自己的一段（大概是想象中的）对话开始。他告诫自己说，吴地向来号称难治；要想有所作为，首先要以身作则严格要求自己，其次要控制官吏的腐败和失职，最后还要施行教化引导民众。蔡氏和他自己的对话，与被纪念的地方官对民生的关怀相一致，并将儒者的自我修养和渐进的为政之道相融合。

---

① Waltner, *Getting an Heir: Adoption and the Construction of Kinship in Late Imperial China*, Honolulu: University of Hawai'i Press. 1990, pp. 68–69, 18, 74–75。中译文见[美]安·沃特纳：《烟火接续：明清的收继与亲族关系》，曹南来译，杭州：浙江人民出版社，1999 年，第 58—59、25、71 页。

② [日]长部和雄：《支那生祠小考》，《东洋史研究》1944 年第九卷第 4 期，第 41 页。

③ 赵民说：《元氏县令张公（笃敬）德政碑记》，崇祯《元氏县志》卷六，第 40b 叶，明代孤本方志选第 8 册，第 598 页。

④ 例如，殷士儋：《建许（逵）忠节公祠记》，雍正《山东通志》卷三十五之十九下，第 50—54 叶，四库全书本。

⑤ 康熙《福建通志》卷三十一第 1—3 叶，卷三十二第 10b 叶，北京图书馆古籍珍本丛刊第 35 册，北京：书目文献出版社，1988 年，第 1887—1888、1909 页。

顾宪成的文章接着便描述了蔡氏所取得的功绩,当他将要离任时,父老们奔走请愿使其留任,蔡氏成功留任一个任期,无论妇孺都欣欣然有喜色。而当他最终不得不离开时,人们都无比失落,依依不舍地追随送别他。最终,当一切留任的努力都失败之后,他们认为如果建立一座生祠肖像其中,能够时时奉祀,那么就好像是他继续留在这里一样。于是,"士民翕然以为允,而商人朱程等且特捐赀首倡",最终建起一座生祠,并请顾氏作祠记以纪念。"予作而叹曰:'甚矣!公之德之入人深也。'既而曰:'甚矣!诸父老之自为计深也。'"顾宪成将"公之德之入人"与"诸父老之自为计"联系起来。我们可以将之视为德化的积极延伸,即平民也能"自为计"。保守的东林党人认为民众只有在像蔡献臣这样的士大夫的领导下才能思考。当向求取文章的人做出解释时,顾氏说:"是有三焉:一以寄去思用自解慰……一以示来者俾知取程于公迹。"顾氏指出,可以寄托"去思",设生祠肖像其中也可安慰民众,令他们仿佛还能够见到他本人。这是对生祠话语体系中核心情感的提示。生祠还能指导后来的官员效法蔡氏的政策,以赢得民众的支持。

顾宪成还维护了地方荣誉感,就朝廷对地方的判断做出了回应。通过对《诗经》的引用,顾氏强调,实际上吴地之民深具道德感:

> 一以明我吴之人心均此秉彝,是是非非,略无瞒昧,不应独蒙难治声。①

---

① 参阅唐甄康熙四十三年(1704年)的评论:"天下难治。人皆以为民难治也;不知难治者,非民也,官也。"唐甄:《柸政》,《潜书》下篇上,北京:古籍出版社,1955年,第154页。转引自鲁乐汉(Delury),"Despotism Above and Below: Gu Yanwu on Power, Money, and Mores," Ph. D. diss., Yale University, 2007, pp. 138 – 139。

《诗经·大雅·烝民》云："天生烝民，有物有则。民之秉彝，好是懿德。"理雅各的译文反映了对此诗的传统理解，诗歌称，黎民百姓正因为"秉彝"（他译为"顺应天赋秉性"），才会珍视美好的德行。顾宪成引用这一典故，表明吴地之人足以当得起善政，不当被视为"难治"之地。

> 迹公之所以驭身者驭吏，而吏莫不恭其职矣；迹公之所以驭吏者驭民，而民莫不循其则矣。夫如是，然后真能长有公也。诸父老之自为计，岂不深哉？岂不深哉？①

优秀的官员可以"化民"的观念，可能为一种理念奠定了基础，即地方社会可以为自身考虑，明智而妥当地组织政治活动。这同时意味着，即使是东林党人和其他精英主义者，也可以借助于生祠体现的平民主义观念，来为士人伸张权威。

◇ 东林平民主义

崇祯十五年（1642 年），李标为离任知县张慎学写作了一篇去思记，也体现出平民主义的倾向：

> 尝见在位之日，士民謌功颂德，席未冷而碑已仆、香已烬矣，陋俗比比可厌。②

---

① 顾宪成：《常镇道观察使者虚台蔡公（献臣）生祠记》，《泾皋藏稿》卷十一，第 20a—23a 叶，四库全书本。
② 李标：《元仁侯张公（慎学）趋正去思记》，崇祯《元氏县志》卷六，第 79a 叶，明代孤本方志选第 8 册，第 675 页。

李氏开篇即指出了一个明显的矛盾。古时政治清明,却少有良臣美吏的记载;如今政治衰败,但称赞官员的言论却层出不穷。

> 余读《太史公记》,其循吏不多概见,即汉多循良,亦屈指可数。今世则不然。邑不乏祠,人不乏碑,岂治绩虽让古而良吏反胜古耶?抑衰微之季易为仁,而见德者众耶?①

他认为,对在位者的普遍奉承,使碑、祠倍增,从而制造了这一矛盾。

那么,李标撰文纪念的张慎学,又为何不在此列呢?第一,张氏已经去职离任(事实上,他已在同年早些时候去职,并共同编纂了收录此文的方志)。所谓"去后口碑方为不朽,慨叹思慕方见德泽之长,诗人所以赋甘棠也"。第二,李氏写道,他曾以此观察天下官吏,而他居住的鄗邑距元氏县不远,所以他耳闻目睹,对每一任官员的"治状"——文中所用一官僚术语——都十分熟悉。就张慎学而言,他不仅重建了许多机构,稳定了民生,徒步祈祷上苍庇佑,而且在崇祯十二年(1639年)甫一上任时便加固了城池,组织力量抵御席卷华北的盗匪。换言之,李标反复强调了其如《大明律》所言之"政迹"。

第三,在详细描述了张氏的诸般政绩之后,李标写道:"然百闻不如一见。"于是,他遍访元氏各个村庄(其分布见志首所载地图),亲眼目睹了良好的制度和当地的风俗:学生们严肃而又认真,小巷中传来琅琅书声。第四,他来到田间询问父老,从

---

① 李标:《元仁侯张公(慎学)趋正去思记》,崇祯《元氏县志》卷六,第79a叶,明代孤本方志选第8册,第675页。

他们口中了解到正是张氏提供了耕牛和井榾。他写道:"余性不好谀人,特述素之见闻为记。"与文章开篇相呼应,李氏提到,倘若张慎学"即跻汉世循良例入《太史公记》,何多让焉?"如果朝廷把张氏树立为典范,整个帝国将会秩序井然。事实上,朝廷对其颇为认可,正因为其表现出的治理能力而将其调任。①

李标将对张氏的纪念和对其他在位者的那些去后不久便"席冷香熄"的纪念区分开来,从而结束了这一循环:"喜公之德去后能令人思,又喜元士民久而不忘,亦见风俗之厚。"② 所以,李氏虽然在文中谴责了纪念活动的泛滥,但以张氏已不在位的事实,以有据可查的政绩,以他的亲眼所见,以田间父老的见证,认为张氏提供耕牛的善政有力地证明了生祀张知县的正当性。这样的政绩和民众的爱戴,意味着生祠是合理的,也注定能延续久远。

礼部尚书、东林党人李标的这一观点,是从明代早期祠记的写作传统中发展而来,这一写作传统将生祠的存续与民众意愿的合法化联系在一起。这些观点又恰恰源于对胁迫和腐败担忧的一种针对性回应,因为一个更庞大、更隐秘的地方性礼乐实践体系的存在,其回应显得颇具分量。当东林党人和他们的政治对手都通过生祠宣示道德和政治权威时,他们借鉴了许多祠记作者和求取者所表述的有关民众决策的政治理论。浙江巡抚潘汝祯首先上疏请求为魏忠贤建造生祠,吹捧他"心勤体国,念切恤民",还说两浙百姓"莫不途歌巷舞,欣欣相告,戴德无穷"。所以"公

---

① 李标:《元仁侯张公(慎学)趋正去思记》,崇祯《元氏县志》卷六,第79b—81a叶,明代孤本方志选第 8 册,第 676—679 页。

② 李标:《元仁侯张公(慎学)趋正去思记》,崇祯《元氏县志》卷六,第81b叶,明代孤本方志选第 8 册,第 680 页。

请建祠，用致祝釐"。批复的诏书称："宜从众请。"① 这种话语现在听来就十分熟悉了。在对东林党人攻击的回应中，阉党公然逮捕和打击东林党人，争取民众，以使这一清洗行为合法化，以便继续解决实际问题。② 抵制生祠则是民众对阉党和朝廷做出反抗的一种举措。

东林党人则在无法说服他人党派组织是进行政治生活的合法手段之后，转而声称自己的正当权力来自于"天下之匹夫匹妇"对是非的公认，即所谓"公论"是也。他们反驳派系主义的指控，声称平民百姓是他们的支持者，并重点讲述了阉党的暴行和东林士人的被逮如何引起了群众的抗议。③ 米海瑞写道："代表民众是争取统治权斗争的目的。"④ 他认为，东林党人（就像今天民主政治里的政客一样）其实并不真正关心平民，但是会说很多拉拢平民的话，比如"民心一去，天命随之""百姓亦长为人主之主"。⑤ 这些政治观念来自于长期以来的修辞实践，即以地方爱戴来反驳自我夸耀和曲意逢迎的指控，以纪念行为来"证明"朝廷所任用官员的价值。因此对立双方都争相建造生祠，也是理所当然的。

---

① 文秉：《先拨志始》卷下，历代笔记小说集成第 32 册，石家庄：河北教育出版社，1995 年，第 103 页。

② 达第斯（Dardess），*Blood and History: The Donglin Faction and Its Repression, 1620–1627*, Honolulu: University of Hawai'i Press, 2000, p. 49。

③ 关于正常党派政治活动的失败，见艾尔曼（Elman），"Imperial Politics," pp. 390–391, 393–396。关于公论，见 Dardess, *Blood and History*, pp. 3, 7, 51, 85–88, 124；米海瑞（Harry Miller），*State versus Gentry in Late Ming Dynasty China, 1572–1644*, New York: Palgrave Macmillan, 2008, pp. 71。

④ Harry Miller, *State versus Gentry*, p. 59.

⑤ Harry Miller, *State versus Gentry*, pp. 90, 70–71.

◇ 迷惑的交换

尽管东林党人看重"公论""民意",但正如达第斯所言,其时"君主专制已达顶峰"。① 生祠或许就是一种非常明显的交换。当两位唐代的官员托梦要求重建其庙宇时,潮州府推官郑良弼带头捐俸重修。方志记载说:"重建落成时,潮人以郑侯有功斯庙,为立生祠。……祠郑侯者,大都为作庙一事耳。"② 在另一位士人所撰的碑记中也同样强调:"生祠郑侯者,不忘其初从民欲也。"③ 同样,另一方志的《纪事》篇记载:"士民立生祠祀(高州知府孔)镛,纪其功为六事。"④ 这类话语中的意味,令东林党人深感不安。

约在万历四十三年(1615年),应惠安乡民之请,江西提学副使骆日升写作了一篇生祠记,在记录甚至支持平民百姓评判官员执政的同时,也表达了士人对此的不满。当一场大洪水在一天之内将福建惠安所有的桥梁都冲毁的时候,知县陈滨反应迅速,他募集捐款和劳力,令诸生吴贞元等主持重建距县城二十余里的一座重要桥梁。竣工后,经常需要走过该桥的"父老子弟"都争相往观,称赞知县在重修桥梁的过程中没有过度烦劳百姓。他们说:"其拮据如此之勤,而利济人往来如此之大也,不可不祠于其地。"于是他们来请骆日升作文,勒石以为纪念。骆氏非常认

---

① Dardess, *Blood and History*, p. 7.
② 隆庆《潮阳县志》卷十,第 7a 叶,天一阁藏明代方志选刊第 63 册。
③ 林大春:《重建东山灵威庙碑记》,雍正《广东通志》卷六十,第 108 叶,四库全书本。
④ 万历《高州府志》卷七,成化二年条,第 10a 叶,日本藏中国罕见地方志丛刊第 1 册,北京:书目文献出版社,1990 年,第 110 页。

同东林士人的士绅标准,并把在惠安已致仕的官僚群体称为"吾党"。他描述了自己对陈氏的认知:年轻时,他就很欣赏陈氏的文章;后来,他又了解到陈氏的善政,这些都是士绅重点关注的,如"修学宫,新庙貌,较羔雉,礼耆硕,清浮淫"等。他使自己确信,或者是希望其读者"吾党"确信:

> 民所为舞蹈咏歌,而祠侯于桥之旁者,实备此意,不徒第以桥已也。孔子曰:"斯民也,三代之所以直道而行也。"①
> 夫民方卬上以生,宁复爱其情。故一日而去乎其地,则思而祠之,示想象也。在其官,则口为之碑。以沐浴盛德,厉揭恩波,欲有传焉,而不使或遏佚。因而寄之利害兴除之所在,习而亲之之意也。夫习而亲之,与想而像之,是皆出于斯人之不能自己。非有所要结迎合。其斯谓古之直道也。
> 侯方今奏最,上主计,而前是大中丞袁公,疏荐侯治行高第,宜余郡第一。然则,侯名位将从兹起,吾民之想望风采,讵有穷时?舞蹈咏歌,余可复逊长老子弟哉?因不辞而为之记。②

骆日升如实写道,庶民修建生祠是为了报答陈烷迅速而俭省

---

① 《论语·卫灵公》第二十五章,孔子将客观的褒贬喻为"直道"。骆日升称"父老子弟道斯桥",因而引用了这一譬喻。这一典故在后文中也有出现。
② 骆日升:《陈侯(烷)重修碣石永济桥生祠记》,郑振满、丁荷生编:《福建宗教碑铭汇编·泉州府分册》,第731号,第736页。骆日升任提学副使时拔擢了不少优秀人才,较著名的有四位,其中一位在科举对策中讥刺魏忠贤,还有一位崇祯十一年(1638年)与东林党人合作。参见乾隆《福建通志》卷四十五,第49b叶,四库全书本。台湾"中央图书馆"编:《明人传记资料索引》,北京:中华书局,1987年,第121页。*DMB*, pp.139,1540。《明代名人传》,第198、2121页。

地重建了桥梁。但他在文中反复强调，并向儒家读者保证，陈氏所为是一个模范的地方官所应做的，以纠正"不正当"的民众崇祀：他不单单是政府的官员，更是学官所反复赞扬的那类人。尽管生祠就立于桥旁，骆氏还是否认仅凭重修一座桥便能使陈淙享有生祠。他坚持认为知县和平民之间的关系是整体性的："夫习而亲之，与想而像之，是皆出于斯人之不能自已。"这当然不是说陈氏做了什么民众想要的事，或如其所愿已完成的事（即让士绅捐纳而不是征发徭役和赋税），所以民众们给予陈氏以奖赏，仿佛他们是陈氏的上级一样。不过任何关于陈氏对百姓有求必应的说法，在这里可能尤为麻烦，因为百姓们建祠立碑时，陈氏仍在任上。骆氏在此处引用《论语》似乎是指阿谀奉承的问题，但是，它不是为（假想中的）骆日升奉承陈氏的指控而辩解，而是承认民众已经把对地方官的评价和回报的权力掌握在自己手中，并试图通过浪漫化的比喻来减少这种关系中利益交换的意味。

◇ 民众的选择

民众见证了善政。然而，官员之所以能得享生祀，是因为其德行受到了百姓的认可，还是因为他们是民众的选择的结果？民众并不仅仅只是认可或接受地方官的价值。在最极端的表述中，民众对他的情感也是该官员价值的一部分。一方万历二十六年（1598年）的德政碑（一般而言，立碑并不需要平民的参与，因为生祠尚未建成，尽管碑记的作者预言将来必会建成）解释道：

公莅槐也，陶心研虑无所要于其民；公去槐也，抚臆论报不忍忘乎其公。公大得民耶？民不负公耶？一时相与之盛，即二史所列循良何以加之？①

使张氏备受赞誉的并非其执政的行为、客观的政绩，而是当地百姓的判断。

高级官员如翰林学士、礼部尚书李春芳也提出了类似的论点。他在万历八年（1580年）为王三余所作的生祠记中，遵循惯例引用了父母之喻和甘棠之思的典故，满足《大明律》的要求强调王氏政绩之"实"，并认为生祠本身可以通过满足或表达民情而成为治理的工具。② 正如民众的支持让神灵具有了效用，民众的情感也促成了善政的产生。

到了17世纪，生祠记中的平民主义进一步发展，民众不仅是官员好坏的评判者，也是其治理成效的重要来源。地方士人侯正鹄为其同年进士王远宜所立的去思碑，约作于万历三十三年（1605年），记述了如第二章所述的他的种种德政，但将之构思得更为具体化、完整化了。他使用了"与民"一词，可能是比照《国语》中的"与人"而造，解释为"合乎民意取得人心"，正如其同源的"与天"一词解释为"凡合乎天道者，则得天助"。③

据碑文记载，郓城县已经陷入困境，很少有人有能力处理它的各种问题。"公六年于吾民，而赤子怀之、与之，以所欲而一

---

① 赵民说：《元氏县令张公（笃敬）德政碑记》，崇祯《元氏县志》卷六，第43a叶，明代孤本方志选第8册，第603页。

② 李春芳：《王公（三余）生祠记》，康熙《兴化县志》，中国方志丛书华中地方第四五〇号，第三册，第927—931页。

③ 《汉语大词典》第二卷，上海：汉语大词典出版社，1988年，第160页。侯氏可能想到的是《孟子》和其他地方的"与民"，意为"与人分享（快乐或利益、好运或坏运）"，并不符合此处语境。这里的"与"一定是一个完整的动词，类似于"与之联合"，所以我作此理解。

切自我为政。"我尚不清楚侯氏所称的"吾民"是指"所有我们这些人"还是"本县的老百姓"。第一,碑文记载了王知县竭力避免烦扰百姓、带来各种额外负担的种种善政,并总结道:"是皆公之所以我与民者。"第二,王氏每天都与"吾民"商讨诸般事宜,他通过设立"旌善之榜""申明之木"等多种方式,告诫和教导百姓建立和谐关系。侯氏评价道:"是公之所以民与民者。"第三,王公还修桥、植树,"持诚步祷"终获甘霖的回应,"是又公所乞之天以与民者也"。第四,他还"请留养仓以备荒民,请发赈以济贫民,请煮粥以济饥民",这三项请求最终都得到了批准。侯氏不会明言张氏使官僚机构"与民",但这明显是一种平行的论点。而且次序的安排也表明,赢得官僚的合作甚至比感动上苍更为惊人。第五,王氏还致力于改善学校和上层教育,修建了文昌祠(祈求考试成功的地方)和忠臣祠。"是又以千载气色与民矣。"侯正鹄最后写道:"而民何以与公哉?民不胜任德尸祝,而勒之贞珉,俾余为记纪其略。"①

在统一的政治宇宙中,王远宜与民相亲,确保民众不受困扰;他注重社会和谐良好的关系,使民众与自己相亲;他顺天应时,使天地与民众相亲;他管理官僚机构,使政府与民众相亲;他改善教育整饬学宫,使民众与伟大的传统相亲。所有这一切都是他通过"与民"来实现的。所以,民众也同样会"与公",将其德行置诸官位之上,就像是用一个塑像、一篇祷词、一方石碑长久任用他一样:这是一个永久性的任用,而且是一个几乎独立于他原来的考试制度、人事升黜和天子选拔的任用。

---

① 侯正鹄:《知府侯正鹄为邑侯王公(远宜)去思碑记》,崇祯《郓城县志》卷八,第 11b—12b 叶,明代孤本方志选第 6 册,第 320—322 页。侯氏在两地任知府,王氏则调任巡盐御史,并于天启四年(1624 年)任太常寺卿。

既如此，难怪东林党和魏忠贤都极力主张各自生祠的合法性；也难怪权宦对此种合法性和道德权威的主张，虽经由皇帝亲自批准的生祠来体现，也同样会引起街头抗议、日食、无头僵尸和满城百姓对腐朽政治的悲泣。①

✧ 寓封建于郡县

在生祠话语书写和实践的政治理论背景之下，东林党人看起来相对保守，清初顾炎武的政治批判也似乎不那么"惊世骇俗"，而更像是明代思想发展的"自然结果"。② 基于社会福利考虑，顾炎武提出激励性的家长制政策，允许最优秀的地方官在地方终身任职，并可将其职位传给继承人或门生。董慕达（Miranda Brown）将顾氏的理论源头追溯至东汉时的崔寔（170 年）。③ 顾氏还更直接地借鉴了当时存在的各项制度，除了西南地区的土司

---

① 正如何谷理（Hegel）所讨论崇祯元年（1628 年）的一篇小说中所叙述的那样，见 Hegel, "Conclusions: Judgments on the Ends of Times," in *Dynastic Crisis and Cultural Innovation: From the Late Ming to the Late Qing and Beyond*, edited by David Der-wei Wang and Shang Wei. Cambridge, MA: Harvard University Asia Center, 2006, pp. 532 - 533, 547。

② 这两个判断都是艾尔曼（Elman）对顾炎武、黄宗羲的评价，见 Elman, "Imperial Politics and Confucian Societies in Late Imperial China: The Hanlin and Donglin Academies," *Modern China* 15. 4 (1989), pp. 399, 401 - 402。艾尔曼认为，他们的观点都应当放在明代的背景下加以理解，而不能仅仅视为一种失败的原近代冲动，尽管清王朝成功地压制了对帝国的尖锐批评。

③ 董慕达（Brown），"Returning the Gaze: An Experiment in Reviving Gu Yanwu (1613 - 1682)," *Fragments: Interdisciplinary Approaches to the Study of Ancient and Medieval Pasts* 1 (2011), p. 59。

制度之外，还有地方上的生祠和纪念制度。① 和其他晚明时的作者一样，顾炎武也在抱怨："今代无官不建生祠，然有去任未几而毁其像、易其主者。"② 在引述这些典故时，顾炎武提到狄仁杰的生祠因其子的恶行而被毁（虽然这个例子似乎是在对继承地方职务提出警告）。他还补充了一个朝廷官员治理边郡的案例，张翕为越巂太守，广受爱戴，他的儿子张湍后来继任，却失去民心，蛮夷想要反叛，耆老告诫说，要念着他父亲的好。顾氏因而评论道，那些破坏狄仁杰生祠的人反倒比不上这些蛮夷吗？因此，顾炎武绝不仅仅是谴责生祠的泛滥，而是建议以地方声誉来决定官僚的晋升，正式确立自下而上的纪念体系，他在为编撰《天下郡国利病书》而阅读的大量方志中都注意到了这一点。

顾炎武建议允许州县"留任"优秀的地方官，将这套运行体系的关键功能制度化。他认为，一位优秀的官员，会爱民如子，当得起地方百姓"父母官"的称誉。与祠记中的典故相呼应——好的官员"治邑犹家，视民如子"——顾炎武认为，"自然情感"使得每个人看重父子之情胜过君臣之义。③ 然后他进一步推论说，这样的官员应当被永久纳入地方。顾氏将生祀行为官僚化并延续到未来，而侯正鹄认为，"与民"可以使官员著有政绩。这位明

---

① 单国钺（Shin），*The Making of the Chinese State: Ethnicity and Expansion on the Ming Borderlands*（Cambridge, UK: Cambridge University Press, 2006）显示，在官方意识中，世袭土司所管辖的面积广阔。

② 顾炎武：《日知录》卷二十二《生祠》，第 31 叶，四库全书本。顾氏将生祠的渊源追溯到汉代的石庆（较少见）和于定国之父（常见）。他自己的亲身经历使其对公论留下了良好印象。关于自己为地方恶霸构陷一事，他写道："终凭公论得脱危机。"Delury, "Despotism," p. 38。

③ Delury, "Despotism," p. 12。顾炎武知道，非血缘性的家庭关系亦可发挥作用，因为他幼时过继给去世的堂叔顾同吉为嗣，养母是王逑之女，顾同吉的未婚妻，十六岁未婚守节，独力抚养顾氏成人（p. 23）。

末清初的大思想家，正是在这类祠记所表达观念的基础上提出了自己的理论设想。

＊

官员们都很重视地方的纪念，但人们也普遍认识到，这类纪念也有可能是出于压力而非真心。我的观点在于，这一核心问题——权力产生腐败和谎言——是必然的矛盾，而民众认可的政治概念正是解决这一矛盾的关键所在。在权力造成腐败的情况下，为了证明官员政绩的真实性，碑文作者往往强调广泛的民意认可，以此作为证据。① 为了避免对自我夸耀和阿谀奉承的指控（往往是合理的），既要允许地方臣民发表事实上制度化的政治言论，也应当非常明确地宣称地方臣民发表此种言论之权利。

诉诸平民主义是一种社会化解决方案，而不是国家所强加的。《大明律》中没有任何条文禁止地方设立生祠或去思碑，只要不是官员所指使、在其离任之后、并确有显著政绩，均可为之建祠立碑。有的生祠是由士绅公开设立的。方志记载，金乡知县高魁，"邑士大夫信而服之，为立生祠"。② 宋代"士率民"为前

---

① 正如我在其他地方所论述的那样，"民情"可以通过人民的合法感情来支持生祠的完整理论化。施珊珊（Schneewind），"Beyond Flattery: Legitimating Political Participation in a Ming Living Shrine," *Journal of Asian Studies* 72.2（May 2013），p. 355。林郁沁（Eugenia Lean）认为"舆情"是"纠正反复无常的官僚的裁判所"，这一点在共和时代唯一"始料未及"的是报纸和电报的技术的飞速发展，使其影响力日渐提高。Lean, *Public Passions: The Trial of Shi Jianqiao and the Rise of Popular Sympathy in Republican China*, Berkeley: University of California Press, 2007, pp. 6, 135–136; 另见 pp. 95, 112, 113。中译文见［美］林郁沁：《施剑翘复仇案：民国时期公众同情的兴起与影响》，陈湘静译，南京：江苏人民出版社，2011年，第5、138—139页，亦参见第94、114—115页。

② 万历《开封府志》卷十八，第78叶，四库全书存目丛书补编第76册，济南：齐鲁书社，2001年，第712页。

任知县建立生祠，朝暮祭祀，到明代仍存。① 同样，明律规定的"政迹"也完全可以包括兴办学校、设坛讲学、整顿士风等。民生问题在生祠话语体系中的突出地位并不是由律法直接规定的，而是其社会性的延伸。

一旦这类文章的标准得到了很好的确立，东林党人便会采用之，并根据自己的需要加以调整。但正如周启荣在讨论民愤时所指出的那样，有时他们却会选择以恰恰相反的方式进行改动。米海瑞引用了李三才"百姓亦长为人主之主"的言论，但他强烈反对将之描绘为"原始民主思想的根基"。相反，它们使"另一种专制主义"的愿景合法化，即希望以士绅代替皇帝做出决定。② 对生祠及祠记的研究，可以使我们认识到东林士人故作姿态的平民主义的深层根源，也可以了解到顾炎武提出的"寓封建于郡县"的背景。而当东林党人日渐凋零的时候，早先建立的石碑和生祠依然矗立。所以尽管在《明史》的记载里，他们在与魏忠贤的斗争中占据主导地位，但实际上未必拥有最终的发言权。下一章将考察明代的平民的祈祷在生祠话语体系中是否和东林党人一样虚假，或者明代平民是否真的参与了生祠政治。

---

① 姚勉：《新昌陈令（登）生祠记》，正德《瑞州府志》卷十四，第 24b—26b 叶，天一阁藏明代方志选刊续编第 42 册，第 1316—1320 页。

② Harry Miller, *State versus Gentry*, pp. 70–73. 我们注意到东林党的追随者包括商人、工匠和士兵（Elman, "Imperial Politics," p. 398）。他们的平民主义可能更为真实。

第六章 平民百姓

惟夫国之有是出于群心之自然,而成于群喙之同。然则人主不得操,而廷臣操之;廷臣不得操,而天下之匹夫匹妇操之。匹夫匹妇之所是,主与臣不得矫之以为非;匹夫匹妇之所非,主与臣不得矫之以为是。……夫愚夫愚妇何与于天下事?而唯其无与于天下事,故其待之也虚,见之也明,率然窍于臆,薄于喉,而冲于口,卒以定天下之是非。

——东林党人缪昌期①

明王朝行将灭亡之时,其臣民仍在争论平民百姓所应有的政治地位。有些人认为,坚持正义的平民也应当为明室殉国;但另一些人则认为,不应当把对士大夫的要求扩展到平民身上。普通百姓在公共事务中尚缺乏合适的角色。② 王汎森借鉴詹姆斯·斯科特(James Scott)《弱者的武器》(Weapons of the Weak)一书,认为好官离任后民众的示威构成了对官方评价的某种替代,让普

---

① 缪昌期:《国体国法国是有无轻重解》《公论国之元气》,《从野堂存稿》卷二,第 13b—14a、46 叶,四库禁毁书丛刊集部第 67 册,北京:北京出版社,1997 年,第 161、178 页。英译文转引自达第斯(Dardess), *Blood and History: The Donglin Faction and Its Repression, 1620 - 1627*, Honolulu: University of Hawai'i Press, 2000, p. 124。

② 何冠彪(Koon - Piu Ho), "Should We Die as Martyrs to the Ming Cause? Scholar - Officials' Views on Martyrdom during the Ming - Qing Transition," *Oriens Extremus* 37. 2 (1 January 1994), pp. 124 - 125, 132。

通人同样掌握了政治发言权。① 何淑宜讨论了晚明嘉兴府由士人主导的生祠话语体系，称其为"一个极具启发性的观察"。② 不过，王汎森的观察也完全可以从明代的地方纪念行为——尤其是生祠的建设——中得到印证。

我们已经看到，祠堂使明代臣民能够对地方官产生影响，就公共事务公开发声，并主张政治上的话语权。本章认为，这些臣民不仅包括通过科举考试获得功名的地方士人，也不仅包括法律禁止其发表政治言论的生员，事实上反而有可能更重要的是，还包括没有任何出身的平民百姓。对于那些宣称由平民赞助的生祠的记载，历史学家可以选择相信，那么平民显然参与了政治。或者他们也可以选择不相信，但颇为有趣的是，身为精英的碑文作者往往在石碑上明确宣称平民具有政治参与的权利。

为了证明明代生祠的建立具有一定的程序，赵克生举了一方碑作为例子：

> 今守令以循良著称而迁去者，所部百姓咸得述遗爱于上官，为之请制，命立碑记功德，庙貌俎豆。③

这里出现了"请制""命立"等，但更突出的是平民百姓对地方官的评价权。正如本书导言所提到的，洪武十五年（1382 年），明太祖曾颁下禁例："军民一切利病，并不许生员建言。果有一

---

① 王汎森：《执拗的低音：一些历史思考方式的反思》，台北：允晨文化公司，2014 年，第 62 页。
② 何淑宜：《晚明的地方官生祠与地方社会——以嘉兴府为例》，第 813 页。
③ 转引自赵克生：《明代生祠现象探析》，《求是学刊》2006 年第 2 期，第 127 页。

切军民利病之事，许当该有司、在野贤人、有志壮士、质朴农夫、商贾技艺，皆可言之。诸人毋得阻当。惟生员不许。"① 倪清茂认为，生员间的"公论"可以让一个地方官倒台，而平民的斥责也同样危险。② 陆冬远也曾研究过平民请愿成功的案例。③ 但是，正如我在导论中所指出的那样，学界大多数关于公论的讨论往往将平民排除在外。

到目前为止，我对"地方臣民"或"民众"的身份定位尚比较模糊。这里有两个不同的问题。第一，明代的社会格局十分复杂。进士或举人肯定属于"士"，但他们也有可能被剥夺功名。生员在继续通过科举考试的同时，可以免除徭役，但并不能享有所有的士绅特权，只有在士绅家族较少的地方才享有较高的社会地位。撇开皇室成员不谈，就定义来说非士人群体多是平民，但他们同样可能因为诉诸暴力、商业经营、拥有土地、被指定为粮长、在教派中的领导地位、与皇室成员的关系等其他资源而在地方社会占据主导地位。④ 在地方，财富或暴力的占有者可能会掌握社会权威；而在全国范围内，教派首领或僧道大德可能拥有许多追随者，但他们不会拥有士大夫所掌握的政治权利。正如迈克

---

① 申时行等修：《明会典：万历朝重修本》卷七十八《学规》，北京：中华书局，1989 年，第 452 页。《皇明制书》第三册，台北：成文出版社，1969 年，第 1533 页。"The Horizontal Stele," 收录于狄百瑞（de Bary）和陆冬远（Lufrano），*Sources of Chinese Tradition*（New York：Columbia University Press, 2000）上册，第 787 页。该律例被反复重申，见《明史》卷九、卷十五，北京：中华书局，1974 年，第 119、195 页。译者按：原文误作 1373 年（洪武六年），今据《明会典》引文正之。

② 倪清茂（Nimick），"The County, the Magistrate, and the Yamen in Late Ming China," Ph. D. diss., Princeton University, 1993, p. 167。

③ Lufrano, "Cherishing the People and Enriching the Dynasty: Officials and Non-Elite Petitioners in Late Ming Jiangnan," *Ming Studies* 68 (2013) pp. 33 – 56.

④ 周锡瑞（Esherick）和冉玫铄（Rankin），*Chinese Local Elites and Patterns of Dominance*, Berkeley: University of California Press, 1990。

尔·马默所描述的，除非获得科举功名，否则拥有权力和权威的地方百姓，"在更广阔的范围内，他们仅被视为比较富裕的平民而已"。①

第二，不仅是社会格局的复杂，而且祠记碑记上用来指代不同类型人群的用词也相当模糊。资料中说的"士"究竟是指谁？更模糊的则是"人"，类似于当代欧洲的"the people"，可以指"部分或全体居民"，也可以指"普通民众"。②"民"是一个对比性的词汇，它可以指臣民，与皇帝、官员相对；可以指平民，与士兵相对；可以指民户，与登记在册的灶户、匠户相对；可以指编户齐民，与未登记的人口相对；还可以指庶人，与士大夫相对。因为"民"也有"全体居民"的涵义，所以除非资料来源明确将之与"士人"对举，我尽量避免将之译为"commoners"。本章将探讨其他更为明确地指代非士人的术语。

由于部分平民比较富裕或颇具影响力，所以认为"平民"参与政治，并不意味着生祠会赋予穷人和弱者权力。贺萧（Gail Hershatter）曾指出历史学家面对"消失的下属群体"的困境：下属群体一旦开口说话，便自然失去下属群体的地位。③ 我的观点是，没有获得科举功名的人同样能合法地参与明代政治——并不仅仅是国家制度缺憾的结果——而是在其制度安排下的主动参

---

① 迈克尔·马默（Marmé），*Suzhou: Where the Goods of All the Provinces Converge*, Stanford: Stanford University Press, 2005, pp. 86 - 89, 155。

② 普通人应当参与政治实践的观点正是在 17 世纪 40 年代的英国出现的。汉森（Hanson），"Democracy," in *Political Innovation and Conceptual Change*, edited by Terence Ball et al., Cambridge, UK: Cambridge University Press, 1989, pp. 72 - 73。

③ Hershatter, *Dangerous Pleasures: Prostitution and Modernity in Twentieth-Century Shanghai*, Berkeley: University of California Press, 1997, p. 26. 中译文见 ［美］贺萧：《危险的愉悦：20 世纪上海的娼妓问题与现代性》，韩敏中、盛宁译，南京：江苏人民出版社，2003 年，第 27 页。

与,也不仅仅局限于聚众抗议、发布榜文或传唱歌谣之类的活动。

在本章中,我将首先考察是什么人赞助了生祠的修建。幸好,明人喜欢分类列举,在祠记中往往会仔细区分不同的群体。① 生祠的建造确乎有赖于平民,也往往与士绅、生员合作。祠记不仅会强调民众的情感,还会记载他们理性的观点,主张平民的政治发言权,虽然其中有时列出的反对意见是站不住脚的。获得平民认可的观念在生祠话语体系中是如此根深蒂固,以至于有时连遗祠也会要求类似的认可,尽管它们在法律上和社会上都并不需要民众的支持。东林党人采用而且进一步发展了这些观念。此外,生祠直接回应了非权势阶层的经济关切。即便在士人所主导的生祠记中,也往往能看到早先民众奉祀的背景。总的来说,生祠往往有赖于平民的赞助,会宣称平民可合法参与对官员及政策的评判,进而促进平民的利益。

◇ 碑刻题名

与方志所收录的碑文和拓本相比,碑石原刻保留了更多关于赞助者的信息,表明了非士人阶层对生祠的赞助。一方明代的生祠碑记载知县到任后征求县学生的意见,重新丈量土地以帮助"小民"。该碑由县儒学廪膳生员撰文,邑庠生篆额,乡"逸士"书丹(显然此人尚未取得功名),并由"乡约"和其他不具名的

---

① 关于明人喜欢将人分类列举,见朴钟弼(Park),*Art by the Book: Painting Manuals and the Leisure Life in Late Ming China*, Seattle: University of Washington Press, 2012, p. 123。

人员所立。① 另一个例子则提供了更多的细节。

一位20世纪的收藏家对一方万历八年（1580年）所立的生祠碑做了详细的记录，该碑位于安徽太平县境内，当时尚存，从中我们可以了解到是什么人赞助了生祠的修建（表2）。碑文的作者是当地的一位进士，题名有十三字，但为了让它看起来更长，

表2　太平知县张廷榜生祠赞助者统计

姓氏	前列题名数	底部题名数	总计	百分比（四舍五入）
陈	7	19	26	13
孙	8	12	20	10
谭	7	9	16	8
项	3	8	11	6
胡	2	9	11	6
张	2	7	9	5
崔	7	1	8	4
周	3	5	8	4
黄	2	6	8	4
焦	3	1	4	2
其他姓氏			79	40

资料来源：徐乃昌撰：《安徽通志金石古物考稿》卷七，第39b—43叶，第229—231页。（译者按：表格数据系原书如此。）

---

① 陈藻：《定兴县任侯（铠）去思碑记》，光绪《定兴县志》卷十八，第32—35叶，中国方志丛书华北地方第二〇〇号，台北：成文出版社，1969年。雍正《畿辅通志》卷六十八，第16叶，四库全书本。在此县中，生员还会为寺庙等撰写碑文。一般而言，在中国北方生员的作用比南方要更大一些，因为南方士人家族更为普遍。

它是分散书写的。篆字题额"张公生祠碑记"由当地一位士人所作，其头衔有十八字；碑文正文由另一位士人书丹，头衔有三十三字。这些人名和碑文正文占了二十二行，最后是张氏的基本信息和立碑的时间。接下来是捐献者的姓名，分为十六列。遗憾的是碑文没有说明分列的依据，推测可能是捐献的金额。① 题名的第一列是现任的太平县官员——代理知县，他本是另一县的儒学训导，在新任知县到来之前暂时"署县事"；县丞；以及各种无品级的官员（典史、儒学教谕、训导及巡检，当一县较大时巡检也可助掌一分县事宜）。在此之后，仍属第一列的是乡宦——已致仕居乡的前任官员——一位同知，一位十年前卓有政绩的知州（他仅仅担任此职）和一位朝中某部的主事。第二、三列是九个地方士绅，他们曾是其他州县的低级官员，或曾担任过其他低级职务。第四列有五人，倘若不是只有第一人曾任典史，就是所有人都曾在其他地方当过典史。第五列有两位贡士，两位举人（一个是二年前的，另一个是当年考中，后来还考取了进士）以及一位武举人。第六列，可能还包括第七、第八列，是每组五人共三组的监生；当然也有可能这十五人中只有第一位有此头衔。第九列是五名庠生；同样，以下七列，每列有四五人，也可能是庠生。这之后还有一长串不分次序、没有头衔的题名。临近末尾有佛教的住持，是个和尚；最后还有一"儒士"，可能是非正式的学生。

除六位在职官员外，有193人"共立"碑祠。以官员为首，然后是士绅，再是学生和平民。某些姓氏在名单中占主导地位，

---

① 徐乃昌撰：《安徽通志金石古物考稿》卷七，第39b叶，石刻史料新编第三辑第11册，台北：新文丰出版公司，1986年，第229页。

陈氏和孙氏可能包含多个家族，但并不常见谭氏和项氏在此处人数颇多，则表明可能是某一亲属群体的一致行动。不过，这肯定是一次相当广泛的努力，展示出士绅、平民和学生的合作。① 有的人出资肯定不多，因为碑上列出无头衔的人名较为罕见。该书中的其他碑刻有的列出二十多列赞助者，有的只有一列少数几个人。有一方去思碑列出了十五列赞助人，但末尾没有无头衔的群体。② 可以认为，这座生祠比其他生祠拥有更为广泛的社会基础。

◇ 何人赞助？

方志和祠记很少记录有关生祠的细节。但它们确实对发起和修建生祠的人进行了分类——一般是出资筹建，有时是亲身参与。常用来描述这些赞助者的词汇是"士民"。③ 这个词并不能告诉我们太多的信息，因为它可以指识字的士大夫和平民；可以指受教育阶层和普通百姓；可以泛指人民、百姓；还可以指军民。④ 同样，"人士"也可以指士人或民众。⑤ 宣德年间（1426—1435）一份纪念知县的地方百姓的名单提供了更多的信息：包括"邑之耆老""邑之老稚""闾巷之士夫，田野之小民""邑之廛民巷

---

① 徐乃昌撰：《安徽通志金石古物考稿》卷七，第39b—43叶，第229—231页。
② 徐乃昌撰：《安徽通志金石古物考稿》卷八，第29—33叶，第246—248页。
③ 例如，"士民感德，立生祠祀之（马经纶）"。康熙《济南府志》卷二十五，第62b叶，哥伦比亚大学藏缩微胶卷。后来，马氏担任御史，触怒万历皇帝，被削职为民，门人私谥之。这又是一次对皇权的社会性反抗。台湾"中央图书馆"编：《明人传记资料索引》，北京：中华书局，1987年，第415页。
④ 《汉语大词典》第二卷，上海：汉语大词典出版社，1988年，第1001页。
⑤ 例如，康熙《福建通志》卷三十二，第13b叶，北京图书馆古籍珍本丛刊第35册，北京：书目文献出版社，1988年，第1911页。《汉语大词典》第一卷，上海：汉语大词典出版社，1986年，第1001页。

士、儿童野叟"以及"韦布缙绅之士"。① 一个半世纪后,对知县张笃敬的纪念来自于缙绅、大夫、衿佩、彦秀、耆老以及"里社坊厢齐民"。②生祠的赞助者还包括军士,例如史道于嘉靖十五年(1536年)升任左佥都御史巡抚大同,创建五堡,后来五堡军士立生祠以祀之。③"绅士商民"赞助了明末一位广受敬爱的官员的生祠,为其"醵金庀材":可能是因为商人(其身份是"民")相当富有。④

在大多数情况下,由于是在政治语境下加以运用,这些术语区分了具有不同政治权利的士绅、生员和平民,而不是侧重于财富或其他社会地位的来源。⑤ 明确表示平民的语汇包括"百姓""小民""蒸(烝)民"及"黎民"。赵兴邦写道,薛贞离开元氏县九载之后,"百姓慕之如一日也。为立生祠以图报,而征言于予"。正是薛氏为百姓所行的善政,为其赢得了生祠。⑥ 再如,李宗延被擢升为御史,"百姓遮留不获,乃建祠尸祝之"。⑦ 还有一

---

① 刘矩:《翰林修撰刘矩撰掌内黄县事知州宋公(安)生祠记》,嘉靖《内黄县志》卷九,第 31a—34a 叶,天一阁藏明代方志选刊第 52 册,上海:上海古籍书店,1981 年。

② 赵民说:《元氏县令张公(笃敬)德政碑记》,崇祯《元氏县志》卷六,第 39b—43b 叶,明代孤本方志选第 8 册,第 596—604 页。

③ 《明人传记资料索引》,第 105 页。

④ 曹于汴:《侍御缉敬李公生祠记》,《仰节堂集》卷四,第 27a 叶,四库全书本。

⑤ 在我所见到的资料中,很少将精英民众与其邻里相对比,无论其为士人或是平民。Marmé, *Suzhou*, p. 169;李定桓(Junghwan Lee),"Wang Yangming Thought as Cultural Capital: The Case of Yongkang County," *Late Imperial China* 28.2 (2007), p. 64。

⑥ 赵兴邦、智鏩:《薛公(贞)德政碑记》,崇祯《元氏县志》卷六,第 68a 叶,明代孤本方志选第 8 册,第 653 页。方志还记载该祠有三座,"在南门外路西,今圮"见崇祯《元氏县志》卷二,第 6a 叶,明代孤本方志选第 8 册,第 253 页。

⑦ 康熙《济南府志》卷二十五,第 63a 叶;关于地方上其他地方由百姓建造的生祠,参见卷四十一,第 11 叶。

例子，是由"秀民"发起："邑之秀民为学官弟子者，具书许君善政，介吾友人张君以来乞记。邑之乡先生张君僖、举人赖君希道亦以书偕来予，约其书。"① 主动权在于平民，推动了社会上层的行动。

另一个经常出现的生祠的筹建者是"老"（通常是"父老"）。这个词可能只是指当地有威望的人，也可能指"里老人"。里老人由明太祖所设立，负责管理乡村事务并向知县汇报，有时甚至能逮捕官吏。即便这一制度已日渐衰败，知县仍应挑选长老，向他们获取有关当地历史和宗教的信息以及其他帮助。② 即使他们有文化，其身份依旧是"民"。③ 有一篇墓志铭就将"乡间父老"与"公卿大夫"或"乡士大夫"对举。④ 在一篇生祠记中，列出了立祠的人员，分别是知州、"乡仕"、监生、学生，然后是两个"耆老"，之后是武官。如果耆老有其他头衔的话，应

---

① 王慎中：《永定县知县许（文献）君生祠记》，《遵岩集》卷八，第74叶，四库全书本。进士张僖，因阿谀奉承而被罢官（乾隆《福建通志》卷四十八，第33叶，四库全书本）。

② 范德（Farmer），*Zhu Yuanzhang and Early Ming Legislation: The Reordering of Chinese Society following the Era of Mongol Rule*, Leiden: E. J. Brill, 1995。施珊珊，"Visions and Revisions: Village Policies of the Ming Founder in Seven Phases," *T'oung Pao* 87 (2002), pp. 1-43；《明会典》卷五十九《官员礼》，第363—364页，洪武十八年令。Nimick, "The County, The Magistrate, and the Yamen" 给出了三部完整的官箴书 (pp. 221-278)，其中有如何选择受人尊敬的平民为长老的建议 (p. 226)。

③ 如果他们有功名出身，在编纂方志时一定会列出来。戴思哲（Dennis），*Writing, Publishing, and Reading Local Gazetteers in Imperial China, 1100-1700*, Cambridge, MA: Harvard University Asia Center, 2015, p. 173。

④ 朱大韶编：《皇明名臣墓铭》，明代传记丛刊第58册，台北：明文书局，1991年，第67页。

当会予以列出。① 一般而言，耆老属于平民。

在某些情况下，我能够对这些人略作追索，但真正系统的研究还有待进行。一份请求为官员建立生祠的上疏由耆老潘昭明所作。当地潘氏有不少人拥有低级功名（其中一位甚至曾有任官），尽管在社会上他会被认为是士绅，但他本人在法律上仍是一介平民。② 通常父老名列生祠赞助者时，他们没有任何功名出身，也没有做出任何其他事情使其能被方志所记载。甚至在非常落后的地方，每一个学生也会被列出，如龙门县在佛寺内为都督杨洪所立生祠所列。③ 追索父老的身份，此处可略举一例：父老黄守志、侯自强恳请御史撰写一去思碑记。侯氏家族中多有人拥有功名，担任官职，但他本人并无头衔，也没有出现在方志的其他地方。黄守志则在该志《孝义》篇得以列名，受到官府的表彰，但他并无功名，其家族也少有考中举人进士者。④ 父老可能在某种程度上相当重要，比如新修的文林生祠以取代旧祠的碑记中列出的诸位"乡约耆民"。⑤ 但是，无论这些人在当地有多大的影响力，田

---

① 姜龙：《兵宪王公（仪）生祠记》，钱榖编：《吴都文粹续集》卷十六，第22a叶，四库全书本。
② 王士翘：《西关志》卷三，北京：北京古籍出版社，1990年，第73页。
③ 冯益：《杨都督武襄公生祠记》，康熙《龙门县志》卷十四，第24—25叶，哥伦比亚大学藏缩微胶卷。方志是两个半世纪之后编纂的，所以有的内容可能已有所遗失。
④ 在另一篇去思碑记中，"黄征君同二三父老乞言以纪之"，他也没有出现在方志的其他地方。崇祯《郓城县志》，明代孤本方志选第6册，第216、317、322页。
⑤ 光绪《永嘉县志》卷二十三，第53叶，中国方志丛书华中地方第四七五号，台北：成文出版社，1983年。

野调查可能会发现，他们在法律上都是平民。①

然而，这些人的存在使得对地方官的纪念合法化了。正如第五章中李标的文章所讨论的那样，父老们保证了官员善政和地方感念的真实性。另一位作者也写道："余蚤岁闻诸父老谈许公，率其视所睹记。"② 有人认为生祠纪念的上演是以恩惠换取声誉，但广泛的参与有力地驳斥了这种怀疑。在此过程中，没有什么保证比普通百姓的声音更为有力。

我们可以通过比较同一作者所撰写的生祠记和遗祠记来说明这一点。前南京礼部尚书黄凤翔就明确指出了这一原则。黄氏曾为家乡一故去的官员撰写祠记，由士绅发起，不少官员都参与其中，而且他也没有对其提出反对意见。③ 但生祠却与之不同。当时的背景是这样的：邹墀由刑曹大夫于万历八年（1580 年）到任泉州知府，之后在福建历官十二载，调到广东担任要职。泉州"士民先期走数十里迓之，已又追数十里送之"，他们前来拜访黄氏，希望为已建好的生祠求取碑文。黄凤翔表示反对。这样的祠堂虽有先例（他指出的确其数量颇多），但"顾以乡荐绅称，是邦大夫不几于谀耶？"据他自述，在诸位"文学耆老"告知他邹

---

① 正如韩德玲对这些"默默无闻、身份不明的人士"所描述的那样，他们"心甘情愿地为本社区的福祉做出贡献。然而文献的简洁却让历史学家感到沮丧"。Smith, *The Art of Doing Good: Charity in Late Ming China*, Berkeley: University of California Press, 2009, p. 159. 中译文见［美］韩德玲：《行善的艺术：晚明中国的慈善事业》，曹晔译，南京：江苏人民出版社，2021 年，第 234 页。

② 殷士儋：《建许（迓）忠节公祠记》，雍正《山东通志》卷三十五之十九下，第 51b 叶，四库全书本。

③ 黄凤翔：《陈紫峰祠记》（1577 年），郑振满、丁荷生编：《福建宗教碑铭汇编·泉州府分册》，第 130 号，福州：福建人民出版社，2003 年，第 120 页。黄氏曾进言皇帝说："与其要福于冥漠之鬼神，孰若广施于孑遗之赤子。"（《明史》卷二六〇《黄凤翔传》，第 5700 页。）

氏对泉州的具体贡献之后，黄氏才同意写作这篇文章。① 在其他题材的文章中，普通百姓的无知和愚昧意味着巫觋和骗子可以愚弄他们；但在生祠记中，他们的形象总是坚定而又练达，也往往娴于言辞。

◇ 谁人言说？

在黄凤翔为邹墀撰写的生祠记中，"文学耆老"的言论占据了篇幅的三分之一。帝制早期平民的政治言论往往是非理性的，比如汉代的谶纬之说。② 相比之下，明代的生祠记中往往出现包括平民在内的当地人之间，以及他们与士人作者之间颇具理性的对话。我们不认为这是字字如实的记录，但这的确传达了民众言说的基本涵义。文人们在记录时进行了改写，将日常所用的白话改为了书面表达的文言。③ 从民众集会到学院会议，"谁在说话"这个问题的答案往往能看出权威所在，统计文字的多少可以看出谁表达得最多。我在此仅举一例加以说明：王朝相为成安知县章

---

① 黄凤翔：《邹郡守祠祀记》，郑振满、丁荷生编：《福建宗教碑铭汇编·泉州府分册》，第 136 号，第 128 页。相关讨论参见 Schneewind, "Beyond Flattery: Legitimating Political Participation in a Ming Living Shrine," *Journal of Asian Studies* 72. 2 (May 2013), p. 354。

② 满意或不满的普通民众所产生的"气"影响了物质世界，为朝廷采风所得，但在这种宇宙观的表现中，重要的是"他们的感觉而不是他们在想什么"。白瑞旭 (Brashier), *Ancestral Memory in Early China*, Cambridge, MA: Harvard University Asia Center, 2011, pp. 257 – 260, 357。

③ 韩明士 (Hymes), "Getting the Words Right: Speech, Vernacular Language, and Classical Language in Song Neo – Confucian 'Records of Words'," *Journal of Song-Yuan Studies* 36 (2006), pp. 25 – 55。亦参见 Hansen, *Changing Gods in Medieval China, 1127 – 1276*, Princeton: Princeton University Press, 1990, p. 21。[美] 韩森：《变迁之神：南宋时期的民间信仰》，包伟民译，杭州：浙江人民出版社，1999 年，第 18 页。

允贤所作的生祠记,我将在下文予以详细讨论。王氏本人的叙述和解释有 383 字,民众赞扬章氏有 8 字,然后是士人领袖和平民百姓感叹章氏离去 12 字。接着"邑贤士大夫、长老、童子,洎诸甿隶"数百人向王朝相请求作文,占 84 字;王氏的回答 42 字;众人回应 68 字;他的拒绝 37 字;最终被说服 59 字。总的来说,这群人说话共计 231 字,王氏自己有 79 字。还有皇帝的话有 10 字。①

其他类型的纪念碑文可能包含对话,但往往是地位最高的人物占据最多的篇幅。② 相比之下,生祠记并非要求作者本人做出评判,而是要表达记录能力较差的人,甚至是不识字的文盲想要刻写的内容。祠记作者裴栋写道:"栋不佞,何感僭为之辞?而恭诵天子褒扬师玺书,与士民所交口加额师治最状。"③ 裴氏在文中以与地方评判同样的方式记录了皇帝的褒扬。④ 很少有生祠碑直接提到皇帝,大多数则会谈到平民的意见。

---

① 王朝相:《邑侯九华章公(允贤)生祠记》,万历《成安邑乘》,明代孤本方志选第 10 册,第 526—528 页。

② 有一知县因前任的厄运而抵制某一工程,他与父老的对话,见张海浩 (Cheung), "Chinese County Walls between the Central State and Local Society: Evidence from Henan Province during the Ming Dynasty," in *Chinese Walls in Time and Space: A Multidisciplinary Perspective*, edited by Roger Des Forges et al., Ithaca: Cornell East Asia Series, 2009, pp. 103 – 105。饭山知保(Iiyama), "Legitimating Ancestry: Transition of Ancestral Narratives and Genealogy Compilation in North China beyond the Yuan – Ming Transition," paper presented at the Association for Asian Studies meetings, Chicago, 2015, pp. 8 – 9,引用亲属间的对话,其中以作者父亲的话为主。

③ 裴栋:《任公(应征)生祠记》,崇祯《蔚州志》卷四,第 39a 叶,日本藏中国罕见地方志丛刊续编第 1 册,北京:北京图书馆出版社,2003 年,第 573 页。任知州万历二十七年(1599 年)到任。方志中列出了其生祠和牌坊,见上书 369 页。

④ 方志在记录本地士人在他处历任知县、知州、同知时,也同样平衡了朝廷的赞誉和地方的纪念,文中写道:"民讴吟美之,凡两立生祠,再受玺书。"崇祯《蔚州志》卷三,第 18b 叶,日本藏中国罕见地方志丛刊续编第 1 册,第 442 页。

晚明方志中的"凡例",明确把谈话放在了生祠记的核心位置:

> 生祠记、去思碑皆为贤邦大夫立也,即操觚书翰之人,实以代闾阎之口录。①

在这里,常用的纪念语汇"口碑",意思是像去思碑上一样的口头纪念话语,引申为乡民们有自己的、口头的"实录"——即"口录"。朝廷在实录中对官员做出评价,地方百姓则在"口录"中进行评说。一位作者明确表示,他为当地人说话,他们的评判才是最重要的:

> 公之美政固多,予能以言罄耶?虽然昔之不朽者在立言。是言也,非予之言,成民之言也。②

身为精英的祠记作者甚至有可能记载其未曾亲身参与的对话。刘春是岳州人,在李镜任知府时考取进士,后官至礼部尚书。约在弘治九年(1496年),他为曾在成化十九年至弘治四年(1483—1491年)间在岳州任职的李镜写作了一篇生祠记。③ 正如刘春所言,在李镜离任多年之后,当地百姓依旧思念于他。于是求告佥都御史,请求为其立祠生祀。御史回答说,他当然知道

---

① 万历《泉州府志》,凡例,第38b叶,中国史学丛书三编第四辑第38种,台北:台湾学生书局,1987年。该志编者之一即黄凤翔,留有七篇生祠记。
② 万历《成安邑乘》,明代孤本方志选第10册,第545页。
③ 关于李氏的传记,参见弘治《岳州府志》,天一阁藏明代方志选刊续编第63册,上海:上海书店,1990年。隆庆《岳州府志》卷十三,第57叶,天一阁藏明代方志选刊第57册。

李氏的声名,但众人如此欣赏李氏,又是为什么呢?百姓们的回答详细介绍了李镜的活动,有三十行之多,占全文的一半篇幅。而且他们保证说,李氏的政绩,随处可见,均有记载,他们所言只是一个大致的纲要,"其他如表忠烈,旌孝行,辨冤抑,奉法不阿,爱民不倦,盖未易尽言,而人亦莫能尽知也"。刘氏记载道,御史认可了他们的观点,感叹说:"诚哉!是固宜民之不能忘也。"① 通篇来看,刘氏只是记录了士民与佥都御史的对谈。在生祠记中,平民有所言说。

◇ 平民的政治话语权

碑文往往主张平民的话语权,同时也在实践中证明了这一点。在一篇对话占大部分内容的生祠记中,作者或叙述者还明确论证了地方——甚至是更广泛的大众参与——对地方官进行评价的合法性,以求平衡天子的评价。嘉靖九年(1530年),邻县的王朝相在考取进士之前,为成安知县章允贤(即章九华)写了上文曾提到的生祠记。王氏开篇即言,章九华治理成安"懋著循良,民怿以孚,当道者嘉之,旌章叠叠"。然后,王朝相以朝廷对这位新科进士的赞誉平衡了地方上的纪念:"越两载,佥曰:'九华子贤最资深矣。'交章荐之天子。天子曰:'是宜作朕股肱耳目者也。'"然而,章氏尚未完成任期就被派往别处,朝廷的征召胜过了当地人的需要。

对于章氏的调任,有三个群体表达了他们的悲痛:士人、平

---

① 刘春:《岳州太守李侯(镜)祠碑》,《东川刘文简公集》卷十九,第4b叶,续修四库全书第1332册,上海:上海古籍出版社,2002年,第264页。

民和道旁行经之人,他们代表了更广泛的民意,或许也包括王朝相本人:

> 行之日,士张祖(俎),民卧辄呼曰:"我侯舍我而去,其将焉攸庇哉!"泫然涕下。途之人亦为歔欷。

不久,有一大群人来拜访王氏:他们已经打定主意要为章公建立生祠,希望王氏撰写碑文。王氏描写了这批人,他们以士大夫为首(文中不曾列出姓名),但也包括平民,非常执着:

> 既去越月,邑贤士大夫,长老童子,洎诸町隶无虑数百人,诣余请曰:"我侯九华,怀柔我土,厥泽维殷,今往矣。我辈少日以壮,壮日以老,后我辈而生者,或不知有侯,亦不知有侯之泽也。佥议:肖像作祠,以彰遗爱。惟子记诸石,用垂不朽。庶我侯之泽,久而弗泯,而沃其泽者,亦获以永厥思也。"

生祠的建立和祠记的写作,既能使章公的功绩留存久远,也能使百姓的感激不致淡忘。王朝相向大家保证,他了解章氏的贤能,并举出了其"祷雨而天应""拜火而反风"两个例子。但他还是请众人进一步解释对他念念不忘的情感。

> 曰:"我侯有冰蘗之操,有骨鲠之节,有卓荦之才;循循以程士能,规规以釐吏蠹,谆谆以察民瘼;役均而劳者息,征宽而供者省;讼狱用平,剽寇用清,逋逃用复。遗爱若兹,其何以谖之?"

章九华为政，使士人和平民都相当满意，对士人他兴学利士，身以为率；对平民则关注民生，解决其切身问题，对两者都加以法律和秩序的约束。这一切都在我们的预料之中。

但是，有趣的事情发生了。王氏随即举出了两条站不住脚的反对意见。

> 余曰："受牧而求刍，食禄而动事，率若职也。矧课奏有殿最之分，国家悬庆让之典。维昭维公，其焉雍兹？"

王氏对生祠的建造提出了两点反对意见。首先，不管章氏工作做得多好，但作为朝廷的代表，保证民生，处理其他政务，毕竟是他的职责。他拿着俸禄去做这些事，是理所应当的。在这里，王氏运用了从朝廷立场来看，比父母官的比喻更常见的"牧民"之说，强调民众就像羊群一样无需独立思考，不过咩咩叫着以求秣料。其次，朝廷的官僚机构不仅任命，还会评价官员，然后向皇帝通报谁值得嘉奖。臣民不应该对地方官进行评判，占夺朝廷和官僚机构的权力。

于是士民用另一部分的天命意识形态来回应这种专制式的官僚主义的反对意见：将行政关系理想化为亲子关系。

> 曰："子之于亲也，其德厚，故其爱深；其爱深，故其思永。我侯宁我室家，靖我田里，抚我长少，奚以别于亲。吾惟知德以思，昭思以祠，寄祠以义起焉。尔庸知其他。"

众人打出两张牌来挑战官僚和皇帝的特权，一个来源于《礼记》（"礼以义起"），一个是传统的情感（"亲亲"）。王朝相的反应是:"余闻而感,感而叹。"他提到甘棠之思等历史上的典故,并评论道:"即九华所以系民思者,观之今昔岂易致哉?"章公正是《诗经》中所言"岂弟君子,民之父母"那种人。王氏显然已经接受并支持了地方臣民对地方官的评判权,并公开宣扬他们的判断——至少在这一案例中,天子已经对章氏表示了认可。

王氏继续写道:"九华华国之文章,小试于牧民之政事,今已晋位掖垣,为天子耳目之臣矣。"即已担任礼科给事中。章九华将来一定会像宋代曾主政成安后为宰相的先辈一样身居高位;也会像他一样,提出的政策建议被采纳,将其在一县施行的为政方略推广到整个天下和后世。总之,章公正逐步晋升,前途无量。既如此,王氏自问道:"夫奚屑于斯祠?"这一问题必须回答,因为很明显,赞助人可能是希望身居高位的章九华为地方提供帮助。王朝相的回答都集中在章氏在成安的继任者身上。"或嗣吏于斯者,得所览观而兴起焉,又兴遗爱之无涯也。"所谓"遗爱",即章氏的政策,也是为之建立生祠的人们所渴望的。①换言之,生祠将激励或警告后世的地方官,并告诉他们具体应该怎么做。这些答案可能是为了避免士绅筹建生祠以阿谀上官的怀疑,但结果是,包括平民在内的一大批当地百姓与王朝相反复对话,他们的立场是选择一位模范官员并推广他所施行的那一套政策。

但最重要的一点是,王朝相(当时他还是生员)明确提出民

---

① 王朝相:《邑侯九华章公(允贤)生祠记》,万历《成安邑乘》卷四,第33b—34b叶,明代孤本方志选第10册,第526—528页。鉴于章九华在该县任职时间很短(文中说是两年,实际时间更短),他们对章氏的评价显然颇多溢美之词。王氏对章氏影响传播的讨论,可能是借鉴了司马光的《北京韩(琦)魏公祠堂记》(《温国文正司马公文集》卷六十七,第1—4叶,上海:商务印书馆,1929年)。

众有无权利自建生祠的问题。他认为这是对朝廷官员评价权的侵犯。不过他在文中呈现出自己最终为这群当地百姓发自内心的、坚持不懈的争论所说服,同意他们确实拥有这一权利。我们可以得出这样的结论:

> "平民主义"的观点究竟在多大程度上实际反映了人民的意愿,这一点不应当被夸大——公共舆论同样是经过过滤的,它们……最终往往是领导人决定接受的观点。同样……为顺应民意所做的努力更多的是针对……领导人,而非公众。……尽管对平民主义传统的呼吁在很大程度上是修辞性的,但它们同样可能是统治的重要工具,以强调……对国家的忠诚,并使……制度对普通民众的不满做出更多的反应合法化。①

这段话并非是我特意针对王朝相与成安民众的对话所做的评价,而是直接引用了另一位学者李本(Benjamin Liebman)的论点。地方甚至普通民众可能已经意识到官方在意识形态方面的运用,却不一定能真正看清楚它们一样,我们也必须考虑存在这样的可能性:即历史记载对此会有所提示,但无法完全加以证明。

◇ 士绅化进程

明代社会的阶级矛盾是真实存在的。文学名家归有光因与辖

---

① 参见李本(Liebman)的文章"A Return to Populist Legality? Historical Legacies and Legal Reform"。

区内富家豪绅的对立，而断送了他的仕途。他试图亡羊补牢，将两个阶层都喻为自己的子民，写道："为民父母岂不欲优恤大户而专偏重小民。"① 一些生祠碑也直接提到了地方阶层的分裂，描绘了地方官如何既教化士人，又抚育平民，以及两者如何感激地回应。② 与我们在第二章中生祠主要奖励民生和安全问题的发现相呼应，20 世纪 30 年代的一位历史学家认为，来自平民的赞助和供奉是生祠的一个显著特征，因为他们正是奉祀的受益者。③ 基础设施和其他政策可能会使所有人受益，但大多数情况下维护一方利益，就意味着和另一方的对立。有些冲突在地方便可解决：南安知县唐爱的生祠碑记载，唐知县的税制改革，大族起初是抵制的，但最终还是被说服了。④ 不过，生祠也参与进了地方社会的内部斗争，而权贵可能将这一矛盾转移到更高层次的朝中。

较为典型的是士大夫邝璠的例子。邝璠一贯追求解决民生问

---

① 归有光：《长兴县编审告示》，《震川先生别集》卷九，第 11b 叶，四部丛刊初编 264 册，上海：上海书店，1989 年。转引自柯丽德（Carlitz），"Wang Shizhen and the Myth of Gui Youguang,"*Ming Studies* 55（2007），p. 56。

② 高跃：《程（逊）父母去思记》，崇祯《广昌县志》，明代孤本方志选第 12 册，第 590—594 页。魏克顽：《元氏县令郑公（三俊）德政碑》，崇祯《元氏县志》卷六，第 43—47 叶，明代孤本方志选第 8 册，第 604—611 页。

③ ［韩］柳洪烈（Yu Hongnyǒl）：《朝鮮祠廟發生에對한一考察：特히麗末李朝初의報本崇賢思想을中心으로》，《震檀學報》第 5 期，1936 年 8 月，第 137 页。

④ 这些都是盐赋管理方式的改革。陈让：《南安邑侯唐公（爱）生祠碑》，郑振满、丁荷生编：《福建宗教碑铭汇编·泉州府分册》，第 623 号，福州：福建人民出版社，2003 年，第 607 页。邻县也加以反对（乾隆《福建通志》卷三十，第 30 叶，四库全书本）。

题的实际方案，如防范火灾，反对遗弃女婴等。①邝氏也有一些"灵力"：他曾梦到被害人诉冤陈情，因此破获了一起谋杀案。早年在吴郡任职时，他因里甲改革而忤逆权贵，但最终成功推行。当他去任时，士民——当然只是一部分——"伐石纪其遗爱"。最终，他担任瑞州知府，冒着生命危险，击败和抓捕匪徒。邝璠的努力得到了皇帝的肯定，但是，当他正德十年（1515年）进京考核时，瑞州的权贵家族对他进行造谣和诬告。他为自己辩护说，自己在瑞州救活了百万生灵，但他的敌人却设计罢免了他。"瑞民闻公去，彷徨若失父母，乃建祠肖像事之。"②当然，这里的"瑞民"也并非全部，而只是一部分人。虽然这种情况并不总是发生，但生祠的确代表了地方精英家族对中央官僚机构腐败的抗议。

韩德玲曾指出，明末的慈善士绅有意让州县官扮演负面角色。③与此相反，生祠记则将州县官塑造成正面形象，是通过均摊税负等方式保护平民，使其免受地方豪绅压榨的英雄。但是，正如历史学家周启荣所指出的那样，清代的士绅告诉普通民众在

---

① 费宏：《故中宪大夫瑞州府知赠江西布政使司左参政邝公墓表》，《太保费文宪公摘稿》卷十九，第36—40叶，续修四库全书第1331册，上海：上海古籍出版社，2002年。邝氏还兴建社学，毁禁淫祠（同治《高安县志》卷七，第34叶，上海图书馆藏）。邝氏还编写了一本便民参考书，名为《便民图纂》。该书图文并茂地介绍了农耕和养蚕的情况，并列举了吉日和凶日，以及该何时祭祀吉日和凶日的神灵。

② 费宏：《故中宪大夫瑞州府知赠江西布政使司左参政邝公墓表》。雍正《江西通志》卷六十，第17叶，四库全书本。邝氏参与了1515年府志的编纂工作，他的墓志铭当然也会竭力美化其形象。

③ 韩德玲（Smith），*Art of Doing Good*, pp. 198, 207, 260。中译文见［美］韩德玲：《行善的艺术》，曹晔译，第292、305、386页。

家庙和宗祠当中如何约束自己的言行举止才算合乎礼教的规范。①在明代，士绅化甚至影响到了生祠。何淑宜曾详述了嘉兴士绅如何利用生祠碑介入到本县假造土地登记、偷税漏税、征赋纳绢，尤其是土地所有权的复杂矛盾之中，她的叙述是令人信服的。②再次审视嘉兴，我们会发现，在这个富裕、腐败、强大并存的士绅权力诉求的中心——这正是第二章提到的"丁氏'三'杰"的家乡——晚明士绅正着意掌控着一个平民机构。

杨继宗在嘉兴任职九载（成化元年至十年，即1465—1474年），是其与国家不法行为作斗争的一生中重要的一部分。早年间他任刑部主事，改善了监狱恶劣的条件，救活了不少囚犯。有两里民押送盗贼赴京师，不慎走脱，按律当死。其中一人为保全另一人性命，使之能奉养老母，主动冒充盗贼，杨氏最终加以辨明，使二人免受惩罚。在京畿地区，他保护平民的土地免受权贵的侵夺；在浙江，他查明了亏空的根源，令十余名仓官锒铛入狱。任嘉兴知府时，他贴出榜文，让人们状告某御史以"清军"为名挞责里老至死的行为。有宦官向其索贿，他"即发牒取库金"，使之不敢接受，并羞辱说："何太僭侈耶？我百姓贫不能支。"他给大太监汪直留下了深刻的印象，汪欲见之而不得，并在皇帝面前称赞说："天下不爱钱者，惟杨继宗一人耳。"这句夸赞留在了皇帝心里，让他免于后来的一次弹劾。杨氏克服了各种律法和官僚障碍，最终让一对父子恶霸被判处死刑，百姓作歌为之

---

① Chow, *The Rise of Confucian Ritualism in Late Imperial China: Ethics, Classics, and Lineage Discourse*, Stanford: Stanford University Press, 1994, p. 225. 中译文见［美］周启荣：《清代儒家礼教主义的兴起：以伦理道德、儒学经典和宗族为切入点的考察》，毛立坤译，天津：天津人民出版社，2017年，第391页。

② 何淑宜：《晚明的地方官生祠与地方社会》，第830—838页。

传颂。而他任内积攒下的粮食，足以让本府度过连续两个荒年，甚至还能援助浙江其他地区。① 正如他的一篇传记所说："军民爱之如父母，官吏畏之如神明。"② 杨氏赢得了上天的赞许、朝廷的褒奖和地方的纪念。恰如《嘉兴府图记》的传记所言：

> 民爱之如父母，天子闻其名，嘉禾生野。及满去，男女涕泣挽留者万余人。至于今俎豆日严。士民为辑《遗爱录》传之，今略举其异者。③

这里没有提到生祠，所以人们可能是在家里或其他地方对他进行供奉，我们将在下文予以讨论。

嘉靖《嘉兴府图记》（1549 年）收录了当地士人费宏的《杨公遗爱祠记》（"略曰"），作于正德十四年（1519 年），即杨继宗去世三十年之后。嘉靖方志所载与收入费宏文集的版本相比，删减了三分之一左右，万历《秀水县志》（1596 年）所录删减更多，并做了一些更动。先后的改动突出了精英士人，弱化了平民。这里我将方志所录费宏文章与文集中的版本对照，用括号加以标示：

---

① 杨继宗于成化十四年（1478 年）升任金都御史，二十年再次升迁，弘治元年（1488 年）故去。正德六年（1511 年）、万历三十一年（1603 年）两次获追赠。嘉靖《嘉兴府图记》中记载的许多事迹后来收录到傅维麟《明书》中（卷一二三，上海：商务印书馆，1936 年，第 1453—1454 页），以及稍后的官修《明史》中（卷一五九，第 4350—4352 页）；前者提到了生祠，而后者没有。嘉靖《嘉兴府图记》卷十一，第 10—11 叶，哥伦比亚大学藏缩微胶卷。关于杨氏嘉禾（在嘉兴府并不常见），参见朱国桢：《涌幢小品》卷十三，第 4—5 叶，台北：广文书局，1991 年。

② 嘉靖《浙江通志》卷三十五，第 15a 叶，天一阁藏明代方志选刊续编第 25 册，第 721 页。

③ 嘉靖《嘉兴府图记》卷十一，第 10—11 叶，哥伦比亚大学藏缩微胶卷。

去且五十年矣，郡人之思〔公〕如一日。其（小）民（皆）曰："公之德在我，我死其遗泽在我子孙。（我）于公固不能忘，世更事远，则何以使我子若孙知公之德而不忘也？"其君子则曰："公之报有奉尝可举，（公之传）有金石可托，其为不忘，虽百世可也。而况于吾之子若孙乎？"……范生言等乃以众志告君，君遂度招提之故址〔隙地〕，取（民所）乐助之赀〔资〕，庀工从事，间又毁淫祠取〔其〕材〔财〕以佐之。①

精英士人们以生祠首要赞助者的面目出现，而词句的省略更突出了这种印象。平民问应当如何纪念杨氏，是士绅做出了回答。徐知府带头按大家的意愿行事，甚至毁掉了一两所现存的由地方支持修建的祠庙。② 万历《秀水县志》删略改动的更多，原文是"且喜且悲"——喜的是能奉祀杨公，悲的是斯人已去，县志中则用"且深且久"代替了这一复杂的情感联系。这些剪裁破坏了费氏平衡、文雅的词句，也不会是在费氏嘉靖十四年（1535 年）去世之前做出的。因此，文章不是碑文的原貌，而是方志编纂者再创作之后的成果。

方志进一步淡化了公论的深度和广度，删去了"众"人向费

---

① 费宏：《杨公遗爱祠记》，《太保费文宪公摘稿》卷八，第 27—29 叶，续修四库全书第 1331 册。嘉靖《嘉兴府图记》卷四，第 5 叶，哥伦比亚大学藏缩微胶卷。按：引文中用圆括号（ ）标示《嘉兴府图记》较《太保费文宪公摘稿》所省词句，方括号〔 〕标示所增词句，六角括号〔 〕标示两本歧异词句。

② 与淫祠一样，可追溯到唐代的招提寺，曾在洪武年间的合并活动中幸存下来，这一风潮影响了万历《秀水县志》中所列的其他一些庙宇。但该寺在嘉靖二十八年（1549 年）时已不复存在，可能被毁，也可能尚存但改作杨公生祠。笔者计划在今后的研究中，继续追寻生祠与明盛期毁禁淫祠活动之间的联系。

氏求取碑文的叙述，也省略了费氏的解释，即他所撰写的这篇祠记依据的是戴经（万历《秀水县志》认为他是一个鄙而无文的乡绅）为杨公所作的述状。① 在其原文的最后，费宏还赞扬了主持此事的知府徐盈："徐君名盈，字子谦，其风节类公。顷岁奉职入觐，治行为天下最，郡人惟恐其右擢以行，而不能借留以终其爱也。吾闻诸舆诵云。"方志所收版本删去了这几句话，有意省略了这一点。包含平民意见的公论，在正德十四年（1519 年）还是可能的，在嘉靖二十八年（1549 年）的嘉兴就不再受到欢迎了。到了万历二十四年（1596 年），作为方志编纂者的士人，似乎颇为敌视一位正直的、勇于和豪绅斗争的知府，以及他与平民之间建起的紧密联系，这种同盟威胁到了士绅在地方领域的道德权威和话语主导权，正如天子声称要在朝堂上代民立言会占夺其话语权一样。

特别是这种联系不仅是政治上的，同时也是精神上的。在费宏为杨继宗所作祠记被删略的部分中，一开始就提到了《易经》：

> 夫诚格鬼神及豚鱼，且将与天地同久。故郡人思公，必欲俎豆尸祝以为公报。岂公之威灵能感动其遗黎如此耶？②

这段话在费氏的原文中强调的是平民中的崇奉和报恩，而不是士绅的效仿和崇拜。费氏还写道，生祠有两个目的，即劝来者（如继任的嘉兴知府）、慰民思。这段话强调的嘉兴平民（"遗黎"）的愿望，在方志中也被删略了。费氏强调"诚"的力量，可以像

---

① 戴经曾任嘉兴知府并在任上致仕，曾编纂秀水的第一部县志。万历《秀水县志》序（第 1 页）称早先版本的文章内容不精炼，内容不完整。
② 费宏：《杨公遗爱祠记》，《太保费文宪公摘稿》卷八，第 29a 叶。

"德""灵"一样作用于整个宇宙,从鬼神到民众,再到豚鱼,"与天地同久";他甚至在一个复合词中用"灵"作为"诚"的同义词。这段话也强调了生祠宗教性的一面,杨氏的"诚"产生了效用,可导致供奉和祈祷。

那么又是何人在何时发起了对杨继宗的奉祀?万历《秀水县志》将之归功于知府徐盈。① 嘉靖《嘉兴府图记》则指出了准确的年份,却没有提到徐氏,而是说皆因"郡人思公之故"。杨继宗去世时,《实录》的小传提到了去思碑,没有提到生祠。② 费氏的文章写于正德十四年(1519年),明确说范言是杨公祠修建的主要发起人,但对于之前是否存在祠堂则没有交代。当时,范言尚未通过省试,只是一介生员。四十年之后,他仍然健在,并(在给另一位官员所作的生祠记中)抱怨在过于正义化的政治氛围中不甚妥当的阶级混同,自夸说"吾郡雅崇直道",有生祠好官的传统。③ 在他这篇作于嘉靖四十三年(1564年)的生祠记中,记述了五位入祀知府的成就,他对杨继宗评论道:

> 郡人怀思,里聚而野祭焉。诸生惧其渎也,始请祠诸郡城,

---

① 万历《秀水县志》卷二,第6b叶,中国方志丛书华中地方第五七号,台北:成文出版社,1970年,第110页。

② 《明孝宗实录》卷十九,弘治元年正月条,台北:历史语言研究所,1968年,第457—459页。这里指的是嘉善举人支立为其所作的较短的去思碑记,康熙《嘉兴府志》卷十八,第44—45叶,中国科学院图书馆选编:稀见中国地方志汇刊第15册,北京:中国书店,1992年。

③ 徐盈也在嘉兴得享生祠,并被列入名宦祠。康熙《嘉兴府志》卷七,第2叶。范言:《郡守侯公(东莱)生祠碑记并诗》,万历《秀水县志》卷九,第4—5叶。

载在祀典。①

诸生对"野祭"的方式表示担忧,所以首先请求建立一个合适的祠堂,正德十四年的筹建肯定包括范氏本人。就是说在成化十年(1474年)杨继宗离任之后,人们露天祭祀他长达五十年之久。此外,嘉靖《嘉兴府图记》记载,除了这座祠堂之外,嘉善县还有两座"杨公祠"。② 这些祠堂,也可能是平民设立的,因为它们显然不需要石碑。它们很可能是露天的,所以范言和诸生反对的原因不是因为杨公尚且在世,而是因为身为人而非鬼,他应该被供奉在屋宇之下。

杨继宗早在士绅们采取行动之前,就已经赢得了民众的崇祀。他天然就是百姓纪念的候选人,因为他政绩卓著、清正廉洁,其个人魅力甚至能引起大太监汪直的赞叹,在任时还出现了嘉禾瑞兆。相较而言,他对嘉兴士绅的吸引力就会小很多,因为他们大多希望逃逃赋税、隐匿户口,与地方官存在着某种对立。事实上,朱国桢在明末评论说,虽然人们还在赞扬杨继宗,但很少知道他两任于嘉兴。③ 何淑宜所讨论的晚明嘉兴地方生祠和去思碑,代表了士绅对原本更具广泛民众基础的制度的接管。

长久以来,士大夫始终自视为广大民众的核心人物和道德楷模,在表达观点的同时也在引导和管理着舆论。当然,部分士绅有时也会引用"民意",但那不过意味着"实情",即便只有他自

---

① 范言:《郡守侯公(东莱)生祠碑记并诗》,万历《秀水县志》卷九,第4—5叶。
② 也载于康熙《嘉兴府志》卷七,第10叶,第252页。
③ 朱国桢:《涌幢小品》卷十三杨太守条,第4叶。杨公祠一直延续到清代,康熙《嘉兴府志》卷七,第2、5叶,第148—149页。译者按:原文误作任职于"Jiaxing and Ningxia"(嘉兴和宁夏),误,今据引文正之。

已能够看到。王世贞在纪念一位仕途多舛（当然是不公正的）的友人的生祠时，也借机感叹，即使在他身处治平之世，在上位者仍有所蒙蔽。他写道：

> 余尝谓，天下之公论不在上则在下，世之治也，上与下俱显；及其衰也，多晦于上，而显于下。①

我们可以把这句话及之后的论述理解为，是民众实际上决定了正确的公论，也确立了上古三代的正道。但更有可能的是，王世贞的意思是"公论"意味着正确的、代表广泛民众的意见，不同群体在不同时期可能会有不同的认可，而其裁定者当是饱学之士。

黄宗羲在康熙二年（1663年）谈到"公论"时，指的是在学校和书院中受过教育的读书人之间形成的意见，虽然他认为受过教育的平民也应该有资格领导学校。② 既然他们已经在评判和影响地方治理，又有何不可呢？顾炎武则走得更远，他认为"公论"的形成应该由朝廷交付给乡民，由民众对官员进行调查和裁决。顾炎武将位居次位的王朝的政治秩序和首要的天下的社会秩序区分开来，认为"保天下者，匹夫之贱与有责焉耳矣"。但他认为，没有文化的人只能做见证，不能做决定。③ 顾氏将明代现

---

① 王世贞：《桂东令马君生祠记序》，《弇州四部稿续稿》卷五十二，第20b—22a叶，四库全书本。
② 黄宗羲：《明夷待访录》。英译文见 Huang Zongxi, "*Waiting for the Dawn: A Plan for the Prince: Huang Tsung-hsi's 'Ming-i tai-fang lu'*," translated by Wm. Theodore de Bary. New York: Columbia University Press, 1993, pp. 57, 105 – 106。
③ 鲁乐汉（Delury），"Despotism Above and Below: Gu Yanwu on Power, Money, and Mores," Ph. D. diss., Yale University, 2007, pp. 280, 292 – 293, 310 – 314。

有的自下而上的政治实践和表达方式进行总结提炼，但对其中所含的更强烈的平民主义持保留态度。① 只有受过教育的人才可能了解或应当做出决定，这是一种普遍的看法。

但在大千世界之中，是否还存在着其他观点？历史学家们在明代的各个领域，乃至于明代之前，就已经找到了平民主义和平等主义的发展脉络，这意味着平民自身完全可以拥有政治上的思考和发言权，这种合法的权利不仅在明代律法中有明确的规定，而且在众多精英士人——包括多位礼部尚书——所撰写的公开的碑文中也有明确反映。

生祠从四个方面为明代平民主义图景增添了明确的政治维度。首先，历史学家卫思韩（John E. Wills）代表了一种普遍的观点，他认为，平民百姓"除了在最严重的危机时期，政治上往往是被动的"。② 将生祠看成是政治参与的场所，意味着把注意力转向日常政治。地方人民在陷入绝境时确实会大声疾呼以引起更多的关注，但他们在平常也会持续性追求自己的利益：反对加征赋税、滥用权力，赞扬并追求美政。作为表达政治言论的场所，生祠不同于传唱歌谣、高呼口号、张贴榜文等暂时性的行为；而是会在公共场所矗立多年，甚至延续多代。它也不同于骚乱和罢

---

① 另一位反对者在 Weisfogel, *A Late Ming Vision for Local Community: Ritual, Law, and Social Ferment in the Proposals of Guan Zhidao*（Minneapolis: Society for Ming Studies, 2010；[美] 魏家伦：《晚明地方社会中的礼法与骚动》，施珊珊编，王硕、王坤利译，杭州：浙江大学出版社，2016 年）中有讨论。不过，对特定群体民意的理解，在 18 世纪的欧洲，一些人已超越了其抽象的概念。Gunn, "Public Opinion," in *Political Innovation and Conceptual Change*, edited by Terence Ball et al., Cambridge, UK: Cambridge University Press, 1989, p. 250。参见蓝梦琳（Thornton），"Retrofitting the Steel Frame: From Mobilizing the Masses to Surveying the Public"。

② 卫思韩（Wills），*Mountain of Fame: Portraits in Chinese History*, Princeton: Princeton University Press, 1994, p. 23。

工等暴力反抗，需要的是协同努力和持续投资的建设。

第二，在生祠记中，平民的确与地方士绅和生员合作，但有时也会率先成为对天子所任官僚进行纪念或批评的发起者。第三，生祠碑超越了大众的情感表达和汉代的谶纬之说，其中的对话展现出平民理性地、深思熟虑地表达自己观点。最后，即便是高级官僚所撰写的碑记也认为，包括平民在内的当地百姓的政治参与，并不仅仅是一种形诸实践的事实，同时也是天命政治下完全合法化的存在。尽管精英士人在生祠记之外通常不会认可平民应该持有或表达自己的政治观点，但民众对生祠碑的阅读已经传达出平民主义治理的意识形态观点。

某一宗教派别张贴榜文劝阻嘉靖皇帝南巡，显然认为他们有发表政治言论的权利。① 平民政治言论权的另一种表达方式体现在方志的编纂之中，方志的记载为朝廷国史修撰的褒贬提供了依据。当计划新修方志时，既要搜求之前的版本，也要向包括平民在内的所有人，公开征集谁人值得被纪念、哪些政策应当遵循而哪些已经改变等信息。五个不同姓氏的农民曾为同一部方志创作书法。② 屡享生祀的郭子章在其一部地理著作中宣称，阅读这样的地理著作，"匹夫壮天子之猷"。平民百姓不仅阅读，还可参与到方志的编纂工作之中。这些方志是为广大读者服务的，也被理解为对国家政治、天下秩序的维护。一位明代的作者在自己所编纂的方志中的序言里写道，尽管有地位上的焦虑，但他认为自己虽是一介平民，但还是有政治作用的。他把不可抑制的感情转化

---

① 费克光（Fisher），"Center and Periphery: Shih - Tsung's Southern Journey, 1539," *Ming Studies* 18 (1984), p. 21。

② Dennis, *Writing, Publishing, and Reading*, pp. 129 - 136, 145, 150, 151, 193, 195.

为有思想、有学术的事业。

> （程公）心有所思，虽白身，亦欲言于当途。或有硁硁小人目之为狂生，谓"不在其位，焉谋其政"。然其心有所向，岂肯默然哉？故遍览方舆，汇于此编，冀传于天下焉。①

这位平民宣称自己具有合法的政治角色。我们应该警惕权力压迫下的沉默和改写，要认识到在更为普遍的情况下，民众可能会认为自己应当发挥比实际更重要的政治作用，尤其是各类纪念性景观中包含的文字往往对民意有所美化。

晚明的精英士人开始说"贫富贵贱，合为一心"一类的话，并和平民一同组织善会。韩德玲认为，在朝廷打击书院党社之际，这种结社为联合行动提供了合法的理由。② 不过早在此之前，在崇祀和建立生祠的过程中，这种联合或不联合已经被承认与接纳。可能正是因此种缘由，而不仅仅是善会的慈善活动，让地方官接受了社团的合法地位。如果说士绅和平民的合作赋予了他们组织和话语的权利，那么平民同样可以在这一过程中建立自己的组织，主张自己的话语权，即便这一声音最终为士绅统治的现实、东林党人的吁喊和清代的专制所淹没。

---

① 转引自杜勇涛（Du），"Literati and Spatial Order: A Preliminary Study of Comprehensive Gazetteers in the Late Ming," *Ming Studies* 66 (2012), pp. 22, 27. 译者按：这段文字据英文回译。据杜勇涛文章，言其译自朱谋㙔为《方舆胜略》所作序言，据四库禁毁书丛刊史部第 21 册所收北京大学图书馆藏明万历三十八年刻本《方舆胜略》（北京：北京出版社，1997 年），卷前确有朱氏所作"叙"，但未见此段文字所出，不知杜氏所据为何。今姑据英文回译，俟后考。

② Smith, *The Art of Doing Good*, pp. 105, 120. 中译文见 [美] 韩德玲：《行善的艺术》，第 153、178 页。

第三部分

墙壁和屋顶

第七章　政治投资

　　与今日相同，明代的北直隶沙河县也位于中国北方繁忙的交通线上。此地向来号称难治，其三万余人口承担着为朝廷输送劳力的重任，百姓生活贫苦不堪，以至于一位刚刚上任的知县"询及父老，悉闻其所以艰难困苦之实，遂恻然太息曰：'民何不幸，而声于兹土乎？'"① 然而，到了万历十七年（1589年），记录这些情况的县志首次修纂刊刻时，这个贫穷的县城除了按规定建有坛庙之外，还建有纪念六位知县的祠堂，以及一些纪念其他人的碑刻。在这座"识德祠"中，每位官员都立有一方碑，记录着其姓名和头衔，按到任的先后排列在装饰华美的壁龛中。他们的塑像衣冠俨然，排列于正殿之中。方志记载说，塑像前有足够的空间，可供当地百姓参谒休憩。院子的两侧可能还有一些较小的建筑，用于准备祭品之类。庭中有树，围以墙垣，祠堂的正门雕花彩绘，上悬匾额以书祠名。

　　祠宇和碑刻意味着巨大的资源支出。如果仅仅是为了纪念离任的官员，人们可以"攀辕卧辙"来作为送别的仪式，以表挽留

---

① 万历《沙河县志》卷五，第 1 叶，日本藏中国罕见地方志丛刊续编第 1 册，北京：北京图书馆出版社，2003 年，第 63 页。沙河县在北直隶（今河北省）南部的顺德府，靠近河南和山西的交界处（北纬 37°，东经 114.5°）。从弘治到万历年间，其户口数（明代往往少计）仅仅增加 187 户，平均每户口数从七口增加到十口。女性人口的负增长，也标志着当地的贫困。引文来自佚名：《县尹毛公（国贤）去思碑》，万历《沙河县志》卷八，第 35b 叶，第 204 页。

之意；或者人们也可以绘制或购买他简单的画像，供奉在家中的祭坛上。对于一个这样贫穷的县城来说，如此巨额的花费有何意义？实际上，这些纪念行为是为了影响地方政府、争取政治话语权而精心策划的一种投资。沙河和其他地方一样（可能更为系统），试图利用祠碑——但往往是徒劳的——与历任的官员建立一种持续性的联系，以冀换取他们的忠诚，施行有利于地方的政策。

由于文教不彰，沙河很晚才响应巡抚的要求，终于在万历十七年修成了第一部县志。① 这部县志由知县姬自修（名义上修志）和两位县学教谕编纂而成，当时甚至已经找不到成化七年（1471年）之前任官的完整记录了。后来有一位地方官在万历三十七年（1609年）加以重修，今天保存下来的版本又经重修，列出了直到万历四十四年（1616年）的历任官员。姬知县的序言（我们实际上并不知道他为该志贡献了多少）一开始就很严肃地指出："夫志也者，史之遗也。盖纪一邑之山川，之风俗，之职贡人文之类。庸以彰往昭来，征文献者也。然其体在实录，匪觞也，觞匪所为志也。"所谓"觞"（饰，即文饰、夸耀），对沙河来说不是一项可能的选择：和其他充溢着豪门世家、美景胜迹、诗文歌赋的方志不同，沙河唯一知名的便是一位唐代政治家的坟墓。从地方的立场出发，该志用了不同寻常的篇幅来记载地方官，对当时尚存的有关地方官的文字进行了系统的整理和保存。《沙河县志》的编者明确将该县置于国家悠久的崇祀传统之中。有一方碑引用了生祠记中常见的典故，提到汉代官员死后被祭祀于原任

---

① 沙河也曾出过朝廷要员，比如许能，永乐间以贡入太学，曾任浙江参议，民立祠祀之（万历《沙河县志》，第91页）。

所，《诗经》中召公曾在甘棠树下主持公道：

> 文公祠于西蜀，而南国思召伯，至相诫勿伐所憩甘棠，人情也。礼以缘情，沙氓宁独异乎？①

沙河县的祠宇碑刻与本书其他部分所讨论的一致，但由于其数量巨大、条列严谨，所以值得详加考察。

◇ 意在联系？

有人认为生祠是士绅对官员的谄媚，意在换取未来的照拂。这种观点实际上隐含了三种假定，一是受祀者正在或有可能获得晋升，二是受祀者能够从地方的纪念中获得什么，三是地方的士绅或准士绅（通过了科举尚待朝廷任命者）赞助了生祠和去思碑。我将以沙河为例，对这些假设逐一进行考察。

首先，在全国范围内，县官远比更低级的吏员（教谕或典吏）具有更好的仕途前景，而明代沙河确实只表彰其知县，但有一个例外（表 3 列出了沙河历任知县及其纪念，包括方志对他们的评价）。此外，不同出身的官员对知县的职业期望也不尽相同：进士往往以知县为其仕途的起点，从此开始晋升；举人则可能以知县或知府为仕宦的终点，少有人能获得更高的职位；对于太学生和其他人来说，担任知县将是他们仕宦生涯的顶点。② 沙河在

---

① 胡三省：《（姜桂芳）修前邑侯祠堂记》，万历《沙河县志》，第 250 页。
② 倪清茂（Nimick），*Local Administration in Ming China：The Changing Roles of Magistrates, Prefects and Provincial Officials*，Minneapolis：Society for Ming Studies, 2008, p. 88。

对知县的纪念中是否存在以功名出身为标准的区别对待？在六十五名历任知县中，三位进士出身者的确都在生前得到了奉祀。其中方豪是第一位得立去思碑者。但在三十四名举人出身的知县中，也有十人获得了纪念，其中六人得享生祀。二十位监生中，有两位在方志中立有传记，刘碧建有去思碑，韩士被奉祀。① 总之，沙河也经常会表彰那些不被寄予厚望的人。

其次，地方上的纪念可能佐证官员执政的能力，从而有助于其仕途的发展。我们从教谕杨传于正德十四年（1519 年）为知县方豪所撰写的去思碑中可以明显看出这一点，其中混合了明目张胆的奉承、拐弯抹角的诋毁和显而易见的迂腐。方氏主政沙河不过一年而已（1517—1518 年），需要一定的创意，才能使人相信他对当地具有相当的影响。杨氏写道，在穷困的沙河，方知县能

表3　沙河知县及奉祀情况统计

上任时间	姓名	出身	传记所载纪念情况	碑？②	生祠？	遗祠？
金代	孙德渊		民为刻石祀之			名宦祠
元代						
1330—至少1335	李滋荣（主簿）			是		
1297 +	陈伯祥		士民为立碑学宫			
约1333	颜仲德		民为立碑颂德，杨朴记	是		名宦祠
明代						
洪武	庄麟					

---

① 对于官方色彩更强烈的名宦祠而言，科举功名和职务等级更为重要。比如当时沙河留存下的最早去思碑是元代主簿（三号人物）李滋荣，就比他的上级知县颜仲德更受欢迎。然而，在他们去世很久之后，是地位更高的颜氏进入了名宦祠。万历《沙河县志》卷五，第7叶，第76页。

② 译者按：问号表示"是否有"。

（续上表）

上任时间	姓名	出身	传记所载纪念情况	碑？	生祠？	遗祠？
永乐	李戡		存心谨慎，多所创建			
宣德	司鼎					
宣德	刘敬					
正统	王烨					
正统	张瑾					
景泰	郎信					
15世纪50年代	操忠					
天顺	周俊					
1471	成信	举人	刚明有为，修学校及公署			
1476	岳俊	监生				
1482	庄肃	监生				
1484	葛祯	监生				
1490	王让	监生				
1494	张璠	举人				
1497	王玺	举人				
1499	许璋	举人				
1502	路谠	监生				
1505	张谨	监生	勤于修缮，民不告劳，称有为			
1508	靖希贤	举人				
1510	张纪	监生				

(续上表)

上任时间	姓名	出身	传记所载纪念情况	碑？	生祠？	遗祠？
1511	王宾高	监生				
1513	陈斌	监生				
1515	徐济	举人				
1517	方豪	进士	公廉仁恕……民为立去思碑	是		名宦祠
1519	汪澋	举人				
1520	刘夔	监生				
1523	柴虞	举人				
1525	刘碧	监生		是		
1527	苏焕	举人				
1529	姚钟	举人	士民争买棺以殓			名宦祠
1530	庄文学	举人				
1532	饶伯钧	监生	似方豪而有为过之			
1535	董相	监生				
1538	王进禄	举人				
1541	李表	监生				
1544	张爱	举人				
1545	任环	进士		是	1548；重建为识德祠，约1585	名宦祠
1548	赵钥	举人				
1550	毛国贤	举人	民立祠祀之	是	与任环同祀	识德祠，约1585

213

（续上表）

上任时间	姓名	出身	传记所载纪念情况	碑？	生祠？	遗祠？
1557	丁成式	举人				
1559	李松	举人				
1561	刘孟贤	举人				
1562	杨世卿	举人	民立祠祀之		与任环同祀	识德祠，约1585
1566	冯栋	举人				
1568	王进朝	举人	民感而祀之		首祀于西祠	迁往识德祠，约1585
1571	萧泮	举人（1552）	去之日，民攀辕遮道，立祠祀之	数方，但无去思碑	列入西祠	迁往识德祠，约1585
1574	孙从教	举人				
1575	赵坰	监生	以忧去			
1576	韩士	监生	去之日，士民拥送，无虑千数，皆泣下，立祠祀之		列入西祠	迁往识德祠，约1585
1578	侯锐	监生				
1580	岳镇东	举人				
1582	郜尚德	监生				
1583	姜桂芳	举人				
1586	王屏	举人	民呼为"我父"			
1588	姬自修	举人				
1591	向栢	监生				
1593	王训	举人				

(续上表)

上任时间	姓名	出身	传记所载纪念情况	碑？	生祠？	遗祠？
1595	王梦卜	举人				
1597	史与禄	举人	公之子中丙午乡试			
1601	丁天相	监生				
1603	涂表	举人				
1605	谷师颜	举人		小传中提到两方，但没有单独在志中列出		
1610—1615	杜旻	举人	如冬日之日……去后，人益思慕，立祠祀之		生祠，县志中未单独列出	
1614	焦源溥	进士	士民涕泣有从之至新任所者，乡父老为立生祠		生祠，县志中未单独列出	
1616	陈荩	举人，第六名	富民教民，邑人思之，立生祠焉		生祠，县志中未单独列出	

资料来源：万历《沙河县志》卷五，第1—6叶，第63—74页。

兴学校、息讼争、养民生、重礼教等，政绩卓著。当调任的消息传来时，众百姓亲往巡抚处恳请允许其留任，但最终无果。杨氏迂回曲折的论证，首先提到了关于父母之喻的普遍观察。

> 予以守令固亲民之官，而令尤其最者也。纵使御之以其道，亦必积久而后可得其心。夫子尝曰："善人为邦，百年亦可以胜残去杀矣。"又曰："如有用我者，期月而已可也，三年有成。"今方公之宰是邑，未及期月之久，何其得民之

深,况吾夫子之不如耶?呜呼!夫子何可当也。盖当是时,民苦烦苛困躬殆甚,在上者能宽一分之赐,则在下者如受十分之惠。譬如渴者之饮江河,而不知其足;饥者之食菽粟,而不知其饱。孟子曰:"故事半古之人,功必倍之。"方公之得民心,予敢以是乎?①

知县是最亲近百姓的官员,不是因为他们是皇权的代表,而是因为他们"得其心"的能力。杨氏认为,方知县的任期甚至比孔子说他自己需要的任期还短。尽管其功绩只有古人的一半,但他还是赢得了民众的欢迎。为什么这样说呢?因为沙河百姓的处境实在太恶劣了,他们十分珍视国家对其显露的每一份善心。

杨传用一个预言来弥补他的恭维的尴尬,这对于碑记来说是不同寻常的,它是直接对被纪念者说的:"尔不日居大位,得大任,历年多施泽于民。"杨氏认为,方豪在沙河的任职影响了其升迁。当他离开沙河时,百姓们上演了许多纪念性的仪式。他们"恸哭流涕,攀辕脱靴,不忍其去。公既告于天曹,果公论有归。未几,升刑部主事"。② 他似乎在暗示,沙河百姓对方豪的爱戴对他的升迁起到了直接作用。

如果说地方上的爱戴确实对方氏有所帮助,那么其科举功名

---

① 杨传:《县尹方公(豪)去思碑》,万历《沙河县志》卷八,第 31 叶,第 193—194 页。《论语》中的引文出自《子路》篇第十一章和第十章,《孟子》引文出自《公孙丑上》,公孙丑问曰:"文王何可当(德行为周朝赢得天命)也?"是指标准不必定得那么高。文中提到渴者、饥者,形容在艰难处境之下,即使一个中规中矩的领导,人们也会很乐意跟随。

② 杨传:《县尹方公(豪)去思碑》,万历《沙河县志》卷八,第 31b—32a 叶,第 194—195 页。杨氏随即列出了方氏的文学成就(这在祠记中亦颇不常见),事实上正史的确将方豪置于"文苑传",见《明史》卷二八六《文苑传》,北京:中华书局,1973 年,第 7375 页。

和文章撰述奠定了其升迁的基础。明代沙河六十余任知县中，大部分人没有再继续担任任何职务，有九人获得了升迁，两三个人转任他处。① 少数人做到了通判（正六品）或知府（正四品）。方豪升任刑部主事（正六品），任环则先是迁苏州同知（正五品），因抗倭有功，累官兵备副使（正四品），并最终做到了山东右参政（从三品）。② 沙河百姓爱戴的记录似乎并未有助于官员仕途的升迁，所以任何奉承都不会对被奉承的人有实质性的帮助。

至于第三个假设，与在其他地方任职的官员建立联系，对需要在庞大的官僚体系网络中寻求赞助和同盟者的地方士绅来说，是最为有用的。是他们赞助了生祠的建立和撰写了沙河的碑记吗？自然，受过教育的人应当撰写碑记。当生祠开始规划或落成的时候，赞助者会找到士人来撰写文章。但是我们发现，在沙河，碑记的作者并不显赫：他们大多是县学的教谕，有的甚至都没有留下名字——对心怀壮志的明代官员来说是这几乎是不可想象的。事实上，在明人的实践之中，生祠确乎应有平民加以赞助。正如毛国贤的去思碑所评论的那样（并不十分准确）：

> 民自思之。匪侯仁爱得民，其能若是乎？且前令吾邑者不知几许，而立祠建石，惟棠陵方侯（豪）、复菴任侯（环），逮侯凡三见。甚矣！沙令之不易迁也。不易得，不易

---

① 明代官员品阶最低为从九品，最高为正一品，知县往往是从七品。毛国贤调任江宁县尹，姜桂芳升淮安府同知（正五品），杨世卿累官员外郎（从五品），王进朝则担任某种军职。译者按：原文苏州府同知误为从六品，姜桂芳职位误作知府（正四品），今据引文及相关史实正之。

② 《明史》卷二〇五《任环传》，第5418页。

迁，侯兼有之，诚难矣。①

要弄清平民百姓是否真的赞助了祠堂，需要花费一番工夫。沙河的记载和其他地方一样，只是笼统地指称赞助者。当知县任环入祀名宦祠时，县志只是记载"舆情定"。无论是士绅还是平民，都被明确记载参与了对"前邑侯祠堂"的规划与重建（见下文）。② 据《沙河县志》记载，万历四十四年（1616年），焦源溥离任时，当地有名望、有影响的乡父老为之立祠生祀。③ 其他文字对赞助者的记载则更为明确。为颜知县请碑的两位"耆民"郭天禄、王巨擘，都并未出现在该志的《人物志》中。④ 此外，杨传也是应六位生员、七位"耆民"（均列出了姓名）所请，写作了方公去思碑。⑤ 这些生员大多没有授职或仅为并无品级的训导，其中有一人升为教谕，仍无品级，但在方志中留下了简短的传记。⑥ 虽然他们同样没有出现在县志的其他地方，但其地位依旧高于"耆民"。

关于知县刘碧的去思碑，同样缺少相关信息。嘉靖六年（1527年），刘碧卸任沙河知县，"沙士民无老稚几数千人举号泣

---

① 佚名：《县尹毛公（国贤）去思碑》，万历《沙河县志》卷八，第38a叶，第207页。
② 胡三省：《（姜桂芳）修前邑侯祠堂记》，万历《沙河县志》卷八，第596、60a叶，第250、251页。
③ 万历《沙河县志》卷五，第6叶，第74页。
④ 杨朴：《县尹颜公（仲德）去思碑》，万历《沙河县志》卷八，第28b叶，第190页。
⑤ 杨传：《县尹方公（豪）去思碑》，万历《沙河县志》卷八，第31a叶，第193页。
⑥ 万历《沙河县志》卷六，第8叶，卷七，第4—5叶，第98、126—127页。

拥送",生员陈汝舟等因请作者写下这篇碑文。① 按理说凡是生员均应载于县志之中,但陈氏却不见记载。

再如,《县尹任公祠堂记》记载:

> 生员张大纶等首昌义举,乃率乡民建生祠三楹,立石于前,以垂不朽。金丐言于余曰:"吾侪闻诸父老,稽诸志典,自我朝百八十年,来尹兹土者多矣。求与我公伍者,盖鲜其人。盍为文以识之?"②

张大纶从未通过省试,其最高职位是乡宁教谕。③ 其余人众显然也根本没有任何功名。同样,"贡生员张贤等率乡民"请胡三省为前邑侯祠堂撰写碑文。④ 张氏同样没有出现在方志诸名录中。一个仅仅出于礼貌而被称为"贡生员"的人率领的群体,不能视为精英团体。这些发起者都是平民。

在明代,沙河出过二十三名举人,约一百六十名生员。然而这些地方士绅和边缘士人并未撰写过生祠碑,也并未筹建过沙河的各个生祠。该县的三名进士中,只有一人参与进来——胡三省。这些碑刻可能夸大了文人精英的作用,因为方志中也列出了根本没有碑的祠堂。在沙河,士绅奉承的解释并不成立,其生祠

---

① 佚名:《县尹刘公(碧)去思碑》,万历《沙河县志》卷八,第33a叶,第197页。

② 佚名:《县尹任公(环)祠堂记》,万历《沙河县志》卷八,第34叶,第199—200页。此祠为明代所立第一座生祠,在此之前只有金代知县孙德渊因劝服盗贼勿伤百姓,民刻石祀之。万历《沙河县志》卷五,第1b叶,第64页。

③ 万历《沙河县志》卷七,第5叶,第127页。

④ 胡三省:《(姜桂芳)修前邑侯祠堂记》,万历《沙河县志》卷八,第60b叶,第252页。

和碑刻纪念了不同出身的官员,而其中大多数并未高升,而且祠碑往往由平民发起筹建——当然是感恩的平民。不过,感激与奉承一样,都是具有政治性的。

◇ 作为政治表达的感激

在《沙河县志》中,人民的评价和朝廷的评判并立于文中。在《官师志》的导言中解释道:

> 朝廷设官分职以为民也。故长以治之,师以教之,而倅幕协理其间。奇能异绩表著于时者,则朝有显陟,而民有永思。沙河瘠邑也,刬当八省通衢,供亿烦劳,畴能堪此。从来宰兹土者,毋虑十百辈,而列祀名宦、遗爱、去思仅仅数人而止。大约留心抚字,刻意减裁者,则民情既可知已。今备采而录之,俾后之展秉者,其尚自得师云。①

这段论述首先把朝廷的升擢和民众的纪念等同起来。但随后朝廷的评判就退居次位,只剩下百姓的福祉和民众的情感。最初是朝廷为民立师长,到了最后则是由百姓决定新任官员应当取法于谁。考虑到地方对少数人的纪念意味着对多数人的批评,他们评判的重要性便也在情理之中:毕竟,同一个治所,表彰了百分之十的优秀官员,同时也意味着批评那百分之九十的不足。

那么官员们应该或可以做什么呢?沙河喜欢积极的作为。方

---

① 在《典祀志》的导言中已经指出,从文庙到社稷坛,再到各类祠庙,都有助于"明天子之刑赏"。万历《沙河县志》卷四,第1a叶,第59页。

志对每任知县都有简短的评论（0—125字不等），其中有三次称赞其"有为"。县志中所收录的每一方碑都详细介绍了官员的善政，主要集中在民生方面。沙河特别赞赏那些致力于处置当地关键问题所在的官员：中央政府对劳役和税粮的大量征发，是根据其在交通网络中的位置而决定的。监生饶伯钧嘉靖十一年（1532年）任沙河知县，他的小传说："邑当冲要，迎送饩廪之需，旧出里甲，伯钧皆自区处。"他还减轻了居住在该县西山的民众的负担，让他们不必每次征收都赶到县城。当地人把饶氏比作十五年前的知县方豪，而方氏则是进士出身，立有去思碑，入祀名宦祠。"论者谓守似方豪，而有为过之。"①

在万历四十二年（1614年）的一次危机中，有诏书命令各县自行运送征用的粮食，其他各县调派大姓车牛来运送。但沙河知县焦源溥说："欲以救民（《孟子》与其他典籍多有提及）而先扰民，吾不忍也。"于是，他派遣吏员以官钱运送。当他调任别处时，士民垂泪，依依不舍，有的一直送他到新的任所（约九十里外），乡父老为之立祠生祀。②再如，知县杜旻廉洁高效，减轻了百姓劳役的负担，县志赞其如"冬日之日"温暖着百姓，也立祠祀之。③任环是第一位被立祠生祀的明代官员，他解决了该县的驿递问题，民众不再受其烦扰，"乃建生祠，仰答云霓"。④

沙河困顿的根源在于它在明王朝交通网络中所处的位置，人们欣赏那些代表地方向上级进言的知县。据县志记载，嘉靖八年

---

① 万历《沙河县志》卷五，第3b叶，第68页。
② 万历《沙河县志》卷五，第6叶，第73—74页。
③ 万历《沙河县志》卷五，第6a叶，第73页。
④ 佚名：《县尹任公（环）祠堂记》，万历《沙河县志》卷八，第35b叶，第202页。

(1529 年)姚钟到任时:

> 邑甚疲敝。钟初至,择便于民者,次第施行。时郡守李公以严为治,诸县令每至郡,受约束唯谨。钟独酌利害、陈民隐,多至数千言。或劝之,钟叹曰:"我犹不敢言,谁敢言也?"①

沙河县的碑文使用了国家允许的、历史悠久的话语来表达对优秀官员的感激之情,也将地方需要和朝廷要求之间的矛盾凸显出来,在赞扬一些官员轻徭薄赋的具体措施的同时,也批评了另外一些无所作为的官员。

◇ "于斯万年,为令之式"

为民服务是儒家理念的核心内容,也被普遍理解为符合王朝的长远利益。正如一方生祠碑所言:"为民父母如公,斯上不负朝廷,下不负所学也。"② 然而县官们往往要在执行朝廷命令和为地方尽力之间做出选择,沙河利用生祠及碑刻来明确自己的利益。在理论层面上,沙河和其他地方一样(正如第一章所讨论的那样),借鉴经典的《礼记》,通过注重为民服务而忽视生与死的区别来证明生祀的合理性。有一方碑化用《礼记》说:"有功德

---

① 万历《沙河县志》卷五,第 3b 叶,第 68 页。
② 佚名:《县尹刘公(碧)去思碑》,万历《沙河县志》卷八,第 33a 叶,第 197 页。

于民，则祀之。"① 而万历十三年（1585 年）重修的前邑侯祠堂的祠记称："礼有之：法施于民者祀，以劳定国者祀，能为民御大灾、捍大患者祀。"② 对经典的论说略加修改，"为民"放在了最后一类加以强调。

在实践层面，沙河对新任官员的期望也非常明确。任环离去时，沙河百姓希望"于斯万年，为令之式"。③《沙河县志》中保存的碑文清楚地表明，向未来的知县告知县里的问题和先前的惠政，是沙河百姓建祠立碑的重要动机。现存最早的一方碑，是为元代主簿李滋荣（正九品）所立，认为善政需要长久的时间来建立，"民之立斯石也，非徒有美于既往，抑且有鉴于方来。使后之有任斯邑者，宁不有感于斯"。④ 用当地进士胡三省为重修前邑侯祠堂所撰写的祠记中的话来说，"继今牧斯邑登斯堂者，睹六公之姓字，奋然弹冠淬砺"，以使诸公美政得以延续。⑤ 在整个明代，为前任建祠立碑都是为了敦促后来者，让他们效法先辈，得传善政。沙河则把这种常见的做法上升到了协同战略的高度。将优秀的知县合祀，令其垂范后人的策略，在辞令和组织风格上都屡有出现。

沙河展现出纪念知县的地方修辞传统。碑文作者的级别相对

---

① 张搏：《重修治神庙记》（约 1160 年），万历《沙河县志》卷八，第 59a 叶，第 249 页。

② 胡三省：《（姜桂芳）修前邑侯祠堂记》，万历《沙河县志》卷八，第 59 叶，第 249—250 页。

③ 佚名：《县尹任公（环）祠堂记》，万历《沙河县志》卷八，第 35b 叶，第 202 页。

④ 贾恒：《三尹李滋荣去思碑》，万历《沙河县志》卷八，第 40b 叶，第 212 页。该书第 76 页李滋荣条下小注称作者为进士，但他并未被列入进士名录中。

⑤ 胡三省：《（姜桂芳）修前邑侯祠堂记》，万历《沙河县志》卷八，第 61a 叶，第 253 页。

较低,甚至并未署名,政治内容远过个人风格。该地离任碑刻都具有一致的碑名:"某公去思碑"。作者利用地方模式,重复某些不同寻常的术语,如"天曹"代表北京的大明朝廷,"乡"代表县,他们还提到保留知县的靴子以纪念他。① 称知县为"父母"很常见,但沙河强调其"慈母"的一面。有三方石碑,明确将方豪、任环、刘碧比作"慈母"。②

知县杜旻惠爱有声,"虽妇人女子皆知有杜母矣"。③ 为先任知县方豪立祠,是因为他去后两年,"合邑思之,如赤子之慕慈母"。任环减轻赋役,处理豪强,他去后,众百姓"如失慈母"。碑文续道:"慈母虽行,波润难名。乃建生祠,仰答云霄。"④ 在其后的任职中,任氏在对盗贼和倭寇的战斗中身先士卒,与部队同甘共苦,赢得了军士们的忠诚。他在自己身上标明官职姓名,不害怕敌兵的攻击。于是他作为英雄被奉祀于沿海一带,也就不足为奇了。⑤ 但是,沙河百姓在其生前却将之喻为"慈母"。

任环像慈母一样,对沙河百姓的苦难心怀悲悯,情感万端。在他的诗中,表达了希望从现实生活的困苦,走向平稳、安宁、公正的理想(都包含在最后一个形容词"平"之中):

碌碌奔驰岁已更,愧无毫发益苍生。

---

① 有两方碑提到了留靴,这是一个众所周知但颇不寻常的特例(万历《沙河县志》卷八,第33a、38a叶,第197、207页)。

② 在明代,知县偶尔被指为"牧民"者,更常见的是喻为"父母"。胡三省则将这两个词连在了一起:"癸未岁(1583年),姜父母以鲁进士来牧沙。"胡三省:《(姜桂芳)修前邑侯祠堂记》,万历《沙河县志》卷八,第59b叶,第250页。

③ 万历《沙河县志》卷五,第5a叶,第73页。

④ 佚名:《县尹任公(环)祠堂记》,万历《沙河县志》卷八,第35b叶,第202页。

⑤ 《明史》卷二〇五《任环传》,第5418页。

> 西山地瘠忧离窜，南野途长痛送迎。
> 征派频来冲苦处，催科愁听泣悲声。
> 何人肯赐调停手，扶起颓残作治平。①

类似拟构的形象，关涉对自己和他人的期望。将知县喻为慈母，让"子民"能要求得到哺育甚至放纵的权利。约万历二十八年（1600年），史与禄治沙河，提倡一种广泛的、包容性的和谐，以至于"盗贼蜂起，公终不忍加以严刑"。② 在此前七十载的嘉靖八年（1529年）左右，唯一入祀名宦祠的进士姚钟也有类似的德政："岁饥，西山盗起，钟意招抚之，当道竟剿捕。忧愤成疾，卒于官。士民争买棺以殓。"

这正是一位慈母的形象。省志却更多地站在朝廷的立场上，基本上沿袭了这篇传记的叙述，却省略了姚氏对盗匪的同情，从他向知府陈情直接跳到了其去世。③ 那些饥寒交迫走投无路而被迫为盗的人，在父母官眼中是子民，在朝廷官僚看来则是不法分子、社会渣滓。沙河用"慈母"的喻指，来反驳这种无情的漠视。

在沙河的实践中，奉祀的组织形式，也策略性地强调了祀主之间的联系。嘉靖二十七年（1548年），任环离任时，"民建祠立碑"，这是沙河的第一座生祠。④ 继任的知县并未获得任何纪念，然后是嘉靖二十九年（1550年）毛国贤任沙河知县，当他调任时，"民立祠祀之"。嘉靖四十五年（1566年）杨世卿去任时

---

① 任环：《沙夜有感》，万历《沙河县志》卷八，第71叶，第277—278页。
② 万历《沙河县志》卷五，第5b叶，第72页。
③ 雍正《畿辅通志》卷六十九，第28—29叶，四库全书本。
④ 万历《沙河县志》卷五，第4a叶，第69页。

也是如此。① 实际上，毛氏、杨氏是加入了早先为任环所建的生祠而被合祀，二人乃"后续人"。② 第二座祠堂——西祠，是为知县王进朝、萧泮、韩士所建，他们都是在16世纪70年代任职。他们都没有在方志中留下单独的去思碑（不过其他碑刻也曾表彰萧泮的政绩），但在《官师志》的名录下提及了他们获得的纪念：人们回报并崇祀王进朝；萧氏"擢为御史，去之日，民攀辕遮道，立祠祀之"；韩士"去之日，士民拥送，无虑千数，皆泣下，立祠祀之"。我们推测，该祠最初是为王进朝而建，为了节约之类的原因，参照任公生祠的模式，将萧、韩二人入祠合祀。

到万历十三年（1585年）左右，知县姜桂芳认为任公祠"像宇颓敝，弗克称祀"，于是对其进行了整修，并从西祠迁入了新的塑像。纪念碑上说："（王、萧、韩）与前三公（任、毛、杨）异人同功也，祀何涣焉弗萃？"③ 这座合祀的祠堂就被称为"前邑侯祠堂"，或者用任环原碑中民众对作者的要求来称呼，唤作"识德祠"。④ 该祠正堂三楹（即两柱间形成的空间），六方牌位和塑像按时间顺序排列在壁龛中，其后则是怀贤堂，也是三楹，计划在春秋两季定期祭祀。西边的大门上挂着一块牌匾，上书六公的姓名、籍贯和出身。

把它们放在一起，是一个很有意识的选择。沙河人知道还有其他的模式。例如，县志记载，和州人"感（沙河县人赵如昆）

---

① 万历《沙河县志》卷五，第4叶，第69、70页。
② 胡三省：《（姜桂芳）修前邑侯祠堂记》，万历《沙河县志》卷八，第59b叶，第250页。
③ 胡三省：《（姜桂芳）修前邑侯祠堂记》，万历《沙河县志》卷八，第59b、60a叶，第250、251页。
④ 万历《沙河县志》卷四，第1b叶，第60页。

恩，立木主家祀焉"。① 即使想祭祀，也不必非得建立祠堂。对金代的官员，"民为刻石祀之"。② 那么，为什么沙河百姓会选择将知县先供奉在两个祠堂里，然后再一并奉祀在一个地方呢？

夫六公者，其生不同时，产不同地，行不同政。今衣冠俨然，同俎豆于一堂之上，共牢而享，宛如旧告新代状。③

一个（脆弱的）善政传统在一个庄重的、甚至是神圣的公共空间里展开，先辈将火炬传给后来者。未来的县官可以在一个地方参拜所有沙河的模范官员，看看他们应该怎么做。胡三省引用《诗经》称："惟其有之，是以似之。"④ 祠堂使沙河民众能告诉他们的地方官应施行什么样的政策，并让他们看到杰出前辈的面孔。

事实上，胡氏的文章在祠堂落成后便立即被刻石立碑，给现任者施以压力或给予鼓励。他看到六公之塑像按时序排列，深感欣喜。他写道，在这一公共空间中"瞻拜游息"的沙河士民也是如此。那么，主持重修祠堂的姜知县呢？

异日征擢，边民感而思，思而勒碑颂德，如昨崇祀，爱其甘棠故事也，焉得不祠？……
殆见后之视今亦由今之视昔也，余愿执鞭以佐侯骖乘

---

① 万历《沙河县志》卷六，第12a叶，第105页。
② 万历《沙河县志》卷五，第1b叶，第64页。
③ 胡三省：《（姜桂芳）修前邑侯祠堂记》，万历《沙河县志》卷八，第60b—61a叶，第252—253页。
④ 胡三省：《（姜桂芳）修前邑侯祠堂记》，万历《沙河县志》卷八，第61a叶，第253页。

矣。遂为记。①

谄媚？胡氏当然对姜桂芳组织重修祠堂的工作大加赞赏，并提到他做的许多其他善政。他几乎暗示了姜氏未来将会列入祠堂之中，但又保留了最终的判断。而事实上，县志中并没有记载对姜的崇祀。这不是仅由进士胡三省就能决定的。②

◇ 持续的联系？

> 前邑侯生祠何？乡人思功德于无谖，故祀以永报也。
> ——胡三省《（姜桂芳）修前邑侯祠堂记》

尽管口口声声说要永为纪念，但官员离任后往往和当地并无联系。一个值得注意的特例是举人王屏，他于万历十四年（1586年）任沙河知县，当年该县遭受大祲，他多方设赈，活民数万；第二年又逢亢旱，他引水灌溉，祈雨成功，让秋禾得存。后来因为丁忧去职，服阕起复后又担任主管沙河县的顺德府同知；他在当地的名声可能促使朝廷将之安排在此任职。"每行部至县界，乡民罗拜于前曰：'我父也。'至有牵裙泣下者。"③ 他对地方的惠爱，在他子嗣身上获得了回报。他的次子考中进士，并获得了

---

① 胡三省：《（姜桂芳）修前邑侯祠堂记》，万历《沙河县志》卷八，第61叶，第253—254页。

② 与之相似，方公去思碑中也称赞当时在任的知县汪溦"有孚惠我民，其德矣"；然而最后汪溦既没有获得去思碑，也没有获得生祠。杨传：《县尹方公（豪）去思碑》，万历《沙河县志》卷八，第31叶，第193页。

③ 雍正《畿辅通志》卷六十九，第29叶，四库全书本，基本承袭了这段文字，但淡化了民众的情感，只是说"有牵车泣下者"，这是一种比较常见的仪式。

一个不错的职位，县志评论说："三槐之应天道，岂有爽哉！"知县史与禄的儿子也通过了乡试，被认为是他父亲的"隐德之报"。① 为地方工作可以获得报偿，沙河希望未来的知县知道这一点。

这种持续性的联系被修辞性地情感化了，在沙河和明代其他地方，是以曲解国家功能主义官僚架构的方式体现的。例如，《县尹任公（环）祠堂记》称："公未至也，人望之；公既去也，人思之。望之者仰其名，思之者怀其德。"② 这方碑将频繁调任的残酷现实，美化为任氏与沙河恰为对称的情感互动。任环最初授广平知县，他为政有绩，"循良有声"，因而改知号称繁难的沙河县，所以在他任职沙河之前，沙河民众已经听闻他的名声；然后，当他去职时，又留在了沙河百姓的心中。同样，为知县毛国贤立的碑，虽然重点描述了百姓对他的怀念，但也提到在他到来之前，"邑士民罔不延颈以俟"。③

重修前邑侯祠堂的时候，第一位入祀者已经去世二十七年之久，但该祠仍被称为"生祠"。现任知县姜公的修缮，"上妥六公灵，下慰群黎思"。六位前任知县（一些仍在世）"衣冠俨然，同俎豆于一堂之上，共牢而享"。④ 与夏大常所描述的（见本书第一章）相反，生者和死者显然接受同样的奉祀。正如胡氏所言道：

---

① 万历《沙河县志》卷五，第5叶，第71—72页。这是指在佛道教理念中，对秘密（在明代甚至是广为宣传的）善行的报偿。不过，在这种情况下，史氏可能要掩盖其宽恕匪徒的行为。
② 佚名：《县尹任公（环）祠堂记》，万历《沙河县志》卷八，第34b叶，第200页。
③ 佚名：《县尹毛公（国贤）去思碑》，万历《沙河县志》卷八，第35b叶，第204页。
④ 胡三省：《（姜桂芳）修前邑侯祠堂记》，万历《沙河县志》卷八，第60b叶，第252页。

"固知士民伏腊走祭者，必以祀六公祀之，而木主生像，且袭六为七。"①

前任知县真的在那里享受祭品，监督后来者吗？万历《沙河县志》中收录有宋代的一方碑刻，引用了《礼记》中大家都熟悉的"有功德于民，则祀之"的话，并解释道："是神也。"② 有迹象表明，和其他地方一样，沙河百姓也相信即便在其生前，好官也具有特殊的力量，不管是称为"灵"还是"德"。沙河人用不寻常的术语"力"来表示高万桑所说的"德"（charisma）："众建祠崇奉公力"。③ 沙河人也知道，该县的朱裳主政其他地方时，祈雨成功结束了连年的干旱，"众以为神"。④ 在其他地方，正如我们所看到的那样，生者的形象确实接受了供奉，并可回应祈祷，显示奇迹。在沙河，似乎在暗示这是生祀图景的一部分。我们可以想象，离任的官员从生到死，不仅以其存在和榜样来教导后来者，而且实际监督着继任者。明代政治宇宙中生与死的界限，就像我们所谈到的"政治"和"宗教"的界限一样，是可以跨越的。

---

① 胡三省：《（姜桂芳）修前邑侯祠堂记》，万历《沙河县志》卷八，第61a叶，第253页。
② 张博：《重修冶神庙记》，万历《沙河县志》卷八，第59a叶，第249页。
③ 佚名：《县尹任公（环）祠堂记》，万历《沙河县志》卷八，第35叶，第201—202页。一首赞扬济宁知府方克勤的歌谣也用了这个词："孰罢我役，使君之力。"施珊珊（Schneewind），"Reduce, Re-use, Recycle: Imperial Autocracy and Scholar-Official Autonomy in the Background to the *Ming History* Biography of Early Ming Scholar-Official Fang Keqin (1326–1376)," *Oriens Extremus* 48 (2009), p. 141。
④ 万历《沙河县志》卷六，第6b叶，第94页。朱裳是沙河人，在陕西任职。他不仅给当地百姓提供食物，还将"西夷"叛军围困在山洞里，直到他们的食物耗尽，将其击败。

※

不管是因为他们出于务实的原因带着使命感而来，还是沙河百姓成功说服他们为民服务，部分沙河知县的确想方设法让当地赋税不再那么繁重，降低或重新分配劳役，站在纳税者的立场与府里公开商讨政策的利弊，并试图养活饥饿的地方"盗匪"。在一定程度上，这种适度的让步使百姓回归到安定的生产生活中去，正如倪清茂所认为的那样，这可能有助于明朝的长治久安。① 州县官员受天子之命以牧民，他们可以通过天命思想中要求皇帝与国家保证民众生活安定的"条款"来为这种半自治的行为进行合法化论证。

为感激和民生所围绕的话语体系也赋予了当地人权力。他们在生祠和石碑中明确推动部分有利于地方而与中央相悖的政策，甚至抨击某些特定的官僚。所以县官们知道沙河百姓希望他们做什么。此外，生祠记以普通民众的感激之情为核心，在沙河，真正赞助生祠和石碑的是平民和最底层的士人、生员或童生。天命政治话语的另一部分则指出，一个好的主政者为其臣民带来的道德转变，让平民有可能拥有足够的智慧来对受过更高教育的治人者加以评判。我们被告知，沙河受奉祀的官员确实在道德上改造了人们。饶伯钧治下，"民无健讼论者"。任环教化不遵礼制者，使其转为良善，并制止妄讼，"一经判断，曲直咸宜，邪神惑"。沙河百姓怀念他，正是"饮吴之水，不易其心。如兹良吏，民之攸塈"②。当沙河百姓为方豪立下明代的第一方去思碑之时，这种

---

① 倪清茂（Nimick）, *Local Administration*, pp. 112 – 119。
② 万历《沙河县志》卷五，第 3b 叶，卷八，第 33b—35b 叶，第 68、198—202 页。

人人均可知行合一的主张，当是得益于哲学家王阳明的观点。而生祠和碑刻中往往会记录如何从上位者中选择公开表彰的对象，以及如何表彰他们，地方文献明确主张平民拥有这样的选择权。

　　沙河生祠的筹建者和碑记的撰作者都处在县内以及全国性的修辞和制度传统当中。一位即将离任的沙河知县可能会被纳入现有的祠堂，也可能会在以后再迁入合祀祠，所以实际上沙河将被奉祀的县官制度化了，让他们成为祠堂公共空间中地方性、永久性的职位。在选择的过程中，官员所施行的政策及其实效最为重要。因为纪念最明显的目的是鼓励未来的官员尽职尽责：即在朝廷要求之下尽量维护沙河地方的利益。天命观念要求统治者关注民生，这就使得对委任官员和政策的评判、赞扬和批评合法化。纪念和感恩具有公共政治的成分，生祠和石碑也是一种有价值的投资。简而言之，沙河平民请文士代其立言，借由生祠和石碑实现了政治言论的制度化表达。

第八章　复杂的图景

各位读者，我尚未告诉你们全部的真相，生祠在明代有着更复杂的图景。我已经指出，生祠承担着公共领域的作用。但是，与任何长期存在且分布广泛的机制一样，生祠为达成其各种目标会在实践中进行相当灵活的调整。这一切都要比前面几章所介绍的更为复杂。

一开始，我将碑刻和生祠区分开来。诚然，碑文阐述了明确的信息，而生祠则构建了公共性的神圣空间，从而将信息传递给人们；士绅与石碑之间的关系更密切，而平民则与生祠联系更紧密，这是一种相当合乎情理的看法。但这种二分法并不决然成立。一块石碑往往由龟趺驮负，顶部雕刻螭龙，实实在在地构成了文化景观，超越了文字化的范畴。除了用文字记录事实、谎言和祈愿之外，一方碑的物理存在、摆放位置、书法篆刻、装饰纹样、与其他建筑的相对位置，以及立碑和供奉的仪式，都影响着社区成员与石碑的互动。[①] 徐九思的生祠碑中有一幅画，画的是

[①] 石碑是作为"文本实践"，为特定的场合和目的而被创造出来的，它们的仪式位置对其社会意义的影响与其文本内容同样重要；见周越（Chau），*Miraculous Response: Doing Popular Religion in Contemporary China*, Stanford: Stanford University Press, 2006, p. 213。关于相近的欺骗性的碑文以及围绕立碑的社会关系和仪式，见 Takacs, "A Case of Contagious Legitimacy: Kinship, Ritual and Manipulation in Chinese Martial Arts Societies," *Modern Asian Studies* 37.4 (2003), pp. 885–917。关于记忆物，见 Mack, *The Museum of the Mind: Art and Memory in World Cultures*, London: British Museum Press, 2003, p. 43。

一捆青菜，文字中没有更多的解释，但对观者来说却很有意义，因为他看到这幅画便会提醒自己要注意节俭。① 石碑就像是祭坛上摆放的灵位，某广昌知县陈氏建有生祠，勒石刻曰"邑侯真父母陈公之位"。② 而供品也可置于石碑之上。③ 这样说来，有的石碑很像是生祠。

有的资料支持士人立碑、平民建祠的一般说法。方志记载说，济南同知王重贤调任他处，"父老儿童遮道欢呼，至有图其形貌以俎豆之者，邑士大夫勒石以纪之"。④ 同一方志中，却也有"邑人士建祠祀之""民立碑颂之"的例子。⑤ 徽州知府孙遇离任时，"士民作甘棠遗爱之什""指挥使……作去思之诗"，一位歙县的"义民"将之汇集刊印，取名《怀仁集》。后来，一位千户

---

① 姚之骃编：《元明事类钞》卷三十二，第13a叶，四库全书本。另一出处称，碑上还刻有他"勤、俭、忍"的三字经。徐开任编：《明名臣言行录》卷四十，第21b叶，明代传记丛刊第52册，台北：明文书局，1991年，第46页。

② 崇祯《广昌县志》，明代孤本方志选第12册，北京：中华全国图书馆文献缩微复制中心，2000年，第512页。石碑是由礼器演化而来，它既记录事迹又供养死者，一些早期的石碑上直接在碑身上穿孔，用来放置供奉食物的绳索 [白瑞旭 (Brashier), "Text and Ritual in Early Chinese Stelae." In *Text and Ritual in Early China*, edited by Martin Kern, 249-284, Seattle: University of Washington Press, 2005, pp. 272-274]。（周代青铜器传达的是生者的成就，所以与生祀的关系更为密切）。此外，白瑞旭指出，"相互关联的器物往往共享标签"（p. 272）——比如像石碑和生祠。关于带有供奉用的酒杯的石碑，见康若柏（Campany），*Making Transcendents: Ascetics and Social Memory in Early Medieval China*, Honolulu: University of Hawai'i Press, 2009, pp. 182-183, 230。

③ 康熙《福建通志》卷三十二，第9b叶，北京图书馆古籍珍本丛刊第35册，北京：书目文献出版社，1988年，第1909页。

④ 康熙《济南府志》卷二十五，第51叶，哥伦比亚大学藏缩微胶卷。王氏在嘉靖年间任御史，后因贪腐而被罢官。译者按：原文"欢呼"作"hollering and crying"（号泣），正与引文相反，今据方志引文正之。

⑤ 康熙《济南府志》卷二十五，第44b、45a叶。

和部分碑文的作者合作为之建立了生祠。① 平民百姓也与文字记录打交道，勒石立碑，出版著作，也会建立生祠。②

本章将介绍更深层次的复杂图景。其中有关注士绅阶层内部关系的祠堂，有为师长而建的祠堂，有反映以士绅家族关系为中心的生祠，有为佛教僧侣及施舍者而建的祠堂，有为太监和高官而建的祠堂，还有突破传统生祠修辞模式的石碑。在所有这些案例中，都援引了民众的声音——尽管有时略显空洞。

---

① "义人"通常是指通过向社会捐献粮食等方式获得荣誉称号的平民。碑上说"又三年"才建祠，但应该是又过了十三年。周洪谟：《徽州府前太守孙公（遇）生祠记》，弘治《徽州府志》卷十二，第 34 叶，天一阁藏明代方志选刊第 22 册，上海：上海古籍书店，1981 年。这里的"武职"、"小民"，正是周氏在其他地方（未指明）见到的横暴、贪婪、极力钻营的官员的受害者。周洪谟的一些苦闷可能源于孙遇在两年前被赶下高位的事实（《明史》卷一七七《孙遇传》，北京：中华书局，1973 年，第 4713 页），也有可能来自于当时正在发生的荆襄之乱。他认为，荆襄之乱暴露了明朝腹心地带根深蒂固的贫困和混乱。Mote, "The Ch'eng – hua and Hung – chih Reigns, 1465 – 1505," in *The Cambridge History of China*, vol. 7 : *The Ming Dynasty, 1368 – 1644*, Part 1, edited by Frederick W. Mote and Denis C. Twitchett, Cambridge, UK: Cambridge University Press, 1988, pp. 384 – 388. 中译文见［美］牟复礼：《成化和弘治统治时期，1465—1505 年》，［美］牟复礼、［英］崔瑞德编：《剑桥中国明代史，1368—1644》上卷，北京：中国社会科学出版社，2007 年，第 373—377 页。

② 陆冬远（Richard Lufrano）发现，明代平民成功的请愿有时会被刻入碑中。Lufrano, "Cherishing the People and Enriching the Dynasty: Officials and Non – Elite Petitioners in Late Ming Jiangnan," *Ming Studies* 68 (2013), pp. 34 – 35. 卜正民的观点恰与之相悖，认为只有精英才能将明代景观文字化，见 "Communications and Commerce," in *The Cambridge History of China*, vol. 8 : *The Ming Dynasty, 1368 – 1644*, Part 2, edited by Denis C. Twitchett and Frederick W. Mote, Cambridge, UK: Cambridge University Press, 1998, pp. 645 – 647. 中译文见［加］卜正民：《交通通信和商业》，《剑桥明代中国史，1368—1644 年》下卷，北京：中国社会科学出版社，2006 年，第 606—608 页。

◇ 内阁大学士

绝大多数生祠所表彰的都是府县官员,但省一级的官员确实也负有一定的民生及安全责任,所以高级官员也可获得纪念。① 明朝初年,清河县有"沮洳田"七百余顷,朝廷下令听民开垦,并蠲免其赋税。然而在正德皇帝派征税太监大肆搜刮之前,当地百姓就已经不堪重赋了。先是划归德王以供赋税,继之庆阳伯请为庄田,征索无度,百姓苦不堪言,而地方对百姓的屡次上告不予理睬。终于在正德八年(1513年),侍御史钱如京按查奏牍,力为陈请,命广平知府华津清查,情况才有所好转。然而百姓处境依旧十分艰难,再次申诉,正德皇帝命三名朝廷官员加以查按:户部主事张希尹,新科进士监察御史樊继祖以及另一名新科进士兵科给事中夏言。嘉靖二十四年或二十五年(1545或1546年),赵廷瑞在新任知县所请的祠记中解释说,这三人减轻了清河的税负,将被侵占的土地归还给小民。碑文称:"蒸黎始知有生之乐矣。邑人惧无以图报,遂相率立祠,肖公而俎豆之。"② 赵氏坚持认为,发起人是"下民""瘠土之民""众民"以及更为

---

① 参阅盖博坚(Guy), *Qing Governors and Their Provinces: The Evolution of Territorial Administration in China, 1644-1796*, Seattle: University of Washington Press, 2010, pp. 35, 42。

② 赵廷瑞:《崇功慕德生祠记》,《古今图书集成·方舆汇编职方典》卷一二九《广平府部》,第10—12叶,《古今图书集成》第8册,北京:中华书局,成都:巴蜀书社,1985年,第8931页。该祠也被简称为"五公祠"(雍正《畿辅通志》卷五十,第150叶,四库全书本)。赵氏对祠堂名称的简化强调的是"德",而当地人更在意的是功德,即"功"。赵廷瑞于16世纪在朝多年,颇为成功,并主持编撰了《山西通志》。夏言后来继续为此事操心,参见嘉靖元年(1522年)的碑刻。盖杰民(Geiss), "Peking under the Ming (1368-1644)," Ph. D. diss., Princeton University, 1979, p. 195。

普遍的"邑人"。与皇朝宗室相比，他们的确是弱小的，但投资祠堂使其落成的群体当有足够的资财，以充分回报帮助过他们的人。

赵氏写道，人们注意祠堂应该具备的每一个细节（图7）。祠堂的正堂和后寝均为五楹，前后东西各有庑，庑各三楹。大门、仪门各三楹，前立绰楔，后辟园圃。正堂中设五龛，正中间供奉

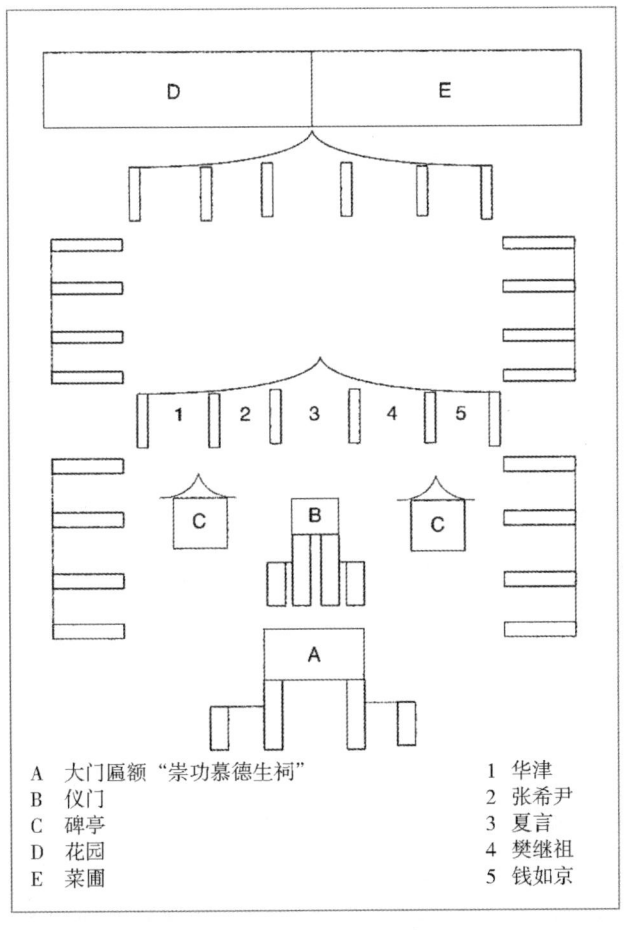

A 大门匾额"崇功慕德生祠"
B 仪门
C 碑亭
D 花园
E 菜圃

1 华津
2 张希尹
3 夏言
4 樊继祖
5 钱如京

图7 崇功慕德生祠。该图据嘉靖《清河县志》描述绘制

着夏言的塑像，两旁是樊继祖、张希尹（方志称其为"三公"），再往两边是钱如京、华津二人（"二公"），他们虽然不那么重要，但在减赋的第一阶段发挥了作用。最外面，则"绕以崇垣，甃以文石"。地方还"置田五十三亩，为主祠者衣食之供"。祠内两座碑亭显然是空的。①

但这座宏丽的建筑一开始却并无纪念碑文。该祠首建于正德八年，曾毁于洪水，又于嘉靖九年（1530年）由知府知县重建。② 直到嘉靖二十四年（1545年），新任广平知府唐氏才向赵廷瑞请求撰写碑文。所供奉的人那时都已不再显赫，为何要选择此时立碑呢？华津在正德十四年（1519年）就已经去世；樊继祖在保卫北疆方面做出了不错的成绩，但也早已致仕，到嘉靖二十四年时，可能已经去世了；钱汝京虽然仕宦颇显，但在嘉靖二十年（1541年）就去世了；张希言在嘉靖初年（1522年）参与了"大礼议"，但此后并没有给人留下什么深刻印象。③ 所以，倘若说唐知府决定立碑是受到国家政治的影响，那么重要的人物应该是大学士夏言，他的命运恰在这一年发生了转折。根据立碑的月份不同，唐知府可能是在奉承一位权势滔天的显要，也可能是在表达对一位即将下台和出局的官员的支持。④ 不管是哪种情况，他不仅追溯了夏言早年的活动，而且让作者把自己的奉承披上了地方上感激之情的外衣，其中也包括很穷的老百姓。感激之情，或者说是一种持续性的互惠，以及嘉靖九年以后官方的赞助，已经让祠堂在没有碑的情况下维持了三十年。因此，知府的奉承是

---

① 见嘉靖《广平府志》卷二，第6叶，天一阁藏明代方志选刊第5册及赵廷瑞：《崇功慕德生祠记》。
② 赵廷瑞：《崇功慕德生祠记》。
③ 《明史》卷一九一《何孟春传》，第1069页。
④ 参阅 DMB, pp. 529 - 530. 中译文见富路特、房兆楹主编：《明代名人传》，北京：北京时代华文书局，2015年，第721—723页。

后来加到生祠之上的,并不能解释最初生祠的建成。

✧ 士绅的联结

一方颇为独特的生祠碑强调了士人之间的联系,作者秦镐自称为"布衣",即一介平民。秦镐终生未取得功名,始终只是"儒生",但他是河南一位相当知名的诗人。他在碑记中写道,天启二年(1622年)他曾因朝廷之事(可能是劳役)到过山东,当时正值"妖贼"发难,所以匆匆而去。八年之后,他再次回到这里,发现依旧是充满着暴力和谣言的动荡年代。他仅有的一丝宽慰源于其三十年前便已听闻的刘荣嗣:不是因为刘公的德行和名声,秦氏宕开一笔写道,而是因为在拜谒冉子祠(在冉村集,县志记载该集每十日有两集)时,在祠西见到了黄氏和诸生为刘公新建的生祠。该祠"折石为砌,而花竹阴森,日以香茗",为诸生"报功"之所。秦氏续道:"余浪迹海内,见建祠尸祝者比比。然辄厌其通都大市,人语喧阗,相沿为常,而相顾无味。黄子乃辟此一亩之宫,与名贤为侣,斋祓仰瞻,觉有灵气,栖洎传之他年,使勒功颂德之区,为招隐赋诗之处。"① 秦镐对刘荣嗣治理河道节用爱民的政绩善声只字不提,却着重介绍了自己与刘、黄的关系,以及对"赋诗之处"的赞美。他唯一提到的生祠参谒

---

① 秦镐:《汝南布衣秦镐为东兖道刘公(荣嗣)生祠碑记》,崇祯《郓城县志》卷八,第14b—15a叶,明代孤本方志选第6册,第326—327页。刘荣嗣,万历四十四年(1616年)进士,初授户部主事管银库,天启时以吏部侍郎总督河道,节用爱民。收录此碑的《郓城县志》称,他任东兖道左布政使,辖郓城;生祠可能就建于其任职其间,故秦氏到访时有一到八年的历史。崇祯六年(1633年),他累迁工部尚书,总理河道,为人所嫉(雍正《畿辅通志》卷七十二,第59叶,四库全书本),这在当时恶浊的政治气氛中颇不寻常。次年,即崇祯七年该志刊刻之时,刘氏因财政不善被弹劾,次年刘氏被投入监狱,死于狱中(雍正《山东通志》卷二十七,第22叶,四库全书本)。

者是"诸生"。不过,写作祠记时,他还是强调了自己"布衣"的身份。

　　许多生祠公开为士绅网络服务。文坛巨擘王世贞至少写了十几篇生祠记。在纪念仍在世的长兴知县黄光昇的重修生祠时,王世贞的确引用了"邑父老长者"的话来说明为什么他们在二三十年之后还记得黄氏。但他主要称赞的是当地的士人徐中行奉祀黄氏的行为:黄、徐、王三位的士人关系是这篇生祠记的核心要义。① 在另一个例子中,士人王慎中在指出生祠的筹建者是"郡之长老某等"之后,又详细描述了他与祀主的亲密关系。② 许多祠记都承认,甚至是强调这种联系,并不对此感到不妥。

　　不过当双方关系非常不平等时,比如提学和考生之间,礼仪问题就会浮现出来。耿定向被视为自私自利的伪君子,他在新落成的社学的帖文中写道:"首政为民父母,则凡所部闾阎童稚,皆我子弟也。"③ 但他在南京的生祠却位于私人园林之中,为诸生会学之所,人们在其中对他的形象进行奉祀。④ 耿氏名义上是教师,实际上却是为诸生所奉承的掌权者。这被认为是不正当的。朱国桢感叹南京诸生为督学建祠一事不妥,他指出:"地方官生祠自上达下,往往有之,惟学院绝无。盖教以严为主,不欲苟悦于人情也。"⑤ 正如我们之前所看到的,情感才是正当生祠的

---

　　① 王世贞:《重修长兴令黄公(光昇)生祠记》,《弇州四部稿》卷七十四,第12—14叶,四库全书本。黄氏不久之后就弹劾大学士严嵩。
　　② 王慎中:《衢州守李(遂)克斋先生生祠记》,《遵岩集》卷八,第24叶,四库全书本。
　　③ 嘉靖《徽州府志》卷九,第19a叶,北京图书馆古籍珍本丛刊第29册,北京:书目文献出版社,1988年,第222页。
　　④ 万历《上元县志》卷五,第9a叶,哥伦比亚大学藏缩微胶卷。
　　⑤ 朱国桢:《涌幢小品》卷十三生祀条,第9b叶,台北:广书书局,1991年。

核心。

朱国桢的反对并未阻止学生们对老师的奉祀。海南有一明代生祠至今尚有部分遗存，是琼州儒生为纪念提学王弘海而建，王氏后来做到了礼部尚书。祠中有一尊木雕像，题有著名士大夫焦竑所撰的对联。① 诸生还为哲学家陈献章建立了生祠。② 在朱国桢之外，也有人质疑这种纪念的合理性。如祠记所述，当诸生为前县学教谕龚镖求取生祠记时，福建士人李光缙表示了不解和反对。他认为："郡邑吏有功德于民，去而民思之；既去而思不忘，则立祠祀之，岁春秋不绝，此古谊也。……然未闻有祀及于广文先生者。广文先生之有祠，自龚先生始。"李氏写道："龚先生所居者冷署耳，所坐者寒毡耳，道尊而位弗崇，分严而权不重。"他的作为"非有专城之贵，能使人畏奉；亦无神明之政，可为人称述"。的确，他让一些学生感到愉快（文中强调，诸生多为寒士），但这只与学校的规章以及讲学本身的愉悦有关。它和永恒的纪念又有何关联？他们到底为什么要"尸而视之，社而稷之"呢？他只是返乡去了毗邻的县城，这也算"离开"吗？所以，倘若诸生遇有疑惑，前去请教并不困难。故而，李氏一开始拒绝了诸生请他撰写祠记的要求。

但诸生（如李氏所记）都争相言道："不然，吾侪何可一日离先生也。先生之教人也以道，不以权；非以文，而以行也。"

---

① 此祠后殿犹存，见定安政协编：《定安文史》第一辑，定安：广东省定安县政协文史资料研究委员会，1985年，第71页。

② 康熙《南安府志》卷六，北京图书馆古籍珍本丛刊第32册，北京：书目文献出版社，1997年，第621页。雍正《江西通志》卷一〇九，第47叶，四库全书本。那座建于成化时的祠堂，到康熙时早已废弃。DMB, pp. 153 – 156（《明代名人传》，第217—221页）提到了陈氏于1584年入祀孔庙，以及其家乡白沙村的建于正德年间的纪念祠，但却遗漏了这座地方生祠。

他为人孝悌，安于清贫，敬奉孔圣，暗中资助贫困的学生申诉，并不接受谢仪，甚至于听闻有人要送他礼物而在路上遭窃，却感到高兴……"是以思而祠之"。诸生最后言道。李光缙最终同意撰文，但提出了额外的理由。因为"士为四民之首，孝为百行之原先"，所以只要诸生保持奉祀，龚氏的良好影响就会流传并影响各地，使"先生存而道存矣"。①

在这里，边缘士人公开颂扬一个很低级的官员：文中提及名字的两个学生几乎没有在历史记录中留下一丝痕迹，他们所纪念的教谕也没有。尽管如此，士绅和生祠伦理的重点还是需要通过由上及下的观点而归结到民众。特殊的解释也体现在该祠的第二方碑中：何乔远开篇便径直指出（实际并非如此），以前从未有儒学教谕被生祀。然后他详述了龚氏不凡的儒家德行，称赞他的德行由士绅泽及百姓。然后碑文剩下的部分主要是学生们自己的陈述，其中引述了孟子和明太祖的观点，这两位人物的出现在生祠记中颇为罕见。诸生宣称，龚先生会拒绝生祠的纪念，但同时也表示他们绝对需要生祠来激励他们共同理解和践行他的教导。②生祠的合法性也可以灵活地包含不对等的关系，但这需要进一步的说明。

✧ 祝寿生祠

正德元年（1506年），吏部尚书王恕年界九秩，家人大举为

---

① 李光缙：《南安教谕龚（镖）剑峰先生祠记》，郑振满、丁荷生编：《福建宗教碑铭汇编·泉州府分册》，第631号，第629—631页。
② 何乔远：《教谕龚（士镖）先生祠记》，郑振满、丁荷生编：《福建宗教碑铭汇编·泉州府分册》，第632号，第631—632页。

之庆寿。他有六子,"仕者致其禄,居者致其养。(五子)承禋以养于庭,若无以悦亲者,故作祠焉"。它是私人的,但也是公共的。

成祠周垣五亩,前有门,有重门,后有圃。重门之内为堂,肖公(王恕)像。堂有东西序,东刻公初止作祠诗,堂前有亭。亭内碑一,四面刻公所受敕。亭东西碑二,一刻学士张元祯底柱图赞,元祯以公特立若底柱然,故赞以献公。一刻祭酒刘震所作公寿像记。堂后为寝,亦有序。寝后西偏有门,达西园。……每遇和适之时,奉公居于寝,率其子璇璟捧觞为寿,公甚乐也。先是承裕作于道书院以教诸生之秀者。诸生请公为诗,以故诸生谒云凤为记。

祠记重点叙述了王恕的仕宦生涯:"或事君于朝,或治民于外;或平乱于贼寇之方殷,或赈饥于水旱之交。"

王云凤强调,生祠本身并不构成王恕重要性的衡量依据,他也并未期盼于此;事实上,为了证明这一点,正堂东厢房刻有王恕一开始的"止作祠诗",因为他身为谦抑的士大夫,必须做出阻止生祠建设的合乎礼仪的尝试。王氏遗爱及其生祠的重要性并不是在明代才凸显出来。王云凤将其比作许多更早的贤人君子,指出"今其乡多有祠,或有像在图记"。

后世观于史,见其事业之隆;读其书,见其论议之正。嘅然有奋乎百世之上之叹,则是祠也,是像也。嗣而葺之,绘而传之。如今视古，不独王氏子孙之私有也。此承禋之志也。①

对于一个从未获得过"真正"生祠奉享的人来说，是否是为祝寿而建的生祠实现了其愿望？实际上并非如此，当王恕任扬州知府时，便因其政绩而得享生祀。② 即便是由其子建立的这座生祠，纪念意图也具有相对广泛的公共性，就像园林一样，它可能曾向公众开放。③

◇ 家族历史

表达私人感激之情的生祠可以由筹建者或祀主的家人照管。海瑞曾主持正义，让一位平民免于错误的死亡判决，此人因而在淞江为海瑞建造了一座生祠，其子孙世代相守。④ 成化八年（1472 年）状元、后来的南京礼部尚书吴宽曾在尧峰山免水院读书，"及贵，为院葺废，缭以石垣。山僧仰德，肖像以祀"。天启六年（1626 年）有豪强妄相争据，几乎毁去祠堂。吴氏后人"遍鸣当道"，最终由知县判决恢复寺院与祠堂。画家董其昌为此

---

① 王云凤:《太子太保吏部尚书王公（恕）生祠记》，《博趣斋稿》卷十三，第 76—77 叶，续修四库全书 1331 册，上海：上海古籍出版社，2002 年，第 184—185 页。

② DMB, pp. 1417.《明代名人传》，第 1951 页。

③ Clunas, *Fruitful Sites*: *Garden Culture in Ming Dynasty China*, Durham: Duke University Press, 1996, p. 95. 中译文见［美］柯律格：《蕴秀之域：中国明代的园林文化》，孔涛译，郑州：河南大学出版社，2019 年，第 78 页。

④ 赵克生:《明代生祠现象探析》，《求是学刊》2006 年第 2 期，第 128 页。

事写作了记文,称赞知县的"循良"。① 在这里正是祀主的后人保有了祠堂。

由家族照料的祠堂,有利于士绅网络的建立。林宗在天顺中授蕲州学正,士人建祠于学宫祀之。② 成化四年(1468年)他去世时,"庠士相率诣祠哀恸",但最终为人所遗忘,日渐衰败。到了弘治十八年(1505年),黄寿奉提督江西学副使邵宝之命对其进行了修缮,两人还撰写了碑文。在生祠荒圮多年之后,究竟为什么要对其重加修缮呢?黄寿在碑文中对林宗之孙林俊(亦得享生祀)大加赞扬,称"海内之士仰之如泰山北斗",林俊也在祭文中称"我祖之生祠"。③ 也许杨巍诗中送别友人,同样也是到祖父曾立有生祠的县任职,也会得到同样的待遇。④ 祠堂可以成为家族历史的一部分,从而提供士绅网络、奉承和赞助的动力。

但我们不能认为这一切不过是对上位者的诌媚。因果报应是跨越世代的:就像第五章自立生祠的赵仲辉祸及子孙一样,一些官员的子嗣考中科举,是因为他们父亲的"阴德",这在祠堂之中得到了证明。⑤ 那么,感激之情为何不能跨越世代呢?正统年

---

① 陈仁锡辑:《尧峰山志》卷一第11b—12a叶,卷五第10—12叶,中国佛寺志丛刊第43册,扬州:广陵书社,2006年,第42—43、224—228页。同样,清初两位官员也被生祀于普陀岛,他们的生祠由僧人照看,感谢他们为观音禅院争取皇室资金的努力。Chun‑fang Yu, *Kuan-yin: The Chinese Transformation of Avalokiteśvara*, New York: Columbia University Press, 2001, p. 542, n. 13, 引自民国《普陀山志》。中译文见 [美] 于君方:《观音:菩萨中国化的演变》,陈怀宇等译,北京:商务印书馆,2012年。
② 雍正《湖广通志》卷二十五第45叶,卷四十三第44叶,四库全书本。
③ 黄寿:《(学正林宗)崇贤祠记》,嘉靖《蕲州志》卷九,第45—47叶,天一阁藏明代方志选刊第55册。我将在未来的研究中讨论林俊的生祠。
④ 杨巍:《送董司训茂卿之任高平(县)大父曾为邑令》,《存家诗稿》卷五,第16叶,四库全书本。
⑤ 郭皓政主编:《明代状元史料汇编》,武汉:武汉大学出版社,2009年,第463—464页。

间,王思旻任泰州同知。"岁大旱。朝遣大臣勘灾,府君率父老哀诉,而舟过不顾。遂跃身波中,为民请死。大臣感悟,奏蠲大半。"他活了下来,后来"以亲老乞身归。老羸妇子千百拥马不得行,立祠祀之。香火至今百年,伏腊不绝"①。当王思旻的孙子高官到祠堂祭拜时,"泰之父老儿童环堵而泣曰:'吾不及见王公,得见公之孙,犹见公也。'"当时的知州修缮好祠堂,落成之后请王公之孙撰文载其事于碑;碑文纪念的是大明王朝,是作者的祖父,是百姓对德行的真诚回应,也是在任之人。② 即便是拒绝接受这些公众情感证据的历史学家,也必须承认这类修辞的意义:跨越数代的民众的认可,正是士人所渴求的。

虽然父母官仅仅是一种暗喻,但当地百姓和地方官员之间也可以建立一种真正的类似于家庭的关系。既然对家族的忠诚是传统上的核心观念,那么家庭关系就很难允许荣誉的蒙污。嘉靖年间,举人何岑出任广宗知县,凡是给百姓带来不便的事情,他都会及时去处理:在一次大旱中多方赈济,救活了很多民众;还请于州府,减免了百姓贡梨和盐卤的繁重负担。后来他调到临近的邢台,退休后,广宗民众为他建立生祠,树遗爱碑。其实,正是当地百姓的支持,才维护了他退休后的良好形象;当地人为之辩

---

① 王同轨:《耳谈类增》卷四,第7叶,续修四库全书第1268册。王同轨虽与这位同知同出一县,但称其为高而不是王。这一故事有相当不同的措辞,见乾隆《江南通志》卷一一五第23叶引《泰州志》,四库全书本;雍正《湖广通志》卷四十八第9叶引旧志,四库全书本。弘治《黄州府志》卷五第69叶(天一阁藏明代方志选刊第53册,第97页)记载了王思旻的惠政,包括淫雨时"恳祷辄应",但没有提及跳江和生祠。崇祯《泰州志》卷四,第26—27页记载了王氏的德政,也忽略了生祠,还包括其孙的记载。王思旻也出现在万历《黄冈县志》已损毁的部分内容之中。

② 王廷瞻:《重修思旻王公祠》,崇祯《泰州志》卷八,第69—70叶,四库全书存目丛书史部第210册,济南:齐鲁书社,1996年,第177页。

护，反对一个同僚对其财政亏空的指控。① 两县百姓共同为之请愿，请入祀名宦。后来，三十年之后，他的儿子作为巡察御史来到当地，看到该县政事不彰，便将他父亲的为政记录交给广宗知县印制，作为水利管理、税务征收、土地登记的实用指南。知县采纳了这一方案，地方撰就了颂辞，并在名宦列传中收录了何氏的画像和生祠。②

孝道也和关注民生的核心价值得到共同肯定。韩邦奇参谒了其九世祖韩万（1265 年生）在温州赈灾而得建的生祠。韩万对自己的生祠"不安"，或许是对整个体制感到不安，便把它改建为一所小学。但韩邦奇发现他的塑像依旧存在，于是将之写入了韩万的传记。③ 从这个意义上说，生祠便是部分明代官员的家史。

◇ 权宦

韩邦奇曾竭力反对正德时备受宠信的太监，然而他们和韩氏的祖父一样，也得享生祠。《明代名人传》记载，正德皇帝宠爱的"权宦"之一刘瑾即在生前便被奉祀。他不遵祖制，鼓动他人对自己进行崇奉，并在皇帝的特别允许下修复了生祠——因为皇帝正是大明律法的来源。④ 但刘瑾并非唯一一个享有生祠的太监。

---

① 万历《广宗县志》卷五第 43a 叶，卷三第 21b 叶，明代孤本方志选第 10 册，第 70、113 页。

② 其作者名为张延庭，题名《邢宗遗爱录》。倪清茂（Thomas Nimick）从尚未出版的由魏丕信（Pierre - E'tienne Will）主编的 *Official Handbooks and Anthologies of Imperial China: A Descriptive and Critical Bibliography* 一书中找到了该文献。我尚未见到该书。译者按：此书已于 2020 年 2 月由 Brill 出版。

③ 佚名撰：《南阳韩氏宗谱》，浙江温州宁村，1912 年。

④ DMB, p. 944.《明代名人传》，第 1282 页。有的宦官则因勤谨任事而在其死后得建祠堂，见 DMB, pp. 299, 653.《明代名人传》，第 411、891 页。

另一太监刘璟于正德八年（1513年）被奉祀于西湖畔的感惠祠。该祠文章编成《萃美录》，是一部由官员和当地人所作的绘图和文字汇编，其阿谀奉承近乎滑稽可笑，可能这才是编撰的重点（图8与图9）。约在正德十年（1515年），刘璟总镇两广，又建起一座生祠，同时又编撰了另一部文集，其中均为官员、士绅、耆宿的诗文，描述了刘氏的德行、才华、廉洁，以及皇帝派"内相"总镇两广，以风教化的贡献。文中称，刘氏在短短不到一年

图8　西湖畔的感惠祠（太监刘璟的生祠）

图为祠堂建筑群和赞颂（在世的）宫廷太监、浙江镇守刘璟的石碑。湖畔屋宇重檐，游人如织，其中有两个骑马的官员，身后还带着他们的万民伞，前景中的桥上有一老一少带着孩子或仆人。除了背景中的主要建筑外，该景点还包括一座藏式佛塔。

资料来源：佚名编《萃美录》卷一。

的时间里，整兵备，兴学校，施教化，抑豪强，减讼狱，革赋弊，惜民力，等等。士（借由文集）民（通过生祠）将永志不忘。①

正德十三年（1518年），正德皇帝不顾礼部尚书毛澄的反对，批准另一贪婪的浙江镇守太监王堂建造生祠。② 正如王世贞所言，"（王）堂袭（刘）瑾故智，复讽杭民以请……乃择西山胜地，

图9 太监刘瑾生祠前的图景

老百姓在西湖畔的"感惠祠"前垂钓嬉戏，而官员和太监们则带着随从乘驳船来到这里，准备进入主楼。

资料来源：佚名编《萃美录》卷一。

---

① 佚名编：《萃美录》（约1513年）、《两广去思录》（约1516年），均藏于哈佛燕京图书馆。
② 《明史》卷二〇一《韩邦奇传》，卷一九一《毛澄传》，第5318、5054—5055页。毛澄多次进谏皇帝尽快回銮，告郊庙后再诛杀叛臣。译者按：原文毛澄误作"Mao Deng"。

大兴土木，与璟祠相望。民居古墓，多罹毁掘者"。① 这些为太监所立的生祠，皇帝都批准了。而且，王堂生祠文集的序言由大学士费宏所作，他在次年又撰写了嘉兴知府杨继宗生祠的第一篇祠记。文集的跋则由邵宝所撰，他是理学名家、提学副使，被视为淫祠之大敌。② 无论哪一个上位者在玩什么政治游戏，都要表现地方耆宿和其他平民对这些官员为民服务的感激之情，哪怕它们是显而易见的谎言。

尽管刘璟、王堂之流滥用了皇帝授予他们的权力，但蔡石山的研究指出，有相当一部分宦官为国家辛勤工作，却并未得到什么感谢。③ 即便在儒家士大夫笔下，他们的正直与功绩也时常可见。娄谅是哲学家吴与弼的得意门生，并影响了后来的王阳明。④ 他有一子娄性，官至南京兵部郎中。但他逞威擅权，肆无忌惮，最终被黜为庶民。其非分之举之一，便是私自"建生祠塑己像"。弘治七年（1494年）成功弹劾他的不是旁人，正是南京守备太监蒋琮。但同年，他自己也落马了，其罪名为挖掘活动破坏了风水，房兆楹称这十分"荒谬"。⑤

---

① 《明武宗实录》卷一五八，正德十三年正月壬寅条（1518年2月11日），台北：历史语言研究所，1968年，第3020页。我认为，建祠的请求是这一天提出来的。但生祠建成之后，"嘉靖初，祠皆没官，杭人快之"。后来嘉靖时修《武宗实录》追溯到了这一条。见王世贞：《弇山堂别集》卷九十第27叶及卷九十六第15叶，亦可参见同书卷二十第21、24叶。

② DMB, p. 619.《明代名人传》，第846页。据夏玛第亚：《生祠故事》，钟鸣旦、杜鼎克编《耶稣会罗马档案馆明清天主教文献》第十册，台北：利氏学社，2002年，第71页。邵宝亦在徐州建有生祠，但我尚未找到相关记载。

③ Tsai, *The Eunuchs in the Ming Dynasty*, Albany: SUNY Press, 1996. 中译文见蔡石山：《明代宦官》，黄中宪译，杭州：浙江大学出版社，2019年。

④ DMB, p. 989.《明代名人传》，第1344页。

⑤ 《明孝宗实录》卷八十八，弘治七年五月壬寅条（1494年6月13日），第1626—1628页。DMB, p. 377.《明代名人传》，第513页。

在正常的政治运作中，宫廷太监必须与官员合作；即便是魏忠贤也要笼络一批士人，而东林党也要得到一些宦官的支持。士大夫邵宝，可能在儒学中得享生祀，可当他在世时，也曾为纪念太监王堂而撰文。我们不能对生祠不加区分地进行理解，对其祀主也不能黑白分明地评判。很多政治参与者之所以渴望生祠，是因为它可以借助朝廷之外的权威，传递有力的政治信息。

253

◇ 遗祠中的平民

另一个复杂的问题是，本书关注的重点是生祠。有人可以认为，祠堂最关键的区别并不在于它是生祠还是遗祠，而在于它是像显宦祠这样的"官方"祠堂，还是基于民意所建，而无论祀主仍然在世还是已经故去。平民在政治尖锐的死后奉祀中也可以发挥作用，并被各方所看重。

弘治四年（1491年），进士郑纪撰写的祠记反映出日渐发展的死后崇奉趋势。他开篇便将"士君子"划分为四类："在官而思，狄梁公之生祠是也；去后而思，何武于扬州是也；没后之思，羊祜堕泪碑是也；没久而思不忘者，予偶未得其人焉。"郑氏写道，在宣德八年（1433年）派驻仙游的知县王彝之前，他从未听闻过最后一种。郑纪是仙游人，在户部任职，他详细描述了王氏如何坚定而干练地处理该县税赋和徭役的不公问题，以及以其他方式减少朝廷摊派，约束衙门吏员。郑纪记述了正统元年（1436年）王彝去世时所引发的广泛的民众悲痛：

> 卒之日，吏哭于庭，农哭于野，行者哭于途；舂不相，女不饰，市罢数日。柩行邑坊，耆民张德源氏留其小像，以

寓瞻思。阖邑老稚送之溪浒，哀泣过于初丧，遂谋立石于通衢，刻曰"仙游知县王公爱民父母"云。

这只是纪念活动的第一步。

约四十年之后，到成化十一年（1475年），监生因其身份之低微，主政一县较之进士或举人更显艰难，不过有两人已在仙游为官十年之久。郑纪明确批评了他们，或许还有其继任者——一位举人。他写道："公出杂流，在官仅四载，捐馆四十余年，而人思之不置，如是所谓没久而思愈不忘者也。后之代公者，或由学校而出，或不止四五载而犹在官，民惟恐其去不早，其故何欤？"他们施政不力，让堪为模范的王彝更显优秀。于是"邑耆茅宏赞、张邦永等以石刻不足以报侯德，谋率邑民而血食之，请倡于江西参议、前户部郎中陈君迁汉崇。"

士人陈迁便和前面提到的"留其小像"的耆民张德源之孙张辉共同谋划。张辉是一个受过教育并足够富有的平民，他遵循士人的惯例，取字曰"叔华"。陈迁和张叔华一起主持工作十三个月，于成化十一年至十二年（1475—1476年）冬完成了祠堂的修建。"卜地于东郊之外，深广各余十丈，面阳环水，中建祠堂，塑公像，前有门，两旁有庑，东西翊以两室，为守者之居。"郑氏写道："祠虽合众志而成，而叔华之力居多。"帮助他运送木材、监督工程的，还有另外两个平民（文中也列出了名字）。在这一案例中，文中提到名字的各位平民，不满于仅有一块简单的"立石"，便在一些士人的协助下发起修建了死后的纪念祠。他们这样做，正是朝廷十年来一直冷落他们，委任官员多地位低下，能力不足的时候。不过，此时祠堂中还未曾立碑。

下一步便涉及对王氏后人的拜访，郑纪继续写道：

祠成十有二年（约 1489 年），予巡湖学至明，访公之子，谕以立祠意。其孙蓁不远千里，来拜祠下，邑人遇之不衰，盖爱公而及其后也。①

最后一步是弘治四年（1491 年），陈迁在编纂《仙游县志》时，请郑纪为陈氏十五年前共同主持修建的祠堂撰写祠记。同年，又一位举人出身的知县刚刚到任。这篇碑记，或许整个方志的编纂，可以敦促这位新任的官员效法五十五年之前卒于任上的王知县。郑氏尖锐地总结道："因书为公记，且以讯后之为民父母者焉。"② 他发现他们为政有失，便直言不讳地指了出来。

祠堂是公开的、具有政治性的，其正当性集中体现在平民的感恩、哀悼与回报等方面。众平民对王彝的逝世表示哀悼，并刻石纪念他；是平民在灵柩出殡时留下他的小像，并保存了四十年之久；也是平民认为他应当受到供奉，获得话语权，于是请参议陈迁加以协助；最终仍是平民监督并进行了建祠的工作。除了教谕张侗之外，文中提到的五位资助者在嘉靖《仙游县志》中没有留下任何痕迹。③ 无论是后来撰写的碑记还是早先建起的祠堂，都对一些官员进行了批评，并把王彝和他的政策视为新任官员的楷模。虽然没有法律或习俗要求士人对此负责，但地方平民以这座遗祠为中心的政治活动还是受到了士大夫的重视，并于弘治五年（1492 年）将其记录下来。

---

① 郑纪：《仙邑王令尹（彝）德政祠记》，郑振满、丁荷生编：《福建宗教碑铭汇编·兴化府分册》，第 374 号，第 407—409 页。

② 郑纪：《仙邑王令尹（彝）德政祠记》，第 409 页。

③ 鉴于福建丰富的地方文献记载，肯定能从中查到些许资料。陈迁所编纂的方志，我尚未寓目，其中可能有更多详细的记载。

◇ 东林遗祠

平民的认可使对权力的要求合法化。在死后立祠中，士人的参与已足够让立祠合法化了，但是他们依然强调平民的认可。嘉靖七年（1528年），元氏县建起一座遗爱祠，以纪念刑部尚书、原元氏知县王鉴之，此时距王氏故去已有十年之久。顾鼎臣为此祠撰写了碑记，特别称赞王氏"尤拳拳作人育才，以身亲之故，贤士辈兴"，并提到几个人已在朝廷任官。他列出了现任知府、知县的姓名、职务和籍贯——是他们而不是当地平民请顾氏撰写祠记，因为担心祠堂"无纪将泯，泯遂废"。即便如此，顾鼎臣还是强调了民众对王氏的怀念，并且预言说这两位循良之吏，"他日民思而不忘而祀之，将匹休于王公云"。祠堂释放出明确的政治信息：顾氏自己也指出他写作祠记是为了"以诏来者"。① 后来，当地人又请愿增祀前知县侯镗［弘治三年（1490年）离任］和另外一个人，于是称为三公祠。②

三公祠的第二方碑刻显示了东林党是如何采用并发展了以祠堂为中心的民意。作为元氏知县，苏继欧主持了对这座遗祠的修缮，并撰写了一篇祠记，对由臣民和官员发起的祠堂进行了区

---

① 顾鼎臣：《县尹王公（鉴之）遗爱祠碑》，崇祯《元氏县志》卷六，第18a-19b叶，明代孤本方志选第8册，第553—556页。该志中收录有王鉴之的传记（崇祯《元氏县志》卷三，第12a叶，第337页），显然抄录了此碑中所记载的王氏的成就。

② 顾鼎臣：《县尹王公（鉴之）遗爱祠碑》；苏继欧：《重修报德祠记》（约万历四十三年，1615年）；"三公"之名也出现在赵民说：《元氏县令张公（笃敬）德政碑记》［约万历二十六年（1598年）］之中。侯镗于弘治三年离开元氏。各方记载却颇为混乱，赵民说称张笃敬入祀该词成为"四公"，苏继欧却说，张笃敬是在他的关照下，十五年后才入祀其中。侯氏和张氏的传记见崇祯《元氏县志》卷三，第12、16a叶，明代孤本方志选第8册，第337—338、345页。

分。最初，该祠"有堂五楹，栋宇崚嶒，塑像庄严……父老岁时伏腊宇下无斁也，德泽之入人深矣"。但是因为年深日久，祠堂日渐倾圮。在苏氏之前的一位知县（未指明姓名），曾要求加以修缮，但当权者（也未指明）却宁愿将之改祀名宦祠——可能是知县刘从仁后来于万历七年（1579年）所建的那座规范化祠堂。这样的改祀将使祭祀活动牢牢掌握在国家手中，但显然没有实施。在县志编纂时，名宦祠中供奉着十三位明代之前的官员，和十九位明代的知县、县丞、教谕等，但并没有"三公"中的任何一位，也没有供奉在苏氏所修的报德祠中的任何一位。县志中确实把部分名宦的功绩归结于百姓的纪念（"百姓安业而歌诵之"）。① 然而这两座祠堂是完全不同的两种类型——一种是官府性的，另一种则是民众性的。

三公祠日益颓败，父老经过无不唏嘘感叹，不忍直视。万历四十二年（1614年）仲冬，苏继欧到任元氏知县，"父老诸生"向他申告了早先请求修葺的事。他闻之恻然，于是占卜吉日，筹集材料，招募工人，"庶民子来"（老百姓就像是孩子一样赶来帮忙），把倾颓破败的塑像改换成合乎礼制的"木主"，只用了两个月时间就把祠堂修缮得焕然一新，更胜以往。② 父老诸生又再次前来，引用儒家经典里的话说："不腆敝邑，邀天之幸"，表示他们对前来"牧民"的官员中有如此多贤良方正之士感到十分幸运。他们告诉苏继欧说："先后来牧者，率多恺悌君子，所居见德，所去见思。我下民不敢忘，请得并崇，俎豆于祠，以为名宦

---

① 崇祯《元氏县志》卷二第5b叶，卷三第11a叶，第252、335页。还有部分知县为政有方得以立传，却并未奉祀于任何一个祠堂。

② 苏继欧：《重修报德祠记》，崇祯《元氏县志》卷六，第62b叶，明代孤本方志选第8册，第642页。

张本。"① ——也就是说，真正的名宦，并非名宦祠中诸人，而是民众所拣选的好官。碑记继续展开，这一区别愈加明显。

当父老诸生请求多供奉一些前任官员时，苏继欧同意了，然后令"博士诸生"讨论应当奉祀哪些已经故去的官员。他明确将在任的官员（缙绅）排除在讨论之外。"舆论"共得七人，同样有德于民。

> 尸而祝之，社而稷之，其谁曰不然。乃卜日设主，并跻祠中，易其额曰"报德"。不敢漏，亦不敢滥。一从父老诸生之议，征之民心焉耳。②

苏氏完全依靠父老诸生的判断，由他们选出刘从仁修建名宦祠时所遗的七人入祀报德祠。苏氏明确指出，在判断哪些官员值得纪念，堪为后人表率时，最重要的是当地中层民众——父老诸生，明确说既不是官员，也不是上流士绅——的意见，因为他们表达的是广大民众的心声。对未来官员最好的奖赏，既不是朝廷的赞誉，也不是天子的认可，而是将其奉祀于这一区区不过五楹的祠堂之中。

此外，苏继欧还指明了这是一般行动的正确原则。下面这段话尤其值得注意：

> 嗟呼！以令征民，民听于令。以民征令，令听于民。民

---

① 苏继欧：《重修报德祠记》，崇祯《元氏县志》卷六，第62b叶，明代孤本方志选第8册，第642页。

② 苏继欧：《重修报德祠记》，崇祯《元氏县志》卷六，第63叶，明代孤本方志选第8册，第643—644页。

听于令者，何常？而听于民者，与天壤俱敝也。①

这段话后半部分的意思很明确，"听"的含义大致介于"听取"到"服从"之间。就是说，让百姓只听从行政命令，注定不能长久；而官员听从民众的意见，则可延续久远。这种说法已经是对天子委令以牧民的相当挑战了。但我们该如何理解"征"呢？作为一个及物动词，它具有多种含义，包括"证明、验证、展示、表达"等，但这些都不能以人为动作的对象。"征"的含义可以是"征询某某"或"在某某中征询"，但苏氏前面一直在征询民众的意见，他却称上述引文中"以令征民"是不长久的，所以这一含义并不成立。"征"若作为以人为宾语的及物动词，则可以表示"设置职位、考察人才、任命官职"，甚至是"掌控负责"等含义。所以，苏氏的意思大体是说：

A. 官员掌控民众，民众服从于他——但运行下去就会走向崩溃。

B. 民众掌控官员，官员听从他们——这样就可以永远持续下去。

虽然赋予地方官员临时性的权力可能会使民众暂时服从之，但民众的决定才是合法、有效、长久的治理决策的根本所在。

我们是否应该将之理解为普遍性的一般原则？也许苏继欧只是指应当对哪些官员予以奉祀的决定。但若仅限于此的话，"以

---

① 苏继欧：《重修报德祠记》，崇祯《元氏县志》卷六，第63b叶，明代孤本方志选第8册，第644页。

令征民，民听于令"句便没有任何意义了。上面这段话后面的句子也表明，苏氏提出的是治理的一般准则，而不仅仅是解释如何选择入祀者。他说："奉法循理，可以为治。""理"可能泛指一般的道德准则，也可能是为了强化苏氏刚刚所说的准则 B：为了建立持久的秩序，地方官员应当遵循民众的意见。

此外，苏继欧还主张与民众合作，而不是威胁和要求他们："何必威严哉？"最后，他指出，为政要遵循原则，主政者应该有点儿像人民。他自己便"平平无奇"。文章中的这句自述将传统的谦逊之辞转化为苏氏论证中的一个方面，即地方官员和臣民之间不应该有很大的差距。他写道："后之君子有能踵前贤之芳躅，以绥此一方民乎？父老诸生且虚席报德之右矣。"① 这位东林党的追随者，为朝廷利益服务的同时，也将纪念活动的平民主义提升到了一个新的高度。民众的决定必须是合法、有效、长久的政策的基础，地方官员应该"征"于百姓，听从民意。

苏继欧在任内还有其他贡献，他曾带领"绅衿"在大旱时步行祷告，最终求得甘霖。万历四十四年（1616 年），当他卸任时，邑民为之建祠"三间在南门外路东，两厢房各三间，牌房一间，德政碑楼一座"。② 该祠碑记由当地士人智铤所撰，智氏后来还支持魏忠贤，为之建立了生祠。③ 在苏继欧离任约十年之后，魏忠贤的迫害令其下台并自杀。不过在魏的庇护者天启帝死后，魏氏

---

① 苏继欧：《重修报德祠记》，崇祯《元氏县志》卷六，第63b 叶，明代孤本方志选第 8 册，第 644 页。
② 崇祯《元氏县志》卷三第 17b—18a 叶，卷二第 6 叶，明代孤本方志选第 8 册，第 348—349、253—254 页。
③ 《明史》卷二四五《缪昌期传》，卷三〇六《阉党列传》，第 6351—6353、7868 页。崇祯《元氏县志》卷二第 5—6 叶，卷三第 18a 叶，明代孤本方志选第 8 册，第 251—254、349 页。苏氏死后也被供奉，其祠堂至崇祯十五年（1642 年）尚存。

也被迫自杀。苏继欧在政治上得到平反，士民上书把他奉祀于他所修建的报德祠中。① 东林党人和阉党都认为，祠堂可以获得民众的认可，为执政者提供合法性。

上述平民主义的言论让平民参与到政治当中，甚至超越了生祠记。报德祠是死后奉祀的结果，它显然否定了国家对谁是真正的元氏名宦的决定。记录允许平民参与拣选、影响、批评和指导地方官员的过程——正如我们在第五章中所看到的那样，对国家层面的政策和实践进行反思——即便如历史学家贺凯所言，不过是"理论上的"②，也同样意义重大。苏继欧的记述显示，他首先排除了高官士绅等人，交由平民做出了决定。但倘若这一切都未发生，假设这一切都是精心设计的虚构性的叙述，那么，与其说苏氏记录了一次合议入祀的过程，倒不如说他是在阐述一种政治理论。这种理论赋予了平民合法的权利，对官员进行评判，并可指导更普遍的治理。

◇ 不当的生祠

清初政治理论家、史学家黄宗羲在《明文海》中既收录了张居正痛斥生祠是地方私利的表现的信札（第四章已讨论过），也收录了一篇描述另一生祠被毁一事的文章。在黄宗羲十几岁的时候，天启六年（1626 年），其父黄尊素因弹劾魏忠贤而被下诏狱，许多东林党人及其家人在狱中备受阉党爪牙折磨。黄宗羲亲自向

---

① 崇祯《元氏县志》卷二第 5a 叶，卷三第 17b 叶，明代孤本方志选第 8 册，第 251、348 页；《明史》卷二四五《缪昌期传》，第 6351—6353 页。

② 贺凯（Hucker），"Governmental Organization of the Ming Dynasty," *Harvard Journal of Asiatic Studies* 21 (1958), p. 64。

朋友和钱庄筹款支付父亲的罚金，试图使之免于被殴打虐待，但最终其父还是在魏忠贤的授意下被谋害于狱中。① 天启七年冬（1627年12月），形势已经发生了逆转，在次年的一次审讯中，黄宗羲对杀父仇人愤恨不已，出袖中锥刺北镇抚司长官许显纯，朝野对此感叹不已。② 黄宗羲的个人经历或许可以解释他为什么收录了这样一篇颇为奇特的文章，文中称某一生祠在祀主故去之后应予撤销。该文为罗虞臣所写，他在嘉靖年间因为"党结元恶"而自毁前程：他弹劾了一位知名的政治人物，约在嘉靖十五年（1536年）被褫职为民，并于次年在家乡死去，年仅三十五岁。③ 他文中所论的祀主为钱溥，在罗氏生前二十五年左右便已过世。钱氏是一位显赫的官员，天顺六年（1462年）曾率团出使安南，天顺八年（1464年）因被控与前任皇帝的宦官勾结以期升为大学士而被判入狱。④

罗虞臣在反对钱氏生祠的文章中，一开始先从形式上表达歉意："某后生，不能为公讳短，又说有司撤公祠、毁公像，某罪也。"但他很快就断言，事实上，将钱溥"佞行"暴露在公众面前，表明了罗氏自己的忠义，正如"朱元晦移文除秦桧之祠"。他引用了《礼记》中有关祠祀的常见观点，然后评论道：

先王之制所以系民思也。故未有无功而民思，民不思而祠也。是故古之祠定以民，今之祠定以官。古之民直，今之

---

① 达第斯（Dardess），*Blood and History: The Donglin Faction and Its Repression, 1620-1627*, Honolulu: University of Hawai'i Press, 2000, p. 122。

② Dardess, *Blood and History*, p. 157。

③ 焦竑编：《国朝献征录》卷二十六，第110叶，明人传记丛刊第110册，台北：明文书局，第295页。《明史》卷二〇七《刘世龙传》，第5474—5475页。

④ *DMB*, p. 499。《明代名人传》，第680页。

民谀。公于五者有一于是乎？祠公者定于官乎，抑定于民乎？其民而谀者乎？何者？[①]

罗氏提出的问题是，一个糟糕的官员怎么可能被立祠纪念呢？祠堂的修建应当取决于民众，但如今却往往取决于官员，这样那些不好的官吏便可能混入其中。也可能的确是民众修建了祠堂，但如今甚至他们也是出于阿谀奉承。到底是哪一种呢？

为了确定这一点，罗氏回顾了钱溥的仕途：包括依附大太监王振，景泰帝改立太子时随风转舵，英宗复辟时又因结交宠臣而逃脱惩处，进一步与宫中宦官交好，通过主考官的身份进行庇护等，以及其他施之于朝中的此类计谋。他还引用了一首京城中讽刺钱氏的民谣，并总结道："此则公之立朝大略也。"最终，钱溥坐法遭贬，任顺德县令。

罗虞臣继续写道：

> 吾少时犹及闻父老道公政指，皆曰："公天子近臣，为诸司优礼。是时民风尚厚，狱讼简鲜，公以此取名吏治。公故与韩巡抚雍善，韩推毂于上，公又倚用乡豪通关，说乡豪鼓煽于下，转相称誉。雨米之颂，猛虎渡河之谣，皆诸豪以献谀公。故公生祠建于在邑之日，其祭田舍自一家之私。"此则公之政事大略也。

在这篇读起来像是对生祠进行辛辣嘲讽的文章中，罗氏声称，他

[①] 罗虞臣：《告除钱文通公（溥）生祠文》，黄宗羲编：《明文海》卷一四〇，第15—17叶，北京：中华书局，1987年。

年少时便曾听闻钱溥为政的真相。他吏治良好的名声不过是因其无所作为，对他的纪念是其与"乡豪"共同谋划的，他还自己主导修建了生祠。罗氏接着记录了钱氏令人唾弃的仕宦余生，他继续勾结阉宦，纵容其子横行乡里，他的学术也毫无所见："独与安南王诸书为世士大夫传诵。今观书中所论，不过争宴坐之位次，著辞郤之微节，非有关于国家之大计，而变消其篡夺之邪心。"钱溥便是孔子所谓的"鄙夫"，但他早先在朝的活动却也赢得了像他这种庸碌之徒的支持。

尽管祠堂还在，但所幸父老所见甚明，限制了其危害：

> 而县论尚有父老，遂使上不能播恶于朝，下不能盗名于邑。此岂非国家之福，而吾县士大夫之利哉？①

罗氏曾提出两个问题：（1）这"不当的祠堂"是百姓赞助的还是官员赞助的？答曰：其实都不是——是祀主自己在贪贿的官员和民众的帮助下建造的。（2）"民"是阿谀奉承者吗？答曰：祀主本身就是典型的阿谀之徒，地方"乡豪"也多有谄媚，但真正的"民"——父老——看到了真相，记下了真相，并将之宣扬出去。

钱溥的祠堂是虚假的：是在与乡豪的勾结下，由官员制造的虚假性纪念。本书所研究的每一方石碑，都有可能是由腐败的、非法的地方官绅相勾结拼凑出来的一通谎言。但是即便如此，他们想要为自己争取民众的正面肯定，也是"民"应该而且能够掌

---

① 罗虞臣：《告除钱文通公（溥）生祠文》，黄宗羲编：《明文海》卷一四〇，第15—17叶。

握真相的基本意识形态诉求的对立面。我们知道"愚昧"的老百姓往往会被叛匪或神鬼所误导的论调。但我们现在必须认识到明代政治话语的另一脉络：广大民众是治理好坏的最终评判者，他们有权在长久存续的制度和刻于石上的公共性文本中表达自己的观点。

✧ 乡绅祠堂

大多数生祠纪念的都是地方（离任的）行政长官，这也是赵克生将"生祠"一词的英文译为"shrines to living officials"的原因。在其家乡，尽管牌坊、匾额、亭阁和碑刻可以表达对他们成就的纪念，但明代绝大多数奉祀于祠堂的男性（以及所有女性）都已经去世。乔可大在他曾任职的各州县"两立生祠"，而他在家乡的慈善事业"诚足坊表当时，尸祝后世"。① 但自南宋以来，地方逐渐形成一个士绅阶层，可以像父母官一样发挥作用，甚至于抵制朝廷的政令，理学家围绕着君子在野应该秉持"如在其位"的理念，建立起一套地方性的制度。② 虽然《大明律》似乎

---

① 崇祯《蓟州志》卷三，第18a—19a叶，日本藏中国罕见地方志丛刊续编第1册，北京：北京图书馆出版社，2003年，第442—443页。

② 韩明士（Hymes）和谢康伦（Schirokauer），*Ordering the World: Approaches to State and Society in Sung Dynasty China*, Berkeley: University of California Press, 1993, p.26。一位地方士人（按：即陆九渊）在一封信札中，要求官员忘掉地方上的欠税，该信后来收入到其刊行的文集之中（Hymes, *Statesmen and Gentlemen: The Elite of Fu-chou, Chiang-Hsi, in Northern and Southern Sung*, Cambridge, UK: Cambridge University Press, 1986, pp. 124 – 125）。清代在京的同乡会馆也合法地引导地方的减赋之请，见Belsky, *Localities at the Center: Native Place, Space, and Power in Late Imperial Beijing*, Cambridge, MA: Harvard University Asia Center, 2005, p. 214。中译文见［美］白思奇：《地方在中央：晚期帝都内的同乡会馆、空间和权力》，秦兰珺、李新德译，北京：中国社会科学出版社，2018年。

只允许对官员进行生祀,但明人依然在祠堂中公开颂扬本地士人。

福建的三个例子就说明了这一点。前太仆寺卿王任重因减少征收赋税中的不便和惩治腐败,在其家乡晋江赢得了一座生祠。几位父老到何乔远家中拜访,请他写一篇纪念文章,详细讲述了该县濒海的十三都百姓,于衙役的催逼之下在紧迫的时间内向远处粮仓运送粮食的困难(占祠记篇幅一半以上)。直到王任重致仕回乡,向当地知县提出此事才最终解决。众人十分感激,于是"醵金为寿",但王氏拒绝接受,于是大家决定建立生祠来回报王公的恩德。他们向何氏求取文章,主要有两个目的:一是"庶吾子孙知吾都所以得免于委输之劳者,藉冏卿公一言",二是"藉令有猾胥如往时,吾指冏卿公之祠为正"。① 何乔远提到了王氏的部分仕宦经历,但为了强调他并非仗势欺人、威压官吏之辈——就像我们看到的嘉兴豪绅那样,他强调的是"公居常讲于圣贤之学,不徒以官履著声"。王氏费尽心思帮助家乡父老,正是其一生为官为人的写照。② 何乔远认为王任重利用自己的崇高地位为地方谋取利益,没有什么可隐瞒的,父老对他的纪念也无须讳言。

---

① 记录规章和协议是石刻的常见功能。
② 何乔远:《王(任重)玉溪祠记》,郑振满、丁荷生编:《福建宗教碑铭汇编·泉州府分册》,第 174 号,第 173—174 页。何乔远还为东林党人丁启濬撰写了一篇生祠记,其中各部分内容的篇幅的大小也印证了我在第六章中有关平民在祠记中发声多少的推论。丁氏自己的话非常少(20 字),向"当事者"陈说德化县的三项财政负担,只得到了三个"诺"。"农人下户"解释为什么要奉祀丁氏,有 85 个字,"邑人士"的解释则有 115 个字。双方合议,农人和士人决定请何乔远撰文,有 20 字。何氏请他们举出古代的例子,有 28 字,他们的回答则整整有 187 字。最后,何氏指出为丁公立生祠的不止德化一县,而是遍及其行踪所至,有 91 字。丁启濬干预的地方受益者掌握着建祠的决定权,平民的发声几与士人等同。何乔远:《丁公(启濬)生祠记》,郑振满、丁荷生编:《福建宗教碑铭汇编·泉州府分册》,第 922 号,第 924—925 页。

建于家乡的生祠可能受到公私二元对立话语的挑战。第二方石碑是为明末一福建籍的士人帮助家乡而立的生祠碑。碑中指出,这是惠安县的第一座这样的生祠,并将之与祀主在其他任所获得四座生祠作对比:"乡之祠公,则乡人德公,私也。"① 学者们强调,"私"往往是一个负面意义的词汇,表示与公共利益对立的腐败和私利。但是,这种"私"的生祠并不可耻,它只是代表了一个与"官"类似的合法行动领域。② 在另一案例中,父老(代表更广泛的民众)和当地受祀者的家族合作共同修建生祠。③

魏斐德认为,顾炎武"寓封建于郡县"的主张,定位了公与私的共同点。④ 但是,正如第三个奉祀地方士人的案例所显示的那样,生祠记已经在修辞上协调了它们。御史粘灿向正德皇帝上疏进言,描述了家乡沉重的盐税负担,最终获得了蠲免。他的两份劝忠祠记,都着重突出了天子(但并未明确是哪一位皇帝)。这一不同寻常的特征支持了第四章中提到的杨庆堃的观点,即祠堂可以增强对王朝的忠诚,但更重要的可能是为了减少所纳的赋税。皇帝是作为粘灿寻求减赋的接收者出现的,而当地进士顾珀的祠记进一步解释说:"以盐粮输于上,国制也。"而纠正损害浔

---

① 康士晋:《望海刘(会)公祠记》,郑振满、丁荷生编:《福建宗教碑铭汇编·泉州府分册》,第 736 号,第 740—741 页。这篇碑文是照原石所录,所有捐赠者的姓名都保留下来,未来的研究可以重建相关社会网络。

② 参阅魏斐德(Wakeman),"Boundaries of the Public Sphere in Ming and Qing China," *Daedalus* 127. 3 (1998), p. 168。"私""公"和"官"是相互嵌套而非决然对立的作用域。

③ 《冯诠祠记》,道光《南海县志·金石略》,第 12 叶(《中国历代石刻史料汇编》收录)。

④ 参阅魏斐德,"Boundaries of the Public Sphere," p. 173。

尾百姓的不公平的制度，"使柄大用则所以福泽于天下国家"。①
为家乡谋利益者，也可以说是为整个国家和皇帝尽忠职守。

总的来说，地方士绅的生祠在概念上类似于为官员而建的生祠。有的人甚至并不常在乡时便已立生祠，比如退休前的刑部尚书萧大亨。② 但大多数在任的士大夫都与家乡保持联系，致仕后回乡居住并安葬于斯。地方性士绅祠堂通常没有必要，但也并没有错。

◇ 宣示主体性？

正如本书导论中曾讨论过的，这种互动对米海瑞所揭示的东林党人对政治主体性的诉求发挥了作用。在粘灿的生祠建成长达百年之后，一方石碑将对官员的比拟明确化，使之无缝衔接，将所有功劳都归于祀主，从而表达了一种独立于士人权威的主张。

---

① 顾珀：《劝忠祠记》，郑振满、丁荷生编：《福建宗教碑铭汇编·泉州府分册》，第 100 号，第 90 页。监察御史和巡按御史批准了地方对粘灿生祠位置的竞争的结果，而没有将其视为非法或不当加以反对。竞争表明，该生祠可能是有效用的。"父老子弟相与刻石亭中，名为'劝忠'。又以涤楼公家族居东，坟墓居西。父老兄弟相仁爱，春秋祭祀以时至，易蒋桥庵为生祠，因以俎豆公。……郡守王方南公以庵淫祠不经，当革去，奉公像居中，是不伤财、不害民而又以报效公云。"（庄一俊：《劝忠祠记》，郑振满、丁荷生编：《福建宗教碑铭汇编·泉州府分册》，第 101 号，第 91 页）又"以地荒致虞，众惧终废，相率恳请附场基之后，以地广民稠，可垂永久也。"（顾珀：《劝忠祠记》）这听起来像是一个不断显示灵验的过程。

② 萧大亨是利玛窦的朋友和合作者，在其致仕之前，万历三十六年（1608 年）他的同乡就在泰山为其树碑立祠。沙畹（Edouard Chavannes）20 世纪初曾亲眼见过此祠，但石碑没有流传下来（*DMB*, p. 545, 转引自 Chavannes, *Le T'ai chan*: *essai de monographie d'un culte chinois*. 1910; reprint Farnborough: Gregg, 1969; 参见 Chavannes map 234, p. 150; 沙畹并没有说这是一座生祠）。康熙《济南府志》中萧大亨的传记（卷三十四第 8 叶）既没有提到生祠，也没有提到石碑；一般情况下祠碑倘若存在，该志一定会提及。不过该志确实记载了他入祀乡贤祠。

东林领袖顾宪成在一篇碑记中写道,他在家乡无锡养病,不再过问世俗杂事。有一天,以赵仁为首的一群父老坚持要见他。他们向他备细无遗地叙述了可能他早已了解的事情:江南地区的粮长承担着巨大的赋役负担,一直以来没有缓解。所幸当地的龚勉提出了有效的解决方案,让他们的开支减少了一半,征纳得以运转。所以"人人德之,饮食必祝曰:'天苟有吾侪,尚无悔于先生业。'就城南书院建立生祠,以致报私。"现在,他们担心即便有了生祠,税收问题解决的细节也被淡忘,于是打算刻石永存。那么顾氏会不会撰写碑记呢?——这段对话有十六七行之多。

顾宪成以更大的篇幅进行回应。因为他认识龚勉,所以对他的想法有所了解:

> 君子之出而效于世也,将为令焉,必以一邑之休戚为心……何者?彼其责固有所属而不可诿也……彼其势又有所系而不得诿也。夫如是则其朝而经,夕而营,孜孜汲汲,务欲与民聚好而除恶,亦不必仁者而后能也("仁"也是为首父老之名)。若其退而里居,脱然释去。当世之寄高者有岩栖川泳以自愉快,卑者有求田问舍以自封殖而已。于一乡之休戚奚问哉?先生乃独惠盼枌榆,深惟熟计,非有不可诿之责。

顾宪成指出:"先生素厚德长者,两为令一为守,扬历藩臬,所在俱有惠泽,民讴思之不忘。今嘉禾、吴桥咸建生祠尸祝之。"——顾氏对修建生祠的项目给予了祝福,希望它能树立好的榜样。赵仁等人起身行礼,表示听闻顾氏一番议论,不仅明了了龚勉的心思,也了解到顾氏的心意,会将之刻于石上。①

顾氏最初的论点似乎指向一种主张,即只有在位的官员才应当对他所管辖范围负责,这种观点已经排除了朝廷的利益,除非这些利益与臣民的利益相同。但他后来显然改变了这一论点,就像东林党人主张受过教育的地主亦可凭借"义"来发挥领导作用一样。龚勉长久以来一直受到"仁"的教导,并亲身实践,故而也深受这种观念的影响。他完全有理由像在任时那样帮助乡人:在情感上与他们团结一致,想办法解决弊政,并通过官僚机构引领众人。

东林党人通过广泛的民意诉求来宣称道德权威,是在明代传统的思想观念基础上进行的。对地方官真正和准确的判断在于当地百姓。下一章将论证,这种观念产生了一种从未被充分阐明的政治理论,赋予了地方官某种十分重要的政治自主权。

---

① (明)顾宪成:《龚(勉)毅所先生城南书院生祠永思碑记》,《泾皋藏稿》卷十,第17—20叶,四库全书本。

第九章　小天命

孔镛乃孔子第五十八代裔孙，景泰六年（1455年）任都昌知县，著有政绩，民众将他比作父母，但他因为弟弟娶了郡主，所以改任连山知县。在后来的职位上，他同他的父亲一样，以同情心而不是单纯的蛮力来治理匪患和外族起义。成化元年（1465年），他被擢为高州试知府，当时瑶乱正炽，前任知府未能妥善处理。孔镛于是孤身独骑来至贼众巢穴，下马宣称自己是新任知府。他言道："我固知君曹本良民，迫于冻饿聚此，苟图救死耳。前官不知此，动以兵相加，欲剿绝汝。我今奉朝廷命来作汝父母官，视汝犹子孙，不忍便杀害汝，若能从我，当宥汝前罪，可送我归府，我以谷帛赉汝，尔后勿复为劫掠事。若不从，可杀我，后有官军来问罪，汝自当之矣。"① 孔氏后来在任中去世，"卒于舟，有白气自舟尾上，直贯天表，盖日正中也，而荧荧然星矣"。②

孔镛自称受"命"于朝廷，而非直承天命；他去世后升为星辰，成为众星之一员。然而本章的讨论将指出，他的传奇故事反映了一种政治观念，我们可以在生祠话语体系和实践中看到这种

---

①　邓士龙辑：《国朝典故》卷三十三，许大龄、王天有主点校，北京：北京大学出版社，1993年，第547页。《明史》卷一七二《孔镛传》，北京：中华书局，1974年，第4599—4460页。雍正《山东通志》卷二八三，第16叶，四库全书本。译者按：原文作"his brother took a higher office nearby"，当是作者理解有误，据《明史》"以弟铭尚宁府郡主"改。任职高州原文误作1467年，据《明史》改。

②　姚之骃：《元明事类钞》卷二十五，第17叶，四库全书本。

观念，但尚未被明确阐释，我将之称为"小天命"（Minor Mandate）。① 本书导言引用了陈天祥的话，称"国家百姓，如同一身"，这一身体政治的理论，将皇帝和民众直接联系在一起。但作为亲民之官的陈氏本人在其中并未出现，实际上，正是处于这一位置的官员协调了大多数臣民与朝廷的关系。儒家的君臣关系既被译为"ruler - minister"，又被译为"ruler - subject"，因为它实际上不是一种双边关系，而是一种三方关系。② "小天命"正是在这种关系的紧张中产生的。

在明代的皇权理论中，只有皇帝才拥有制定法律和做出决策的合法权力。这是因为，正如达第斯所指出的那样，"只有他一个人公开对上天和抽象意义上的全体民众负责，负责社会秩序的安定和人民的福祉。……官僚体系并没有独立的合法性，只是众多负责实施统治的绳索而已"。③ 姜永琳也认为：在明初的律法体

---

① 关于先前对此的讨论，参阅施珊珊（Schneewind），"Reduce, Re - use, Recycle: Imperial Autocracy and Scholar - Official Autonomy in the Background to the *Ming History* Biography of Early Ming Scholar - Official Fang Keqin（1326 - 1376），" *Oriens Extremus* 48（2009），pp. 103 - 152。

② Schneewind, "The Book of the Five Relationships: Thoughts on Mid - Fifteenth - Century Court Confucianism," in *Ming China: Courts and Contacts, 1400 - 1450*, edited by Craig Clunas, Jessica Harrison - Hall, and Yu - ping Luk, London: British Museum, 2016, p. 224.

③ 达第斯（Dardess），*Confucianism and Autocracy: Professional Elites in the Founding of the Ming Dynasty*，Berkeley: University of California Press, 1983, p. 252。参阅方强（Fang）和戴福士（Des Forges），"Were Chinese Rulers above the Law?" *Stanford Journal of International Law* 44.1（2008），pp. 126 - 130。戴乐（Romeyn Taylor）提请人们注意《大明会典》中对统治之网的整体性、甚至是诗意的讨论，以及明代国家各部分之间的普遍性而非纯粹工具性的联系。Taylor, "Cosmos and History in the Compilation of the *Da Ming Huidian*,"未发表的论文，第二届明清史国际学术讨论会，南开大学，1991年，第13—14页，引用已获许可。可参阅赵文词（Madsen），*Morality and Power in a Chinese Village*, Berkeley: University of California Press, 1984 以及许慧文（Shue），*The Reach of the State: Sketches of the Chinese Body Politic*, Stanford: Stanford University Press, 1988。

系中，官员只是在皇帝和百姓之间进行协调，鉴于人治的局限性，这是十分必要的。但他们没有其他两个群体的"基础性的宇宙论地位"。① 然而明代士人却以敢于犯颜直谏的道德英雄形象著称。他们并不将自己仅仅视为"统治的绳索"。地方臣民也不同意这种教条式的观点，他们把地方官当作可以争取、号召、支持他们抗争朝廷政令的人。另一方面，明太祖以后的明代诸帝并非直接受命于天，而是作为太祖皇帝的代表来继承皇位。

学者们的论述往往归结为同一观点，即以皇帝为中心的天命政治从未受到过挑战。例如，许亦农在讨论中国的城市时认为，如果把府城、县城等理解为缩小了的，但仍然是神圣的、类似于首都的所在，"就完全违背了帝制的概念和性质"，就像把皇帝所受天命等同于官员所受的临时性委任一样矛盾。② 然而，虽然被许氏认为是京城所独有的天坛，未必能在各州县进行复制，但许多类似的坛庙的确出现在全国各地，比如州县官所参与祭祀的社坛、稷坛、厉坛、孔庙、城隍庙等等。此外，在明人观念中，皇帝可能也并不是唯一的世界中心：且不说佛教宇宙的多重性和巨大的时间尺度，风水的通俗实践和理论也将宇宙的中心放在自我或家庭的实用利益上，而广泛流行的道教则强调个体对现世的超

---

① 姜永琳（Jiang），*The Mandate of Heaven and "The Great Ming Code,"* Seattle: University of Washington Press, 2011, p. 160。卫思韩（Wills）称官员"在道德上是独立的，但在政治上完全依赖于统治者的任命"（*Mountain of Fame: Portraits in Chinese History*, Princeton: Princeton University Press, 1994, p. 23）。

② 许亦农（Yinong Xu），*The Chinese City in Space and Time: The Development of Urban Form in Suzhou*, Honolulu: University of Hawai'i Press, 2000, pp. 63–66。不过许氏并非充分论述大明有两个都城的事实，误将迁都后的南京视为省会而已。

越，追求长生与飞升。① 正如经典所言，每个人都具有"天命之性"。我不是说把地方官的权力完全等同于皇帝的权力，但应该承认，明人完全可能持有和传统的皇权政治理论有所不同的观点。

此外，中国历史还提供了另一种威权治理模式，即封建制。伍思德（Alexander Woodside）认为，那种封国诸侯与其领地之间长期连接的模式，多少为秦朝所淘汰，"转入地下"，而是"以世族门阀为基础，采取了人们可以称之为精神上的微观君主制（spiritual micromonarchism）的形式"。② 东林党的同情者倪元璐说："官虽贤，三年而权尽。今以土人世其事，子孙习见，百年常在望。家无繁令而安，里有多言而惮，虽非能人，亦可不害。"③ 然而，豪绅对邻里的压迫就像官员对臣民的压榨一样频繁，生祠实践显示了另一种隐秘的拟构性的封建制，以家庭为隐喻，建立起一个以朝廷所任官僚为中心的"影子地方国家"（shadow local state），赋予他们一种超越朝廷委任的权力。在这种君臣二分中，州县官是"君"（ruler），地方百姓是"臣"

---

① 奥利·布鲁恩（Bruun），*Fengshui in China: Geomantic Divination between State Orthodoxy and Popular Religion*, Honolulu: University of Hawai'i Press, 2003, pp. 5 – 6; 劳格文（Lagerwey），*China: A Religious State*, Hong Kong: Hong Kong University Press, 2010, p. 17。与其他重要的建筑一样，在各类祠记中我们注意到，生祠的建造往往需要占卜吉地，可能是在风水专家的帮助下进行的。

② 伍思德（Woodside），"Emperors and the Chinese Political System," in *Perspectives on Modern China: Four Anniversaries*, edited by Kenneth Lieberthal et al., Armonk, NY: M. E. Sharpe, 1991, p. 11。

③ 倪元鼎编:《倪文正公年谱》卷三，第 12a 叶，北京图书馆藏珍本年谱丛刊第 61 册，北京：北京图书馆出版社，1999 年，第 385 页。转引自 Smith, *The Art of Doing Good: Charity in Late Ming China*, Berkeley: University of California Press, 2009, p. 207。中译文见［美］韩瑞玲:《行善的艺术：晚明中国的慈善事业》，曹晔译，南京：江苏人民出版社，2021 年，第 305 页。

(ministers)。天命观要求在位者听从假想中贤者的建议；在县一级，一个理想化的"民"，往往是父老，扮演着这一角色。我认为，州县官的中间地位和民众认可的言辞产生了一种理论，即他们可以在辖区内赢得一种自主的合法性。与互惠、感激、父母官、成效、奉承不同，"小天命"并不是明代资料中出现的术语，我以其命名我所观察到的一种治理模式。①

"小天命"不是"天命"完全的、分裂式的复制，但却具有它的一些特征。我认为两者之间至少具有十点相似之处。第一，正如导言所引，太祖皇帝强调自己作为天子的独特地位。但是，从另一个意义上说，天地在宇宙中孕育着每一个人。② 这意味着"父母""祖父母"等语汇也可以用各种方式来表达权力关系，历史学家们已经证明了这一点。吴智和称，地方官突破了家庭式的权力赢得了"青天大老爷"的称谓。③ 皇帝，有时是百姓的父亲，有时则是爷爷。④ 司徒安（Angela Zito）指出，地方官的中间位置构成了一种（相当常见的）双重"家庭"关系，就像明太祖对天和百姓一样：

---

① Schneewind, "Reduce, Re-use, Recycle," pp. 142-143, 认为《明史》承认这一概念。正如詹姆斯·法尔（James Farr）所指出的，概念可以用语言表达，并受制于历史过程和政治使用，而不需要特定的主位标签。如果我们认识到了这样的概念，便可以给它们命名，以便谈论它们。见 Farr, "Understanding Conceptual Change Politically," in *Political Innovation and Conceptual Change*, edited by Terence Ball et al., Cambridge, UK: Cambridge University Press, 1989, p. 27 n. 2。

② Taylor, "Spirits of the Penumbra: Deities Worshiped in More Than One Chinese Pantheon," in *Religion and the Early Modern State: Views from China, Russia, and the West*, edited by James D. Tracy and Marguerite Ragnow, Cambridge, UK: Cambridge University Press, 2004, p. 123.

③ 吴智和：《明代的县令》，《明史研究专刊》第七期，1984 年 6 月，第 16 页。

④ 明代太监称皇帝为"爷爷"，见穆四基（Meskill）, *Gentlemanly Interests and Wealth on the Yangtze Delta*, Ann Arbor: Association for Asian Studies, 1994, p. 62。同一篇文章还记载了一个旁观者称一个臭名昭著、酗酒无度的当地流氓为"老爷爷"。

官员对皇帝是"子",对百姓却是"父母"。① 比喻中灵活的定位意味着,可以用普适性的话语来描述地方官,以呼应明太祖关于和天地特殊关系的主张。例如,魏克顽描写父母官郑三俊:"兹非乾父坤母之量与?诚足以覆载宇内而不遗矣。"②

第二,为地方工作的确可以在实践和修辞上都与为朝廷工作保持一致,一个因降低赋税、减免劳役而得享生祀的府尹被称赞为"先国家而后其身"。③ 但也有一些记载理论上为地方报偿提供了合法的独立空间。徐阶写道:"(秦金)公之功在社稷为大,一方为小民之德,公宜有先后。而独封丘有祠者,战功易见,而隐然培护元气者,未易知也。"④ 另一篇祠记称:"维功德有大小,则祀报有重轻。是故有功德于天下者,则天下报之;有功德于一国者,则一国报之;有功于一邑者,则一邑报之,不可诬也。然祀报于一国、天下者,典制出于朝廷;其祀报于一邑者,则由夫人心之感悦敬慕,而不能已也。"⑤ 类似的话语将府县比拟为国家,但也将之区分为政治贡献与道德回应的半独立的领域。

---

① 司徒安(Zito),"City Gods, Filiality, and Hegemony in Late Imperial China,"*Modern China* 13.3 (1987), pp. 333 – 371。

② 魏克顽:《元氏县令郑公(三俊)德政碑》,崇祯《元氏县志》卷六,第45b—16a叶,明代孤本方志选第8册,第608—609页。

③ 顾璘:《应天尹王公(爌)生祠记》,《顾华玉集·息园存稿文》卷四,第14b叶,四库全书本。该祠也出现在方志的记载中,见万历《应天府志》,稀见中国地方志汇刊第一○册,北京:中国书店,1992年。该志称赞他是明代最好的府尹。他的传记,见该志卷二十四,第26—27叶,第353—354页;他的生祠在其去世后二十年,仍被称为"王公生祠",卷二十第7a叶。亦可参见嘉靖《南畿志》,卷五,第23叶,中国方志丛书华中地方第四五二号,台北:成文出版社,1983年。

④ 徐阶:《封丘县重修凤山秦公(金)生祠记》,《世经堂集》卷十四,第33叶,明万历间徐氏刻本,四库全书存目丛书集部第79册,济南:齐鲁书社,1996年,第648页。徐阶和秦金同在嘉靖朝为官,此碑可能对朝堂关系起到了一定作用。该祠于秦金在世时重建,也是徐阶撰文纪念的。

⑤ 芦望峰:《王宪副(大用)生祠碑》,嘉靖《增城县志》卷十六,第3—5叶,天一阁藏明代方志选刊续编第65册,上海:上海书店,1990年。

第三，这些贡献范围有限，地方官员的工作主要关涉当地，而非整个明代境内。明代小说中一位虚构的道士称地方官为"一州之主"，并把其管辖范围当做一个相对独立的区域：他将纸月吹往空中，"郑州上至知州，下及百姓，哄动了城里城外居民，都看空中有两轮明月"，这里强调了"郑州"而没有提到其他州县。① 官员处理蝗灾时，一般只是将蝗虫驱离出境，诸如祈雨止旱、减免赋役之类，也往往和其他地区的悲惨状况形成鲜明对比。秦金拯救封丘民众的部分策略是将贼寇驱逐到其他州县。② 地方官员不是以抽象的价值或对整个国家的贡献，而是通过回应来自其治下臣民的"小天命"来获得合法性。

第四，天命的一个重要表现是，上天通过天象、异事、谶纬等征兆来昭示皇帝的好坏。③ 明初有人上疏言道，上天垂象"犹父之教子也。天子知天之示教而改行修省，求贤于下，下之人言得以达，则是天使之言也。人君于是而听纳之，则天嘉其不违教

---

① 罗贯中编次：《三遂平妖传》第二十六回"野猪林张鸾救卜吉　山神庙公差赏双月"。英译文见傅恩（Fusek），*The Three Sui Quash the Demon's Revolt*，Honolulu：University of Hawai'i Press，2010，pp. 71 – 73。

② 徐阶：《封丘县重修凤山秦公（金）生祠记》。

③ 政治性或预言性的谶纬集已经有很多讨论，例如戴梅可（Nylan），*The Five Confucian Classics*，New Haven：Yale University Press，2001，pp. 78 – 84。关于此类歌谣是政治思想的智慧表达，还是社会不安的自发预兆，见司马虚（Strickmann），*Chinese Poetry and Prophecy：The Written Oracle in East Asia*，Stanford：Stanford University Press，2005，p. 94；包华石（Powers），*Art and Political Expression in Early China*，New Haven：Yale University Press，1991，p. 346；以及白瑞旭（Brashier），*Ancestral Memory in Early China*，Cambridge，MA：Harvard University Asia Center，2011，pp. 257 – 260，357。广为流传的《诗经》显示了普通人对统治者具体政策的批评和赞扬，其中也包括令其归于沉默的各种政策。曾有学在1937年提出一种观点，认为歌谣比著作更具价值，因为它们更不容易被查禁，而且可以嵌入有用的政策建议之中，见陶元珍：《歌谣和民意》，《民谣》卷三第13期，1937年6月16日，后重印于《中国地方歌谣集成》，台北：渤海堂文化事业有限公司，1989年。

命,虽怒亦转而喜矣"。① 这里解释为是上天使人民言说。无论理解为神灵的旨意,还是上天与天子之间的天人感应,这些征兆都被官员们解读为上天对朝中政策的赞许或反对。同样,征兆和民谣也对地方官做出评价,将他和当地联系起来,就像把天子与整个帝国联系起来一样。这一观念并非迟至明代才形成:包华石(Martin Powers)指出,早在公元纪年之前,汉代皇帝便将辖区内的灾难归咎于官员,他写道:"奇怪的是,这意味着官员也可以分享来自天命的合法权力。"②

方志中记载地方官,往往称"民歌颂其德政",或者只是"士民歌思"之类。③(当然,也有讽刺性的民谣。)④ 在诸多这类

---

① 《明太祖实录》卷一〇九第 2 叶,洪武九年闰九月丙午条,台北:历史语言研究所,1962 年。转引自 Taylor,"Official Religion," in *The Cambridge History of China*, vol. 8: *The Ming Dynasty, 1368 - 1644*, Part 2, edited by Denis C. Twitchett and Frederick W. Mote, Cambridge, UK: Cambridge University Press, 1998, p. 849. 中译文见罗梅因·泰勒(中文名戴乐):《明代的官方宗教》,牟复礼、崔瑞德编:《剑桥中国明代史,1368—1644》下卷,北京:中国社会科学出版社,2006 年,第 820 页。

② Powers, *Art and Political Expression*, p. 227.

③ 康熙《济南府志》卷四十一,第 10a 叶,哥伦比亚大学藏缩微胶卷。雍正《湖广通志》卷四十一,第 55b 叶,四库全书本。

④ 湛若水便记录了一首:"知府烂似泥,通判似豆腐,去了刘同知,倒了雷知府。"(Schneewind, *Community Schools and the State in Ming China*, Stanford: Stanford University Press, 2006, p. 145. 中译文见 [美] 施珊珊:《明代的社学与国家》,王坤利译,杭州:浙江大学出版社,2019 年,第 231 页)Brook,"State Censorship and the Book Trade," in his *The Chinese State in Ming Society*, Abingdon: Routledge Curzon, 2005, pp. 118 - 136. 中译文见 [加] 卜正民:《国家检查与书籍贸易》,收入氏著《明代的社会与国家》,陈时龙译,合肥:黄山书社,2009 年,第 176—205 页。研究称,清代禁止了这种讽刺性的歌谣。在一部方志中为每个受尊敬的地方官撰写了赞语,可能是为了避免出现类似鄙俗的民谣或引导赞美性的颂歌(正德《顺昌邑志》卷四,天一阁藏明代方志选刊续编第 37 册,第 846—852 页)。译者按:原文出处误作弘治《将乐县志》,实出正德《顺昌邑志》,今正之。

例子中，有一首歌谣赞颂福建某官员的惠政引来了白鹊的聚集。①明人在一篇祠碑集序中写道，"圣天子之威灵"临照万物，但人们却像对待上古圣王尧那样"忘"了他；真正的亲民之官却被它们反复歌颂。"邑之有颂言，何也？以宣民情而达之政理。不可强也，亦不可抑。"这一自然而然的过程保证了该县的赞美之词是真实的，这也是为什么英明的统治者总是要采集民间歌谣的原因。② 生祠的修建也往往伴随着民谣的流行：除去士人的颂诗百篇，何知县离任时获得"田父里妇之为谣三也"。③ 成化年间，上元县丞袁龙任职日久，"民爱之如父母，为之谣曰袁抚民"。④ 一位得享生祠的官员，也被民谣称赞为"清似水，明如镜"。⑤ 王大用解决了根深蒂固的匪患，老百姓作歌颂道：

> 歌曰王父，生我保我。
> 多垒克平，我乐有怙。
> 维山菁菁，维水泠泠。
> 祠建碑刻，永垂颂声。⑥

---

① 康熙《福建通志》卷三十一，第1a叶，北京图书馆古籍珍本丛刊第35册，北京：书目文献出版社，1988年，第1887页。
② 岑万：《（谈恺）怀真祠集序》，雍正《广东通志》卷五十七，第115—117叶，四库全书本。
③ 王世贞：《朝列大夫前怀远令信阳何公（立）生祠记》，《弇州四部稿续稿》卷五十七，第19叶，四库全书本。王氏很了解祠主何氏的父亲。
④ 万历《上元县志》卷七，第15a叶，哥伦比亚大学藏缩微胶卷。
⑤ 万历《汶上县志》卷五，第3叶，康熙五十六年补刻本，中国地方志集成·山东府县志辑第78册，凤凰出版社、上海书店、巴蜀书社，2004年，第182页。
⑥ 芦望峰：《王宪副（大用）生祠碑》，嘉靖《增城县志》卷十六，第5叶，天一阁藏明代方志选刊续编第65册。

歌、祠、碑交织在一起，象征性地将王氏融入了山水、人文、自然之中。

除了因天人感应而引发吉兆之外，皇帝还能通过祈祷和祭祀来求雨。① 地方官员也在自己的辖区内祈雨，天顺四年（1460年）左右，江阴百姓为周斌唱到：

旱为灾，知县祷，甘雨来；
水为患，知县祷，阴云散。②

天子所受之天命，也包括影响气候的能力，往往被征兆和民谣所认可或威胁。地方官的合法权力也具有同样的形式。

第五，一些和官员同样被生祀的人在他们家乡的作为和地方官极为相似，即使他们并未受命于皇帝进行治理，也得到了同样的回应。第四章曾提到，蔡潮在任官时建有一座生祠。在其致仕归乡之后，他整治河道，修建桥梁（至今尚存），提供渡船，广布方药，利物济人。他的"德"（charisma）是有效的："每值旱涝，辄率乡耆诣神祠祈祷，靡不应验。"实际上，他的承诺是以生命为代价的。

---

① 仅举一例，见 Langlois, "The Hung-wu Reign," in *The Cambridge History of China*, vol.7: *The Ming Dynasty, 1368-1644, Part 1*, edited by Frederick W. Mote and Denis C. Twitchett, Cambridge, UK: Cambridge University Press, 1988, p.122。中译文见[美]小约翰·D.郎洛瓦（中文名蓝德彰）：《洪武之治，1368—1398年》，[美]牟复礼、[英]崔瑞德编：《剑桥中国明代史，1368—1644》上卷，北京：中国社会科学出版社，2007年，第119页。道士和其他宗教专家以及各路神灵也可祈雨。

② 焦竑编：《国朝献征录》卷九十九，第6—7叶，明代传记丛刊第114册，台北：明文书局，1991年，第85页。与《明史》卷一六二，第4419页稍有出入。他在离任时也被生祀。关于民谣在重录时的变化，参阅 Schneewind, "Reduce, Re-use, Recycle," p.141。

己酉（嘉靖二十八年，即 1549 年）夏，旱尤甚。为斋素出祷于外，冒暑致疾，医药罔效，遂考终正寝，寿止八十有三。是夕也，烈风震雷，轰然旋绕所居屋上，人咸以为异。……卒之日，闻者莫不惊悼，乡人无老少咨嗟涕洟，奔走会吊，若丧所亲，非偶然耳。①

蔡潮和太祖本人一样，也模仿了古时的巫觋，在烈日下祷告，以求得雨露。既然地方士人可以通过个人的效力来感动上苍，我们就不必认为在职的士大夫只是凭借天子的委任来履行职务。在论证郡县意识的出现时，丁荷生（Kenneth Dean）已经指出，在地方上实行的社区契约，有其自身的政治宇宙力量。"鸡犬赖以安，百谷果木赖以长，河道渠水赖以通也。"② 天子委任官员以治地方，他们有的可以、有的却不能承担"小天命"。于是在半自治的地方层面，那些杰出的当地人也可以自己寻求上天的感应。

第六，有些官员的影响超越了任期和辖地的限制，也扩展到他未被委任的地方。病中赶来保卫原辖区的刘彬，用阴兵鬼帜吓退临县盗匪的郝绷，就是例子。秦金虽不是知县，但当其他官员面对叛贼杨虎纷纷逃窜时，他独视封丘之民为"吾赤子"，保全

---

① 蔡云程：《河南右布政使蔡公潮行实》，焦竑编：《国朝献征录》卷九十二，第 11—12 叶，明代传记丛刊第 113 册，第 544—545 页。
② 丁荷生（Dean），"The Growth of Local Control over Cultural and Environmental Resources in Ming and Qing Coast Fujian," in *The People and the Dao: New Studies in Chinese Religions in Honour of Daniel L. Overmyer*, edited by Philip Clart and Paul Crowe, Sankt Augustin: Institut Monumenta Serica, 2009, p. 230 引万历十六年（1588 年）碑。

了整个城市，因而赢得了一座生祠。① 宋安为内黄知县，该县"地瘠多沙，民业甚贫"，为朝廷征敛所困，民众多有逃亡。他到任之后革除弊政、抚民安业，"未几，闻风而归邑者九百余家……邻邑之官属亦多敬慕"。祠记的作者也在朝廷任职，他最后总结说，之所以要写下这篇祠记，是为了"见圣朝官使得人之效"。② 但是宋安的力量已经超越了其职分所限。是他自己的"小天命"，而不是朝廷的授权，奠定了他的影响力。

第七，明太祖试图垄断和上天的沟通，禁止他人祭天。③ 因此，各州县都不曾设置祭天坛。但地方官经常直接与上天沟通。方孝孺之父方克勤主政济宁时遭逢蝗灾，他"移书社神，变食省过，夜焚香吁天。俄闻空中虪，虪声烛之，皆飞蝗。是秋四境外皆饥，独一郡完熟，人以为异"。他还祷至大雨，使当地百姓免于朝廷征发的劳役。④ 当可怕的洪水袭击兴化时，"父老士民环车而泣。（李戴）公仰天而誓曰：'民无恐。饥者吾食之，寒者吾衣之，必吾无衣无食而民始馁且冻矣。'"⑤ 元氏县水旱交频，百姓困顿，十室九空，于是知县薛贞"劝百姓凿井，每井给谷三斗"，为他县所效仿。他兴学设教，让更多年轻举子通过科举考试，还

---

① 徐阶：《封丘县重修凤山秦公（金）生祠记》，《世经堂集》卷十四，第33叶。

② 刘矩：《翰林修撰刘矩撰掌内黄县事知州宋公（安）生祠记》，嘉靖《内黄县志》卷九，天一阁藏明代方志选刊第52册，上海：上海古籍书店，1981年。

③ Langlois, "Hung-wu Reign," p. 122. 中译文见《剑桥明代中国史》上卷，第119页。

④ 方孝孺：《先府君行状》，《逊志斋集》卷二十一，第1—12叶，四部丛刊初编景明本。参阅 Schneewind, "Reduce, Re-use, Recycle," pp. 124, 140。在方克勤的传记中，出现了很多关于父母官的典故。

⑤ 袁栋：《李公（戴）生祠记》，康熙《兴化县志》第三册，中国方志丛书华中地方第四五〇号，台北：成文出版社，1983年，第925—927页。

致力于贫富之间的税收公平。他在很多事情上听民自便，但也停罢阉人令、革柴炭、捐俸金，不给百姓造成过多负担。此外，"礼贤下士，教民驭吏，约法省刑，政美不可更"。他还劝课农桑，鼓励开垦土地。"时旱魃为虐，徂夏不雨，四郊无青草，泽若沃焦。公发积廪之粟，广赈枭之。路素衣步袴，请命于天。'天不降霖，而嘉禾不起，氓其孰救活之？'岁以无饥，盗贼屏息，狱讼衰止，则公之以也。"在薛氏离任九载之后，"百姓慕之如一日也，为建生祠以图报"。① 薛贞直接与上天沟通，也没有经过皇帝的中转。

第八，朝廷所委任的官僚应仅仅维护国家律法，而不是试图去扮演法律制定者的角色。但许多地方官员在崇奉神灵、毁禁淫祠时，往往会独出机杼，提出自己的意见。② 吴节为李端撰写的政绩碑，一开篇便指出"在畿（北直隶）之邑"的地方官较之他邑任务更加繁难，其中堪称循良有为的，仅一人而已——固安知县李端。即便碑文和颂词是为后来继任的"二流"官员的利益所作，吴氏还是希望他们不要辜负李公的德政。吴氏在文中并未责备皇帝为政之不善，起码他任用李氏有功。尽管如此，他对李氏任上作为的描述强调了有其别于朝廷的自主性——直到他被召回提拔。李端在固安的治绩，充分体现了我们在第二章所看到的父母之治。他丈量土地，制定税则，解释法律的含义，使之清晰明了，"民相告：'莫违公法'。"以至于邻县百姓听闻他的名声，也前来诉告，并能遵从他的断决。最后他的声名传至朝中，皇帝越

---

① 赵兴邦撰，智鏒代：《薛公（贞）德政碑记》，崇祯《元氏县志》卷六，第66b—68b叶，明代孤本方志选第8册，第650—654页。

② 关于这方面的例子，参阅 Schneewind, *Community Schools*, pp. 70–73。中译文见［美］施珊珊：《明代的社学与国家》，第106—110页。

级提拔他担任滦州知州。① 李端几乎是凭着一己权威制定法律——当然并不是全部。

第九，地方纪念为国史修撰提供了相关信息和地方上的评判，具有重要的教化使命，对宇宙间的公平正义起到直接作用。许多学者已经指出，地方官死后往往会变成城隍，或冥界的法官。刘天和在他漫长的仕宦生涯中，获得了各种民众认可的标志。早年间，当他与朝中权贵太监发生冲突而被逮捕时，"部民哭送者万人"。② 最终出狱后，他任职于金坛县，得立生祠，后来为政陕西达十年之久，亦享生祀。③ 他在死后成为陕西的城隍，有一商人之见闻可为证。

> 麻城望花山有商人某自陕来，夜行见旌旗骑从甚盛，迫视之，乃同里蔡二守完。因问曰："公何往？驺导若是。"曰："陕城隍为刘庄襄尚书松石，公今任满升北京都城隍，而以我代陕任，因往耳。汝忠直，当从我作判官。"言讫不见，商人大骇。已还陕，询蔡动履无恙。然语泄蔡，以为忧，无几何卒。商人闻蔡卒，即命妻子治棺圹，亦卒。

---

① 吴节：《固安县知县李公（端）政绩碑》，嘉靖《固安县志》卷四，第3-4叶，哥伦比亚大学藏缩微胶卷。亦见崇祯《固安县志》卷四，第3—4叶，哥伦比亚大学藏缩微胶卷。关于方克勤直接与民众的立约，见 Schneewind, "Reduce, Re‐use, Recycle," p. 143。

② 《明史》卷二〇〇《刘天和传》，第5292页。

③ 天启《吴兴备志》卷三十二，第4a叶，四库全书本。他因其惠政而立祠于乌程县学内。亦参见王世贞为其所作墓志铭，《弇州四部稿》卷八十六，第2叶，四库全书本。嘉靖十三年（1534年）左右，因其平息了多年以来的匪患，他和另外两人在被奉祀于三公祠（乾隆《浙江通志》卷二二〇第21叶引嘉靖《浙江通志》，四库全书本）。

显然，这个商人真的去蔡氏手下效力了，不过此人不过一介商人而已，编纂者王同轨也没有记下他的姓字。王同轨对这一故事评价道："刘庄襄事如此。邑人常叹曰，松石镇关陕一十余年，功德甚盛，秦人德之。殁而为神，天亦从民愿矣。"① 刘氏曾担任过许多重要职务，为朝廷立下了汗马功劳，以兵部尚书的身份致仕，并获得了朝廷的追赠。但这些都不足以使他成为城隍。相反，王同轨强调了他治下民众的意见，并肯定了这才是在天界官僚系统中最重要的。以生祠为标志的地方上的认可，直接促进了阴间的公正。刘天和上承天命，因当地百姓的赞誉，为政治宇宙服务。

最后，方志本身也表达了"小天命"的观念。顾炎武认为，"志之良者，堪为国史之基；犹吏之良者，乃天下太平之基"。② 方志本身也往往被视为类同于国史的存在："郡邑之有志，犹家之有乘，国之有史也，其体分殊而已。"③ 有的方志体例取法于正史，有的则按县衙的六房加以编排，效法朝廷的六部。④ 有的"编年"部分，并不受朝代更迭所限：既记载了当地士人所获朝廷封赏（以其取得功名的时间为序），也记载了主政当地官员的到任时间及所获纪念。⑤ 戴思哲总结说，历代方志维护了世袭土

---

① 王同轨：《耳谈类增》卷二十九，第 9a 叶，续修四库全书第 1268 册，上海：上海古籍出版社，2002 年，第 179 页。
② 鲁乐汉（Delury），"Despotism Above and Below: Gu Yanwu on Power, Money, and Mores," Ph. D. diss., Yale University, 2007, p. 41。顾氏还为全天下编撰了一部志书。
③ 戴思哲（Dennis），*Writing, Publishing, and Reading Local Gazetteers in Imperial China, 1100 – 1700*, Cambridge, MA: Harvard University Asia Center, 2015, pp. 113 – 114, also p. 25。
④ Dennis, *Writing, Publishing, and Reading*, p. 33 – 35, 153.
⑤ 例如，康熙《平乡县志》卷二，第 19 叶，日本藏中国罕见地方志丛刊续编第 2 册，北京：北京图书馆出版社，2003 年，第 151 页。

司在边境统治的合法性。① 至于地方官，一些方志将其非正式称谓"父母"像朝廷或皇帝那样提行书写（图10）。② 总而言之，将方志比作国史，意味着地方官本身即可类比于天子。虽然首先要将他们置于帝国的官僚机制中，但在明代的政治理论中，他们不能仅仅作为"绳索"出现，而是拥有或可能赢得某种自主合法性的主体。

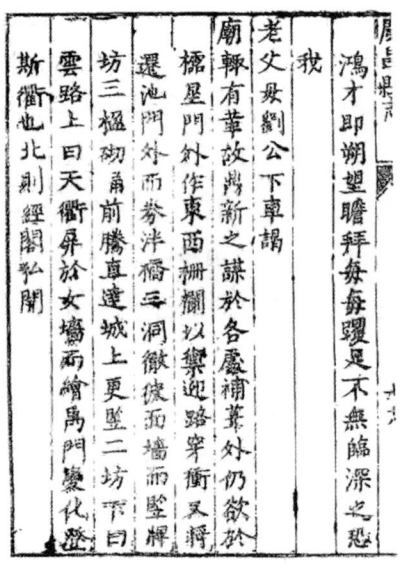

图10　某方志中对地方官尊称的提行

诸如"皇帝"和"朝廷"这样的语汇会被提升到正常行文之上。一部山西方志同样将"我老父母刘公"这一尊称提行书写，指的是一位尊贵的地方官。

资料来源：崇祯《广昌县志》，明代孤本方志选第12册。

---

① Dennis, *Writing, Publishing, and Reading*, p. 63.
② 崇祯《广昌县志》，明代孤本方志选第12册，第581、584、586—587、589页。

"小天命"的一侧是拥有半自治性权威的地方官员,而其另一侧则是民众,他们的生计、情感和态度维护着这一权威。为了承担"小天命",地方官员必须正确地履行其仪式职责,听从智者(士人、耆宿)的意见,并确保百姓生活安乐。对地方官的纪念也包括这些方面,但这些绝非朝廷委任的结果,而往往在反对上级官僚和中央朝廷的情况下表现得最为强烈。

民众对减赋的感激之情得到了广泛认可,而减赋恰恰可以成为朝廷的政策,以防止基层官员借此邀功。我们在第四章中看到张居正反对生祠的建立,认为它们只是主张狭隘的地方利益。他在另一篇文章中写道:

> 臣等窃谓,布德施惠当出自朝廷,若令地方官请而得之,则恩归于下,怨归于上矣。……即蠲此积逋,于国赋初无所损,而令膏泽洽乎黎庶,颂声溢于寰宇。民心固结,邦本辑宁,久安长治之道,计无便于此者。①

张居正试图在"小天命"对天命的侵蚀中夺回朝廷的主权。对于那些遵从内心良知行事的地方官而言,"小天命"恰恰提供了一种愿景,在这一愿景中,朝廷控制权的丧失——决策权转移到地方官,甚至是地方民众自己手中——代表的不是无序,而是另一种可能的或重叠的宇宙秩序。

王国斌曾写道:"这种政治哲学把维持大众福利置于最优先

---

① 张居正:《请蠲积逋以安民生疏》,《新刻张太岳先生文集》卷四十六,第7b—8a叶,续修四库全书第1346册,第423页。转引自米海瑞(Harry Miller),*State versus Gentry in Late Ming Dynasty China, 1572 - 1644*, New York: Palgrave Macmillan, 2008, p. 53。

的地位。国家权威仰赖于'天命'（上天之授权）……学者们往往忽略了它对中国政治的重要性。"① 这种见解也延伸到"小天命"。伍思德写道："卑微的中国工人和农民，虽然可能仍然相信某种贤明的君主是宇宙稳定的保障者，但他们从未对个别在位皇帝的仁义神圣或慈爱善良抱有个人幻想。"② 就普通民众确实对地方官抱有或至少表达过这种幻想而言，地方官们在更普遍的政治实践中或许可以赢得比皇帝更多的合法性。

---

① Wong, *China Transformed: Historical Change and the Limits of European Experience*, Ithaca: Cornell University Press, 1997, pp. 92 – 93. 中译文见 [美] 王国斌:《转变的中国：历史变迁与欧洲经验的局限》，李伯重、连玲玲译，南京：江苏人民出版社，2010 年，第 94 页。

② Woodside, "Emperors and the Chinese Political System," p. 24.

结　语

夏伟（Orville Schell）在 2016 年的一篇文章中总结道："明代是中国专制主义的高峰……以党争、阴谋、偏执、恐吓、兄弟相残和严刑峻法为主要特征。"① 这代表了人们对明代的普遍认识。统治这片土地的，是昏庸残暴的帝王，是受害又害人的宦官，还有官僚——除了个别显著的例外——中国历代王朝中最为腐败的官僚。② 读书的士子汲汲于功名和做官，富商们只渴望他们的子嗣也能走上仕途。明代平民要想参与政治，似乎被三道门槛拒之门外：由天命赋予合法性的强大的中央集权君主制度，由昂贵的旧式正统教育所支持的统治阶级，还有强调等级而非平等的思想方式。当然，这些描述都符合实情。但是，当我们把目光稍稍从帝国朝廷上移开，也许能注意到其他的政治模式。

也许从宋代开始，帝国的臣民们逐渐发展起一种实践中的制度——生祠，以引导和施压于州县官，让他们关注在史书和经典中所读到的：民生应当是国家执政的第一要务，也是在位士大夫的核心责任。地方百姓采用了一种关键的儒家关系——父母与子女，并将之比喻为官员和自己的关系。他们将这种比喻上升到原则性的层面，用孝道的情感来掩盖报偿作为交换的条件。你现在

---

① 夏伟（Schell），"Crackdown in China: Worse and Worse," *New York Review of Books* 63.7（April 21, 2016）, p. 14。

② 郭建：《古代法官面面观》，上海：上海古籍出版社，1993 年，第 207 页。

降低我们的赋税,我们就会对你进行供奉——很快建立而且会延续长久,以报答或补偿你的照顾。同时,因果报应的观念,将地方的利益和官员家族的运道联系在一起——这是官僚制度所竭力避免的,而顾炎武对此却大加赞赏。有时,当亲民之官与上级发生冲突,或其政策被改变时,地方上的纪念活动甚至意味着民众对国家政治的参与。祠堂的神圣空间在这一过程中被赋予了礼制的分量,在新任官员祭拜境内的坛庙时,也往往将祠堂列入行程。在祠堂中奉祀在世官员,强化了这样一种观念:官员的个人魅力会随其声望的高低而变化,正如神灵的灵验与否也会随崇拜的升温降温而变化一样。

《大明律》卷十二《仪制》关于生祠的规定,是在更早律法的基础上建立起来的。这一规定出现在历史文本中,与其说是一种限制,不如说是修辞和实践的源泉。律令所要求的"政迹"在碑文中被备细无遗地记载,以为后来的官员提供地方惠政的蓝本。律令还禁止"遣人妄称己善申请于上",这体现了出自肺腑的真诚感谢和有所图谋的阿谀奉承之间的张力。任何纪念活动中都会出现类似的张力,而一代又一代的碑记作者试图通过反复强调广大民众支持建祠的行为来消解这种紧张关系。平民的影响力十分重要。他们的话语和思想,他们内心深处的情感,都被精英文人们想象出来或详细地记载下来。士人和平民共同参与的公共活动,逐渐发展出一套符合自身的合法化理论,主要体现在以下几个方面:它被纳入只需精英阶层赞助的遗祠祠记之中,它可能是第六章讨论的平民实际参与赞助祠堂的基础,它使真实或虚构的公众认可在精英政治中占据了突出地位。律法禁止自立生祠也意味着官员会反对为他们建造的生祠,为并不完全听令的平民开辟了有限的赞颂的途径,他们坚持自己的主张,不管州县官和其他官员的意愿如何，都要进行自己的计划。律法禁止给"见任官"建生祠，祠记也对此做出了回应，既要精心展示官员离去时的悲痛，又要以民众的情感为中心进行讨论。民众之情的深厚和合理，正给出了公开违背律条的理由。律法还禁止擅自立祠树碑，看似需要朝廷的批准，但真正记录在案的请求很少。生祠形成了一种观念，认为平民应该自行决定对官员的奉祀，提供了一种在正统体系之外，与官僚考绩同等分量的道德评价。在律法的要求之外，感叹生祠建得太多，就成了用当地百姓的呼声和吁请来说明多建一座生祠的理由。指出生祠并非古制，也成为今天批评剥削官员的一种方式；并提出重读《礼记》，从而认识到为民服务的价值远高于为朝廷服务。

　　生祠以及其他反映这些价值和表述的纪念性建筑相当普遍，我只讨论了明代建成的这类祠宇中的一小部分。它们是切实存在的社会事实，是士大夫、宦官、皇帝、地方士绅和其他政治人物必须要考虑的。州县官努力在朝廷与地方、士绅与平民的矛盾要求之间进行协商、选择或超越。尽管官僚模式要求他们成为没有个性的政令传递者，但他们自主性的道德权威最终得到了认可。到了明代后期，对地方来说，明初那种直接追究县官责任的方法已不再行之有效，父老们改用生祠付诸实践。平民百姓颂扬一些官员，同时批评另一些官员，并藉此阐述自己的善政观。他们用威胁、交易、奉承和情绪操纵来给州县官施加压力。地方和国家层面的精英文人们详细记录或径直编造了民众的声音，将之改写为华美的文辞，刻于石上，并宣称这些是生祀和其他纪念的合法依据，是日益腐败的政治制度中真理的唯一保证。"小天命"就是指这种隐而不显的政治理论，即地方官的合法性来自于普通民众的意志和决定，民众认可那些为他们所认定的利益服务的人。

这种自下而上的政治理论是在平民所建立的地方性制度中产生的。在任何一个个案中，号称为百姓所认可的各类政绩可能是如实的记录，也可能是在仪式层面或文本内容中伪造的。但总的来看，这些案例给历史学家提供了可能的选择。在专制、官僚的明代君主制下，生祠制度或许真的允许平民在某种程度上发表和实践政治言论。或者平民实际上并没有表达和行使这一权利，但大量的精英人士却明确主张平民拥有政治言论权。

　　除了传统儒家中讲求实效的民生言论外，明代法律、文化、经济，特别是宗教中的平民主义对这一理论的发展起到了一定的作用。它们认为正是民众决定了价值，人民的崇奉和情感决定了祠堂能否持久，而百姓的忠诚又取决于祀主对地方的服务。这些观点可能从民间宗教的发展模式中汲取了力量，因其兴衰正取决于它在百姓许可的情况下以奇迹回应请愿的功效。声望和"灵"的作用逻辑是一样的，只有它能继续为民服务，它的影响力才会增加。无论士绅还是平民，包括被供奉的人自己，都认为生祠是互惠的——百姓前来供奉，祀主显示奇迹——不管这种互惠是当即生效还是长期存在。这种神圣的工作赋予了生祠政治上的分量，就像皇帝上承天命，奠定了他在实际事务中的日常权威。到了东林党人与魏忠贤斗争的时候，生祠还可赋予道德上的权威。对立的双方都建起生祠，以证明和凝聚民心。谁知道呢？或许祠中的塑像真的可以创造奇迹。

　　政治学家许慧文评论说，往往是"简单化、理想化的二分式思考模式仍然严重制约着我们的思想"，让纷繁复杂的社会现象看起来"自相矛盾"。例如，她问道，将"国家"和"社会"具体化并加以人为区分，然后把它们打成结，再去寻求一种模式来处理它们之间的"关系",这又有什么意义呢?① 明代的国家和社会都是由许多不同的机构和角色组成的,他们以复杂的方式进行着斗争和合作,并借鉴了各式各样的理论和行动纲领。同样,尽管我们希望把明代的实践分为"宗教的"和"政治的",但我们并不应惊讶于它们相互重叠,变化万千。

我在着手进行此项研究时,习惯于以二元对立的方式进行思考——魏忠贤/东林党、中央/地方、宗教/政治、祠堂/石碑、礼制上的正当/不正当、合法/非法、士绅/平民、存在/超越、德行/灵性、纪念/崇祀、男性/女性、官员/平民、生存/死亡。要把它们排在一起,传统的观点(在某种程度上已经为后帝制时代的学者如加藤玄知、杨庆堃和赵克生等人所撼动)认为,生祠倘若不是卑鄙的魏忠贤的畸形发明,也是不正常的、不恰当的、不合逻辑的制度,是腐败士绅们非法设立的,真正的目的是为了奉承离任官员和宫廷太监,以求取他们的恩惠。碑文表面上宣称是为了表彰儒家德行的典范,也不过惺惺作态而已。

事实破坏了所有这些二元对立,但有一种情况除外。

大太监魏忠贤及阉党中的士大夫和他们的对手东林党人继承了明代两个世纪以来的生祠实践传统,这一传统实际上可以追溯至更早的朝代,以至于汉代。所以双方同样都十分重视生祠,认为这是一种通过证明自己拥有广泛的公众支持来要求政治合法性的方式。生祠和其他纪念在《明实录》和官修《明史》中都有记载,这代表了一种跨越朝代的核心诉求,即希望对道德和历史判断及宇宙拥有支配权。然而这些纪念源自地方实践,也产生了一

---

① 许慧文(Shue),"Rule as Repertory and the Compound Essence of Authority," *Modern China* 34.1 (2008), p. 148。

种要求平民判断力的政治话语。《大明律》关于生祠和石碑的规定都放在同一条款中,人们往往认为祠堂主要涉及宗教仪式,有时却说是为了纪念并传承一个人的遗产;同时人们往往认为石碑最重要的是碑文,但人们也会在一些碑上进行供奉。表面上看,在并非特别授意的情况下,只有为政绩卓著的离任官员立祠树碑是完全合法的。但是,一方面,高官们也会在碑文中公开论证给在任者立祠的正义性,皇帝自己也会破例允许给太监立祠;另一方面,社会实践往往提出了法律中所没有的要求,即生祠的赞助者不仅仅是地方士绅,还应当包括平民。史料中出现的"士""民"等语汇其实并不能准确反映出究竟是谁赞助了生祠。而且即便撇开僧道、太监、皇室及其宠臣等诸多复杂因素,由于那些拥有文化且富裕的平民和相当贫困的士人的存在,我们也很难去精确区分精英和非精英。与此同时,少数地方士人也赢得了生祠。

祭祀相关的礼制实际上也不明确。一方面,明代的生祠是公开建造和纪念的,往往由负责礼仪的官员主持。最初的生祠纪念的是为有明一代确立礼制的陶安,以及一些毁禁寺庙的儒家士人。代表正统的经典《礼记》被解读为支持生祀,的确,从其行文来看祀主是生是死并不重要。另一方面,有一些人明确反对为自己建造生祠,理由并不完全清楚,但可能并不仅是浮于表面,而是对礼制本身有更深层次的担忧。有一篇碑记明确宣称:"祠何难于生,生何恶于祠哉?"[①] 不过,总的来说,生祠是否妥当,主要取决于是否真正赢得了民众的认可和究竟是谁赞助的生祠。

---

① 郭玺:《新建河阳陈公(俎)生祠记》,嘉靖《广平府志》卷七,第7叶,天一阁藏明代方志选刊第5册,上海:上海古籍书店,1981年。

生祠和遗祠不同,但并不是因为前者是正当的而后者是不正当的。事实上,我们并不能总是对两者进行明确的区分。方志中收录的祠堂并未明确标注它是生祠还是遗祠,有时必须阅读具体的碑文才能了解到在供奉时祀主是否已经故去。生祠可能在建成不久后便归于衰败,也有可能在祀主死后成为遗祠;其实,它可能延续数百年之久,要么改称"庙",要么改称"祠堂",部分依然被称为"生祠"。碑文的作者出于习惯,有时候会给遗祠贴上"生祠"的标签。一个人离开了该县,他的塑像却被供奉在那里,那他是已经离去呢还是依然在场呢?如果他没有离任,就已经被奉祀呢?如果他早已被奉祀,却在旅途中经过该县时,人们都出来看他——难道他的塑像并不在吗?还有倘若他在千里之外却无故醺醺然,故而推测是地方向他献酒;或者当人们把塑像修好之后,祀主手臂上的伤疤也随之愈合,这又该如何理解呢?他究竟是在还是不在当地呢?

生死之间也必然泾渭分明吗?在地方官离任之后,当地的士绅可能还会听闻他的消息,甚至再次见到他,但对平民百姓而言,这些就不再那么真实了。对离任官员的公开仪式包含了一些来自葬礼的元素,比如哭泣和哀号。文献中往往记载说:"公去,如丧父母。"他们不太可能在祀主死后就立即改变供奉,甚至在很长一段时间内可能都不会得知他已经去世的消息。生者和死者可以共存于一庙之中,事实上,两种类型的祠堂可以同时建立起来。例如,昌黎百姓最初并不愿遵从道台何氏的意愿,供奉当地最著名的人物——唐代文学巨匠韩愈。直到范氏和抚台解决了他们的赋役负担,他们才为韩愈(文星)和两位在世的官员(福星)一同建祠。① 如此看来,生与死之间并不决然二分。

一开始,生者是被纪念还是被崇祀,似乎是一个关键问题。但是,虽然少数明代的文献会说清楚,是生祠供奉仅表示纪念而不期待任何结果和回报,还是供奉给其他神灵以求其保佑祀主,还是祀主直接从供奉中受益。但一般来说,与生祠实践相关的叙述多假定人们都知道应该在祠庙中做什么,并不明确记载其结果。如果我们能弄清楚一个被供奉的生者形象拥有什么样的力量,或许可以猜测它是否能用神迹回应请愿。但相关记载并没有在儒家道德力量和鬼神灵验效用之间划出明确的界限。即使在世官员在辖区内表现出了感动鬼神的灵力,他们成功求来雨水和减免赋税的记载常常并排出现,然而由生者形象创造奇迹的例子却甚为罕见。明人的文章中有时会提到神灵的"德"和生者的"灵",事实上,两者显然在某种程度上是重叠的。

因为多方面的原因,魏忠贤的生祠当然是不正当的。因为他还在任上,而且逼迫百姓建祠,鼓励阿谀奉承,并且与远方供奉他的百姓不可能存在密切的关系。他的许多壮丽的祠堂有碍于民生,甚至占据了民众的家园。不过,东林党人沉迷于男子气概也确是事实。他们多次引用它来反对宦官和女人的统治,要求天启皇帝像个男人。② 可能恰因魏忠贤身为宦官的缘故,所以对魏氏的生祀令东林党人格外不满。那么,这是否打破了最后一组二元对立的概念——性别?官员常被喻为"父母",这当然是事实。

---

① 黄景昉:《昌黎五峰山修建韩愈文公祠并抚道两台生祠记》,何志利主编:《昌黎韩愈文化史料》,北京:中国文史出版社,2014年,第113—115页。

② 达第斯(Dardess),*Blood and History: The Donglin Faction and Its Repression, 1620 – 1627.* Honolulu: University of Hawai'i Press, 2000, pp. 25 – 27, 32, 41 – 42, 66, 74。

不过虽然在宋代"虎母"因保卫城市而得以生祀，但明代女性却要以死来赢得祠堂里的供奉。①

　　研究制度的好处在于，它留下了部分记载，能让我们意识到过去的复杂性，因为它并非只有一种简单的本质，而是相当灵活的。② 对于被生祀的人来说，生祠可以作为一种额外的殊荣以表彰其事业的成功，也可以作为一种安慰以照顾那些仕途不顺的官员，还可以作为反对世家大族、保护民众利益的荣誉徽章，也是一种在没有家族成员的地方保证继续祭祀的方式，或者作为特定政策的论据。从中央的角度来看，为一个由朝廷任命的人授予这样的荣誉，可能会有助于提升王朝的荣耀，警告结党营私和贪污腐败，或者代表反对滥用皇权的原则立场。明代社会各阶层的人利用生祠及石碑，努力塑造自己良好的形象，奉承在职官员，讨好升迁之士，美化履历档案，缅怀取悦师长，为友人提供帮助，纪念参观或捐献佛寺，为捐赠者祈祷，等等。他们还会颂扬并可能留下曾抗击海盗的将军（他们往往与有势力的地方士绅合作）作为精神资源，或当将领调任其他地方时，让他留在边境上，或为新任州县官员树立美德典范，创造一个公共休憩空间，并向新

---

　　① 一个可能的例外是教派领袖昙阳，参阅王安（Waltner），"Tanyangzi in Her Own Words and Those of Wang Shizhen," in *Beyond Exemplar Tales: Women's Biography in Chinese History*, edited by Joan Judge and Hu Ying, Berkeley: University of California Press, 2011, p. 217。

　　② 参阅高理宁（Gordon），"Governmental Rationality: An Introduction," in *The Foucault Effect: Studies in Governmentality*, edited by Graham Burchell et al., London: Harvester Wheatsheaf, 1991, p. 4：国家没有本质或固有的属性；相反，它的机构是由不断发展的治理实践形成的，其自然也考虑到不断发展的被治理的情况。

任官员施加压力,表达他们的政策偏好,批评前任和现任管理者等。借由生祠,还会反思自己在生活中的位置,贬斥当前的时代及其治理,象征性地将流动的官僚纳入地方社会,为官员死后准备一个安身之所,将责任感强加给管理者,在官员离任时挽留他们,进行精神上的声援,夸耀当地人的德行,祈求帮助,甚至不需祈祷也能得到帮助。此外,生祠意味着以儒家式纪念取代对地方神灵的崇拜,在当下的哲学论辩中表明立场,违背不称职的人制定的社区规则,与先祖重新建立联系,炫耀其文采和历史知识,为被剥夺权利的平民发声,或者假造这种发声,声称平民应该有政治发言权,也会颠覆这种主张,等等。历史的面向正是如此之复杂。

术语表

爱民如子：loved the people like sons/children

拜：bow
百姓：common people, lit. the "hundred surnames"
邦本：root of the state
邦君：the lord of the country
报：reciprocate; recompense
褒贬：praise and blame
报德：requiting virtue
报恩：repaying grace
报功祠：Shrine to Repay Contributions
秉彝：grasp the ritual steamer

常：constantly; regularly
尝：in the past
崇德祠：Shrine to Respect Virtue
祠：shrine
词：text
祠堂：offering hall
祠宇：shrine building

代：representing

大夫：high officials
祷：praying for favors
德：virtue; charisma
得民：win over the people
得其心：win hearts – and – minds
德政碑：Stele of Virtuous Governance
渎：sacrilegious

恩：grace

法：law; methods; models
丰：tall and grand
丰祠：grand memorial shrine
风俗：customs; local ethos
覆戴：cover as Heaven and support as Earth
孚德祠：Shrine to Honor Virtue Like That of a Brooding Hen
父老：elders
父老儿童：elders and youngsters
父老诸生：elders and various students
夫人：masses of the people

感惠祠：Responding to Grace Shrine
甘棠：sweet pear tree
感应：cosmic movement and response
感与应：movement and response
公：public interest; lord; Mr.; "His Honor"
功德：contributions and virtue

公论：public opinion
功施于民：achievements extended to the people
公意：public consensus
官使：officials and delegates
国：state; dynasty; country; nation
国家：dynasty; country; state; nation

好：to like
怀德祠：Shrine Showing That We Hold the Virtuous to Our Bosoms
绘像：draw an image

讲学：lecture – study practice
荐绅：retired officials living at home
建为生祠：build him a living shrine
建言：submitting proposals on state affairs
教化：teaching and transformation
家堂：home shrine
祭法：Laws for Sacrifice
精神：spirit
衿佩：youthful students
缙绅：current office holders while at home
缙绅士民：local men who are office holders former and current, gentry, and commoners
瘠土之民：people of the barren soil
郡之长老某等：elders so – and – so of the prefecture
君子：gentlemen
具状：account (of governance)

口碑: oral steles
口录: the oral record

力: power; charisma
理: principle
黎（民）: common people, lit. "black-haired masses"
立祠立石: set up shrine and stele
列: classes (of donor)
里甲: hundred-and-tithing village tax group
灵: efficacy; spirit (s)
灵气: a lively air
临民: close to the people
刘公生祠: Mr. /Lord Liu's Living Shrine
礼以义起: rites arise from the right
略: outline

庙: temple
庙享: temple offerings
民: subjects; commoners; civilians; "the people"
民德之如父母: the people regarded him as virtuous, like a parent
命: mandate; fate; lifespan; command
名宦祠: Shrine to Eminent Officials
民间: commoners
民情: commoners' feelings
民众: commoner masses
亩: Chinese acre, varying wildly but approximately one-tenth of an acre

念：recall; invoke

匹夫之贱：even the humblest of commoners
平：fair, smooth

气：life force
乾父坤母：Heavenly father and Earthly mother
且深且久：both deep and long lasting
且喜且悲：both happy and sad
耆旧：elder (s)
耆老：elder (s)
耆民：elderly commoner (s)
卿：ranked
亲民之官：officials close to the people/parents to the people
去思碑：Gone Yet Remembered Stele
去思祠：Gone Yet Remembered Shrine
去思堂：Gone Yet Remembered Hall

仁：benevolence
任德尸祝：put virtue into office by worshiping (personating and invoking)
人民：the people (modern Chinese)
人情：popular sentiment; public opinion
人人：everyone
人士：gentry; commoners
若：like, similar
儒士：Confucian gentleman

三功祠：Three Merits Shrine

上供：offer worship

神：divine；gods

生祀之：enshrine him while living

生祀：premortem worship

生像：living image

神君：divine lord

绅士：gentry

神食：divine meal

士：gentry

事：serve；worship

实：real

尸而祝：personate and pray to/invoke, i. e., worship

尸而祝之，社而稷之：personate, invoke, and make offerings to them, i. e., worship them

士民：educated people；educated and ordinary people；ordinary people

士人：gentry；commoners

是神也：this is divinity；these are gods

士率民：gentry led commoners

尸祝：personate and invoke；worship

述状：narrative document

祀：perform a sacrifice；make offerings to

私：self‐interested

思：yearn for

私情：private feeling

私意：selfish intention

速：quickly

坛：altar

堂：large hall

特祠：special enshrinements

天曹：the imperial court

田夫野老：husbandmen and old farmers

天命之性：nature decreed by Heaven

天下：the world; the empire; All – Under – Heaven

天下国家：whole empire and dynasty – nation

天亦从民愿：Heaven indeed follows the wishes of the people

庭：court

听：listen; obey

厅：small hall

图其形貌：sketch his form and face

图像：paint an image

万家肖像祝之："ten thousand households drew his likeness and prayed to/for/at it/him"

位：spirit tablet

为报祀：repay him with offerings

威灵：powerful influence

为生立祠：make him a shrine while he is still alive

为吾民：for our people

文学耆老：literary elders

我百姓：my commoners

我民：our/us people/commoners

恶：to dislike

吾党：our sort

五公祠：Five Lords Shrine

吾民：our/us people/commoners

下民：the common people

象：image

乡：local

享：make or enjoy offerings

想：thought

乡父老：local elders

乡豪：powerful local men

乡宦：former officials living in retirement at home

乡间父老：elders of the villages

乡民：local people

乡评有据：local opinion is reliable

乡耆：elders of a rural district

乡人：villagers, county residents

乡士大夫：local gentry

乡贤祠：Shrine to Local Worthies

乡约耆民：elderly commoners of the community compact

贤豪：worthy and powerful

县民：the people of the county

贤牧祠：Shrine to Wise Shepherds

先贤祠：Shrine to Former Worthies

肖貌：make an image of him

小民：ordinary people, commoners

小人：commoners

肖像：create a likeness

写真：draw a true portrait
协众：cooperate with the masses
秀民：commoners outstanding in virtue and talent
循良：upright and good officials

严：strictness
彦秀：worthy talents
遥：remote
爷：Grandpa
遗爱：legacy of love
遗爱碑：Legacy of Love Stele
宜从众请：it is right to follow the request of the masses
遗德庙：Legacy of Virtue Temple
邑民：the people of the county
淫祠：improper shrine
阴德：hidden acts of virtue
阴德之报：recompense for hidden acts of virtue
阴食：sacrificial offerings
邑人：people of the county
义人：righteous man
邑人士：county people and gentry
一顺民情：follow popular feeling in everything
以义起：arise from what is right
邑之耆老：elder (s) of the county
永其传：make his transmission/legacy last forever
又：further; moreover
有功德于民者：those who have [made] contributions and [shown] virtue to the people

有司：the authorities
有为：get things done
有正命：to have a proper Mandate/fate/lifespan
谀：flattery
舆论：public opinion; public discussion
与民：unite with the people
舆情：public feeling or sentiment
与人：unite with the people
舆诵：public opinion
与天：act in accord with Heaven

再生父母：secondbirth parent
征：prove; inquire; recruit; be in charge of
蒸民：the mass of commoners
直道：straight road
治理状：account of governance
治状：dossier; account of governance
众：the masses; everyone
众里老：the masses and community elders
众庶：mass of commoners
祝厘：pray for blessings
诸生：students
子弟：children/disciples
俎豆尸祝：make offerings and pray
尊祀：honor and worship
作：make
作之者：those who initiated it

参考书目

◇ 碑文和祠记

本节列出了书中所引用的碑文和祠记，方志的引用来源见下一节，其它引文见参考书目的最后一部分。作者姓名之后的括号注明了其籍贯、生卒年或大致活动时间，碑文或祠记之后的括号则注明了文章的写作时间。以下缩写用于指代常用的两部碑铭汇编。

丁、郑《兴化》	丁荷生、郑振满编：《福建宗教碑铭汇编·兴化府分册》，福州：福建人民出版社，1995年。
丁、郑《泉州》	丁荷生、郑振满编：《福建宗教碑铭汇编·泉州府分册》，福州：福建人民出版社，2003年。

蔡昂：《洪公（垣）永赖祠记》（约1540年），康熙《兴化县志》第三册，第914—946页。

蔡云程（1496—1567年，1529年进士）：《先君行实》，焦竑：《国朝献征录》卷九十二，第14a叶。

岑万（顺德，1526年进士）：《（谈恺）怀悹祠集序》（约1557年），雍正《广东通志》卷五十九，第115—117叶。

陈露：《陈公（儒）生祠祝文》（约1543年），嘉靖《武城县志》卷八，第55—56叶。

陈让（1532年进士）：《南安邑侯唐公爱生祠碑》（约1544年），丁、郑《泉州》，第613号。

陈藻：《定兴县任侯（铠）去思碑记》（1573年），光绪《定兴县志》卷十八，第32—35叶。

范言（嘉兴，1526年进士）：《郡守侯公（东莱）生祠碑记并诗》（约1564年），万历《秀水县志》卷九，第4—5叶。

费宏（1468—1535年）：《故中宪大夫瑞州府知赠江西布政使司左参政邝公墓表》，《太保费文宪公摘稿》卷十九，第36—40叶，续修四库全书第1331册，上海：上海古籍出版社，2002年。

费宏：《杨公（继宗）祠记》（1519—1520年），万历《秀水县志》卷九，第66叶。更完整的版本见《杨公遗爱祠记》，《太保费文宪公摘稿》卷八，第27—29叶。

费宏：《延平李先生祠堂记》，《太保费文宪公摘稿》卷八，第33—35叶。

冯宿（792年进士）：《狄梁公祠堂碑铭》，《古今图书集成·方舆汇编职方典》卷一四三，第9057页。

冯益：《杨公生祠记》或《杨都督武襄公生祠记》（1449年），康熙《龙门县志》卷十四，第24—25叶。

高跃（杭州，1547年进士）：《程（逊）父母去思记》，崇祯《广昌县志》，第590—594页。

顾鼎臣（1473—1540年）：《县尹王公（鉴之）遗爱祠碑》，崇祯《元氏县志》卷六，第18a—19b叶（第553—556页）。

顾璘（上元，1476—1545年）：《应天尹王公（爟）生祠记》，《顾华玉集·息园存稿文》卷四，第13a—15a叶。

顾珀（1464—1549 年，1499 年进士）：《劝忠祠记》，丁、郑《泉州》，第 100 号，第 90 页。

顾宪成（1550—1612 年）：《龚（勉）毅所先生城南书院生祠永思碑记》，《泾皋藏稿》卷十，第 17—20 叶。

顾宪成：《常镇道观察使者虚台蔡公（献臣）生祠记》，《泾皋藏稿》卷十一，第 20a—23a 叶。

郭玺：《新建河阳陈公（俎）生祠记》，嘉靖《广平府志》卷七，第 6—7 叶。

韩爌（约 1558—1637 年）：《李（宣猷）公德政记》（约 1623—1625 年），崇祯《蔚州志》卷四，第 561—568 页。

何乔新（1427—1502 年）：《两浙都转运使前建昌太守江侯（浩）生祠记》（约 1469 年），《椒邱文集》卷十三，第 17a—20a 叶。

何乔远（1586 年进士）：《教谕龚（士镖）先生祠记》，丁、郑《泉州》，第 632 号，第 631—632 页。

何乔远：《王（任重）玉溪祠记》，丁、郑《泉州》，第 174 号，第 173—174 页。

何乔远：《丁公（启濬）生祠记》，丁、郑《泉州》，第 922 号，第 924—925 页。

侯正鹄（郓城人，1601 年进士）：《知府侯正鹄为邑侯王公（远宜）去思碑记》，崇祯《郓城县志》卷八，第 11b—12b 叶（第 320—322 页）。

胡三省：《（姜桂芳）修前邑侯祠堂记》（约 1584 年），万历《沙河县志》，第 249—250 页。

黄凤翔（晋江，1568 年进士）：《邹郡守祠祀记》（1592 年），丁、郑《泉州》，第 136 号，第 128 页。

黄凤翔：《陈紫峰祠记》（1577 年），丁、郑《泉州》，第 130 号，第 120 页。

黄金：《资政大夫工部尚书无为薛公（祥）传》，朱大韶编：《皇明名臣墓铭》，明代传记丛刊第 58 册，第 29—42 页。

黄景昉（晋江，1596—1662 年）：《昌黎五峰山修建韩愈文公祠并抚道两台生祠记》，何志利主编：《昌黎韩愈文化史料》，第 113—115 页。

黄寿：《（学正林宗）崇贤祠记》，嘉靖《蕲州志》卷九，第 45—47 叶。

贾恒：《三尹李滋荣去思碑》，万历《沙河县志》卷八，第 38—41 叶（第 208—212 页）。

姜金和（1550 年进士）：《宋公（继先）生祠记》（约 1565 年），万历《和州志》卷五，第 28—29 叶（第 625—627 页）。

姜龙（太仓，1508 年进士）：《兵宪王公（仪）生祠记》（约 1536 年），钱穀编：《吴都文粹续集》卷十六，第 22a 叶，四库全书本。

焦竑（1541—1620 年）：《直指云蛟黄公（吉士）高邮州生祠记》，《澹园续集》卷四，第 832—834 页。

康士晋（1564 年进士）：《望海刘（会）公祠记》（1611 年），丁、郑《泉州》，第 736 号，第 740—741 页。

李标（1607 年进士）：《元仁侯张公（慎学）趋正去思记》（1642 年），崇祯《元氏县志》卷六，第 675—680 页。

李春芳（1510—1584 年）：《王公（三余）生祠记》（约 1580 年），康熙《兴化县志》第三册，第 927—931 页。

李光缙（1585 年举人）：《郡太守姜公（志礼）生祠田记》（约 1604 年），丁、郑《泉州》，第 176 号，第 175 页。

李光缙：《南安教谕龚（镖）剑峰先生祠记》，丁、郑《泉州》，第 631 号，第 629—631 页。

李思诚（1626 年在世）：《陈邑侯（宇）陛任上元序》（约 1614 年），康熙《兴化县志》第三册，第 106—109 页。

李之藻（1565—1630 年）：《名宦乡贤祭仪疏》，《泮宫礼乐疏》卷九，第 7—8 叶。

林大春（潮阳，1523—1588 年）：《重建东山灵威庙碑记》，雍正《广东通志》卷六十，第 106—110 叶。

刘春（1487 年进士）：《岳州太守李侯（镜）祠碑》（约 1496 年），《东川刘文简公集》卷十九，第 3—6 叶，续修四库全书第 1332 册。亦收入弘治《岳州府志》，第 180—184 页。

刘节（大庾，1476—1555 年，1505 年进士）：《都宪阳明王公生祠记》（约 1520 年），《古今图书集成·方舆汇编职方典》卷九二九，第 16025 页。

刘矩（开州，1421 年进士）：《翰林修撰刘矩撰掌内黄县事知州宋公（安）生祠记》，嘉靖《内黄县志》卷九，第 32 叶。

卢璧（江宁，1538 年进士）：《群公惠泽祠记》（1567 年），万历《上元县志》卷十二，第 75—77 叶。

陆光祖（1521—1597 年）：《郡侯龚（勉）公生祠碑记》（1575 年），万历《秀水县志》卷九，第 8—9 叶。

芦望峰：《王宪副（大用）生祠碑》（约 1525—1530 年），嘉靖《增城县志》卷十六，第 3—5 叶。

骆日升（惠安，1595 年进士）：《陈侯（淙）重修碣石永济桥生祠记》（约 1615 年），丁、郑《泉州》，第 731 号，第 736 页。

罗虞臣（顺德，卒于1537年，1529年进士）：《告除钱文通公（溥）生祠文》，黄宗羲编：《明文海》卷一四〇，第15—17叶。

马森（1506—1580年）：《汀郡节推刘侯（宗寅）生祠记》（约1562年），乾隆《汀州府志》卷四十，第24—27叶（第458—459页）。

裴栋：《任公（应征）生祠记》（约1602年），崇祯《蔚州志》卷四，第37a叶，第568—576页。

秦镐：《汝南布衣秦镐为东兖道刘公（荣嗣）生祠碑记》（1630年），崇祯《郓城县志》卷八，第14b—15a叶（第326—327页）。

任环：《沙夜有感》，万历《沙河县志》卷八，第71叶，第277—278页。

司马光（1019—1086年）：《北京韩（琦）魏公祠堂记》（1084年），《温国文正司马公文集》卷六十七，第1—4叶。

苏继欧（徐州，1613年进士）：《重修报德祠记》（约1615年），崇祯《元氏县志》卷六，第62—63叶（第641—644页）。

唐锦：《郑（洛书）侯去思碑》，《龙江集》卷五，第1—3叶，续修四库全书第1334册，第538—539页。

田秋（德江，1514年进士）：《新建蔡潮生祠记》（1550年），嘉靖《福建通志》卷十二，第40b—41b叶（第780—782

页）。

田汝成（钱塘，1500—1563 年后，1526 年进士）：《题清平蔡潮像赞》（约 1540 年），嘉靖《贵州通志》卷十一，第 84a—85a 叶（第 683—685 页）。

屠隆（1542—1605 年）：《宁（海）令颜侯（欲章）祠碑》（1604 年），崇祯《宁海县志》卷十，第 19—21 叶（第 803—808 页）。

王朝相（永年，1535 年进士）：《邑侯九华章公（允贤）生祠记》，万历《成安邑乘》，第 526—528 页。

王道（武城，1487—1547 年，1511 年进士）：《（东昌）太守陈公（儒）生祠记》（约 1543 年），嘉靖《武城县志》卷八，第 37—40 叶。

王都：《李公生祠记》（约 1575 年），《古今图书集成·方舆汇编职方典》卷一二〇，第 8847 页。

王建屏：《陈侯（惟芝）去思记》（约 1589？年），顺治《洛川志》卷二，第 30 叶。

王聘（1523 年进士）：《嘉忠祠记》（1536—1537 年），嘉靖《辽东志》卷二，第 35—36 叶。

王慎中（1509—1559 年）：《衢州守李（遂）克斋先生生祠记》，《遵岩集》卷八，第 23—25 叶。

王慎中：《永定县知县许（文献）君生祠记》，《遵岩集》卷八，第 73—76 叶。

王世贞（1526—1590 年）：《广东高州府知府致仕进阶中宪大夫东山徐公墓志铭》，《弇州四部稿续稿》卷一一一，第 10—21 叶。

王世贞：《桂东令马君生祠记序》，《弇州四部稿续稿》卷五十二，第 20b—22a 叶。

王世贞：《朝列大夫前怀远令信阳何公（立）生祠记》，《弇州四部稿续稿》卷五七，第 19 叶。

王世贞：《重修长兴令黄公（光昇）生祠记》，《弇州四部稿》卷七十四，第 12—14 叶。

王廷瞻（1559 年进士）：《重修思旻王公祠》，崇祯《泰州志》卷八，第 69—70 叶（第 177 页）。

王云凤（1465—1517 年）：《太子太保吏部尚书王公（恕）生祠记》，《博趣斋稿》卷十三，第 76—77 叶，续修四库全书第 1331 册，第 184—185 页。

王直（1379—1462 年）：《重修范（仲淹）文正公忠烈庙记》（1443 年），《抑庵文集》卷一，第 36 页。

王直：《山东左布政使万公（观）墓志铭》，《重编王文端公文集》卷三十三，第 9—10 叶。

王直：《襄城伯李公（隆）墓志铭》，《重编王文端公文集》卷三十三，第 2b 叶。

魏克顽：《元氏县令郑公（三俊）德政碑》（约 1602 年），崇祯《元氏县志》卷六，第 43—47 叶，（第 604—611 页）。

吴节（安福，1397—1481 年）：《固安县知县李公（端）政绩碑》（1467 年），嘉靖《固安县志》卷四，第 3—4 叶。

伍晏（清流，1489 年举人）：《唐公（淳）生祠记》（1513 年），嘉靖《清流县志》卷五，第 23—26 叶。

许谷（1504—1586 年）：《傅（佩）侯生祠碑记》（约 1540 年），康熙《兴化县志》第三册，第 916—920 页。

徐阶（1503—1583 年）：《封丘县重修凤山秦公（金）生祠记》，《世经堂集》卷十四，第 33 叶，明万历间徐氏刻本，四库全书存目丛书集部第 79 册,第 648 页。

徐缙(吴县,1505 年进士):《重建大司徒秦公(金)封丘生祠碑文》,《徐文敏公集》卷五,第 46 叶。

胥烨(1525 年举人):《重修三祠记》(约 1566 年),隆庆《岳州府志》卷十八,第 90—91 叶(第 592 页)。

杨朴:《县尹颜公(仲德)去思碑》,万历《沙河县志》卷八,第 27—29 叶(第 187—190 页)。

杨璧:《上元尹东瀛林公(大黼)生祠记》(1580 年),万历《上元县志》卷十二,第 85—87 叶。

杨传:《县尹方公(豪)去思碑》,万历《沙河县志》卷八,第 30—32 叶(第 191—195 页)。

杨巍(1517—1608 年):《送董司训茂卿之任高平(县)大父曾为邑令》(1573 年),《存家诗稿》卷五,第 16 叶,四库全书本。

姚弘谋(秀水,1531—1589 年):《朱邑侯(来远)生祠碑记》(约 1584 年),万历《秀水县志》卷九,第 16—17 叶。

姚勉:《新昌陈令(登)生祠记》(约 1250 年),正德《瑞州府志》卷十四,第 24b—26b 叶(第 1316—1320 页)。

姚世华(秀水,1594 年举人):《重修郡侯初庵方公神祠碑记》(约 1594?年),万历《秀水县志》卷九,第 6—7 叶。

叶相(江都,1502 年进士):《新建扬州太守蒋公瑶遗爱祠记》(1538 年),焦竑编:《国朝献征录》卷五十,第 52—54 叶,明代传记丛刊第 111 册,第 429—430 页。

叶向高(福清,1558—1627 年):《九江太守邢公生祠记》,同治《德化县志》卷五十,第 13b—16a 叶。

佚名:《县尹刘公(碧)去思碑》(1527 年),万历《沙河县志》卷八,第 32—34 叶(第 195—198 页)。

佚名：《县尹任公祠堂记》（1548 年），万历《沙河县志》卷八，第 34—38 叶（第 198—202 页）。

佚名：《县尹毛公（国贤）去思碑》（约 1553 年），万历《沙河县志》卷八，第 34b—38 叶（第 202—208 页）。

殷士儋（历城，1522—1582 年，1547 年进士）：《建许（逵）忠节公祠记》（1561 年），雍正《山东通志》卷三十五之十九下，第 50—54 叶。

袁袠（1528—1572 年在世）：《王公生祠记》康熙《兴化县志》第三册，第 932—934 页。

袁袠：《李公（戴）生祠记》（约 1572 年），康熙《兴化县志》第三册，第 925—927 页。

湛若水（1466—1560 年）：《雷州府同知刘肃庵彬传》（约 1535？年），焦竑编：《国朝献征录》卷一〇〇，第 41—43 叶。

湛若水：《绩溪县尹东洲李君生祠记》，《湛甘泉先生文集》卷十四，第 45—46 叶。

张搏：《重修冶神庙记》（约 1160 年），万历《沙河县志》卷八，第 59a 叶，第 249 页。

张居正（1525—1582 年）：《答苏松巡按曾公士楚言抚按职掌不同书》，黄宗羲编：《明文海》卷一八〇，第 23 叶（第 1797 页）。

章懋（1437—1522 年）：《繸安县新建遗爱祠记》（1511 年），《枫山章先生集》，丛书集成初编本，第 300—301 页。

张昇（南城，1442—1517 年）：《太守谢（士元）侯生祠记》（1488 年），《张文僖公文集》卷六，第 13—15 叶（第 593 页）。

张应中：《叶（修）公生祠祭田记》（约 1613 年），万历《雷州府志》卷十一，第 18—19 叶（第 315 页）。

赵民说：《元氏县令张公（笃敬）德政碑记》（约1598年），崇祯《元氏县志》卷六，第596—604页。

赵廷瑞（1492—1551年）：《崇功慕德生祠记》（1545—1546年），《古今图书集成·方舆汇编职方典》卷一二九《广平府部》，第10—12叶（第8931页）。

赵兴邦、智鐩：《薛公（贞）德政碑记》（1619年），崇祯《元氏县志》卷六，第651—654页。

郑纪（1460年进士）：《兴化君守王公（弼）遗爱碑记》，丁、郑《兴化》，第110号，第128—129页。

郑纪：《仙邑王令尹（彝）德政祠记》（1491年），丁、郑《兴化》，第374号，第407—409页。

周洪谟（1419—1491年）：《徽州府前太守孙公（遇）生祠记》（1470年），弘治《徽州府志》卷十二，第34—35叶。

庄一俊（1525年进士）：《劝忠祠记》，丁、郑《泉州》，第101号，第91页。

宗臣（1525—1560年）：《胡公（顺华）生祠记》（1560年），康熙《兴化县志》第三册，第920—925页。

◇ 引用方志

本文所引方志年份编排参考了中国科学院北京天文台主编的《中国地方志联合目录》（北京：中华书局，1985年）。如果我确定该志是重印本，就用加号把两个日期隔开（例如，1598＋1663）；如果我不确定，就用斜线隔开（例如，1515/1541）。在单个日期后加号表示方志所载信息晚于其所标明的出版年份。

在总志之后，各地方志按省及省内府县的音序排列。方志所收入的丛书用以下简写来表示。

北京古籍　　北京图书馆古籍珍本丛刊，北京：书目文献出版社，1988年

方志丛书　　中国方志丛书，台北：成文出版社，1966—1985年。

方志集成　　中国地方志集成，南京：江苏出版社，1998—2008年。

佛寺丛刊　　中国佛寺志丛刊，扬州：广陵书社，2006年。

哥大缩微　　哥伦比亚大学藏缩微胶卷

明代孤本　　明代孤本方志选，北京：中华全国图书馆文献缩微复制中心，2000年。

南京孤本　　南京图书馆孤本善本丛刊：明代孤本方志专辑，北京：线装书局，2003年。

日藏罕见　　日本藏中国罕见地方志丛刊续编，北京：图书出版社，2003年。

四库存目　　四库全书存目丛书史部，济南：齐鲁书社，1996年。

四库全书　　文渊阁四库全书电子版，香港：迪志文化出版有限公司，1999年。

天一阁　　　天一阁藏明代方志选刊及续编，上海：上海古籍书店、上海书店，1981，1990年。

续修四库　　续修四库全书，上海：上海古籍出版社，2002年。

稀见方志　　中国科学院图书馆编：稀见中国地方志汇刊，北京：中国书店，1992年。

总志

1461 +		（大）明一统志	四库全书
1743		大清一统志	四库全书

各省府县志

北直隶

1515 + 1541	嘉靖	长垣县志	天一阁
1618 + 崇祯 + 顺治（1646）	万历	成安邑乘	明代孤本
	崇祯	大城县志	明代孤本
1890	光绪	定兴县志	方志丛书
1625	天启	东安县志	明代孤本
1534	嘉靖	藁城县志	哥大缩微
1550	嘉靖	广平府志	天一阁
1598 + 1663	万历	广宗县志	明代孤本
1565	嘉靖	成安县志	哥大缩微
1632	崇祯	固安县志	哥大缩微
1882	光绪	怀来县志	哥大缩微
1735	雍正	畿辅通志	四库全书
1712	康熙	龙门县志	哥大缩微
1672	康熙	平乡县志	日藏罕见
1551	嘉靖	清河县志	芝加哥大学藏缩微胶卷
1581 + 顺治	万历	清河县志	明代孤本
1609	万历	饶阳县志	明代孤本
1609 +	万历	沙河县志	日藏罕见

1548	嘉靖	西关志	北京：北京古籍出版社，1990年
	正德	宣府镇志	明代孤本
1561	嘉靖	宣府镇志	哥大缩微
1642	崇祯	元氏县志	明代孤本
1549	嘉靖	真定府志	哥大缩微

福建

1491	弘治	八闽通志	哥大缩微
1879	光绪	长汀县志	方志丛书
1684	康熙	福建通志	北京古籍
1737	乾隆	福建通志	四库全书
1502	弘治	将乐县志	天一阁
1631	崇祯	闽书	四库存目
1545	嘉靖	清流县志	天一阁
1612	万历	泉州府志	中国史学丛书三编第四辑第38种（台北：台湾学生书局，1987年）
1527	嘉靖	汀州府志	天一阁
1752	乾隆	汀州府志	方志集成

广东

1572	隆庆	潮阳县志	天一阁
1547	嘉靖	潮州府志	稀见方志
1826	道光	电白县志	上海图书馆藏
	万历	高州府志	日藏罕见
1731	雍正	广东通志	四库全书
1556	嘉靖	惠州府志	上海图书馆藏
1614	万历	雷州府志	日藏罕见

1935	民国	罗定县志	方志丛书
1835	道光	南海县志	上海图书馆藏
1688	康熙	新安县志	上海图书馆藏
1552	嘉靖	兴宁县志	天一阁
1538	嘉靖	增城县志	天一阁

广西

1733	雍正	广西通志	四库全书
1895	光绪	马平县志	方志丛书

贵州

1555	嘉靖	贵州通志	天一阁
1536	嘉靖	思南府志	天一阁

河南

1529	嘉靖	登封/登丰新志	南京孤本
1774	乾隆	河南通志	四库全书
1585	万历	开封府志	四库存目补编
	清	考城县志	兰考旧志汇编
1537	嘉靖	内黄县志	天一阁
约1612	天启	武安县志	明代孤本
1525	嘉靖	阳武县志	天一阁

湖广

1880	光绪	重修荆州府志	方志丛书
1608	万历	黄冈县志	芝加哥大学图书馆藏缩微胶卷
1500	弘治	黄州府志	天一阁
1733	雍正	湖广通志	四库全书
1529	嘉靖	蕲州志	天一阁
1584	万历	襄阳府志	四库存目

1488 + 嘉靖	弘治	岳州府志	天一阁
	隆庆	岳州府志	天一阁
江西			
1873	同治	崇仁县志	上海图书馆藏
1872	同治	德化县志	上海图书馆藏
1871	同治	高安县志	上海图书馆藏
1517	正德	建昌府志	天一阁
1732	雍正	江西通志	四库全书
1673	康熙	南安府志	北京古籍
1515	正德	瑞州府志	天一阁
辽东			
1537	嘉靖	辽东志	续修四库
南直隶			
1595	万历	宝应县志	南京孤本
1938	民国	（池州）九华山志	佛寺丛刊
1639	崇祯	重修砀山县志	明代孤本
1575	万历	和州志	方志丛书
1502	弘治	徽州府志	天一阁
1566	嘉靖	徽州府志	北京古籍
1557	嘉靖	嘉定县志	南京图书馆藏
1736	乾隆	江南通志	四库全书
1519	正德	江宁县志	稀见方志
1755	乾隆	绩溪县志	方志丛书
1538	嘉靖	昆山县志	哥大缩微
1534	嘉靖	南畿志	方志丛书
1593/1597	万历	上元县志	哥大缩微
1506	正德	（苏州）姑苏志	四库全书

1548	嘉靖	太仓州志	天一阁
1633	崇祯	泰州志	四库存目
1814	嘉庆	萧县志	方志丛书
1684	康熙	兴化县志	方志丛书
1638	崇祯	尧峰山志	佛寺丛刊
1577 + 1592	万历	应天府志	稀见方志
1488	成化	中都志	天一阁

甘肃

1890	光绪	（甘肃）礼县志	哥大缩微
1661	顺治	洛川志	上海图书馆藏
1735	雍正	陕西通志	四库全书

山东

1535	嘉靖	范县志	天一阁
1884	光绪	临朐县志	哥伦比亚大学图书馆藏
1692	康熙	济南府志	哥大缩微
1935	民国	临朐续志	方志丛书
1533	嘉靖	山东通志	天一阁
1729/1736	雍正	山东通志	四库全书
1608 + 1717	万历	汶上县志	方志集成
1549 + 1557	嘉靖	武城县志	天一阁
1634	崇祯	郓城县志	明代孤本

山西

1658	顺治	高平县志	清代孤本方志选（北京：线装书局，2001年）

1630	崇祯	广昌县志	明代孤本
1735	雍正	山西通志	四库全书
1630 +	崇祯	蔚州志	日藏罕见
云南			
1625	天启	滇志	续修四库
1510	正德	云南志	天一阁
浙江			
1586 + 1650	万历	重修寿昌县志	明代孤本
1549	嘉靖	嘉兴府图志	哥大缩微
1672	康熙	嘉兴府志	稀见方志
1560	嘉靖	宁波府志	娄子匡编：《中国民俗志：浙江》第 21 册（台北：东方文化供应社，1970 年）
1632	崇祯	宁海县志	方志丛书
1503	弘治	温州府志	天一阁
1624	天启	吴兴备志	四库全书
1579	万历	新昌县志	天一阁
1596	万历	秀水县志	方志丛书
1882	光绪	永嘉县志	方志丛书
1561	嘉靖	浙江通志	天一阁
1736	乾隆	浙江通志	四库全书

✧ 其他征引文献

西文文献

Atwell, William. "The T'ai – chang, T'ien – ch'i, and Ch'ung – chen Reigns, 1620 – 1644." In *The Cambridge History of China*, vol. 7: *The Ming Dynasty, 1368 – 1644*, Part 1, edited by Frederick W. Mote and Denis C. Twitchett, 585 – 640. Cambridge, UK: Cambridge University Press, 1988.

Belsky, Richard. *Localities at the Center: Native Place, Space, and Power in Late Imperial Beijing.* Cambridge, MA: Harvard University Asia Center, 2005.

Blake, C. Fred. "Lampooning the Paper Money Custom in Contemporary China." *Journal of Asian Studies* 70.2 (May 2011): 449 – 469.

Bloodworth, Dennis, and Ching Ping Bloodworth. *The Chinese Machiavelli: 3,000 Years of Chinese Statecraft.* New York: Farrar, Straus and Giroux, 1976.

Bokencamp, Stephen. *Ancestors and Anxiety: Daoism and the Birth of Rebirth in China.* Berkeley: University of California Press, 2007.

Bol, Peter. "The 'Localist Turn' and 'Local Identity' in Later Imperial China." *Late Imperial China* 24.2 (2003): 1 – 50.

Boltz, Judith Magee. "On the Legacy of Zigu and a Spirit – Writing Manual in Her Name." In *The People and the Dao: New Studies in Chinese Religions in Honour of Daniel L. Overmyer*, edited by

Philip Clart and Paul Crowe, 349 - 388 . Sankt Augustin: Institut Monumenta Serica, 2009.

Brashier, K. E. *Ancestral Memory in Early China.* Cambridge, MA: Harvard University Asia Center, 2011.

——. "Text and Ritual in Early Chinese Stelae." In *Text and Ritual in Early China*, edited by Martin Kern, 249 - 284. Seattle: University of Washington Press, 2005.

Brook, Timothy. "A Bibliography of Books Published by the Ming State." In *Imprimer sans profit ? Le livre non commercial dans la Chine imperiale*, edited by Michela Bussotti and Jean - Pierre Drege, 155 - 199. Geneva: Librairie Droz SA, 2015.

——. "Communications and Commerce." In *The Cambridge History of China, vol.8 : The Ming Dynasty, 1368 - 1644 , Part 2* , edited by Denis C. Twitchett and Frederick W. Mote, 579 - 707. Cambridge, UK: Cambridge University Press, 1998.

——. "Family Continuity and Cultural Hegemony: The Gentry of Ningbo, 1368 - 1911." In *Chinese Local Elites and Patterns of Dominance*, edited by Joseph Esherick and Mary Rankin, 27 - 50. Berkeley: University of California Press, 1990.

——. "State Censorship and the Book Trade." In his *The Chinese State in Ming Society*, 118 - 136. Abingdon: Routledge Curzon, 2005.

Brown, Miranda. "Returning the Gaze: An Experiment in Reviving Gu Yanwu (1613 - 1682)." *Fragments: Interdisciplinary Approaches to the Study of Ancient and Medieval Pasts* 1 (2011).

Bruun, Ole. *Fengshui in China : Geomantic Divination between*

State Orthodoxy and Popular Religion. Honolulu: University of Hawai'i Press, 2003.

Campany, Robert Ford. Making Transcendents: Ascetics and Social Memory in Early Medieval China. Honolulu: University of Hawai'i Press, 2009.

Carlitz, Katherine. "Shrines, Governing – Class Identity, and the Cult of Widow Fidelity in Mid – Ming Jiangnan." Journal of Asian Studies 56. 3 (1997): 612 – 640.

——. "Wang Shizhen and the Myth of Gui Youguang." Ming Studies 55 (2007): 34 – 74.

Chan, Hok – lam. "The Chien – wen, Yung – lo, Hung – hsi, and Hsüan – te reigns, 1399 – 1435." In The Cambridge History of China, vol.7: The Ming Dynasty, 1368 – 1644, Part 1, edited by Frederick W. Mote and Denis C. Twitchett, 182 – 304. Cambridge, UK: Cambridge University Press, 1988.

Chang, Yü – chüan. Wang Shou – jen as a Statesman. Beijing: Chinese Social and Political Science Association, 1940; reprint 1975.

Chau, Adam Yuet. Miraculous Response: Doing Popular Religion in Contemporary China. Stanford: Stanford University Press, 2006.

Chavannes, Edouard (1865 – 1918). Le T'ai chan: essai de monographie d'un culte chinois. 1910; reprint Farnborough: Gregg, 1969.

Cheung, Desmond. "Chinese County Walls between the Central State and Local Society: Evidence from Henan Province during the Ming Dynasty." In Chinese Walls in Time and Space: A Multidisciplinary Perspective, edited by Roger Des Forges et al., 81 –

110. Ithaca: Cornell East Asia Series, 2009.

Ching, Julia, transl. *The Records of Ming Scholars by Huang Tsung-hsi*. Honolulu: University of Hawai'i Press, 1987.

——. *To Acquire Wisdom: The Way of Wang Yangming*. New York: Columbia University Press, 1976.

Chow, Kai-wing. *The Rise of Confucian Ritualism in Late Imperial China: Ethics, Classics, and Lineage Discourse*. Stanford: Stanford University Press, 1994.

Chü, T'ung-tsu. *Local Government in China under the Ch'ing*. Cambridge, MA: Harvard University Press, 1962.

Clunas, Craig. *Empire of Great Brightness: Visual and Material Cultures of Ming China, 1368-1644*. Honolulu: University of Hawai'i Press, 2007.

——. *Fruitful Sites: Garden Culture in Ming Dynasty China*. Durham: Duke University Press, 1996.

——. "Regulation of Consumption and the Institution of Correct Morality by the Ming State." In *Norms and the State in China*, edited by Chunchieh Huang and Erik Zürcher, 39-49. Leiden: E. J. Brill, 1993.

Cohen, Myron. "Souls and Salvation: Conflicting Themes in Chinese Popular Religion." In *Death Ritual in Late Imperial and Modern China*, edited by James L. Watson and Evelyn S. Rawski, 180-202. Berkeley: University of California Press, 1988.

Dardess, John W. *Blood and History: The Donglin Faction and Its Repression, 1620-1627*. Honolulu: University of Hawai'i Press, 2002.

——. "Civil Society in Early Ming China." In *État, société civil* et sphere publique en Asie de l'Est, edited by Charles Le Blanc and Alain Rocher, 37 – 48. Montreal: University of Montreal, 1998.

——. Confucianism and Autocracy: Professional Elites in the Founding of the Ming Dynasty. Berkeley: University of California Press, 1983.

——. Ming China, 1368 – 1644 : A Concise History of a Resilient Empire. Lanham, MD: Rowman and Littlefield, 2012.

——. A Ming Society: T'ai – ho County, Kiangsi, in the Fourteenth to Seventeenth Centuries. Berkeley: University of California Press, 1997.

Davis, Edward L. "Arms and the Tao, 1: Hero Cult and Empire in Traditional China." In Sōdai no shakai to shūkyō 宋代の社会と宗教 [Song period society and religion], edited by the Sōdai kenkyūkai, 1 – 56. Tokyo: Kyūko shoin, 1985.

——. Society and the Supernatural in Song China. Honolulu: University of Hawai'i Press, 2001.

Dean, Kenneth. "The Growth of Local Control over Cultural and Environmental Resources in Ming and Qing Coast Fujian." In The People and the Dao: New Studies in Chinese Religions in Honour of Daniel L. Overmyer, edited by Philip Clart and Paul Crowe, 219 – 248. Sankt Augustin: Institut Monumenta Serica, 2009.

——. The Lord of the Three in One: The Spread of a Cult in Southeast China. Princeton: Princeton University Press, 1998.

de Bary, Wm. Theodore, and Richard Lufrano. Sources of Chinese Tradition. New York: Columbia University Press, 2000.

Delury, John Patrick. "Despotism Above and Below: Gu Yanwu

on Power, Money, and Mores." Ph. D. diss., Yale University, 2007.

Deng, Gang. *Development versus Stagnation: Technological Continuity and Agricultural Progress in Pre–modern China*. Westport, CT: Greenwood Press, 1993.

Dennis, Joseph. *Writing, Publishing, and Reading Local Gazetteers in Imperial China, 1100–1700*. Cambridge, MA: Harvard University Asia Center, 2015.

Des Forges, Roger V. *Cultural Centrality and Political Change in Chinese History: Northeast Henan in the Fall of the Ming*. Stanford: Stanford University Press, 2003.

Du, Yongtao. "Literati and Spatial Order: A Preliminary Study of Comprehensive Gazetteers in the Late Ming." *Ming Studies* 66 (2012): 16–43.

Ebrey, Patricia Buckley, ed. *Chinese Civilization: A Sourcebook*. New York: Free Press, 1993.

d'Elia, Pasquale M., and Matteo Ricci, eds. *Fonti ricciane: documenti originali concernenti Matteo Ricci e la storia delle prime relazioni tra l'Europa e la Cina (1579–1615)*. Rome: Libreria dello Stato, 1942.

Elman, Benjamin A. *A Cultural History of Civil Examinations in Late Imperial China*. Berkeley: University of California Press, 2000.

——. "Imperial Politics and Confucian Societies in Late Imperial China: The Hanlin and Donglin Academies." *Modern China* 15. 4 (1989): 379–418.

——. "New Answers to Old Questions: Wanli Era Policy Questions as Ming Dynasty 'Current Events.'" Unpublished paper for

"Rethinking Time in Modern China: A Sinological Intervention" conference at Tel Aviv University, May 2017. Cited by permission.

Emerson, R. M. "Power – Dependence Relations." *American Sociological Review* 27.1 (1962): 31 –41.

Esherick, Joseph, and Mary Rankin, eds. *Chinese Local Elites and Patterns of Dominance.* Berkeley: University of California Press, 1990.

Fang, Qiang, and Roger V. Des Forges. "Were Chinese Rulers above the Law?" *Stanford Journal of International Law* 44.1 (2008): 101 –146.

Farmer, Edward. *Zhu Yuanzhang and Early Ming Legislation: The Reordering of Chinese Society following the Era of Mongol Rule.* Leiden: E. J. Brill, 1995.

Farr, James. "Understanding Conceptual Change Politically." In *Political Innovation and Conceptual Change*, edited by Terence Ball et al., 24 –49. Cambridge, UK: Cambridge University Press, 1989.

Fei, Si – yen. *Negotiating Urban Space: Urbanization and Late Ming Nanjing.* Cambridge, MA: Harvard University Asia Center, 2009.

Fisher, Carney. "Center and Periphery: Shih –Tsung's Southern Journey, 1539." *Ming Studies* 18 (1984): 15 –34.

Foulk, T. Griffith, and Robert H. Sharf. "On the Ritual Use of Ch'an Portraiture in Medieval China." *Cahiers d'Extrême – Asie* 7 (1993 –1994): 149 –219.

Franke, Wolfgang. "Historical Writing during the Ming." In *The Cambridge History of China, vol.7: The Ming Dynasty, 1368 – 1644, Part 1*, edited by Frederick W. Mote and Denis C. Twitchett,

726 – 782. Cambridge, UK: Cambridge University Press, 1988.

Fryslie, Matthew. "Inside Out: The Rhetoric of Derision in the *Mingshi* 'Yandang zhuan.'" *Ming Studies* 51. 2 (2006): 94 – 122.

Fusek, Lois, trans. *The Three Sui Quash the Demons' Revolt*. Honolulu: University of Hawai'i Press, 2010.

Gallagher, Louis J. *China in the Sixteenth Century: The Journals of Matthew Ricci, 1583 – 1610*. New York: Random House, 1953.

Geiss, James. "The Chia – ching Reign, 1522 – 1566." In *The Cambridge History of China, vol.7: The Ming Dynasty, 1368 – 1644, Part 1*, edited by Other Works Cited 325 Frederick W. Mote and Denis C. Twitchett, 440 – 510. Cambridge, UK: Cambridge University Press, 1988.

———. "Peking under the Ming (1368 – 1644)." Ph. D. diss., Princeton University, 1979.

Goodrich, L. Carrington, and Zhaoying Fang. *Dictionary of Ming Biography, 1368 – 1644*. New York: Columbia University Press, 1976 (文中引注略作 *DMB*)。

Goossaert, Vincent. "Mapping Charisma among Chinese Religious Specialists." *Nova Religio: The Journal of Alternative and Emergent Religions* 12. 2 (Nov. 2008): 12 – 28.

———. "Officials and Local Society Meet at the City God Temple." Paper given at the Association for Asian Studies annual conference, 2009. Used by permission.

Gordon, Colin. "Governmental Rationality: An Introduction." In *The Foucault Effect: Studies in Governmentality*, edited by Graham Burchell et al., 1 – 52. London: Harvester Wheatsheaf, 1991.

Greenbaum, Jamie. *Chen Jiru (1558 – 1638): The Background to, Development of, and Subsequent Uses of Literary Personae*. Leiden: Brill, 2007.

Gunn, J. A. W. "Public Opinion." In *Political Innovation and Conceptual Change*, edited by Terence Ball et al., 247 – 265. Cambridge, UK: Cambridge University Press, 1989.

Guy, R. Kent. *Qing Governors and Their Provinces: The Evolution of Territorial Administration in China, 1644 – 1796*. Seattle: University of Washington Press, 2010.

Hammond, Kenneth J. "Wang Shizhen as Partisan: The Case of Yang Jisheng." *Ming Studies* 53 (2006): 51 – 71.

Hansen, Valerie. *Changing Gods in Medieval China, 1127 – 1276*. Princeton: Princeton University Press, 1990.

Hanson, Russell L. "Democracy." In *Political Innovation and Conceptual Change*, edited by Terence Ball et al., 68 – 89. Cambridge, UK: Cambridge University Press, 1989.

Hardie, Alison. "Self – Representation in the Dramas of Ruan Dacheng (1587 – 1646)." In *Writing Lives in China, 1600 – 2010*, edited by Marjorie Dryburgh and Sarah Dauncey, 57 – 85. New York: Palgrave Macmillan, 2014.

Harrist, Robert. *The Landscape of Words: Stone Inscriptions from Early and Medieval China*. Seattle: University of Washington Press, 2008.

He, Yuming. *Home and the World: Editing the " Glorious Ming " in Woodblock – Printed Books of the Sixteenth and Seventeenth Centuries*. Cambridge, MA: Harvard University Asia Center, 2012.

Hegel, Robert. " Conclusions: Judgments on the Ends of

Times." In *Dynastic Crisis and Cultural Innovation: From the Late Ming to the Late Qing and Beyond*, edited by David Der-wei Wang and Shang Wei, 523-548. Cambridge, MA: Harvard University Asia Center, 2006.

Heijdra, Martin. "The Socio-Economic Development of Rural China during the Ming." In *The Cambridge History of China, vol.8: The Ming Dynasty, 1368-1644, Part 2*, edited by Denis C. Twitchett and Frederick W. Mote, 417-456. Cambridge, UK: Cambridge University Press, 1998.

Hershatter, Gail. *Dangerous Pleasures: Prostitution and Modernity in Twentieth-Century Shanghai.* Berkeley: University of California Press, 1997.

Ho, Koon-Piu. "Should We Die as Martyrs to the Ming Cause? Scholar-Officials' Views on Martyrdom during the Ming-Qing Transition." *Oriens Extremus* 37.2 (1 January 1994): 123-151.

Hori, Ichirō. *Folk Religion in Japan: Continuity and Change.* Chicago and London: University of Chicago Press, 1968.

Hsia, R. Po-chia. *A Jesuit in the Forbidden City: Matteo Ricci 1552-1610*. New York: Oxford University Press, 2010.

Hsiao, Kung-chuan. *Rural China: Imperial Control in the Nineteenth Century.* Seattle: University of Washington Press, 1960.

Hu, Siao-chen. "The Daughter's Vision of National Crisis: Tianyuhua and a Woman Writer's Construction of the Late Ming." In *Dynastic Crisis and Cultural Innovation: From the Late Ming to the Late Qing and Beyond*, edited by David Der-wei Wang and Shang Wei, 200-231. Cambridge, MA: Harvard University Asia Center, 2006.

——. *Waiting for the Dawn: A Plan for the Prince: Huang Tsung-hsi's "Ming-i tai-fang lu."* Translated by Wm. Theodore de Bary. New York: Columbia University Press, 1993.

Hucker, Charles O. *A Dictionary of Titles in Imperial China.* Stanford: Stanford University Press, 1985.

——. "Governmental Organization of the Ming Dynasty." *Harvard Journal of Asiatic Studies* 21 (1958): 1-66.

——. "Ming Government." In *The Cambridge History of China, vol.8: The Ming Dynasty, 1368-1644, Part 2*, edited by Denis C. Twitchett and Frederick W. Mote, 9-105. Cambridge, UK: Cambridge University Press, 1998.

Hung, Ho-fung. *Protest with Chinese Characteristics: Demonstrations, Riots, and Petitions in the Mid-Qing Dynasty.* New York: Columbia University Press, 2011.

Hymes, Robert P. "Getting the Words Right: Speech, Vernacular Language, and Classical Language in Song Neo-Confucian 'Records of Words.'" *Journal of Song-Yuan Studies* 36 (2006): 25-55.

——. "Gossip as History: Hong Mai's Yijian zhi and the Place of Oral Anecdotes in Song Historical Knowledge." *Zhongguo shixue* 中国史学 21 (2011.10.25): 1-28.

——. "A Jiao Is a Jiao Is a ? Thoughts on the Meaning of a Ritual." In *Culture and the State in Chinese History: Conventions, Accommodations, and Critiques*, edited by Theodore Huters, R. Bin Wong, and Pauline Yu, 129-160. Stanford: Stanford University Press, 1997.

——. *Statesmen and Gentlemen: The Elite of Fu-chou, Chiang-*

Hsi, in Northern and Southern Sung. Cambridge, UK: Cambridge University Press, 1986.

——. *Way and Byway: Taoism, Local Religion, and Models of Divinity in Sung and Modern China*. Berkeley: University of California Press, 2002.

Hymes, Robert P., and Conrad Schirokauer. *Ordering the World: Approaches to State and Society in Sung Dynasty China*. Berkeley: University of California Press, 1993.

Iiyama, Tomoyasu. "Legitimating Ancestry: Transition of Ancestral Narratives and Genealogy Compilation in North China beyond the Yuan – Ming Transition." Paper presented at the Association for Asian Studies meetings, Chicago, 2015. Cited by permission.

Israel, George L. *Doing Good and Ridding Evil in Ming China: The Political Career of Wang Yangming*. Leiden: Brill, 2014.

Jiang, Yonglin. "Defending the Dynastic Order at the Local Level: Central – Local Relations as Seen in a Late – Ming Magistrate's Enforcement of the Law." *Ming Studies* 43 (2000): 16 – 39.

——, trans. *The Great Ming Code*. Seattle: University of Washington Press, 2005.

——. *The Mandate of Heaven and "The Great Ming Code."* Seattle: University of Washington Press, 2011.

Jiang, Yonglin, and Wu Yanhong. "Reputation Construction: Judge Guo in Early Seventeenth – Century China." *American Review of China Studies* 7.2 (Fall 2006): 21 – 35.

Jordan, David K. *Gods, Ghosts, and Ancestors: The Folk Religion of a Taiwanese Village*. Berkeley: University of California

Press, 1972.

Judge, Joan. "Public Opinion and the New Politics of Contestation in the Late Qing, 1904 – 1911." *Modern China* 20. 1 (1994): 64 – 91.

Katz, Paul R. *Divine Justice: Religion and the Development of Chinese Legal Culture*. Hoboken: Taylor and Francis, 2008.

———. *Images of the Immortal: The Cult of Lü Dongbin at the Palace of Eternal Joy*. Honolulu: University of Hawai'i Press, 1999.

Lagerwey, John. *China: A Religious State*. Hong Kong: Hong Kong University Press, 2010.

Langlois, John. "The Hung – wu Reign." In *The Cambridge History of China*, vol. 7: *The Ming Dynasty, 1368 – 1644*, Part 1, edited by Frederick W. Mote and Denis C. Twitchett, 107 – 181. Cambridge, UK: Cambridge University Press, 1988.

Lean, Eugenia. *Public Passions: The Trial of Shi Jianqiao and the Rise of Popular Sympathy in Republican China*. Berkeley: University of California Press, 2007.

Ledyard, Gari. "Confucianism and War: The Korean Security Crisis of 1598." *The Journal of Korean Studies* 6 (1988 – 1989): 81 – 119.

Lee, Junghwan. "Wang Yangming Thought as Cultural Capital: The Case of Yongkang County." *Late Imperial China* 28. 2 (2007): 41 – 80.

Lee, Pauline C. *Li Zhi, Confucianism and the Virtue of Desire*. Albany: SUNY Press, 2012.

Legge, James, trans. *Liji* 礼记 [Record of rites]. Vols. 27—28 of *Sacred Books of the East*, edited by F. Max Müller. Oxford, 1879 – 1885. Translation and original at ctext. org.

——, trans. *Shangshu* 尚书 [Book of history]. Volume 3 of Legge's *The Chinese Classics*. London, 1861 – 1872. Translation and original at ctext. org.

——, trans. *Shi jing* 诗经 [Book of odes]. Volume 4 of Legge's *The Chinese Classics*. London, 1861—1872. Translation and original at ctext. org.

Translated by Douglas Lancashire, *Modern Times: A Brief History of Enlightenment*. Hong Kong: Chinese University of Hong Kong, 1996.

Liao, Hsien – huei. "Visualizing the Afterlife: The Song Elite's Obsession with Death, the Underworld, and Salvation." *Hanxue yanjiu* 汉学研究 20. 1 (2002): 399 – 440.

Liebman, Benjamin. "A Return to Populist Legality? Historical Legacies and Legal Reform." In *Mao's Invisible Hand: The Political Foundations of Adaptive Governance in China*, edited by Sebastian Heilmann and Elizabeth Perry, 165 – 200. Cambridge, MA: Harvard University Asia Center, 2011.

Lin, Tai – yung. "The System of Direct Petition to the Throne in the Time of Ming Taizu." *Ming Studies* 9 (1979): 52 – 66.

Lufrano, Richard. "Cherishing the People and Enriching the Dynasty: Officials and Non – Elite Petitioners in Late Ming Jiangnan." *Ming Studies* 68 (2013): 33 – 56.

Mack, John. *The Museum of the Mind: Art and Memory in World Cultures*. London: British Museum Press, 2003.

Madsen, Richard. *Morality and Power in a Chinese Village.* Berkeley: University of California Press, 1984.

Mair, Victor, and Mark Bender, eds. *Columbia Anthology of Chinese Folk and Popular Literature.* New York: Columbia University Press, 2011.

Marlowe, Elizabeth. *Shaky Ground: Context, Connoisseurship, and the History of Roman Art.* London: Bloomsbury, 2013.

Marmé, Michael. *Suzhou: Where the Goods of All the Provinces Converge.* Stanford: Stanford University Press, 2005.

McKnight, Brian E., and James T. C. Liu, trans. and eds. *The Enlightened Judgments, Ch'ing – ming Chi: The Sung Dynasty Collection.* Albany: SUNY Press, 1999.

Menegon, Eugenio. *Ancestors, Virgins, and Friars: Christianity as a Local Religion in Late Imperial China.* Cambridge, MA: Harvard University Asia Center, 2009.

———. "European and Chinese Controversies over Rituals: A Seventeenth – Century Genealogy of Chinese Religion." In *Devising Order: Socioreligious Models, Rituals, and the Performativity of Practice*, edited by Bruno Boute and Thomas Småberg, 193 – 222. Leiden: Brill, 2012.

Meskill, John. *Gentlemanly Interests and Wealth on the Yangtze Delta.* Ann Arbor: Association for Asian Studies, 1994.

Meulenbeld, Mark. "Dancing with the Gods: Daoist Ritual and Popular Religion in Central Hunan." In *Comparative Ethnography of Local Daoist Ritual*, edited by John Lagerwey and Lü Pengzhi, 113 – 184. Taipei: Xin wenfeng, 2013.

Miles, Stephen B. "Celebrating the Yu Fan Shrine: Literati Networks and Local Identity in Early Nineteenth – Century Guangzhou." *Late Imperial China* 25.2 (2004): 33 –73.

Miller, Harry. *State versus Gentry in Late Ming Dynasty China, 1572 – 1644*. New York: Palgrave Macmillan, 2008.

Miller, Tracy. *The Divine Nature of Power: Chinese Ritual Architecture at the Sacred Site of Jinci.* Cambridge, MA: Harvard University Asia Center, 2007.

Mittler, Barbara, *A Newspaper for China? Power, Identity and Change in Shanghai's News Media, 1872 – 1912*. Cambridge, MA: Harvard University Asia Center, 2004.

Moloughney, Brian. "From Biographical History to Historical Biography: A Transformation in Chinese Historical Writing." *East Asian History* 4 (1992): 1 – 30.

Mote, Frederick W. "The Ch'eng – hua and Hung – chih Reigns, 1465 – 1505." In *The Cambridge History of China, vol.7: The Ming Dynasty, 1368 – 1644, Part 1*, edited by Frederick W. Mote and Denis C. Twitchett, 343 – 402. Cambridge, UK: Cambridge University Press, 1988.

Mueggler, Erik. "Corpse, Stone, Door, Text." *Journal of Asian Studies* 73.1 (2014): 17 –42.

Murray, Julia K. " 'Idols' in the Temple: Icons and the Cult of Confucius." *Journal of Asian Studies* 68.2 (2009): 371 –411.

Naquin, Susan. "Funerals in North China: Uniformity and Variation." In *Death Ritual in Late Imperial and Modern China*, edited by James L. Watson and Evelyn S. Rawski, 37 – 70. Berkeley:

University of California Press, 1988.

———. *Peking: Temples and City Life*, 1400 – 1900. Berkeley: University of California Press, 2000.

Neskar, Ellen G. "The Cult of Worthies: A Study of Shrines Honoring Local Confucian Worthies in the Sung Dynasty (960 – 1279)." Ph. D. diss., Columbia University, 1993.

Nimick, Thomas Griggs. "The County, the Magistrate, and the Yamen in Late Ming China." Ph. D. diss., Princeton University, 1993.

———. *Local Administration in Ming China: The Changing Roles of Magistrates, Prefects and Provincial Officials*. Minneapolis: Society for Ming Studies, 2008.

Nivison, David S. *The Ways of Confucianism: Investigations in Chinese Philosophy*. Edited by Bryan W. Van Norden. Chicago: Open Court, 1996.

Nugent, Christopher. *Manifest in Words, Written on Paper: Producing and Circulating Poetry in Tang Dynasty China*. Cambridge, MA: Harvard University Asia Center, 2010.

Nylan, Michael. *The Five Confucian Classics*. New Haven: Yale University Press, 2001.

Oviedo, Lluis. "Religious Cognition as a Dual – Process: Developing the Model." *Method and Theory in the Study of Religion* 27 (2015): 31 – 58.

Owen, Stephen. *Remembrances: The Experience of the Past in Classical Chinese Literature*. Cambridge, MA: Harvard University Press, 1986.

Park, J. P. *Art by the Book: Painting Manuals and the Leisure Life in Late Ming China.* Seattle: University of Washington Press, 2012.

Pollard, David E. *Real Life in China at the Height of Empire, Revealed by The Ghosts of Ji Xiaolan.* Hong Kong: Chinese University Press, 2014.

Poo, Mu‐chou. *In Search of Personal Welfare: A View of Ancient Chinese Religion.* Albany: SUNY Press, 1988.

Powers, Martin. *Art and Political Expression in Early China.* New Haven: Yale University Press, 1991.

Rankin, Mary Backus. "'Public Opinion' and Political Power: Qingyi in Late Nineteenth Century China." *The Journal of Asian Studies* 41.3 (1982): 453-484.

———. "Some Observations on a Chinese Public Sphere." *Modern China* 19.2 (1993): 158-182.

Robinson, David. *Bandits, Eunuchs, and the Son of Heaven: Rebellion and the Economy of Violence in Mid‐Ming China.* Honolulu: University of Hawai'i Press, 2001.

Robson, James. "Searching for a Better Return: 'Premortem Death Rituals (nixiu 逆修, yuxiu 预修) in Medieval Chinese Buddhism and Society'." In *Proceedings of the Fourth International Sinology Conference* 第四届国际汉学会议论文集, 71—106. Taipei: Central Research Institute, 2013.

Rowe, William T. "The Problem of 'Civil Society' in Late Imperial China." *Modern China* 19.2 (1993): 139-157.

———. *Saving the World: Chen Hongmou and Elite Consciousness in Eighteenth‐Century China.* Stanford: Stanford University Press, 2001.

Sangren, P. Steven. *History and Magical Power in a Chinese*

Community. Stanford: Stanford University Press, 1987.

Schell, Orville. "Crackdown in China: Worse and Worse." *New York Review of Books* 63. 7 (April 21, 2016): 12 – 17.

Schneewind, Sarah. "Beyond Flattery: Legitimating Political Participation in a Ming Living Shrine." *Journal of Asian Studies* 72. 2 (May 2013): 345 – 366.

——. "The Book of the Five Relationships: Thoughts on Mid – Fifteenth – Century Court Confucianism." In *Ming China: Courts and Contacts, 1400 – 1450*, edited by Craig Clunas, Jessica Harrison – Hall, and Yu – ping Luk, 219 – 227. London: British Museum, 2016.

——. "Can Peculiar Yuan Living Shrines Address Questions about Ming Populism?" Unpublished paper for the Second Conference on Middle Period Chinese Humanities, Leiden, September 2017.

——. *Community Schools and the State in Ming China*. Stanford: Stanford University Press, 2006.

——. "Competing Institutions: Community Schools and 'Improper Shrines' in Sixteenth Century China." *Late Imperial China* 20. 1 (1999): 85 – 106.

——, ed. *Long Live the Emperor! Uses of the Ming Founder across Six Centuries of East Asian History*. Minneapolis: Center for Early Modern History, 2008.

——. "The Political Science of Ming." Unpublished paper for the conference "Rethinking Time in Modern China," Tel Aviv, May 2017.

——. "Reduce, Re – use, Recycle: Imperial Autocracy and Scholar – Official Autonomy in the Background to the Ming History

Biography of Early Ming Scholar – Official Fang Keqin (1326 – 1376)." *Oriens Extremus* 48 (2009): 103 – 152.

——. *A Tale of Two Melons: Emperor and Subject in Ming China.* Indianapolis: Hackett Publishing Company, 2006.

——. "Visions and Revisions: Village Policies of the Ming Founder in Seven Phases." *T'oung Pao* 87 (2002): 1 – 43.

Seaman, Gary. *Temple Organization in a Chinese Village.* Taipei: Chinese Association for Folklore, 1978.

Seligman, Adam B., and Robert P. Weller. *Rethinking Pluralism: Ritual, Experience, and Ambiguity.* New York: Oxford University Press, 2012.

Seligman, Adam B., Robert P. Weller, Michael J. Puett, and Bennett Simon. *Ritual and Its Consequences: An Essay on the Limits of Sincerity.* New York: Oxford University Press, 2008.

Shahar, Meir. *The Shaolin Monastery: History, Religion, and the Chinese Martial Arts.* Honolulu: University of Hawai'i Press, 2008.

Shi jing 诗经. See Legge, James. Shin, Leo K. *The Making of the Chinese State: Ethnicity and Expansion on the Ming Borderlands.* Cambridge, UK: Cambridge University Press, 2006.

Shue, Vivienne. *The Reach of the State: Sketches of the Chinese Body Politic.* Stanford: Stanford University Press, 1988.

——. "Rule as Repertory and the Compound Essence of Authority." *Modern China* 34.1 (2008): 141 – 151.

Skinner, Quentin. "The State." In *Political Innovation and Conceptual Change*, edited by Terence Ball et al., 90 – 131. Cambridge, UK: Cambridge University Press, 1989.

Smith, Joanna Handlin. *The Art of Doing Good: Charity in Late Ming China*. Berkeley: University of California Press, 2009.

Snyder-Reinke, Jeffrey. *Dry Spells: State Rainmaking and Local Governance in Late Imperial China*. Cambridge, MA: Harvard University Asia Center, 2009.

Solinger, Dorothy. "Three Welfare Models and Current Chinese Social Assistance: Confucian Justifications, Variable Applications." *Journal of Asian Studies* 74.4 (2015): 977-999.

Sommer, Deborah. "Destroying Confucius: Iconoclasm in the Confucian Temple." In *On Sacred Grounds: Culture, Society, Politics, and the Formation of the Cult of Confucius*, edited by Thomas Wilson, 95-133. Cambridge, MA: Harvard University Asia Center, 2002.

Stafford, Charles. *Separation and Reunion in Modern China*. Cambridge, UK: Cambridge University Press, 2000.

Strickmann, Michel. *Chinese Poetry and Prophecy: The Written Oracle in East Asia*. Stanford: Stanford University Press, 2005.

Struve, Lynn. *The Southern Ming, 1644-1662*. New Haven: Yale University Press, 1984.

Sutton, Donald S. "Prefect Feng and the Yangzhou Drought of 1490: A Ming Social Crisis and the Rewards of Sincerity." *Minsu quyi* 民俗曲艺 143.3 (June 2004): 19-47.

Takacs, Jeff. "A Case of Contagious Legitimacy: Kinship, Ritual and Manipulation in Chinese Martial Arts Societies." *Modern Asian Studies* 37.4 (2003): 885-917.

Taylor, Romeyn. "Cosmos and History in the Compilation of the Da Ming Huidian." Unpublished paper prepared for the Second

International Symposium on the History of the Ming and Qing Dynasties, Nankai University, 1991. Cited by permission.

———. "Ming T'ai - Tsu and the Gods of Walls and Moats." *Ming Studies* 1977: 31 - 50.

———. "Official Religion." In *The Cambridge History of China, vol.8 : The Ming Dynasty, 1368 - 1644 , Part 2* , edited by Denis C. Twitchett and Frederick W. Mote, 840 - 892. Cambridge, UK: Cambridge University Press, 1998.

———. "Spirits of the Penumbra: Deities Worshiped in More Than One Chinese Pantheon." In *Religion and the Early Modern State: Views from China, Russia, and the West*, edited by James D. Tracy and Marguerite Ragnow, 121 - 153. Cambridge, UK: Cambridge University Press, 2004.

Thornton, Patricia. "Retrofitting the Steel Frame: From Mobilizing the Masses to Surveying the Public." In *Mao's Invisible Hand: The Political Foundations of Adaptive Governance in China*, edited by Sebastian Heilmann and Elizabeth Perry, 237 - 268. Cambridge, MA: Harvard University Asia Center, 2011.

Tong, James. *Disorder under Heaven: Collective Violence in the Ming Dynasty*. Stanford: Stanford University Press, 1991.

Tsai, Lily L. *Accountability without Democracy: Solidary Groups and Public Goods Provision in Rural China*. Cambridge, UK: Cambridge University Press, 2007.

Tsai, Shih - shan Henry. *The Eunuchs in the Ming Dynasty*. Albany: SUNY Press, 1996.

———. *Perpetual Happiness: The Ming Emperor Yongle*. Seattle:

University of Washington Press, 2001.

van Gulik, R. H. *Crime and Punishment in Ancient China*: T'ang - Yin - Pi - Shih. Originally published as *T'ang - Yin - Pi - Shih*, "*Parallel Cases from Under the Pear Tree*": *A 13th Century Manual of Jurisprudence and Detection* (Leiden: E. J. Brill, 1956). Reprint Bangkok: Orchid Press, 2007.

Volpp, Sophie. "Texts, Tutors, and Fathers: Pedagogy and Pedantry in Tang Xianzu's Mudan Ting." In *Dynastic Crisis and Cultural Innovation: From the Late Ming to the Late Qing and Beyond*, edited by David Der - wei Wang and Shang Wei, 25 - 62. Cambridge, MA: Harvard University Asia Center, 2006.

von Glahn, Richard. "Municipal Reform and Urban Social Conflict in Late Ming Jiangnan." *Journal of Asian Studies* 50. 2 (1991): 280 - 307.

Wagner, Rudolf. "The Early Chinese Newspapers and the Chinese Public Sphere." *European Journal of East Asian Studies* 1. 1 (2001): 1 - 33.

Wakeman, Frederic, Jr. "Boundaries of the Public Sphere in Ming and Qing China." *Daedalus* 127. 3 (1998): 167 - 189.

——. "The Civil Society and Public Sphere Debate: Western Reflections on Chinese Political Culture." *Modern China* 19. 2 (1993): 108 - 138.

——. *The Great Enterprise: The Manchu Reconstruction of Imperial Order in Seventeenth - Century China*. Berkeley: University of California Press, 1986.

——. "The Price of Autonomy: Intellectuals in Ming and Ch'ing

Politics." *Daedalus* 101. 2 (1972): 35 – 70.

Waltner, Ann. *Getting an Heir: Adoption and the Construction of Kinship in Late Imperial China.* Honolulu: University of Hawai'i Press. 1990.

———. "Tanyangzi in Her Own Words and Those of Wang Shizhen." In *Beyond Exemplar Tales: Women's Biography in Chinese History*, edited by Joan Judge and Hu Ying, 212 – 229. Berkeley: University of California Press, 2011.

Watson, James L. "The Structure of Chinese Funerary Rites: Elementary Forms, Ritual Sequence, and the Primacy of Performance." In *Death Ritual in Late Imperial and Modern China*, edited by James L. Watson and Evelyn S. Rawski, 3 – 19. Berkeley: University of California Press, 1988.

Watson, James L. , and Evelyn S. Rawski, eds. *Death Ritual in Late Imperial and Modern China.* Berkeley: University of California Press, 1988.

Watt, John R. *The District Magistrate in Late Imperial China.* New York: Columbia University Press, 1972.

Wechsler, Howard J. *Offerings of Jade and Silk: Ritual and Symbol in the Legitimation of the Tang Dynasty.* New Haven: Yale University Press, 1985.

Weisfogel, Jaret Wayne. *A Late Ming Vision for Local Community: Ritual, Law, and Social Ferment in the Proposals of Guan Zhidao.* Minneapolis: Society for Ming Studies, 2010.

Weller, Robert. *Alternate Civilities: Democracy and Culture in China and Taiwan.* Boulder, CO: Westview Press, 1999.

——. *Resistance, Chaos and Control in China: Taiping Rebels, Taiwanese Ghosts, and Tiananmen*. Seattle: University of Washington Press, 1994.

Will, Pierre – E'tienne. "Introduction: History Has No End." In *China, Democracy, and Law: A Historical and Contemporary Approach*, edited by Mireille Delmas – Marty and Pierre – E'tienne Will, 1 – 39. Leiden: Brill, 2007.

Wills, John E. *Mountain of Fame: Portraits in Chinese History*. Princeton: Princeton University Press, 1994.

Wilson, Thomas A. *Genealogy of the Way: The Construction and Uses of the Confucian Tradition in Late Imperial China*. Stanford: Stanford University Press, 1995.

——. "Spirits and the Soul in Confucian Ritual Discourse." *Journal of Chinese Religions* 42. 2 (2014): 185 – 212.

Wong, R. Bin. *China Transformed: Historical Change and the Limits of European Experience*. Ithaca: Cornell University Press, 1997.

Woodside, Alexander. "Emperors and the Chinese Political System." In *Perspectives on Modern China: Four Anniversaries*, edited by Kenneth Lieberthal et al. , 5 – 30. Armonk, NY: M. E. Sharpe, 1991.

Xu, Yinong. *The Chinese City in Space and Time: The Development of Urban Form in Suzhou*. Honolulu: University of Hawai'i Press, 2000.

Yang, C. K. *Religion in Chinese Society*. Berkeley: University of California Press, 1967.

Yang, Lien – sheng. "The Concept of Pao as a Basis for Social Relations in China." In *Chinese Thought and Institutions*, edited by

John K. Fairbank, 291 – 309. Chicago: University of Chicago Press, 1957.

Yang Nianqun. "Middle – Range Theory and the Rise of the New Social History." Translated by Carissa Fletcher. *Chinese Studies in History* 45. 2 – 3 (2011 – 2012): 111 – 154.

Yu, Anthony C. *State and Religion in China: Historical and Textual Perspectives.* Chicago and La Salle: Open Court, 2005.

Yu, Chun – fang. *Kuan – yin: The Chinese Transformation of Avalokiteśvara.* New York: Columbia University Press, 2001.

Zeitlin, Judith. "Spirit Writing and Performance in the Work of You Tong." *T'oung Pao* 84 (1988): 102 – 135.

Zelin, Madeleine. *The Magistrate's Tael: Rationalizing Fiscal Reform in Eighteenth – Century Ch'ing China.* Berkeley: University of California Press, 1984.

Zhang, Ying. *Confucian Image Politics: Masculine Morality in Seventeenth – Century China.* Seattle: University of Washington Press, 2017.

Zhu Weizheng. *Coming out of the Middle Ages: Comparative Reflections on China and the West.* Translated and edited by Ruth Hayhoe. 1987; translation Armonk: M. E. Sharpe, 1990.

Zito, A. R. "City Gods, Filiality, and Hegemony in Late Imperial China." *Modern China* 13. 3 (1987): 333 – 371.

中文文献

[美] 安·沃特纳（中文名王安）：《烟火接续：明清的收继与亲族关系》，曹南来译，杭州：浙江人民出版社，1999年。

北京石刻艺术博物馆编：《北京石刻艺术博物馆藏石刻拓片编目提要》，北京：学苑出版社，2014年。

〔加〕卜正民：《国家检查与书籍贸易》，收入氏著《明代的社会与国家》，陈时龙译，合肥：黄山书社，2009年，第176—205页。

蔡景仙：《中国古代名人传》，呼和浩特：内蒙古人民出版社，2007年。

蔡石山：《明代宦官》，黄中宪译，杭州：浙江大学出版社，2019年。

———：《永乐大帝》，江政宽译，北京：中华书局，2009年。

曹嗣轩：《休宁名族志》，合肥：黄山书社，2007年。

曹于汴（1554—1630年）：《仰节堂集》，四库全书本。

陈鼎：《东林列传》，明代传记丛刊第5、6册，台北：明文书局，1991年。

陈光焱：《中国财政通史·明代卷》，北京：中国财政经济出版社，2006年。

陈雯怡：《从朝廷到地方——元代去思碑的盛行与应用场域转移》，《台大历史学报》第54期，2014年，第47—122页。

陈显远：《安公生祠碑考》，《西北史地》1996年第1期，第59—62页。

程大昌（1123—1195年）：《演繁露》，四库全书本。

《大明律》，续修四库全书第862册，上海：上海古籍出版社，2002年。

邓士龙辑：《国朝典故》，许大龄、王天有主点校，北京：北京大学出版社，1993年。

丁兴国、陈新宇：《马洲印记：靖江地名文化撷萃》，北京：中国文史出版社，2006年。

丁易：《明代特务政治》，北京：中华书局，2006 年。

丁元荐（1563—1628 年）：《尊拙堂文集》，台南：庄严文化，1997 年。

定安政协编：《定安文史》第一辑，定安：广东省定安县政协文史资料研究委员会，1985 年。

樊树志：《权与血：明帝国官场政治》，北京：中华书局，2004 年。

费宏：《太保费文宪公摘稿》，续修四库全书第 1331 册，上海：上海古籍出版社，2002 年。

傅维麟：《明书》，上海：商务印书馆，1936 年。

富路特、房兆楹主编：《明代名人传》，北京：北京时代华文书局，2015 年。

耿定向：《先进遗风》，明代传记丛刊第 21 册，台北：明文书局，1991 年。

《古今图书集成》，北京：中华书局，成都：巴蜀书社，1986 年。

谷应泰（1620—1690 年）：《明史纪事本末》，北京：中华书局，1977 年。

顾璘（上元，1476—1545 年）：《顾华玉集·息园存稿文》，四库全书本。

顾起元（1565—1628 年）：《客坐赘语》，谭棣华、陈稼禾点校，北京：中华书局，1987 年。

顾宪成（1550—1612 年）：《泾皋藏稿》，四库全书本。

顾炎武（1613—1682 年）：《日知录》，四库全书本。

郭皓政等编：《明代状元史料汇编》，武汉：武汉大学出版社，2009 年。

郭建：《古代法官面面观》，上海：上海古籍出版社，1993年。

过庭训编：《本朝分省人物考》，明代传记丛刊第129—140册，台北：明文书局，1991年。

［美］韩德玲：《行善的艺术：晚明中国的慈善事业》，曹晔译，南京：江苏人民出版社，2021年。

［美］韩明士：《道与庶道：宋代以来的道教、民间信仰和神灵模式》，皮庆生译，南京：江苏人民出版社，2007年。

［美］韩森：《变迁之神：南宋时期的民间信仰》，包伟民译，杭州：浙江人民出版社，1999年。

［美］韩书瑞：《北京：公共空间和城市生活》，孔祥文译，北京：中国人民大学出版社，2019年。

《汉语大词典》第一卷、第二卷，上海：汉语大词典出版社，1986年、1988年。

何栋如（1598年进士）辑：《皇祖四大法》，四库全书存目丛书史部第51册，济南：齐鲁书社，1996年。

何乔新（1427—1502年）：《椒邱文集》，四库全书本。

何淑宜：《晚明的地方官生祠与地方社会——以嘉兴府为例》，历史语言研究所集刊第八十六本第四分，2015年，第811—854页。

贺凯：《中国古代官名辞典》，北京：北京大学出版社，2008年。

［美］贺萧：《危险的愉悦：20世纪上海的娼妓问题与现代性》，韩敏中、盛宁译，南京：江苏人民出版社，2003年。

湖海山人：《诡经》，北京：中国物资出版社，1998年。

黄瑜（1425—1497年）：《双槐岁抄》，续修四库全书第1166

册，上海：上海古籍出版社，2002 年。

黄虞稷（1629—1691 年）：《千顷堂书目》，四库全书本。

黄真真：《明清之际福建的郑芝龙生祠碑文》，陈支平编：《第九届明史国际学术讨论会暨傅衣凌教授诞辰九十周年纪念论文集》，厦门：厦门大学出版社，2003 年，第 399—400 页。

黄宗羲（1610—1695 年）编：《明文海》，北京：中华书局，1987 年。

——：《明夷待访录》，何朝晖点校，南京：凤凰出版社，2017 年。

［美］焦大卫：《神·鬼·祖先：一个台湾乡村的民间信仰》，丁仁杰译，台北：联经出版事业股份有限公司，2012 年。

焦竑（1541—1620 年）：《焦氏澹园续集》，续修四库全书第 1364 册，上海：上海古籍出版社，2002 年。

——编：《国朝献征录》，明代传记丛刊第 109—114 册，台北：明文书局，1991 年。

［美］康豹：《多面向的神仙：永乐宫的吕洞宾信仰》，吴光正，刘玮译，济南：齐鲁书社，2010 年。

［美］柯律格：《大明：明代中国的视觉文化与物质文化》，黄小峰译，北京：生活·读书·新知三联书店，2019 年。

——：《蕴秀之域：中国明代的园林文化》，孔涛译，郑州：河南大学出版社，2019 年。

孔贞时（1613 年进士）：《在鲁斋文集》，台北：伟文图书出版社，1977 年。

邝璠：《便民图纂》，续修四库全书第 975 册，上海：上海古籍出版社，2002 年。

雷闻：《郊庙之外：隋唐国家祭祀与宗教》，北京：生活·读书·新知三联书店，2009年。

——：《唐代地方祠祀的分层与运作——以生祠与城隍神为中心》，《历史研究》2004年第2期，第27—41页。

李伯元（1867—1906年）：《文明小史》，南昌：江西人民出版社，1989年。

李清（1602—1683年）：《梼杌闲评》，刘文忠校点，北京：人民文学出版社，1983年。

李遇孙：《续栝苍金石志》，续修四库全书第912册，上海：上海古籍出版社，2002年。

李之藻（1565—1630年）：《泮宫礼乐疏》，四库全书本。

里人何求（活跃于18世纪）纂：《闽都别记》，福州：福建人民出版社，1987年。

［意］利玛窦、［法］金尼阁：《利玛窦中国札记》，何高济等译，北京：中华书局，1983年。

［美］林郁沁：《施剑翘复仇案：民国时期公众同情的兴起与影响》，陈湘静译，南京：江苏人民出版社，2011年。

凌濛初：《拍案惊奇》，香港：出版社联盟，1967年。

刘春（1487年进士）：《东川刘文简公集》，续修四库全书第1332册，上海：上海古籍出版社，2002年。

刘大櫆（1698—1779年）：《海峰文集》，续修四库全书第1472册，上海：上海古籍出版社，2002年。

刘祥光：《明代徽州名宦祠研究》，高明士编：《东亚传统教育与学礼学规》，台北：台大出版中心，2005年，第101—175页。

刘馨珺：《唐代"生祠立碑"——论地方信息法制化》，邓小南主编：《文书·政令·沟通：以唐宋时期为主》，北京：北京大学出版社，2012年。

刘昫（887—946年）等撰：《旧唐书》，北京：中华书局，1975年。

陆心源（1834—1894年）撰：《吴兴金石记》，续修四库全书第911册，上海：上海古籍出版社，2002年。

［美］罗威廉：《救世：陈宏谋与十八世纪中国的精英意识》，陈乃宣等译，北京：中国人民大学出版社，2016年。

茅坤（1512—1602年）：《茅鹿门先生文集》，续修四库全书第1345册，上海：上海古籍出版社，2002年。

《明实录》，历史语言研究所校注，台北：历史语言研究所，1962—1968年。

［美］牟复礼、［英］崔瑞德主编：《剑桥中国明代史，1368—1644》上卷，北京：中国社会科学出版社，2007年。

——主编：《剑桥中国明代史，1368—1644》下卷，北京：中国社会科学出版社，2006年。

蒲慕州：《追寻一己之福：中国古代的信仰世界》，上海：上海古籍出版社，2007年。

钱榖（1508—约1578年）编：《吴都文粹续集》，四库全书本。

瞿同祖：《清代地方政府》，范忠信等译，北京：法律出版社，2003年。

申时行等编：《大明会典》，北京：中华书局，1989年。

［美］施珊珊：《明代的社学与国家》，王坤利译，杭州：浙江大学出版社，2019年。

司马光（1019—1086年）：《温国文正司马公文集》，四部丛刊本，上海：商务印书馆，1929年。

[美]司徒琳：《南明史一六四四——一六六二》，李荣庆等译，上海：上海古籍出版社，1992年。

宋濂等撰：《元史》，北京：中华书局，1976年。

台湾中央图书馆编：《明人传记资料索引》，北京：中华书局，1987年。

唐锦：《龙江集》，续修四库全书第1334册，上海：上海古籍出版社，2002年。

陶元珍：《歌谣和民意》，《民谣》卷三第13期，1937年6月16日，后重印于《中国地方歌谣集成》，台北：渤海堂文化事业有限公司，1989年。

田汝成（1526年进士）：《西湖游览志》，杭州：浙江人民出版社，1980年。

脱脱等撰：《宋史》，北京：中华书局，1985年。

万斯同（1638—1702年）：《明史》，续修四库全书第324—331册，上海：上海古籍出版社，2002年。

王汎森：《执拗的低音：一些历史思考方式的反思》，台北：允晨文化公司，2014年。

[美]王国斌：《转变的中国：历史变迁与欧洲经验的局限》，李伯重、连玲玲译，南京：江苏人民出版社，2010年。

王鹤鸣：《中国祠堂通论》，上海：上海古籍出版社，2013年。

王慎中（1509—1559年）：《遵岩集》，四库全书本。

王世贞（1526—1590年）：《弇州四部稿》，四库全书本。

———：《弇州四部稿续稿》，四库全书本。

王同轨（1612年在世）：《耳谈类增》，续修四库全书第1268册，上海：上海古籍出版社，2002年。

王象春（1610 年进士）：《齐音》，张昆河、张健之注，济南：济南出版社，1993 年。

王云凤（1465—1517 年）：《博趣斋稿》，续修四库全书第 1331 册，上海：上海古籍出版社，2002 年。

王直（1379—1462 年）：《重编王文端公文集》，东京：高桥情报，据日本内阁文库藏明嘉靖四十二年序刊本影印，1990 年。

———：《抑庵文集》，上海：上海古籍出版社，1991 年。

[美] 魏斐德：《洪业：清朝开国史》，陈苏镇、薄小莹等译，南京：江苏人民出版社，2003 年。

[美] 魏家伦：《晚明地方社会中的礼法与骚动》，施珊珊编，王硕、王坤利译，杭州：浙江大学出版社，2016 年。

文秉（1609—1669 年）：《先拨志始》，历代笔记小说集成第 32 册，石家庄：河北教育出版社，1995 年。

翁同龢（1830—1904 年）：《翁同龢日记》，北京：中华书局，1989 年。

吴凯：《明清代徐闻的会馆》，《湛江文史》第 22 辑，2003 年，第 291—294 页。

吴思学：《宋康惠公（礼）祠志》，东昌府通判宋绍先刊本，万历二十三年（1595 年）。

吴智和：《明代的县令》，《明史研究专刊》第七期，1984 年 6 月，第 1—50 页。

[美] 夏伯嘉：《利玛窦：紫禁城里的耶稣会士》，向红艳、李春园译，上海：上海古籍出版社，2012 年。

夏玛第亚（1686 年在世）：《生祠故事》，钟鸣旦、杜鼎克编《耶稣会罗马档案馆明清天主教文献》第十册，台北：利氏学社，2002 年。

——：《生祠缘由册》，钟鸣旦、杜鼎克编《耶稣会罗马档案馆明清天主教文献》第十册，台北：利氏学社，2002年。

萧公权：《中国乡村：论19世纪的帝国控制》，张皓、张升译，台北：联经出版事业股份有限公司，2014年。

谢湜：《"利及邻封"：明清豫北的灌溉水利开发和县际关系》，《清史研究》2007年第2期，第12—27页。

徐本（1718年进士）编：《大清律例》，四库全书本。

徐缙（吴县，1505年进士）：《徐文敏公集》，缩微胶卷。

徐开任（1600年生）：《明名臣言行录》，明代传记丛刊第50—54册，台北：明文书局，1991年。

徐乃昌撰：《安徽通志金石古物考稿》，石刻史料新编第三辑第11册，台北：新文丰出版公司，1986年。

许文蔺：《吏部考功司题稿》，明抄本奏议十种第2—5册，北京：中华书局，2013年。

［美］杨联陞：《报——中国社会的一个基础》，段昌国译，氏著《中国文化中"报""保""包"之意义》，贵阳：贵州人民出版社，2009年。

杨念群、肖自强：《中层理论与新社会史观的兴起》，《开放时代》2002第2期，第6—30页。

［美］杨庆堃：《中国社会中的宗教：宗教的现代社会功能与其历史因素之研究》，范丽珠译，成都：四川人民出版社，2016年。

杨巍（1517—1608年）：《存家诗稿》，四库全书本。

姚之骃（1721年进士）：《元明事类钞》，四库全书本。

叶红旗：《同安文物大观》，厦门：厦门大学出版社，2012年。

佚名编：《萃美录》（正德时期），哈佛燕京图书馆藏。

——编：《两广去思录》（正德时期），哈佛燕京图书馆藏。

——撰：《南阳韩氏宗谱》，浙江温州宁村，1912年。

[美] 于君方：《观音：菩萨中国化的演变》，陈怀宇等译，北京：商务印书馆，2012年。

余构养：《"去思碑"与为官之道》，陈泽、吴奎信编：《潮汕文化选》第二集《海滨邹鲁是潮阳》，汕头：汕头特区晚报社，2000年。

余继登（1577年进士）：《皇明典故纪闻》，北京：书目文献出版社，1995年。

俞汝楫：《礼部志稿》，四库全书本。

[美] 宇文所安：《追忆：中国古典文学中的往事再现》，郑学勤译，北京：生活·读书·新知三联书店，2014年。

曾金学、王廷锡编：《李公（文奎）生祠纪义实录》，台北汉学研究中心影印日本藏明万历三十八年（1610年）刊本，1970年，哈佛燕京图书馆藏。

曾小萍：《州县官的银两：18世纪中国的合理化财政改革》，董建中译，北京：中国人民大学出版社，2005年。

湛若水（1466—1560年）：《湛甘泉先生文集》，四库全书存目丛书集部第56册，济南：齐鲁书社，1996年。

张大复（1554—1630年）：《昆山人物传》，续修四库全书第541册，上海：上海古籍出版社，2002年。

张卤（1523—1598年）编：《皇明制书》，万历七年（1579）刻本，台北：成文出版社，1969年。

张昇（1442—1517年）：《张文僖公文集》，四库全书存目丛书集部第39册，济南：齐鲁书社，1996年。

张四维辑：《名公书判清明集》，社科院历史所宋辽金元史研究室点校，北京：中华书局，1987年。

张廷玉：《毕公生祠记》，天启时期，单行本，陕西，哈佛燕京图书馆藏。

张廷玉等撰：《明史》，北京：中华书局，1974年。

张英（1637—1708年）编：《御定渊鉴类函》，四库全书本。

章懋（1437—1522年）：《枫山章先生集》，丛书集成初编本，上海：商务印书馆，1935年。

赵克生：《明代生祠现象探析》，《求是学刊》2006年第2期，第126—131页。

郑振满、丁荷生编：《福建宗教碑铭汇编·泉州府分册》，福州：福建人民出版社，2003年。

———编：《福建宗教碑铭汇编·兴化府分册》，福州：福建人民出版社，1985年。

郑仲夔：《玉麈新谭》，续修四库全书第1268册，上海：上海古籍出版社，2002年。

中共肇庆市委宣传部编：《肇庆文化遗产》，广州：南方日报出版社，2009年。

［美］周启荣：《清代儒家礼教主义的兴起：以伦理道德、儒学经典和宗族为切入点的考察》，毛立坤译，天津：天津人民出版社，2017年。

朱大韶（1517—1577年）编：《皇明名臣墓铭》，明代传记丛刊第58—59册，台北：明文书局，1991年。

朱国桢（1557—1632年）辑：《皇明开国臣传》，明代传记丛刊第25—26册，台北：明文书局，1991年。

朱国桢：《涌幢小品》，台北：广文书局，1991年。

朱胜非（宋代）：《绀珠集》，四库全书本。

朱维铮：《走出中世纪》，上海：上海人民出版社，1987 年。

日文和韩文文献

［日］长部和雄：《支那生祠小考》，《东洋史研究》1944 年第九卷第 4 期，第 35—49 页。

［日］加藤玄知：《本邦生祠の研究——生祠の史实と其心理分析》，东京：中华文库，1934 年。

［韩］柳洪烈：《朝鮮祠廟發生에對한一考察：特히麗末李朝初의報本崇賢思想을中心으로》，《震檀学报》第 5 期，1936 年 8 月，第 119—164 页。

索 引

本索引页码为原书页码,即本书边码。图、表页码以斜体表示。

agriculture and sericulture 农桑,67,81n75,82,83,165,171,179,195n57,参见 livelihood 民生

ancestors 先祖,2,12,21n77,34,37,38,93,104,160,295

animals 动物: dragons 龙,84; in shrines 生祠中,32,38,63; tigers 虎,84

anthropolatry 对人类的崇拜,10

antiquity of shrines as institution 祠堂的制度传统,3,53,145,158,200,243

approval of shrines by the state 国家对生祠的允准,4,45—46,50—53,61,99,114—115,121,123,133,135,145—146,154—155,174,289,参见 laws about shrines 有关生祠的法律

arches 拱,见 honors 纪念,local 地方

architecture and location of shrines 祠堂的建筑和位置,3,18,30,33,34,38n37,42,*60*,63,72,74,78,*79*,90,92,95,110,113,145,227—228,235—236,238,*239*,241,244,*250*,254,256,260,267n76,273n8

attendants, shrine 守祠者,33,36,52

authors of shrine records 生祠记作者,见 shrine records 祠记

bandits, desperate local commoners as, 盗匪,绝望的地方民众 83,

230n52, 232, 参见 defense 保卫

bao（recompense）报, 6, 21, 34, 45, 63, 86

Bao Ergeng 包尔庚（南直隶上海, 1637 年进士）, 43, 77

benefits of shrines 祠堂的益处：to authors of shrine records 对祠记作者, 218—220; to enshrinees 对祀主, 76n43, 93—96, 100, 105, 121—122, 125—137, 209, 216—218, 230—231, 294; to families of enshriners/enshrinees 对奉祀者/祀主的家人, 246—249; to gentry 对士绅, 120, 209, 218—220, 246—249, 256—261, 265—268; to the people 对民众, 114, 122, 125—143, 194; to the state 对国家, 121, 294, 参见 flattery 奉承

books celebrating shrines 祠记文集, 30, 133—134, 236, 249—252

bowing, kowtowing, etc. 叩首, 4, 39, 106, 参见 ritual 礼制, departure 离任

Brashier, Ken 白瑞旭, 101

Brook, Timothy 卜正民, 21, 237n8

Brown, Miranda 董慕达, 173

Buddhism 佛教, 10, 33, 36, 37, 45n62, 55, 70, 71, 88, 89, 92, 101n58, 153n10, 158, *181*, 185, 230n52, 246, 273

building 建筑, 名词, 例如"shrine buildings", 祠堂建筑, 见 architecture and location of shrines 祠堂的建筑和位置。动词, 例如"building shrines", 建造生祠, 见 construction work for shrines 生祠的建造工作; funding of shrines 生祠的资金

cadaster 土地清册, 见 land registration 土地登记

Cai Chao 蔡潮（浙江临海, 1505 年进士）, 52n93, 144—145, 279

Cai Xi 蔡锡（浙江鄞县, 1423 年进士）, 95

Cai Xianchen 蔡献臣（福建同安, 1589 年进士）, 161—163

Carlitz, Katherine 柯丽德, 61

center and locality, differing interests of 中央和地方，利益不同。见 locality and center, differing interests of 地方和中央，利益不同

Changes, Book of,《易经》, 199

charity and charitable associations 慈善和善会, 15, 65, 67, 171, 204

chastity 贞洁, 11, 114

Chavannes, Edouard 沙畹, 268n77

Chen Cong 陈淙（浙江会稽，1611年进士）, 167

Chen Fei 陈棐（河南鄢陵，1535年进士）, 158

Chen Hongmou 陈宏谋（广西临桂，1723年进士）, 14, 133n49

Chen Longzheng 陈龙正（浙江嘉善，1585—1645）, 127

Chen Qian 陈迁（福建仙游，1464年进士）, 254

Chen Qiyu 陈其愚（湖广蕲州，1546年进士）, 140

Chen Ru 陈儒（锦衣卫，1488—1561年，1523年进士）, 100—101, 104, 152

Chen Tianxiang 陈天祥（1230—1316年）, 1, 3, 272

Chen Weizhi 陈惟芝（河南孟津，1580年进士）, 37n30, 127n17

Chen Wenyi 陈雯怡, 51

Chen Xianzhang 陈献章（广东新会，1428—1500年）, 243

Chen Xuan 陈瑄（南直隶合肥，1365—1433年）, 77

Chen Youxue 陈幼学（号筼堂）（南直隶无锡，1589年进士）, 44n56

Chen Yuwang 陈于王（浙江嘉善，1586年进士）, 127

Chen Zu 陈俎（河南封丘，1532年进士）, 152

Cheng Dachang 程大昌（1123—1195年）, 99

Cheng Jie 程燗（江西南城，1489—1564年）, 102

Chengnan Academy 城南书院, 7

Chŏng Yag-yong 丁若镛, 10n35

Chongzhen Emperor 崇祯皇帝, 5

Chow Kai-wing 周启荣, 15, 148, 175, 195

Christianity 基督教, 24, 35—36, 37, 104, 129, 231, 参见 Ricci, Matteo 利玛窦

City God 城隍, 见 spirits 灵

civil service examination system 科举考试, 11, 15, 23, 69—70, 71, 84, 126—127, 146, 169n49, 172, 177, 179, 200, 209, 216n5, 217, 247, 281

Classics, use of in shrine discourse 经典, 生祠话语引用的, 57—58

clerks 衙役, 69, 127, 131, 138, 139—140, 253, 265, 281

community compact 社会影响, 43, 72, 180, 185, 279

community libation ceremony 乡饮之礼, 139

Confucianism 儒家, 9, 10, 12—13, 24, 70, 86, 90, 95, 100, 104, 125, 161, 223, 272

Confucius 孔子, 216—217, 262—263; 暗引 in shrine records 在生祠记中, 168n48; worship of 崇奉孔子, 2, 3, 24, 35n20, 89, 168, 243, 246

construction work for shrines 生祠的建造工作, 152, 154, 182, 254, 257—258

contradictions in premortem enshrinement 生祀中的矛盾, 10, 18, 149, 194—204, 235—270, 290—294

correlative cosmology 感应

corruption 腐败, 48, 69, 80, 83, 129, 131, 132—134, 139—140, 141—143, 161, 174, 196, 201, 265

corvée 徭役, 73, 78, 81, 83, 135, 169, 171, 191, 207, 221—222, 226, 232, 240, 253, 268

cosmology 宇宙学, 见 ganying 感应

criteria for enshrinement 生祀的标准, 54—55, 63, 71—85, 113—114, 121, 151, 159, 164, 167, 168, 171, 174—175, 179, 191, 194—195, 200, 223, 262—263, 参见 laws about shrines 有关生祠的法律; 参见 *specific* criteria/reasons 具体标准/理由，如 defense 保卫；disasters 灾难；justice 正义；livelihood 民生；public works 公共工作；refusal（祀主）拒绝生祀；transformation, of people 民众的转变

Dai Deru 戴德孺（浙江临海，1505 年进士），51n86

Dai Jing 戴经（浙江秀水，1486 年进士），198

Dai Zhi'er 戴之二（河南固始，1602 年在世），62—63

Daoism 道教，10，33，36，45，55，70，71，92，93，158，230n52，273，276

Dardess, John W. 达第斯，167，272

Dean, Kenneth 丁荷生，279

defense 保卫，8，34，43n49，44，46，65，71，72，75—76，77，78，84，97，109，110，111，119，121，130，132，144，164，194，195，218，225，245，271，282n46

deities 神，见 spirits 灵

Dennis, Joseph 戴思哲，128n28，283

departure ritual 离任之礼，见 ritual 礼

Des Forges, Roger V. 戴福士，15

despotism, Ming, 独裁政治，明代 287

destruction of shrines 毁祠，5n15，51，143，148，*150*，151，158，159—160，173，198，248，261，262，参见 failure of shrines 生祠的衰败

Di Renjie 狄仁杰（630—700 年），36n23，59，105，159—160，173，253

dichotomies falsified by premortem shrines 生祠对二元对立的反思，10，290—294

Dictionary of Ming Biography，《明代名人传》，引用来源 5—6

Ding Bin 丁宾（浙江嘉善，1541—1631 年），65—67

Ding Gui 丁贵（南直隶金坛，正德时期在世），82

Ding Qijun 丁启濬（福建德化，1592 年进士），8

Ding Yi 丁易，134

Ding Yuanjian 丁元荐（浙江长兴，1586 年进士），44n56

disasters 灾难，8，65，72，73，78，81—82，84，93，106—107，111，127，131，134，138，152，167，196，230，232，245，247，248，260，280—281

disobedience 违抗，122n5；legitimation of by shrine discourse 生祠话语的合法化，288—289

ditties 歌谣，130—131，179，186—187，196，203，232n58，276—278

Dong Qichang 董其昌（南直隶华亭，1555—1636 年），246

Dong Wencai 董文寀（山西临汾，1559 年进士），80

Donglin movement 东林运动，4—9，18，24，65，82，120，130，140，142，148，151，153，161—168，169n49，172，175，204，252，256—261，268—270，274，291，294

drunkenness caused by offering to enshrinee 因奉祀而醺醺然，26

Du Min 杜旻（山东滨州，17 世纪 10 年代在世），222，225

Du Qiming 杜齐名（河南南召，1615 年在世），128

Earth (deity) 土地神，见 spirits 灵

education 教育，见 civil service examination system 科举考试；*jiangxue*（public lecture-study）讲学；schools and education 学校和教育；self-cultivation 自我体悟

efficacy (*ling*) 灵验，10，89，90—91，97，101，105—108，110—112，114—115，232，267n376，279—280，288，290，293，参见 miracles 神迹；prayer and offerings 祈祷和供奉

elders 耆老，39—41，48，49，74，76，78，107，140，161，184—185，196，241，242，247，252，257，263，265，267，268，274 emotion 情感，17—18

emperor 皇帝：criticism of and disagreement with 冒犯和批评，138n65，142，189—190；duties of 职责，1—2，74，233，272；as "father and mother of the people" 民之父母 2，11—12；parallels between resident administrators and 与州县官类同，271—286，289；quoted/mentioned in shrine records 祠记中引用/提到，187—188，196—197，267，参见 parental metaphor 父母隐喻；policy‐making process 决策过程；sovereignty 主权，emperor，参见 names of individual emperors 历朝皇帝之名

England 英国，178n11

environmental damage caused by shrines 生祠造成的环境破坏，3—4

eunuchs 宦官，6，18，24，41，67，76，131—132，134，196，237，249—252，262，263，282，294，参见 Wei Zhongxian 魏忠贤

failure of shrines 生祠的衰败，42—44，149，157—160，163—165，173，246，292，参见 destruction of shrines 毁祠

family 家庭：enshrinement by 家族奉祀，244—245，267；of enshriners and enshrinees 奉祀者和祀主，246—249

famine 饥荒，见 disasters 灾难

Fan Ji 范箕（北直隶大兴，1523 年进士），34

Fan Jizu 樊继祖（山东郓城，1511 年进士），237，240

Fan Yan 范言（浙江嘉兴，1526 年进士），197，199—200

Fan Zhongyan 范仲淹（989—1052 年），62n127

Fang Chaoying 房兆楹，252

Fang Hao 方豪（浙江开化，1508 年进士），209，216—218，222，225，229n50，233

Fang Keqin 方克勤（浙江宁海，1326—1376 年），232n58，280

Fang Yingzhi 方应时，129

Farr, James 詹姆斯·法尔, 149, 274n11

Fei Hong 费宏（江西铅山, 1468—1535 年, 1487 年进士), 197, *251*

Fei Si-yen 费丝言, 66

Feng Weine 冯惟讷（山东临朐, 1538 年进士), 80

Feng Yingjing 冯应京（南直隶盱眙, 1592 年进士, 卒于 1607 年), 132

fengshui 风水, 254, 273, 参见 architecture and location of shrines 生祠的建筑和位置

feudalism 封建, 53, 273—274

filiality 孝, 49, 73, 86, 100n52, 185, 243, 248—249, 288

Five Bad Characteristics 五恶, 262—263

flattery 奉承, 10n35, 12, 17, 18—20, 49, 50, 71, 120, 129, 135—137, 155—157, 159, 164, 174, 184n28, 209, 220, 247, 263, 288, 参见 benefits of shrines 生祠的益处, to gentry 对士绅

food 食物, 77, 参见 disasters 灾难

Foucault, Michel 福柯, 122n5

friends, enshrinement by 生祀的友人, 241

frugality 节俭, 78—80, 81

Fu Shangbi 傅商弼（河南嵩县, 1586 年进士), 72

funding of shrines 生祠的资金, 3, 18, 38—42, 61, 63, 92, 103, 152, 154, 162, 180—182, 203, 208, 238, 245, 246, 264, 266n72

Gan Lin 甘霖（南直隶昆山, 1435 年在世), 82n80

Gantang tree 甘棠, 53, 72—73, 107n81, 135, 145, 154, 159, 164, 192, 208—209

ganying (cosmological movement and response) 感应, 9—10, 26, 70, 84—85, 153, 157—158, 187n41, 202n78

Gao Guang 高光（四川峨嵋，1534 年在世），81

Gao Kui 高魁（河南新郑，1486 年举人），175

Zong Song 宗嵩，97

gazetteers 方志：political speech in 政治话语，203—204，283—284，285；purposes of 目的，128n28，208；as sources 来源，20，23，45—47，62n124

Geertz, Clifford 克利福德·格尔茨，112n93

Geng Dingxiang 耿定向（河南麻城，1524—1596 年），61，242

gentry 士绅，9，14，15，17，21，参见 public opinion 公论

girls, infanticide of 杀害女婴，73，195

Gone Yet Remembered steles 去思碑，145，188，209

gong（meaning "Lord" "Mr." "public"），significance of，"公"的意义 32

Gong Mian 龚勉（南直隶吴兴，1536—1607 年），7，88，268—269

Goossaert, Vincent 高万桑，70，232

Grand Canal 大运河，77

gratitude 感激，221—223，233

"Great Learning"，《大学》74

Greenbaum, Jamie 刘青梧，21

Gu Cheng 顾成（南直隶江都，1330—1414 年），7n20

Gu Dingchen 顾鼎臣（南直隶昆山，1473—1540 年），45n61，120，256

Gu Po 顾珀（福建晋江，1464—1549 年），267

Gu Xiancheng 顾宪成（南直隶无锡，1550—1612 年），7，33n9，161—163，268—270

Gu Yanwu 顾炎武（南直隶昆山，1613—1682 年），18，51，151，172—173，202，267，288

Guanyin 观音，见 spirits 灵

Gui Youguang 归有光（南直隶昆山，1507—1571 年），194

Guo Lin 郭邻（陕西岷州卫，1578—1582 年在世），134

Guo Ying 郭英（南直隶亳州，1385—1403 年），6n16

Guo Zizhang 郭子章（江西泰和，1542—1618 年），61，78n57，127，134，203

Hai Rui 海瑞（广东琼山，1514—1587 年），6n16，125，129，246

Han Bangqi 韩邦奇（陕西朝邑，1479—1555 年），248—249

Han Kuang 韩爌（山西蒲州，约 1558—1637 年），7，130，138，153—155

Han Shi 韩士（山西芮城，1576 年在世），216，227

Han Wan 韩琬（生于 1265 年），248

Han Yong 韩雍（北直隶宛平，1422—1478 年），132

Han Yu 韩愈（768—824 年），36n23，293

Hanlin Academy 翰林院，139，170

Hansen, Valerie 韩森，89—90，102，113

Hao Jiong 郝䌹（山东清河，1637 年进士），111—125，280

He Cen 何岑（河南扶沟，1558 年举人），248

He Cheng 何诚（福建兴化，1436 年监生），87

He Dongru 何栋如（南直隶无锡，1598 年进士），133n48

He Qiaonian 何乔年（江西广昌，约 1440 年在世），108

He Qiaoxin 何乔新（江西广昌，1427—1503 年），106—7

He Qiaoyuan 何乔远（福建晋江，1586 年进士），107n81，265

health care 健康保障，72，78

Heaven（deity）天庭，见 spirits 灵；参见 Mandate of Heaven 天命

Hershatter, Gail 贺萧，179

Ho Shu - yi 何淑宜，23，43，51n89，92，128，177，195—196，201

Hongwu Emperor(Zhu Yuanzhang;Ming Taizu)洪武皇帝(朱元璋;明太祖),16,23,35n20,59—60,82n80,85,97,133n48,177,184

Hongzhi Emperor 弘治皇帝,24

honors,local 地方纪念,11—12,18

Hou Junzhuo 侯君擢(北直隶成安,1642 年举人),46

Hou Tang 侯镗(山东郓城,1465—1491 年),256

Hou Zhenggu 侯正鹄(山东郓城,1601 年进士),171

Hou Ziqiang 侯自强(山东郓城,1630 年在世),185

Hsia Ronald 夏伯嘉,129

Hsiao Kung-ch'üan 萧公权,135

Hu Sanxing 胡三省(北直隶沙河,1583 年进士),220,224,225n33,229,231

Hu Shi 胡适,103

Hu Shunhua 胡顺华(湖广武陵,1556 年进士),75n43,110—111

Hu Zongxian 胡宗宪(南直隶绩溪,1511—1565 年),6n16,44n56,51n86,75

Hua Jin 华津(南直隶无锡,1459—1519 年),237,240

Huang Degong 黄德功(南直隶六合,1644 年卒),7n20

Huang Fengxiang 黄凤翔(福建晋江,1539—1614 年),186,188n47

Huang Guangsheng 黄光昇(福建晋江,1529 年进士),241

Huang Shou 黄寿(成化时期在世),246

Huang Shouzhi 黄守志(山东郓城,1630 年在世),185

Huang Yu 黄瑜(广东香山,1456 年举人),72

Huang Yuntai 黄运泰(河南永城,1589 年进士),4

Huang Yuxuan 黄愈宣(江西广昌,1469 年在世),107

Huang Zhengjun 黄徵君(山东郓城,1609 年在世),184n35

Huang Zongxi 黄宗羲(浙江余姚,1610—1695 年),92—93,142,

202, 261

 Huang Zuo 黄佐（广东香山，1490—1566 年），72

 Hucker, Charles O. 贺凯，16，261

 Hung Ho‐fung 孔诰烽，138

 Hymes, Robert 韩明士，93，101，109n86

 identity, "Chinese", 中国身份 12—13

 images 图像，1，3—5，10n37，24，30，32—39，42，57，63，67，72，76，80，88，89，90，93，95，96，100，101n58，104—109，110—112，119，*124*，125，131，133，144，145，148，*150*，154，156，157，159—162，168，172，173，177，190，192，195，207，227—229，231，232，238，241—245，*251*—255，293，参见 tablets 表，memorial 纪念

 impeachment 控告，4—5，16，23，130，131，132，134，196，241n15，242n16，248，252，262

 imprisonment 入狱，见 justice 正义

 improper shrines and worship 不当的生祠和奉祀，51n89，158，168，195n57，198，200，252，261—265，267n76，281，292，294

 incumbents 在任者：criticism of 批评，254—255；enshrinement of 奉祀，48—50，135，155，157，158—159，164，165，229n50，291；exclusion of, from enshrinement decisions 生祠话语的拒斥，258

 infanticide 杀婴，73，195

 influencing future officials via shrines 生祠影响未来的官员，122—125，142，162，192，199，221，224—225，228—229，255，256，266，281，288

 Jesuits 耶稣会士，见 Christianity 基督教；Ricci, Matteo 利玛窦

 Ji Su 纪肃（山西，洪武时举人），37

 Ji Zixiu 姬自修（河南太康，1588 年在世），208

Jia Chaohuan 贾朝宦（山西镇西卫，1584 年举人），84

Jiajing Emperor 嘉靖皇帝，24，35n20，51，61，138n65，275n18；southern tour 南巡，81，203

Jiang Cong 蒋琮（北直隶大兴，成化时至 1490 年在世），252

Jiang Guifang 姜桂芳（山东济宁，1573 年举人），218n8，227，229

Jiang Hao 江浩（南直隶歙县，1435 年举人），106—108

Jiang Jinhe 姜金和（江西鄱阳，1550 年进士），139

Jiang Yao 蒋瑶（浙江归安，1469—1557 年），131—132

Jiang Yonglin 姜永琳，127，272

jiangxue（public lecture – study）讲学，8，52n91，76

Jiao Hong 焦竑（南直隶江宁，1540—1620 年），48，242

Jiao Yuanpu 焦源溥（陕西三原，1614 年在世），219，222

Jingtai Emperor 景泰皇帝，263

judicial continuum（in earth and underworld）司法连续，见 spirits, hierarchy of 灵，组织

justice 正义，6n19，48，71—73，77，83，84，91，97，98n45，102，107，111，121，138，173n58，191，195，196，216，230n52，233；for officials 官员，48，130，132—134，148，196，226，246，281—282

karma 业，10，247，288

Katō Genchi 加藤玄知，10，291

Katz, Paul 康豹，98，107n82

Kline, Kevin Delaney 凯文·克莱恩，11

Kong Yong 孔镛（南直隶常州，1417—1489 年），271

kowtowing 叩头，见 bowing and kowtowing 叩首

Kuang Fan 邝璠（北直隶任丘，1458—1521 年），195

land registration 土地登记, 65, 83, 196, 248

language 语言, 69n16

Laozi, worship of 崇祀老子, 89

laws about shrines 有关生祠的法律, 47—55

lawsuits 诉讼, 见 justice 正义

Lean, Eugenia 林郁沁, 174n60

Lee, Pauline 李博玲, 57—58

Legacy of Love 遗爱, 33, 36n25, 52, 61, 62n126, 72—73, 80, 145, 177, 189—193, 195, 197, 248, 260

legitimacy, political 政治合法性, 120—121, 174n60, 179, 189—194, 277, 283, 291

Lei Jigu 雷稽古（山东恩县，1559 年进士），102

Li Bangzhen 李邦直（广东茂名，1523 年进士），90, 141

Li Biao 李标（北直隶高邑，1607 年进士），8, 163—165, 185—186

Li Boyuan 李伯元, 5n15

Li Chunfang 李春芳（南直隶兴化，1510—1584 年），170

Li Dai 李戴（河南延津，1531—1607 年），280—281

Li Duan 李端（湖广兴宁，1457 年进士），281—282

Li Gong 李珙（福建南安，监生，1436—1454 年在世），73

Li Guangjin 李光缙（福建泉州，1585 年举人），243

Li Huaixin 李怀信（山西大同，万历时在世），7n20

Li Jing 李镜（江西弋阳，1437—1498 年，1469 年进士），62n126, 114, 189

Li Sancai 李三才（陕西临潼，1574 年进士，卒于 1623 年），175

Li Shangbin 李尚寳（北直隶广宗，1568 年进士），84n92

Li Shoujun 李守俊（南直隶宜兴，1601 年进士），8

Li Sicheng 李思成（南直隶兴化，1598 年进士），36n24

Li Sui 李遂（号克斋）（江西丰城，1504—1566 年，1526 年进士），52n91

Li Xuanyou 李宣猷（陕西临邑，1615 年进士），99, 153—155

Li Yangong 李言恭（南直隶盱眙，万历时在世），127—128

Li Zi 李蠹（南直隶山阳，永乐时在世），81

Li Zicheng 李自成（陕西米脂，1606—1645 年），46

Li Zihua 李自华（南直隶高邮，1597 年举人），49

Li Zirong 李滋荣（北直隶宁津，1335 年在世），216n5, 224

Li Zongyan 李宗延（河南汝宁，1592 年进士），8—9, 72, 78, 183—184

Liebman, Benjamin 李本，193—194

Lin Dafu 林大黼（福建莆田，1552 年举人），52, 80, 102

Lin Jun 林俊（福建莆田，1452—1527 年），76, 246

Lin Pei 林培（广东东莞，1547—1599 年），97

Lin Zhao'en 林兆恩（福建莆田，1517—1598 年），5n14

Lin Zong 林宗（福建莆田，1452—1527 年），246

literacy 读写能力，15, 81n75, 102, 235

literary achievements, as reason for enshrinement 作为生祀理由的文学成就，217n7

Liu Bin 刘彬（江西永丰，1478 年进士），119—120, 280

Liu Chun 刘春（四川巴县，1460—1521 年），189

Liu Congren 刘从仁（山西解州，1579 年在世），257

Liu Jie 刘节（江西大余，1476—1555 年），76

Liu Jin 刘瑾（陕西兴平，卒于 1510 年），76, 249

Liu Jing 刘璟（北直隶保定，1387—1549 年），249—252

Liu Jingshao 刘景韶（湖广崇阳，1517—1578 年，1544 年进士），75n43, 97

Liu Jiwen 刘继文（字节斋）（南直隶灵璧，1562 年进士），129

Liu Kui 刘魁（江西泰和，约 1489—1552 年），61

Liu Que 刘悫（江西万安，1544 年进士），110n88

Liu Rongsi 刘荣嗣（北直隶曲周，1616 年进士），240—241

Liu Tianhe 刘天和（湖广麻城，1479—1545 年），98，282—283

Liu Xiqi 刘希契（山东武城，1545 年在世），152

Liu Yan 刘琰（南直隶宣城，1523 年为监生），78

Liu Ying 柳瑛（南直隶临淮，1457 年进士），105

Liu Yu 刘玉（江西万安，1496 年进士，约卒于 1567 年），110n88

Liu Zongyin 刘宗寅（江西万安，1543 年举人），109

livelihood 民生，71，73，77，78，81—82，83，121，139，164—165，175，194，195，216，232，284，287，290

local history 地方历史，146

locality and center, differing interests of 地方和中央，利益不同 51，75，81，83，137，139，143—144，162，189—190，208，221—224，269，275，284

location of enshrinee or his spirit 祀主或其灵之所在，见 presence 在场

location of shrines 生祠的位置，见 architecture 建筑

longevity of shrines 生祠的长久，38—43，参见 failure of shrines 生祠的衰败

Lou Liang 娄谅（江西上饶，1453 年举人），252

Lou Xing 娄性（江西上饶，1481 年进士），252

Lu Bi 卢璧（南直隶盱眙，1538 年进士），33n8，36n27，135

Lu Guangzu 陆光祖（浙江平湖，1521—1597 年），88

Lu Jiujing 卢九经（福建永定，1555 年在世），92

Lü Kun 吕坤（河南宁陵，1536—1618 年），14，148

Lü Weiqi 吕维祺（河南新安，1587—1641 年），8

Lu Xin 陆辛（南直隶上元，1567 年在世），136n58

Lu Zhongdian 卢仲佃（浙江东阳，1556 年进士），75n43

Luan Bu 栾布（汉代），158

Lufrano, Richard 陆冬远，178，237n8

Luo Risheng 骆日升（福建惠安，1595 年进士），167—168

Luo Yuchen 罗虞臣（广东顺德，1529 年进士），262

Ma Jinglun 马经纶（北直隶通州，1589 年进士），182n18

Ma Sen 马森（福建怀安卫，1506—1580 年），109

Ma Siqi 马思齐（南直隶和州，1558 年举人），139

Mandate of Heaven 天命，1—2，146，166，192，232—233，参见 Minor Mandate 小天命

Mao Cheng 毛澄（南直隶昆山，1461—1523 年），249

Mao Guoxian 毛国贤（浙江鄞县，1528 年举人），218，227，231

Mao Kun 茅坤（浙江归安，1512—1601 年），99n50，127

Mao Qiling 毛奇龄（浙江萧山，1623—1716 年），45n64

Marmé, Michael 马默，178

marriage 婚姻，73

May Fourth movement 五四运动，12

Mencius 孟子，160，171n52，216—217，222

Menegon, Eugenio 梅欧金，36n23

methodology 原则，22—23，44—47，185，248，261，290

military 军事：commanders as enshrinees 祀主为将军，5n14，6—7，11n43，75，98，161；as shrine sponsors 作为生祠赞助者，33—34，*181*，184，236

Miller, Harry 米海瑞，9，65，175

Ming History 明史，5，20，44—45

Minor Mandate 小天命, 271—286, 289

miracles 神迹, 10, 26, 57, 89—90, 96, 120, 195, 232, 294

moral education 道德教育, 见 transformation 教化, of people mother and father metaphor 父母官隐喻, 见 parental metaphor 父母隐喻

Mueggler, Erik 木克尔, 63

Music 乐, 见 ditties 歌谣; 参见 ritual 礼, music in 乐

Naquin, Susan 韩书瑞, 30n2

nationwide effects of shrines 生祠在全国范围内的影响, 131—134, 142, 282, 288

Neskar, Ellen 宁爱莲, 53—54, 100, 104

Ni Yuanlu 倪元璐 (浙江上虞, 1596—1644 年), 274

Nian Can 粘灿 (福建晋江, 1501 年举人), 267

Nimick, Thomas G. 倪清茂, 70, 77, 178, 232, 248n37

Ning, Prince of 宁王, 130

Nivison, David 倪德卫, 98

objections to shrines 反对生祠, 12, 13, 48, 50, 53—59, 95n23, 137, 143—146, 261—265, 参见 improper shrines and worship 不当的生祠和崇奉

Odes, Book of《诗经》, 53, 74, 130, 145n82, 162, 192, 208, 229, 257, 276n22

omens 预兆, 20, 97, 271, 276—277

Osabe Kazuo 长部和雄, 13, 71, 146, 161

Ouyang Dongfeng 欧阳东凤 (湖广潜江, 1589 年进士), 8, 43

Oviedo, Lluis 路易·奥维多, 21

Pan Ruzhen 潘汝祯 (南直隶桐城, 1601 年进士), 166

Pan Zhaoming 潘昭明（北直隶西关），185

Pang Shangpeng 庞尚鹏（广东南海，约 1524—约 1581 年），6n16

parentalism 父母主义，85—87，119，149，265，281—282；contrasted with paternalism 与家长式管理比较，85

parental metaphor 父母隐喻，1，2，11—12，37，74，125—126，140，154，156，160—161，173—174，191—192，194，197，223，225n33，242，255，271，274—275，284，287；with emphasis on "father"，强调"父" 230；with emphasis on "mother"，强调"母" 225；emperor as "grandfather"，将皇帝比作祖父 274—275，参见 shepherd metaphor 牧民之喻

paternalism 家长式管理，74—75，85—86，265；contrasted with parentalism 与父母主义比较，85

Pei Dong 裴栋（山西蔚州，1601 年进士），37n28，187—188

Peng Ze 彭泽（陕西兰州，1490 年进士，卒于 1532 年），34n16

Peony Pavilion《牡丹亭》，12

personating 尸祝，37，93

petition：right to 请愿的权力，16，177—178

petition：for shrines 为生祠请愿，见 approval of shrines by the state 国家对生祠的允准；sponsors of shrines 生祠的赞助者

pharmacies 药房，见 health care 健康保障

pirates 倭寇，见 defense 保卫

Placard of the People's Instructions 教民榜文，156

policy-making process 政治决策过程，16—17，23—24

political speech，right to 政治演讲的权利，13—18，177—179，186，189—194，202—204，221—223，234，255，290；songs as 作为歌谣，参见 ditties 歌谣，public opinion 公论

Poo Mu-chou 蒲慕洲，109

populism 平民主义, 15, 133n49, 148, 151, 163—167, 175, 290; in 21st c. PRC 在 21 世纪的中国, 193—194

portraits 肖像, 见 images 图像

Portugal 葡萄牙, 24

poverty 贫穷, 81, 207n1, 参见 bandits 盗匪, desperate local commoners as 绝望的地方民众

power, definitions 权力, 阐释, 122n5

Powers, Martin 包华石, 277

prayer and offerings 祈祷和供奉, 89, 95: by enshrinees or officials 由祀主或官员, 41, 72, 73, 82, 84, 97, 232, 247n34, 260, 278—281, 293; to enshrinee 对祀主, 6n16, 10, 26, 34, 43, 45, 49, 54—55, 61, 63, 93—96, 99—101, 103—108, 160—161, 231, 236, 293; to Heaven by officials other than emperor 由官员祭天而不是皇帝, 280—281; to official at *yamen* 对衙门吏员, 113n96; prescribed 规定的, 104; for retention of official 留任官员, 87; and social class 和社会阶层, 103—104, 107—108, 参见 benefits of shrines 生祠的益处; efficacy 灵验

premortem and postmortem shrines, comparisons 生祠和遗祠, 比较, 10, 30, 33, 36, 38, 44—47, 52—53, 59—63, 91—94, 186, 253, 288

presence of enshrinee (or his spirit) at shrine 祀主（或他的灵）在生祠, 108—110, 199, 231—232, 292—293

print culture 印刷文化, 15

prisons 监狱, 见 justice 正义

private (*si*) shrines 私人祠堂, 11, 42, 51n89, 146, 266—267

protest 抗议, 131—134, 137—140, 147

public opinion 公论, 13—18, 66, 75, 85—86, 87, 141, 143—146, 156, 160, 166, 170—172, 173n58, 174, 177—178, 198, 201—202, 221, 253, 258—260, 263—265, 274, 275, 283, *285*, 287—288, 291, 参见

political speech, right to 政治演讲的权利；见 ritual 礼，departure 离任

public works 公共工作，41，56n108，65，67，77—80，82，102n65，103，107，114，119，139，164，167，171，194，248，279

punishment 惩罚，见 justice 正义

purposes of shrines 生祠的目的，5—18，21，91—94，235—270，295；political 政治性的，121，122—125，130，参见 benefits of shrines 生祠的益处；influencing future officials via shrines 生祠对未来官员的影响

Qi Jiguang 戚继光（山东登州，1528—1588 年），5n14，75

Qian Pu 钱溥（谥文通）（南直隶华亭，1408—1488 年），262

Qian Rujing 钱如京（南直隶桐城，约 1480—1541 年），237，240

Qiao Keda 乔可大（山西蔚州，1603 年举人），265

Qin Gao 秦镐（河南汝阳，崇祯时在世），240

Qin Gui 秦桧（1090—1155 年），262

Qin Hong 秦纮（山东单县，1426—1505 年），130

Qin Jin 秦金（南直隶无锡，1467—1544 年），276，280

Qin Shizhong 秦时中（山东单县，活动于约 1384 年至 1387 年后），41

Qiu Daoming 丘道明（福建上杭，16 世纪 40 年代在世），152

rank 等级，8，16，24，56n109，68—69，esp. 69n13，88，126—127，128，209—216，216n5，218，237—240，243，262

Rao Bojun 饶伯钧（南直隶江都，1543 年在世），221—222，233

reasons for enshrinement 生祀的理由，见 criteria for enshrinement 生祀的标准

Red Turbans 红巾军，11

refusal of shrine by enshrinee 祀主拒绝生祀，149，151—155，158，288

rehabilitation, political 政治复兴，130

religion, popular 民众信仰，14

Ren Bin 任彬（山西蒲州，1522 年举人），76n45

Ren Huan 任环（山西长治，1519—1558 年），218—219，222，224—228，230—231，233

Ren Yingzheng 任应徵（四川阆中，1583 年进士），37n28，187

Reputation 声誉，5，11，21，41，68，73，81，89，96，103，109，125—130，132—134，148，173，186，220，230—231，240—241，263—264，282，288，290

resident administrators 州县官：in afterlife 死后，282；criticism of incumbents 对在任者的批评，254—255；duties of 责任，68—71；geographical limitations (or lack thereof) 回避制度，276，280；hereditary 传承，173；Hongwu Emperor's reliance on 洪武皇帝的信赖，133n48；retention of 留任，87，88，128—129，130，161，216；selection of 选拔，142；semi-autonomy of 半自主性，69—70，272—286；terms of office 任期，49，53，86，173，参见 Minor Mandate 小天命

Ricci, Matteo 利玛窦，24，113，129，132，268n77

Rites, Record of 礼记，54，56n109，90，104，145，154，158，192，223，231，262，289，292

ritual 礼，32，34，35，37，53—59，63，71，72，100，123，148—149，233，284，292；death 死亡，30n2，100n52，226，293；departure 离任，123，124，156，161，176—177，183—184，197，208，217，222，227，236，247，282，289，293；Great Ritual Controversy 大礼议，24，51n89；innovation in ("arising from right") "礼以义起"，51，54，146，154—155，158；music in 乐，36，参见 Confucius worship of 崇奉孔子；prayer and offerings 祈祷和供奉

Robinson, David 鲁大维，69

Robson, James 罗柏松，93

Rowe, William T. 罗威廉, 14

ruler – minister/ruler – subject (*junchen*) relationship 君臣关系, 272, 274

Sangren, Steven 桑高仁, 97

Schell, Orville 夏伟, 287

schools and education 学校和教育, 43, 49, 59, 67, 68, 71—74, 81, 82, 84, 102n65, 104, 119, 139, 165, 168, 172, 175, 195n57, 202, 216, 242, 246, 281, 282n46

Scott, James 詹姆斯·斯科特, 176

self – cultivation 自我体悟, 76, 115, 161

self – enshrinement and self – promotion for enshrinement 生祀中的自我崇祀, 11n43, 148, 149, 155, 157, 249, 264, 288, 参见 Wei Zhongxian 魏忠贤

sericulture 蚕桑, 见 agriculture and sericulture 农桑

shamans 萨满, 70, 186, 279

Shao, Duke of 召公, 见 Gantang tree 甘棠

Shao Bao 邵宝（南直隶无锡, 1460—1527 年）, 246, 252

Shao Min 邵敏（湖广湘阴, 1472 年进士）, 81

Shen Liang 申良（山西高平, 1468—1524 年）, 130n36

Shen Qi 沈琦（南直隶吴江, 1595 年进士）, 80, 97

Sheng Chang 盛昶（南直隶吴江, 1451 年进士）, 82

shepherd metaphor 牧民之喻, 54, 59, 85, 191, 225n33, 257, 参见 parental metaphor 父母隐喻

Shi Dao 史道（北直隶涿州, 1485—1554 年）, 183

Shi Kefa 史可法（河南祥符, 1601—1645 年）, 82

Shi Qing 石庆（汉代）, 158

Shi Yulu 史与禄（湖广龙阳，1597 年在世），226，230

shrine records 祠记：absence of 缺失，101—103，111；authors of 作者，7—8，18，21，88，90，108，135—136，139—140，141—142，155，162，167，168，177，180，186，187—189，200，216，218—220，225，234，240，241，244—245，246,*251*，255，265；departure steles 去思碑，18—23；genre conventions and tropes 文本惯例，17—18，22—23；permanence of 持久性，30，42，203，265；social class bias in 社会阶层偏见，197—201；steles, features of 碑的特点，*19*；steles and shrines, differences between 碑与祠之间的不同之处，235—37；style of 类型，136，187，216，217；as text acts 文本表演，235n1，参见 protest 抗议；silence, criticism of officials by 对官员批评的沉默

Shrines to Eminent Officials 显宦祠，24，59—63，71，73，84n92，91，99n50，102，133n50，139，158，200n71，216n5，219，222，226，253，257

Shrines to Former Worthies 先贤祠，36n23，50，56n108，59，60，61，84n92，100，104，115，159

Shue Vivienne 许慧文，290

silence, criticism of officials by 对官员批评的沉默，138，140，142

Sima Guang 司马光（1019—1086 年），193n51

Sima Qian 司马迁（公元前 145—86 年），164—165

Slavery 奴隶，73—74

Smith, Joanna Handlin 韩德玲，65，195

Snyder‐Reinke, Jeffrey 杰弗里·斯奈德‐赖因克，82

social class 社会阶层：bias in shrine records 祠记中的偏见，197—201；cooperation among 合作，127，204；definitions 定义，178—179，183—185；and enshrinement 和生祀，152—153，194—204，235—236，243—244；and prayer 和祈祷，103—104，107—108；and public opinion 和公论，198；and schools 和学校，202

social class and sovereignty 社会阶层和主权，见 sovereignty 主权

social mobility 社会流动, 5, 126

Solinger, Dorothy 苏黛瑞, 9n34, 86n104

Song An 宋安（河南封丘，约 1428 年为监生），122, 280

Song Jixian 宋继先（山东潍县，1550 年进士），122, 139—140

Song Li 宋礼（河南永宁，卒于 1422 年），78n54

Song Lian 宋濂（浙江金华，1310—1381 年），49

Song Na 宋讷（河南滑县，1311—1380 年），97—98

songs 歌，见 ditties 歌谣

sovereignty 主权：emperor 皇帝，51, 53, 69, 199, 217, 272—273；gentry 士绅，9, 18, 69, 155, 163—167, 198—199, 268—270；people, 166—167, 170—172, 175, 176, 258—261, *285*

spirits 灵，10, 15；City God 城隍，2, 35n20, 70, 74, 84, 93, 98, 107n82, 113, 158, 273, 282—283；Earth 土地，2, 10, 20；Eastern Marchmount 东岳大帝，107n82；existence of 存在，114；*Guanyin* 观音，89, 90, 102, 246n29；Heaven 天，2, 10, 20, 280—281；hierarchy of, 93, 97, 107n82, 112—115；humans as 人作为，96—99, 100, 113, 282—283；shrines to deities in general 祀神祠，30, 35, 36, 70；types of 类型，70, 89, 98, 221n20，参见 Confucius, worship of 崇奉孔子；Laozi, worship of 崇奉老子；Mandate of Heaven 天命

sponsors of shrines 生祠的赞助者，12—13, 17—18, 21, 33, 39—41, 71—85, 113—114, 136, 137, 139—140, 143, 149—155, 167, 170, 175, 177, 179—186, 193, 199—200, 203, 218—220, 229, 233, 235—236, 238, 246, 252, 254—261, 262—263, 275, 288, 292，参见 laws about shrines 关于生祠的法律；见 shrine records, authors of 祠记作者

state, definitions 国家定义，13n52, 294n8

statue 塑像，见 images 图像

Struve, Lynn 司徒琳, 15

students 学生: enshrining teachers 生祀老师, 242—244; political speech by 政治演讲, 177, 193; as officials and enshrinees 作为官员和祀主, 69, 73, 78, 80—81, 87, 97, 126, 134, 136, 152, 167, 200, 221—222, 253—254

Su Ji'ou 苏继欧 (河南许州, 1613 年进士), 256—260

suicide 自杀, 114

Sun An 孙安 (1446 年在世), 94n21

Sun Deyuan 孙德渊 (金代), 220n17

Sun Yu 孙遇 (山东福山, 1436 年进士), 128

Suo Shao 索绍 (河南灵宝, 1538 年贡生), 81, 126

Sutton, Donald 苏堂栋, 70

tablets, memorial, in homes 家中祭坛, 30, 37—38, 93, 228

Taiping Rebellion 太平天国, 14

Tan Lun 谭纶 (江西宜黄, 1520—1577 年), 6n16

Tang Ai 唐爱 (南直隶嘉定, 1541 年进士), 37, 76, 80, 138

Tang En 汤恩 (南直隶武进, 嘉靖时在世), 126

Tang Zhen 唐甄 (四川达州, 1630—1704 年), 162n33

Tao An 陶安 (南直隶当涂, 1310—1368 年), 54, 83

taxation 赋税, 8, 23, 66, 71, 72, 73, 78, 80—81, 82, 83, 84, 107, 111, 121, 126, 127, 131, 132, 135, 143—144, 149, 169, 179, 191, 194, 221—223, 226, 232, 237, 248, 253, 265, 267, 281, 284

Taylor, Romeyn 戴乐, 95, 272n5

teachers, shrines to 老师的祠堂, 242—244

textiles 纺织, 81, 82, 84

textism 文本主义, 21

Tian Qiu 田秋（贵州德江，1514 年进士），144

Tian Rucheng 田汝成（浙江钱塘，1500—1563 年后），144

Tianqi Emperor 天启皇帝，4，24，260，294

Tiger Mother 虎母，见 Zhou Hu and his mother 周虎和他母亲

tombs, imperial 帝陵，67

torture 拷打，48，77，91，148，261，参见 justice 正义

trade, coastal 沿海贸易，24

transformation: of gentry 士绅的转变，71，72；of people 民众的转变，34，70，71，161，233

tropes 转义，见 shrine records 祠记，genre conventions and tropes 文本惯例

Tsai Shih–shan Henry 蔡石山，252

Veritable Records as source《实录》作为引用来源，20，43

violence, suppression of 平叛，见 defense 保卫

virtue 德，34，55，160，229n50，238n10；"hidden"（*yin de*）隐德，247

Wagner, Rudolf 鲁道夫·瓦格纳，14—15

Wakeman, Frederic 魏斐德，15，267

Waltner, Ann 王安，125n11，161n28，294n7

Wan Shi 万石（汉代），173n58

Wang Ao 王鏊（南直隶吴县，1450—1524 年），131

Wang Chaoxiang 王朝相（北直隶永年，1535 年进士），187，189—193

Wang Chelsea Zi 王紫，123n8

Wang Chengyin 王承裩（陕西三原，15 世纪末在世），244—245

Wang Dao 王道（山东武城，1487—1547 年），26，33n7，100—101，

152—153

Wang Daokun 汪道昆（南直隶歙县，1525—1593 年），50

Wang Dayong 王大用（福建兴化卫，1479—1553 年），43n47

Wang Fansen 王汎森，176—177

Wang Guangyu 王光宇（山西临津，1535 年进士），73

Wang Heming 王鹤鸣，131n42

Wang Honghui 王弘海（广东定安，1542—1615 年），242

Wang Jianping 王建屏（陕西鄜州，1595 年进士），35n19，37n30

Wang Jianzhi 王鉴之（浙江山阴，1440—1519 年），45n61，57n112，256

Wang Jinchao 王进朝（河南许州，1568 年在世），227

Wang Jun 汪濬（江西丰城，1519 年在世），229n50

Wang Pan 王泮（浙江山阴，生于1539 年，1574 年进士），129

Wang Pin 王聘（山东利津，1523 年进士），36n26

Wang Ping 王屏（陕西汉中，1589 年在世），230

Wang Pu 王朴（浙江秀水，万历时贡生），80—81

Wang Qi 王圻（南直隶上海，1535—1614 年），100

Wang Renchong 王任重（福建晋江，1568 年进士），265—266

Wang Sanyu 王三余（北直隶安平，1574 年进士），110，170

Wang Shenzhong 王慎中（福建晋江，1509—1559 年），95，242

Wang Shizhen 王世贞（南直隶太仓，526—590 年），127，201，241，282n46

Wang Shu 王恕（陕西三原，1416—1508 年），244—245

Wang Simin 王思旻（湖广黄冈，1444 年在世），247—248

Wang Siren 王思任（浙江山阴/北直隶宛平，1575—1646 年），67

Wang Tang 王堂（1518 年在世），249—252

Wang Tianyu 王天与（广东兴宁，1515 年进士），46n66

Wang Tingxi 王廷锡（浙江钱塘，1592 年进士），39—*40*

Wang Tingyu 王廷玉, 74

Wang Tonggui 王同轨（湖广黄冈, 1620 年在世）, 283

Wang Wen 王文, 74

Wang Xiangchun 王象春（山东新城, 1610 年进士）, 90

Wang Xinmin 王新民（贵州石阡, 隆庆时举人）, 125

Wang Yangming 王阳明（浙江余姚, 1472—1529 年）, 15, 17—18, 24, 26, 30n2, 51n86, 141, 252; as enshrinee 生祀, 76—77; school of 阳明学派, 48, 52n91, 61, 119n1, 148, 233

Wang Yi 王彝（浙江四明, 卒于 1436 年）, 253—255

Wang Yuanyi 王远宜（北直隶霸州, 1601 年进士）, 171

Wang Yunfeng 王云凤（山西和顺, 1465—1517 年）, 245

Wang Zhen 王振（山西蔚州, 卒于 1449 年）, 263

Wang Zhen 王蓁（浙江四明, 1476 年在世）, 255

Wang Zhi 王直（江西泰和, 1379—1462 年）, 56n108, 75, 155—157

Wang Zhi 汪直（广西桂平, 成化时在世）, 196

Wang Zhongxian 王重贤（北直隶交河, 1521 年进士）, 236

Wang Zongyi 汪宗伊/尹（湖广崇阳, 1538 年进士）, 102—103

Wang Zuochang（"Rui'an Wang"）王祚昌（王瑞安）（江西上饶, 卒于 1612 年）, 91, 100

Wanli Emperor 万历皇帝, 24, 182n18

warning future officials via shrines 生祠对未来官员的警告, 见 influencing future officials via shrines 生祠对未来官员的影响

Watt, John 华璋, 69

Weber, Max 马克斯·韦伯, 103

Wechsler, Howard J. 魏侯玮, 55n105

Wei Jiao 魏校（南直隶昆山, 1483—1543 年）, 43n47

Wei Kewan 魏克顽（北直隶元氏, 1570 年在世）, 275

Wei Zhongxian 魏忠贤（北直隶肃宁，1568—1627 年），3—9，24，44，120，125，155，166，169n49，172，175，252，260，261，290，291，294

Weller, Rob 魏乐博，95n23

Wen Lin 文林（南直隶常州，1445—1599 年），37，185

Wen Weng 文翁（汉代），209

Will, Pierre‑Étienne 魏丕信，17，248n37

Wills, John E. 卫思韩，202

Wilson, Thomas 魏伟森，92n10，100

women 女性：enshrinement of 生祀，11，43n49，114，294；in population statistics 人口统计，207n1，参见 girls, infanticide of 杀害女婴

Wong R. Bin 王国斌，*285*

Woodside, Alexander 伍思德，273

worship 崇奉，93—96，104

Wu Chengqi 吴成器（南直隶休宁，1559 年在世）），44

Wu Guolun 吴国伦（湖广兴国，1524—1593 年），6n16

Wu Jie 吴节（江西安福，1397—1481 年），281

Wu Kuan 吴宽（南直隶常州，1436—1504 年），246

Wu Xian 武贤（山西孝义，15 世纪 50 年代在世）），77

Wu Yan 伍晏（福建清流，1489 年举人），32

Wu Yanhong 吴艳红，127

Wu Yubi 吴与弼（江西崇仁，1392—1469 年），252

Wu Zhenyuan 吴贞元，167

Wu Zhihe 吴智和，274

Xia Ji 夏玑（南直隶昆山，1454 年进士），77，82

Xia Mathias 夏玛第亚（大常）（江西南城，17 世纪在世），35，231

Xia Ruli 夏汝砺（广西容县，1537 年举人），76，80

Xia Yan 夏言（江西贵溪，1517 年进士），238，240

Xiang Zhong 项忠（浙江嘉兴，1421—1502 年），46n68，87

Xiao Daheng 萧大亨（山东泰安，1532—1612 年），6n16，268

Xiao Pan 萧泮（湖广湘阴，1552 年举人），227

Xie Shiyuan 谢士元（福建长乐，1425—1494 年），151，158

Xiong Rong 熊荣（河南光山，1517 年进士），51

Xiong Shangwen 熊尚文（江西丰城，1595 年进士），75n43

Xu De 许德（山东益都，1366 年在世），11

Xu Jie 徐阶（南直隶华亭，1503—1583 年），275n18

Xu Jin 徐缙（南直隶吴县，1505 年进士），275n18

Xu Jiusi 徐九思（江西贵溪，1525 年举人），36n27，61，93

Xu Neng 许能（北直隶沙河，永乐时在世），208n2

Xu Wenxian 许文献（南直隶常州，嘉靖时举人），80

Xu Ying 徐盈（江西贵溪，1505 年进士），130，197

Xu Yinong 许亦农，273

Xu Zhongxing 徐中行（浙江长兴，1550 年进士），241

Xu Zhuo 胥焯（湖广巴陵，1525 年举人），114

Xuande Emperor 宣德皇帝，64

Xue Zhen 薛贞（陕西韩城，1601 年进士），281

Yan Song 严嵩（江西分宜，1480—1565 年），242n16

Yan Zhongde 颜仲德（1334 年在世），216n5

Yang Bi 杨璧（南直隶上元，1552 年举人），45n64，52，102—103

Yang Cheng 阳城，145n83，159，253

Yang Chuan 杨传（福建长泰，正德时在世），216

Yang C. K. 杨庆堃，13，25，103，121，125，267，291

Yang Hong 杨洪（南直隶浏河，1381—1451 年），33，185

Yang Jizong 杨继宗（山西阳城，1457 年进士，卒于 1488 年），196—201，*251*

Yang Lien‐sheng 杨联陞，86

Yang Wei 杨巍（山东海丰，1517—1608 年），246—247

Yao Shihua 姚世华（南直隶修水，1594 年举人），33n12

Yao Zhong 姚钟（浙江仁和，1529 年在世），222—223，226

Ye Baomin 叶保民，141n73，142n75

Ye Xiang 叶相（南直隶江都，1502 年进士），123n10

Ye Xianggao 叶向高（福建福清，1558—1627 年），120

Ye Xiu 叶脩（江西南昌，生于 1553 年，1583 年进士），41

Ying Zhang 张颖，9

Yongle Emperor 永乐皇帝，74—75

You Mou 尤袤（南直隶无锡，1127—1194 年），140

Yu Anthony 余国藩，54

Yu Dingguo 于定国（汉代），173n58

Yu Qian 于谦（浙江钱塘，1398—1457 年），130n35

Yu Zhi 喻智（南直隶当涂，1514 年进士），152

Yuan Long 袁龙（南直隶合肥，成化时在世），278

Yue Fei 岳飞（1103—1142 年），114，131n42

Yunqi Zhuhong 云栖袾宏（浙江仁和，1535—1615 年），93n17

Zhan Ruoshui 湛若水（广东增城，1466—1560 年），90，114，141，277n26

Zhang Dalun 张大纶（北直隶沙河，1548 年在世），219—220

Zhang Deyuan 张德源（福建仙游，1436 年在世），253

Zhang Dujing 张笃敬（山东新城，1592 年进士），170，256n51

Zhang Hui 张辉（叔华）（福建仙游，平民，1475 年在世），254

Zhang Ji 张济（湖广黄冈，1504 年举人），134

Zhang Jingshi 张经世（陕西渭南，1595 年进士），78

Zhang Jun 张俊（南直隶江浦，1382—1448 年），97

Zhang Juzheng 张居正（湖广江陵，1525—1582 年），9，50，65，137，261，284

Zhang Mei 张美，77

Zhang Qicheng 张企程（陕西洋县，1589 年进士），67

Zhang Sheng 张升（江西南城，1442—1517 年），151—152

Zhang Shenxue 张慎学（山西夏县，1637 年进士），163—165

Zhang Xi 张僖（福建永定，1538 年进士），184n28

Zhang Xian 张贤（北直隶沙河，1548 年在世），220

Zhang Xigao 张希皋（湖广安陆，1577 年进士），73n32

Zhang Xiyin 张希尹（山东临清卫，1517 年进士），237，240

Zhang Yanting 张延庭（山东滨州，1574 年在世），248n37

Zhang Yingzhong 张应中（江西万安，约 1610 年举人），41

Zhang Yunxian 章允贤（九华）（南直隶庆阳，1529 年进士），36n25，189

Zhang Zhidao 张志道（南直隶武进，1425 年学生），82

Zhang Zongchang 张宗昌，11n43

Zhao Kesheng 赵克生，38，41，44，50，51，75，105，177，291

Zhao Ren 赵仁（南直隶无锡，1597 年在世），268

Zhao Rukun 赵如莐（北直隶沙河，1568 年在世），228

Zhao Shanji 赵善继（南直隶上元，1567 年在世），136—137

Zhao Shideng 赵士登（南直隶泾县，1580 年进士），112n92

Zhao Tingrui 赵廷瑞（北直隶开州，1492—1551 年），238，240

Zhao Xingbang 赵兴邦（北直隶高邑，1601 年进士），183

Zhao Ying 赵瀛（陕西三原，1529 年进士），80n62

Zhao Zhonghui 赵仲辉（山西闻喜，1481 年进士），148, 157, 247

Zheng Ji 郑纪（福建仙游，1460 年进士），68, 253—255

Zheng Liangbi 郑良璧（福建晋江，1545 年举人），167

Zheng Sanjun 郑三俊（南直隶建德，1598 年进士），275

Zheng Zhilong 郑芝龙（福建南安，1604—1661 年），11

Zhengde Emperor 正德皇帝，24, 237, 249—252, 267

Zhengtong Emperor 正统皇帝，263

Zhi Ting 智铤（北直隶元氏，1609 年举人），260

Zhou Chen 周忱（江西吉水，1381—1453 年），131

Zhou Hongmo 周洪谟（四川长宁，1420—1492 年），12n48

Zhou Hu 周虎（宋代）and his mother 和他母亲，11, 43n49, 294

Zhou Rutou 周如斗（浙江余姚，1547 年进士），143

Zhou Shiqi 周士器（江西南康，1529 年进士），72

Zhou Shunchang 周顺昌（南直隶吴县，1613 年进士），8

Zhou Tang 周镗（南直隶宿迁，1547 年进士），62n126

Zhu Chang 朱裳（北直隶沙河，1482—1539 年），232

Zhu Guozhen 朱国桢，87, 201

Zhu Tongmeng 朱童蒙（山东莱芜，1573—1637 年），6

Zhu Weizheng 朱维铮，91, 96, 99, 101, 108

Zhu Xi 朱熹（1130—1200 年），74, 100, 262

Zhu Yi 朱邑（卒于公元前 61 年），49, 58, 93

Zhu Yuanzhang 朱元璋，见 Hongwu Emperor 洪武皇帝

Zong Chen 宗臣（南直隶兴化，1525—1560 年），110—111

Zou Chi 邹墀（浙江余姚，1568 年进士），186

Zou Yuanbiao 邹元标（江西吉水，1551—1624 年），6